I0599351

Narratives

Leo Tolstoy

Рассказы

Лев Николаевич Толстой

Narratives

Copyright © 2018 by Indo-European Publishing
All rights reserved.

ISNB: 978-1-60444-857-3

Рассказы

© Индоевропейских Издание , 2018

ISNB: 978-1-60444-857-3

Три смерти

I

Была осень. По большой дороге скорой рысью ехали два экипажа. В передней карете сидели две женщины. Одна была госпожа, худая и бледная. Другая — горничная, глянцевито-румяная и полная. Короткие сухие волосы выбивались из-под полинявшей шляпки, красная рука в прорванной перчатке порывисто поправляла их. Высокая грудь, покрытая ковровым платком, дышала здоровьем, быстрые черные глаза то следили через окно за убегающими полями, то робко взглядывали на госпожу, то беспокойно окидывали углы кареты. Перед носом горничной качалась привешенная к сетке барынина шляпка, на коленях ее лежал щенок, ноги ее поднимались от шкатулок, стоявших на полу, и чуть слышно подбарабанивали по ним под звук тряски рессор и побрякиванья стекол.

Сложив руки на коленях и закрыв глаза, госпожа слабо покачивалась на подушках, заложенных ей за спину, и, слегка наморщившись, внутренне покашливала. На голове ее был белый ночной чепчик и голубая косыночка, завязанная на нежной, бледной шее. Прямой ряд, уходя под чепчик, разделял русые, чрезвычайно плоские напомаженные волосы, и было что-то сухое, мертвенное в белизне кожи этого просторного ряда. Вялая, несколько желтоватая кожа неплотно обтягивала тонкие и красивые очертания лица и краснелась на щеках и скулах. Губы были сухи и неспокойны, редкие ресницы не курчавились, и дорожный суконный капот делал прямые складки на впалой груди. Несмотря на то, что глаза были закрыты, лицо госпожи выражало усталость, раздраженье и привычное страданье.

Лакей, облокотившись на свое кресло, дремал на козлах, почтовый ямщик, покрикивая бойко, гнал крупную потную четверку, изредка оглядываясь на другого ямщика, покрикивавшего сзади в коляске. Параллельные широкие следы шин ровно и шибко стлались по известковой грязи дороги. Небо было серо и холодно, сырая мгла сыпалась на поля и дорогу. В карете было душно и пахло одеколоном и пылью. Больная потянула назад голову и медленно открыла глаза. Большие глаза были блестящи и прекрасного темного цвета.

— Опять,— сказала она, нервически отталкивая красивой худощавой рукой конец салопа горничной, чуть-чуть прикасавшийся к ее ноге, и рот ее болезненно изогнулся. Матреша подобрала обеими руками салоп, приподнялась на сильных ногах и села дальше. Свежее лицо ее покрылось ярким румянцем. Прекрасные темные глаза больной жадно следили за движениями горничной. Госпожа уперлась обеими руками о сиденье и также хотела приподняться, чтоб подсесть выше; но силы отказали ей. Рот ее изогнулся, и все лицо ее исказилось выражением бессильной, злой иронии.— Хоть бы ты помогла мне!.. Ах! не нужно! Я сама могу, только не клади за меня свои какие-то мешки, сделай милость!.. Да уж не трогай лучше, коли ты не умеешь! — Госпожа закрыла глаза и, снова быстро подняв веки, взглянула на горничную. Матреша, глядя на нее, кусала нижнюю красную губу. Тяжелый вздох поднялся из груди больной, но вздох, не кончившись, превратился в кашель. Она отвернулась, сморщилась и обеими руками схватилась за грудь. Когда кашель прошел, она снова закрыла глаза и продолжала сидеть неподвижно. Карета и коляска въехали в деревню. Матреша высунула толстую руку из под платка и перекрестилась.

— Что это? — спросила госпожа.

— Станция, сударыня.

— Что ж ты крестишься, я спрашиваю?

— Церковь, сударыня.

Больная повернулась к окну и стала медленно креститься, глядя во все большие глаза на большую деревенскую церковь, которую объезжала карета больной»

Карета и коляска вместе остановились у станции. Из коляски вышли муж больной женщины и доктор и подошли к карете.

— Как вы себя чувствуете? — спросил доктор, щупая пульс.

— Ну, как ты, мой друг, не устала? — спросил муж по-французски,— не хочешь ли выйти?

Матреша, подобрав узелки, жалась в угол, чтобы не мешать разговаривать.

— Ничего, то же самое,— отвечала больная.— Я не выйду.

Муж, постояв немного, вошел в станционный дом. Матреша, выскочив из кареты, на цыпочках побежала по грязи в ворота.

— Коли мне плохо, это не резон, чтобы вам не завтракать,— слегка улыбаясь, сказала больная доктору, который стоял у окна.

«Никому им до меня дела нет,— прибавила она про себя, как только доктор, тихим шагом отойдя от нее, рысью взбежал на ступени станции.— Им хорошо, так и все равно. О! боже мой!»

— Ну что, Эдуард Иванович,— сказал муж, встречая доктора и с веселой улыбкой потирая руки,— я велел погребец принести, вы как думаете насчет этого?

— Можно,— отвечал доктор.

— Ну, что она? — со вздохом спросил муж, понижая голос и поднимая брови.

— Я говорил: она не может доехать не только до Италии,— до Москвы дай бог. Особенно по этой погоде.

— Так что ж делать? Ах, боже мой! боже мой! — Муж закрыл глаза рукою.— Подай сюда,— прибавил он человеку, вносившему погребец.

— Оставаться надо было,— пожав плечами, отвечал доктор.

— Да скажите, что же я мог сделать? — возразил муж,— ведь я употребил все, чтобы удержать ее, я говорил и о средствах, и о детях, которых мы должны оставить, и о моих делах,— она ничего слышать не хочет. Она делает планы о жизни за границей, как бы здоровая. А сказать ей о ее положении — ведь это значило бы убить ее.

— Да она уже убита, вам надо знать это, Василий Дмитрич. Человек не может жить, когда у него нет легких, и легкие опять вырасти не могут. Грустно, тяжело, но что ж делать? Наше и ваше дело только в том, чтобы конец ее был сколь возможно спокоен. Тут духовник нужен.

— Ах, боже мой! да вы дойми́те мое положение, напоминая ей о последней воле. Пусть будет, что будет, а я не скажу ей этого. Ведь вы знаете, как она добра...

— Все-таки попробуйте уговорить ее остаться до зимнего пути,— сказал доктор, значительно покачивая головой,— а то дорогой может быть худо...

— Аксюша, а Аксюша! — визжала смотрительская дочь, накинув на голову кацавейку и топчась на грязном заднем крыльце,— пойдем ширкинскую барыню посмотрим, говорят, от грудной болезни за границу везут. Я никогда еще не видала, какие в чахотке бывают.

Аксюша выскочила на порог, и обе, схватившись за руки, побежали за ворота. Уменьшив шаг, они прошли мимо кареты и заглянули в опущенное окно. Больная повернула к ним голову, но, заметив их любопытство, нахмурилась и отвернулась.

— Мм-а-тушки! — сказала смотрительская дочь, быстро оборачивая голову.— Какая была красавица чудная, нынче что стало? Страшно даже. Видела, видела, Аксюша?

— Да, какая худая! — поддакивала Аксюша.— Пойдем еще посмотрим, будто к колодцу. Вишь, отвернулась, а я еще видела. Как жалко, Маша.

— Да и грязь же какая! — отвечала Маша, и обе добежали назад в ворота.

«Видно, я страшна стала,— думала больная.— Только бы поскорей, поскорей за границу, там я скоро поправлюсь».

— Что, как ты, мой друг? — сказал муж, подходя к карете и прожевывая кусок.

«Все один и тот же вопрос,— подумала больная,— а сам ест!»

— Ничего! — пропустила она сквозь зубы.

— Знаешь ли, мой друг, я боюсь, тебе хуже будет от дороги в эту погоду, и Эдуард Иваныч то же говорит. Не вернуться ли нам?

Она сердито молчала.

— Погода поправится, может быть, путь установится, и тебе бы лучше стало; мы бы и поехали все вместе, — Извини меня. Ежели бы я давно тебя не слушала, бы была теперь в Берлине и была бы совсем здорова.

— Что ж делать, мой ангел, невозможно было, ты знаешь. А теперь, ежели бы ты осталась на месяц, ты бы славно поправилась; я бы кончил дела, и детей бы мы взяли...

— Дети здоровы, а я нет.

— Да ведь пойми, мой друг, что с этой погодой, ежели тебе сделается хуже дорогой... тогда, по крайней мере, дома.

— Что ж, что дома?.. Умереть дома? — вспыльчиво отвечала больная. Но слово умереть, видимо, испугало ее, она умоляюще и вопросительно посмотрела на мужа. Он опустил глаза и молчал. Рот больной вдруг детски изогнулся, и слезы полились из ее глаз. Муж закрыл лицо платком и молча отошел от кареты.

— Нет, я поеду,— сказала больная, подняла глаза к небу, сложила руки и стала шептать несвязные слова.— Боже мой! за что же? — говорила она, и слезы лились сильнее. Она долго и горячо молилась, но в груди так же было больно и тесно, в небе, в полях и по дороге было так же серо и пасмурно, и та же осенняя мгла, ни чаще, ни реже, а все так же сыпалась на грязь дороги, на крыши, на карету и на тулупы ямщиков, которые, переговариваясь сильными, веселыми голосами, мазали и закладывали карету...

II

Карета была заложена; но ямщик мешкал. Он зашел в ямскую избу. В избе было жарко, душно, темно и тяжело, пахло жильем, печеным хлебом, капустой и овчиной. Несколько человек ямщиков было в горнице, кухарка возилась у печи, на печи в овчинах лежал больной.

— Дядя Хведор! а дядя Хведор,— сказал молодой парень, ямщик в тулупе и с кнутом за поясом, входя в комнату и оборачиваясь к больному.

— Ты чаво, шабала, Федьку спрашиваешь? — отозвался один из ямщиков,— вишь, тебя в карету ждут.

— Хочу сапог попросить; свои избил,— отвечал парень, вскидывая волосами и оправляя рукавицы за поясом. — Аль спит? А дядя Хведор? — повторил он, подходя к печи.

— Чаво? — послышался слабый голос, и рыжее худое лицо нагнулось с печи. Широкая, исхудалая и побледневшая рука, покрытая волосами, натягивала армяк на острое плечо в грязной рубахе. — Дай испить, брат; ты чаво?

Парень подал ковшик с водой.

— Да что, Федя,— сказал он, переминаясь,— тебе, чай, сапог новых не надо теперь; отдай мне, ходить, чай, не будешь.

Больной, припав усталой головой к глянцевитому ковшу и макая редкие отвисшие усы в темной воде, слабо и жадно пил. Спутанная борода его была нечиста, впалые, тусклые глаза с трудом поднялись на лицо парня. Отстав от воды, он хотел поднять руку, чтобы отереть мокрые губы, но не мог и отерся о рукав армяка. Молча и тяжело дыша носом, он смотрел прямо в глаза парню, сбираясь с силами.

— Може, ты кому пообещал уже,— сказал парень,— так даром. Главное дело, мокреть на дворе, а мне с работой ехать, я и подумал себе: дай у Федьки сапог попрошу, ему, чай, не надо. Може, тебе самому надобны, ты скажи...

В груди больного что-то стало переливаться и бурчать; он перегнулся и стал давиться горловым, неразрешавшимся кашлем.

— Уж где надобны,— неожиданно сердито на всю избу затрещала кухарка,— второй месяц с печи не слезает. Вишь, надрывается, даже у самой внутренность болит, как слышишь только. Где ему сапоги надобны? В новых сапогах хоронить не станут. А уж давно пора, прости господи согрешенье. Вишь, надрывается. Либо перевесть его, что ль, в избу в другую, или куда! Такие больницы, слышь, в городу есть; а то разве дело — занял весь угол, да и шабаш. Нет тебе простору никакого. А тоже, чистоту спрашивают.

— Эй, Серега! иди садись, господа ждут,— крикнул в дверь почтовый староста.

Серега хотел уйти, не дождавшись ответа, но больной глазами, во время кашля, давал ему знать, что хочет ответить,— Ты сапоги возьми, Серега,— сказал он, подавив кашель и отдохнув немного. — Только, слышь, камень купи, как помру,— хрипя, прибавил он.

— Спасибо, дядя, так я возьму, а камень, ей-ей, куплю.

— Вот, ребята, слышали,— мог выговорить еще больной и снова перегнулся вниз и стал давиться.

— Ладно, слышали,— сказал один из ямщиков. — Иди, Серега, садись, а то вон опять староста бежит. Барыня, вишь, ширкинская больная.

Серега живо скинул свои прорванные, несоразмерно большие сапоги и швырнул под лавку. Новые сапоги дяди Федора пришлись как раз по ногам, и Серега, поглядывая на них, вышел к карете.

— Эк сапоги важные! дай помажу,— сказал ямщик с помазкою в руке, в то время как Серега, влезая на козлы, подбирал вожжи.— Даром отдал?

5

— Аль завидно,— отвечал Серега, приподнимаясь и повертывая около ног полы армяка.— Пущай! Эх вы, любезные! — крикнул он на лошадей, взмахнув кнутиком; и карета и коляска с своими седоками, чемоданами и важами, скрываясь в сером осеннем тумане, шибко покатились по мокрой дороге.

Больной ямщик остался в душной избе на печи и, не выкашлявшись, через силу перевернулся на другой бок и затих.

В избе до вечера приходили, уходили, обедали,— больного было не слышно. Перед ночью кухарка влезла на печь и через его ноги достала тулуп.

— Ты на меня не серчай, Настасья,— проговорил больной,— скоро опростаю угол-то твой.

— Ладно, ладно, что ж, ничаво,— пробормотала Настасья. — Да что у тебя болит-то, дядя? Ты скажи.

— Нутро все изныло. Бог его знает что.

— Небось и глотка болит, как кашляешь?

— Везде больно. Смерть моя пришла — вот что. Ох, ох, ох! — простонал больной.

— Ты ноги-то укрой вот так,— сказала Настасья, по дороге натягивая на него армяк и слезая с печи.

Ночью в избе слабо светил ночник. Настасья и человек десять ямщиков с громким храпом спали на полу и по лавкам. Один больной слабо кряхтел, кашлял и ворочался на печи. К утру он затих совершенно.

— Чудно что-то я нынче во сне видела,— говорила кухарка, в полусвете потягиваясь на другое утро.— Вижу я, будто дядя Хведор с печи слез и пошел дрова рубить. Дай, говорит, Настя, я тебе подсоблю; а я ему говорю: куда уж тебе дрова рубить, а он как схватит топор да и почнет рубить, так шибко, шибко, только щепки летят. Что ж, я говорю, ты ведь болен был. Нет, говорит, я здоров, да как замахнется, на меня страх и нашел. Как я закричу, и проснулась. Уж не помер ли? Дядя Хведор! а дядя!

Федор не откликался.

— И то, не помер ли? Пойти посмотреть,— сказал один из проснувшихся ямщиков.

Свисая с печи худая рука, покрытая рыжеватыми волосами, была холодна и бледна.

— Пойти смотрителю сказать, кажись, помер,— сказал ямщик.

Родных у Федора не было — он был дальний. На другой день его похоронили на новом кладбище, за рощей, и Настасья несколько дней рассказывала всем про сон, который она видела, и про то, что она первая хватилась дяди Федора.

6

III

Пришла весна. По мокрым улицам города, между навозными льдинками, журчали торопливые ручьи; цвета одежд и звуки говора движущегося народа были ярки. В садиках за заборами пухнули почки дерев, и ветви их чуть слышно покачивались от свежего ветра. Везде лились и капали прозрачные капли... Воробьи нескладно подпискивали и подпархивали на своих маленьких крыльях. На солнечной стороне, на заборах, домах и деревьях, все двигалось и блестело. Радостно, молодо было и на небе, и на земле, и в сердце человека.

На одной из главных улиц, перед большим барским домом, была постелена свежая солома; в доме была та самая умирающая больная, которая спешила за границу.

У затворенных дверей комнаты стоял муж больной и пожилая женщина. На диване сидел священник, опустив глаза и держа что-то завернутым в епитрахили. В углу, в вольтеровском кресле, лежала старушка — мать больной — и горько плакала. Подле нее горничная держала на руке чистый носовой платок, дожидаясь, чтобы старушка спросила его; другая чем-то терла виски старушки и дула ей под чепчик в седую голову.

— Ну, Христос с вами, мой друг,— говорил муж пожилой женщине, стоявшей с ним у двери,— она такое имеет доверие к вам, вы так умеете говорить с ней, уговорите ее хорошенько, голубушка, идите же.— Он хотел уже отворить ей дверь; но кузина удержала его, приложила несколько раз платок к глазам и встряхнула головой.

— Вот теперь, кажется, я не заплакана,— сказала она и, сама отворив дверь, прошла в нее.

Муж был в сильном волнении и казался совершенно растерян. Он направился было к старушке; но, не дойдя несколько шагов, повернулся, прошел по комнате и подошел к священнику. Священник посмотрел на него, поднял брови к небу и вздохнул. Густая с проседью бородка тоже поднялась кверху и опустилась.

— Боже мой! Боже мой! — сказал муж.

— Что делать? — вздыхая, сказал священник, и снова брови и бородка его поднялись кверху и опустились.

— И матушка тут! — почти с отчаяньем сказал муж.— Она не вынесет этого. Ведь так любить, так любить ее, как она... я не знаю. Хоть бы вы, батюшка, попытались успокоить ее и уговорить уйти отсюда.

Священник встал и подошел к старушке.

— Точно-с, материнское сердце никто оценить не может,— сказал он,— однако бог милосерд.

7

Лицо старушки вдруг стало все подергиваться, и с ней сделалась истерическая икота.

— Бог милосерд,— продолжал священник, когда она успокоилась немного.— Я вам доложу, в моем приходе был один больной, много хуже Марьи Дмитриевны, и что же, простой мещанин травами вылечил в короткое время. И даже мещанин этот самый теперь в Москве. Я говорил Василью Дмитриевичу — можно бы испытать. По крайности утешенье для больной бы было. Для бога все возможно.

— Нет, уже ей не жить,— проговорила старушка,— чем бы меня, а ее бог берет.— И истерическая икота усилилась так, что чувства оставили ее.

Муж больной закрыл лицо руками и выбежал из комнаты.

В коридоре первое лицо, встретившее его, был шестилетний мальчик, во весь дух догонявший младшую девочку.

— Что ж детей-то, не прикажете к мамаше сводить? — спросила няня.

— Нет, она не хочет их видеть. Это расстроит ее.

Мальчик остановился на минуту, пристально всматриваясь в лицо отца, и вдруг подбрыкнул ногой и с веселым криком побежал дальше.

— Это она будто бы вороная, папаша! — прокричал мальчик, указывая на сестру.

Между тем в другой комнате кузина сидела подле больной и искусно веденным разговором старалась приготовить ее к мысли о смерти. Доктор у другого окна мешал питье.

Больная, в белом капоте, вся обложенная подушками, сидела на постели и молча смотрела на кузину.

— Ах, мой друг,— сказала она, неожиданно перебивая ее,— не приготавливайте меня. Не считайте меня за дитя. Я христианка. Я все знаю. Я знаю, что мне жить недолго, я знаю, что ежели бы муж мой раньше послушал меня, я бы была в Италии и, может быть,— даже наверно,— была бы здорова. Это все ему говорили. Но что ж делать, видно, богу было так угодно. На всех нас много грехов, я знаю это; но надеюсь на милость бога, всем простится, должно быть, всем простится. Я стараюсь понять себя. И на мне было много грехов, мой друг. Но зато сколько я выстрадала. Я старалась сносить с терпеньем свои страданья...

— Так позвать батюшку, мой друг? вам будет еще легче, причастившись,— сказала кузина.

Больная нагнула голову в знак согласья.

— Боже! прости меня, грешную,— прошептала она.

Кузина вышла и мигнула батюшке.

— Это ангел! — сказала она мужу с слезами на глазах.

Муж заплакал, священник прошел в дверь, старушка все еще была без памяти, и в первой комнате стало совершенно тихо. Чрез пять минут священник вышел из двери и, сняв епитрахиль, оправил волосы.

— Слава богу, оне спокойнее теперь,— сказал он,— желают вас видеть.

Кузина и муж вышли. Больная тихо плакала, глядя на образ.

— Поздравляю тебя, мой друг,— сказал муж.

— Благодарствуй! Как мне теперь хорошо стало, какую непонятную сладость я испытываю,— говорила больная, и легкая улыбка играла на ее тонких губах.— Как бог милостив! Не правда ли, он милостив и всемогущ? — И она снова с жадной мольбой смотрела полными слез глазами на образ.

Потом вдруг как будто что-то вспомнилось ей. Она знаками подозвала к себе мужа.

— Ты никогда не хочешь сделать, что я прошу,— сказала она слабым и недовольным голосом.

Муж, вытянув шею, покорно слушал ее.

— Что, мой друг?

— Сколько раз я говорила, что эти доктора ничего не знают, есть простые лекарки, они вылечивают... Вот батюшка говорил... мещанин... Пошли.

— За кем, мой друг?

— Боже мой! ничего не хочет понимать!..— И больная сморщилась и закрыла глаза.

Доктор, подойдя к ней, взял ее за руку. Пульс заметно бился слабее и слабее. Он мигнул мужу. Больная заметила этот жест и испуганно оглянулась. Кузина отвернулась и заплакала.

— Не плачь, не мучь себя и меня,— говорила больная,— это отнимает у меня последнее спокойствие.

— Ты ангел! — сказала кузина, целуя ее руку.

— Нет, сюда поцелуй, только мертвых целуют в руку. Боже мой! Боже мой!

В тот же вечер больная уже была тело, и тело в гробу стояло в зале большого дома. В большой комнате с затворенными дверями сидел один дьячок и в нос, мерным голосом, читал песни Давида. Яркий восковой свет с высоких серебряных подсвечников падал на бледный лоб усопшей, на тяжелые восковые руки и окаменелые складки покрова, страшно поднимающегося на коленях и пальцах ног. Дьячок, не понимая своих слов, мерно читал, и в тихой комнате странно звучали и замирали слова. Изредка из дальней комнаты долетали звуки детских голосов и их топота.

«Сокроешь лицо твое — смущаются,— гласил псалтырь,— возьмешь от них дух — умирают и в прах свой извращаются. Пошлешь дух твой — созидаются и обновляют лицо земли. Да будет господу слава вовеки».

Лицо усопшей было строго, спокойно и величаво. Ни в чистом холодном лбе, ни в твердо сложенных устах ничто не двигалось. Она вся была внимание. Но понимала ли она хоть теперь великие слова эти?

IV

Через месяц над могилой усопшей воздвиглась каменная часовня. Над могилой ямщика все еще не было камня, и только светло-зеленая трава пробивала над бугорком, служившим единственным признаком прошедшего существования человека.

— А грех тебе будет, Серега,— говорила раз кухарка на станции,— коли ты Хведору камня не купишь. То говорил: зима, зима, а нынче что ж слова не держишь? Ведь при мне было. Он уж приходил к тебе раз просить, не купишь, еще раз придет, душить станет.

— Да что, я разве отрекаюсь,— отвечал Серега,— я камень куплю, как сказал, куплю, в полтора целковых куплю. Я не забыл, да ведь привезть надо. Как случай в город будет, так и куплю.

— Ты бы хошь крест поставил, вот что,— отозвался старый ямщик,— а то впрямь дурно. Сапоги-то носишь.

— Где его возьмешь, крест-то? из полена не вытешешь?

— Что говоришь-то? Из полена не вытешешь, возьми топор да в рощу пораньше сходи, вот и вытешешь. Ясенку ли, что ли, срубишь. Вот и голубец будет. А то, поди, еще объездчика пой водкой. За всякой дрянью поить не наготовишься. Вон я намедни вагу сломал, новую вырубил важную, никто слова не сказал.

Ранним утром, чуть зорька, Серега взял топор и пошел в рощу.

На всем лежал холодный матовый покров еще падавшей, не освещенной солнцем росы. Восток незаметно яснел, отражая свой слабый свет на подернутом тонкими тучами своде неба. Ни одна травка внизу, ни один лист на верхней ветви дерева не шевелились. Только изредка слышавшиеся звуки крыльев в чаще дерева или шелеста по земле нарушали тишину леса. Вдруг странный, чуждый природе звук разнесся и замер на опушке леса. Но снова послышался звук и равномерно стал повторяться внизу около ствола одного из неподвижных деревьев. Одна из макуш необычайно затрепетала, сочные листья ее зашептали что-то, и малиновка, сидевшая на одной из ветвей ее, со свистом перепорхнула два раза и, подергивая хвостиком, села на другое дерево.

Топор низом звучал глуше и глуше, сочные белые щепки летели на росистую траву, и легкий треск послышался из-за ударов. Дерево вздрогнуло всем телом, погнулось и быстро выпрямилось, испуганно колебаясь на своем корне. На мгновенье все затихло, но снова погнулось дерево, снова послышался треск в его стволе, и, ломая сучья и спустив ветви, оно рухнулось макушей на сырую землю. Звуки топора и шагов затихли. Малиновка свистнула и вспорхнула выше. Ветка, которую она зацепила своими крыльями, покачалась несколько времени и замерла, как и другие, со всеми своими листьями. Деревья еще радостнее красовались на новом просторе своими неподвижными ветвями.

Первые лучи солнца, пробив сквозившую тучу, блеснули в небе и пробежали по земле и небу. Туман волнами стал переливаться в лощинах, роса, блестя, заиграла на зелени, прозрачные побелевшие тучки спеша разбегались по синевшему своду. Птицы гомозились в чаще и, как потерянные, щебетали что-то счастливое; сочные листья радостно и спокойно шептались в вершинах, и ветви живых дерев медленно, величаво зашевелились над мертвым, поникшим деревом.

Люцерн

Вчера вечером я приехал в Люцерн и остановился в лучшей здешней гостинице, Швейцергофе.

«Люцерн, старинный кантональный город, лежащий на берегу озера четырех кантонов, — говорит Murray, — одно из самых романтических местоположений Швейцарии; в нем скрещиваются три главные дороги; и только на час езды на пароходе находится гора Риги, с которой открывается один из самых великолепных видов в мире».

Справедливо или нет, другие гиды говорят то же, и потому путешественников всех наций, и в особенности англичан, в Люцерне — бездна.

Великолепный пятиэтажный дом Швейцергофа построен недавно на набережной, над самым озером, на том самом месте, где в старину был деревянный, крытый, извилистый мост, с часовнями на углах и образами на стропилах. Теперь благодаря огромному наезду англичан, их потребностям, их вкусу и их деньгам старый мост сломали и на его месте сделали цокольную, прямую, как палка, набережную; на набережной построили прямые четвероугольные пятиэтажные дома; а перед домами в два ряда посадили липки, поставили подпорки, а между липками, как водится, зеленые лавочки. Это — гулянье; и тут взад и вперед ходят англичанки в швейцарских соломенных шляпах и англичане в прочных и удобных одеждах и радуются своему произведению. Может быть, что эти набережные, и дома, и липки, и англичане очень хорошо где-нибудь,— но только не здесь, среди этой странно величавой и вместе с тем невыразимо гармонической и мягкой природы.

Когда я вошел наверх в свою комнату и отворил окно на озеро, красота этой воды, этих гор и этого неба в первое мгновение буквально ослепила и потрясла меня. Я почувствовал внутреннее беспокойство и потребность выразить как-нибудь избыток чего-то, вдруг переполнившего мою душу. Мне захотелось в эту минуту обнять кого-нибудь, крепко обнять, защекотать, ущипнуть его, вообще сделать с ним и с собой что-нибудь необыкновенное.

Был седьмой час вечера. Целый день шел дождь, и теперь разгуливалось. Голубое, как горящая сера, озеро, с точками лодок и их пропадающими следами, неподвижно, гладко, как будто выпукло расстилалось перед окнами между разнообразными зелеными берегами, уходило вперед, сжимаясь между двумя громадными уступами, и, темнея, упиралось и исчезало в нагроможденных друг на друге долинах, горах, облаках и льдинах. На первом плане мокрые светло-зеленые разбегающиеся берега с тростником, лугами, садами и дачами; далее темно-зеленые поросшие уступы с развалинами замков; на дне скомканная бело-лиловая горная даль с причудливыми скалистыми и бело-матовыми снеговыми вершинами; и все залитое нежной, прозрачной лазурью воздуха и освещенное прорвавшимися с разорванного неба жаркими лучами заката. Ни на озере, ни на горах, ни на небе ни одной цельной линии, ни одного цельного цвета, ни одного одинакового момента, везде движение, несимметричность, причудливость, бесконечная смесь и разнообразие теней и линий, и во всем спокойствие, мягкость, единство и необходимость прекрасного. И тут, среди неопределенной, запутанной свободной красоты, перед самым моим окном, глупо, фокусно торчала белая палка набережной, липки с подпорками и зеленые лавочки — бедные, пошлые людские произведения, не утонувшие так, как дальние дачи и развалины, в общей гармонии красоты, а, напротив, грубо противоречащие ей. Беспрестанно, невольно мой взгляд сталкивался с этой ужасно прямой линией набережной и мысленно хотел оттолкнуть, уничтожить ее, как черное пятно, которое сидит на носу под глазом; но набережная с гуляющими англичанами оставалась на месте, и я невольно старался найти точку зрения, с которой бы мне ее было не видно. Я выучился смотреть так, и до обеда один сам с собою наслаждался тем неполным, но тем слаще томительным чувством, которое испытываешь при одиноком созерцании красоты природы.

В половине восьмого меня позвали обедать. В большей великолепно убранной комнате, в нижнем этаже, были накрыты два длинные стола, по крайней мере, человек на сто. Минуты три продолжалось молчаливое движение сбора гостей: шуршанье женских платьев, легкие шаги, тихие переговоры с учтивейшими и изящнейшими кельнерами; и все приборы были заняты мужчинами и дамами, весьма красиво, даже богато и вообще необыкновенно чистоплотно одетыми. Как вообще в Швейцарии, большая часть гостей — англичане, и потому главные черты общего стола — строгое, законом признанное приличие, несообщительность, основанные не на гордости, но на отсутствии потребности сближения, и одинокое довольство в удобном и приятном удовлетворении своих потребностей. Со всех сторон блестят белейшие кружева, белейшие воротнички, белейшие настоящие и вставные зубы, белейшие лица и руки. Но лица, из которых многие очень красивы, выражают только сознание собственного благосостояния и совершенное отсутствие внимания ко всему окружающему, что не прямо относится к собственной особе, и белейшие руки с перстнями и в митенях движутся только для поправления воротничков, разрезывания говядины и наливания вина в стаканы: никакое душевное волнение не отражается в их движениях. Семейства изредка тихим голосом перекидываются словами о приятном вкусе такого-то кушанья или вина и красивом виде с горы Риги. Одинокие путешественники и путешественницы одиноко, молча, сидят рядом, даже не глядя друг на друга. Если изредка из этих ста человек два разговаривают между собою, то наверно о погоде и восхождении на гору Риги. Ножи и вилки чуть слышно двигаются по тарелкам, кушаньев берется понемногу, горошек и овощи едятся непременно вилкой; кельнеры, невольно подчиняясь общей молчаливости, шепотом спрашивают о том, какого вина прикажете? На таких обедах мне всегда становится тяжело, неприятно и под конец грустно. Мне все кажется, что я виноват в чем-нибудь, что я наказан, как в детстве, когда за шалость меня сажали на стул и иронически говорили: «Отдохни, мой любезный!» — в то время как в жилах бьется молодая кровь и в другой комнате слышны веселые крики братьев. Я прежде старался взбунтоваться против этого чувства задавленности, которое испытывал на таких обедах, но тщетно; все эти мертвые лица имеют на меня неотразимое влияние, и я становлюсь таким же мертвым. Я ничего не хочу, не думаю, даже не наблюдаю. Сначала я пробовал заговаривать с соседями; но, кроме фраз, которые, очевидно, повторялись в стотысячный раз на том же месте и в стотысячный раз тем же лицом, я не получал других ответов. И ведь все эти люди не глупые же и не бесчувственные, а, наверное, у многих из этих замерзших людей происходит такая же внутренняя жизнь, как и во мне, у многих и гораздо сложнее и интереснее. Так зачем же они лишают себя одного из лучших удовольствий жизни, наслаждения друг с другом, наслаждения человеком?

13

То ли дело, бывало, в нашем парижском пансионе, где мы, двадцать человек самых разнообразных наций, профессий и характеров, под влиянием французской общительности, сходились к общему столу, как на забаву. Там сейчас, с одного конца стола на другой, разговор, пересыпанный шуточками и каламбурами, хотя часто и на ломаном языке, становился общим. Там всякий, не заботясь о том, как выйдет, болтал, что приходило в голову; там у нас были свой философ, свой спорщик, свой bel esprit[1], свой пластрон[2], все было общее. Там, тотчас после обеда, мы отодвигали стол и, в такт ли, не в такт ли, принимались по пыльному ковру танцевать la polka[3] до самого вечера. Там мы были хоть и кокетливые, не очень умные и почтенные люди, но мы были люди. И испанская графиня с романическими приключениями, и итальянский аббат, декламировавший «Божественную комедию» после обеда, и американский доктор, имевший вход в Тюльери, и юный драматург с длинными волосами, и пьянистка, сочинившая, по собственным словам, лучшую польку в мире, и несчастная красавица вдова с тремя перстнями на каждом пальце, — мы все по-человечески, хотя поверхностно, но приязненно относились друг к другу и унесли друг от друга кто легкие, а кто искренние сердечные воспоминания. За английскими же table d'hôt'ами[4] я часто думаю, глядя на все эти кружева, ленты, перстни, помаженные волосы и шелковые платья: сколько бы живых женщин были счастливы и сделали бы других счастливыми этими нарядами. Странно подумать, сколько тут друзей и любовников, самых счастливых друзей и любовников, сидят рядом, может быть, не зная этого. И бог знает, отчего никогда не узнают этого и никогда не дадут друг другу того счастья, которое так легко могут дать и которого им так хочется.

Мне сделалось грустно, как всегда после таких обедов, и, не доев десерта, в самом невеселом расположении духа, я пошел шляться по городу. Узенькие грязные улицы без освещения, запираемые лавки, встречи с пьяными работниками и женщинами, идущими за водой или, в шляпках, по стенам, оглядываясь, шмыгающими по переулкам, не только не разогнали, но еще усилили мое грустное расположение духа. В улицах уж было совсем темно, когда я, не оглядываясь кругом себя, без всякой мысли в голове, пошел к дому, надеясь сном избавиться от мрачного настроения духа. Мне становилось ужасно душевно холодно, одиноко и тяжко, как это случается иногда без видимой причины при переездах на новое место.

---

1. фр. bel esprit — остроумец.

2. предмет насмешек (от франц. plastron).

3. фр. la polka — польку.

4. фр. table d'hôt'ами — общими обедами.

Я, глядя только себе под ноги, шел по набережной к Швейцергофу, как вдруг меня поразили звуки странной, но чрезвычайно приятной и милой музыки. Эти звуки мгновенно живительно подействовали на меня. Как будто яркий, веселый свет проник в мою душу. Мне стало хорошо, весело. Заснувшее внимание мое снова устремилось на все окружающие предметы. И красота ночи и озера, к которым я прежде был равнодушен, вдруг, как новость, отрадно поразили меня. Я невольно в одно мгновение успел заметить и пасмурное, серыми кусками на темной синеве, небо, освещенное поднимающимся месяцем, и темно-зеленое гладкое озеро с отражающимися в нем огоньками, и вдали мглистые горы, и крики лягушек из Фрёшенбурга, и росистый свежий свист перепелов с того берега. Прямо же передо мной, с того места, с которого слышались звуки и на которое преимущественно было устремлено мое внимание, я увидал в полумраке на средине улицы полукругом стеснившуюся толпу народа, а перед толпой, в некотором расстоянии, крошечного человека в черной одежде. Сзади толпы и человечка, на темном сером и синем разорванном небе, стройно отделялось несколько черных раин сада и величаво возвышались по обеим сторонам старинного собора два строгие шпица башен.

Я подходил ближе, звуки становились яснее. Я разбирал ясно дальние, сладко колеблющиеся в вечернем воздухе полные аккорды гитары и несколько голосов, которые, перебивая друг друга, не пели тему, а кое-где, выпевая самые выступающие места, давали ее чувствовать. Тема была что-то вроде милой и грациозной мазурки. Голоса казались то близки, то далеки, то слышался тенор, то бас, то горловая фистула с воркующими тирольскими переливами. Это была не песня, а легкий мастерской эскиз песни. Я не мог понять, что это такое; но это было прекрасно. Эти сладострастные слабые аккорды гитары, эта милая, легкая мелодия и эта одинокая фигурка черного человечка среди фантастической обстановки темного озера, просвечивающей луны и молчаливо возвышающихся двух громадных шпицев башен и черных раин сада — все было странно, но невыразимо прекрасно, или показалось мне таким.

Все спутанные, невольные впечатления жизни вдруг получили для меня значение и прелесть. В душе моей как будто распустился свежий благоухающий цветок. Вместо усталости, рассеянья, равнодушия ко всему на свете, которые я испытывал за минуту перед этим, я вдруг почувствовал потребность любви, полноту надежды и беспричинную радость жизни. Чего хотеть, чего желать? — сказалось мне невольно, — вот она, со всех сторон обступает тебя красота и поэзия. Вдыхай ее в себя широкими полными глотками, насколько у тебя есть силы, наслаждайся, чего тебе еще надо! Все твое, все благо...

Я подошел ближе. Маленький человечек был, как казалось, странствующий тиролец. Он стоял перед окнами гостиницы, выставив ножку, закинув кверху голову, и, бренча на гитаре, пел на разные голоса свою грациозную песню. Я тотчас же почувствовал нежность к этому человеку и благодарность за тот переворот, который он произвел во мне. Певец, сколько я мог рассмотреть, был одет в старенький черный сюртук, волоса у него были черные, короткие, и на голове была самая мещанская, простая старенькая фуражка. В одежде его ничего не было артистического, но лихая, детски веселая поза и движения с его крошечным ростом составляли трогательное и вместе забавное зрелище. В подъезде, окнах и балконах великолепно освещенной гостиницы стояли блестящие нарядами, широкоюбные барыни, господа с белейшими воротниками, швейцар и лакей в золотошитых ливреях; на улице, в полукруге толпы и дальше по бульвару, между липками, собрались и остановились изящно одетые кельнеры, повара в белейших колпаках и куртках, обнявшиеся девицы и гуляющие. Все, казалось, испытывали то же самое чувство, которое испытывал и я. Все молча стояли вокруг певца и внимательно слушали. Все было тихо, только в промежутках песни, где-то вдалеке, равномерно по воде, долетал звук молота и из Фрёшенбурга рассыпчатой трелью неслись голоса лягушек, перебиваемые влажным однозвучным свистом перепелов.

Маленький человечек в темноте среди улицы заливался, как соловей, куплет за куплетом и песня за песней. Несмотря на то, что я подошел вплоть к нему, его пенье продолжало доставлять мне большое удовольствие. Небольшой голос его был чрезвычайно приятен, нежность же, вкус и чувство меры, с которыми он владел этим голосом, были необыкновенны и показывали в нем огромное природное дарованье. Припев каждого куплета он всякий раз пел различно, и видно было, что все эти грациозные изменения свободно, мгновенно приходили ему.

В толпе, и наверху в Швейцергофе, и внизу на бульваре, слышался часто одобрительный шепот и царствовало почтительное молчание. На балконах и в окнах все более и более прибавлялось нарядных, живописно в свете огней дома облокотившихся мужчин и женщин. Гуляющие останавливались, и в тени на набережной повсюду кучками около липок стояли мужчины и женщины. Около меня, куря сигары, стояли, несколько отделившись от всей толпы, аристократические лакей и повар. Повар сильно чувствовал прелесть музыки и при каждой высокой фистульной ноте восторженно-недоумевающе подмигивал всей головой лакею и толкал его локтем с выражением, говорившим: каково поет, а? Лакей, по распустившейся улыбке которого я замечал все им испытываемое удовольствие, на толчки повара отвечал пожиманием плеч, показывавшим, что его удивить довольно трудно и что он слыхал многое получше этого.

И промежутке песни, когда певец прокашливался, я спросил у лакея, кто он такой и часто ли сюда приходит.

— Да в лето раза два приходит, — отвечал лакей, — он из Арговии. Так, нищенствует.

— А что, много их таких ходит? — спросил я.

— Да, да, — отвечал лакей, не поняв сразу того, о чем я спрашивал, но, разобрав уж потом мой вопрос, прибавил: — О нет! Здесь я только одного его видаю. Больше нету.

В это время маленький человечек кончил первую песню, бойко перевернул гитару и сказал что-то про себя на своем немецком patois[5], чего я не мог понять, но что произвело хохот в окружающей толпе.

— Что это он говорит? — спросил я.

— Говорит, что горло пересохло, выпил бы вина,— перевел мне лакей, стоявший подле меня.

— А что, он, верно, любит пить?

— Да эти все люди такие, — отвечал лакей, улыбнувшись и махнув на него рукою.

Певец снял фуражку и, размахнув гитарой, приблизился к дому. Закинув голову, он обратился к господам, стоявшим у окон и на балконах: «Messieurs et mesdames, — сказал он полуитальянским, полунемецким акцентом и с теми интонациями, с которыми фокусники обращаются к публике,— si vous croyez que je gagne quelque chosse, vous vous trompez; je ne suis qu'un bauvre tiaple[6]». Он остановился, помолчал немного; но так как никто ему ничего не дал, он снова вскинул гитару и сказал: «A présent, messieurs et mesdames, je vous chanterai l'air du Righi[7]». Наверху публика молчала, но продолжала стоять в ожидании следующей песни, внизу в толпе засмеялись, должно быть, тому, что он так странно выражался, и тому, что ему ничего не дали. Я дал ему несколько сантимов, он ловко перекинул их из руки в руку, засунул в карман жилета и, надев фуражку, снова начал петь грациозную милую тирольскую песенку, которую он называл l'air du Righi. Эта песня, которую он оставлял для заключения, была еще лучше всех прежних, и со всех сторон в увеличившейся толпе

---

5. фр. patois — местном, провинциальном наречии.

6. фр. Messieurs et mesdames, si vous croyez que je gagne quelque chosse, vous vous trompez; je ne suis qu'un bauvre tiaple — Милостивые государи и государыни, ежели вы думаете, что я что-нибудь зарабатываю, то вы ошибаетесь; я бедный малый (искаж. франц.)

7. фр. A présent, messieurs et mesdames, je vous chanterai l'air du Righi — Теперь, милостивые государи и государыни, я спою вам, песенку Риги.

слышались звуки одобрения. Он кончил. Снова он размахнул гитарой, снял фуражку, выставил ее вперед себя, на два шага приблизился к окнам и снова сказал свою непонятную фразу: «Messieurs et mesdames, si vous croyez que je gagne quelque chosse»,— которую он, видно, считал очень ловкой и остроумной, но в голосе и движениях его я заметил теперь некоторую нерешительность и детскую робость, которые были особенно поразительны с его маленьким ростом. Элегантная публика все так же живописно в свете огней стояла на балконах и в окнах, блестя богатыми одеждами; некоторые умеренно-приличным голосом разговаривали между собой, очевидно, про певца, который с вытянутой рукой стоял перед ними, другие внимательно, с любопытством смотрели вниз на эту маленькую черную фигурку, на одном балконе послышался звучный и веселый смех молодой девушки. В толпе внизу громче и громче слышался говор и посмеиванье. Певец в третий раз повторил свою фразу, но еще слабейшим голосом, и даже не докончил ее и снова вытянул руку с фуражкой, но тотчас же и опустил ее. И во второй раз из этих сотни блестяще одетых людей, столпившихся слушать его, ни один не бросил ему копейки. Толпа безжалостно захохотала. Маленький певец, как мне показалось, сделался еще меньше, взял в другую руку гитару, поднял над головой фуражку и сказал: «Messieurs et mesdames, je vous remercie et je vous souhaite une bonne nuit[8] », — и надел фуражку. Толпа загоготала от радостного смеха. С балконов стали понемногу скрываться красивые мужчины и дамы, спокойно разговаривая между собою. На бульваре снова возобновилось гулянье. Молчаливая во время пения, улица снова оживилась, несколько человек только, не подходя к нему, смотрели издалека на певца и смеялись. Я слышал, как маленький человек что-то проговорил себе под нос, повернулся и, как будто сделавшись еще меньше, скорыми шагами пошел к городу. Веселые гуляки, смотревшие на него, все так же в некотором расстоянии следовали за ним и смеялись...

Я совсем растерялся, не понимал, что это все значит, и, стоя на одном месте, бессмысленно смотрел в темноту на удалявшегося крошечного человека, который, растягивая большие шаги, быстро шел к городу, я на смеющихся гуляк, которые следовали за ним. Мне сделалось больно, горько и, главное, стыдно за маленького человека, за толпу, за себя, как будто бы я просил денег, мне ничего не дали и надо мною смеялись. Я, тоже не оглядываясь, с защемленным сердцем, скорыми шагами пошел к себе домой на крыльцо Швейцергофа. Я не отдавал еще себе отчета в том, что испытывал, только что-то тяжелое, неразрешившееся наполняло мне душу и давило меня.

---

8. фр. Messieurs et mesdames, je vous remercie et je vous souhaite une bonne nuit — Милостивые государи и государыни, благодарю вас и желаю вам спокойной ночи.

На великолепном, освещенном подъезде мне встретился учтиво сторонившийся швейцар и английское семейство. Плотный, красивый и высокий мужчина с черными английскими бакенбардами, в черной шляпе и с пледом на руке, в которой он держал богатую трость, лениво, самоуверенно шел под руку с дамой в диком шелковом платье, в чепце с блестящими лентами и прелестнейших кружевах. Рядом с ними шла хорошенькая, свеженькая барышня в грациозной швейцарской шляпе с пером, à la mousquetaire[9], из-под которой вокруг ее беленького личика падали мягкие длинные светло-русые букли. Впереди подпрыгивала десятилетняя румяная девочка, с полными белыми коленками, видневшимися из-под тончайших кружев.

— Прелестная ночь, — сказала дама сладким, счастливым голосом, в то время как я проходил.

— Ohé! — промычал лениво англичанин, которому, видимо, было так хорошо жить на свете, что и говорить не хотелось. И всем им, казалось, так было спокойно, удобно, чисто и легко жить на свете, такое в их движениях и лицах выражалось равнодушие ко всякой чужой жизни и такая уверенность в том, что швейцар им посторонится и поклонится, и что, воротясь, они найдут чистую, покойную постель и комнаты, и что все это должно быть, и что на все это имеют полное право, — что я вдруг невольно противопоставил им странствующего певца, который, усталый, может быть, голодный, с стыдом убегал теперь от смеющейся толпы, — понял, что таким тяжелым камнем давило мне сердце, и почувствовал невыразимую злобу на этих людей. Я два раза прошел туда и назад мимо англичанина, с невыразимым наслаждением оба раза, не сторонясь ему, толкнув его локтем, и, спустившись с подъезда, побежал в темноте по направлению к городу, куда скрылся маленький человек.

Догнав трех человек, шедших вместе, я спросил у них, где певец; они, смеясь, указали мне его впереди. Он шел один, скорыми шагами, никто не приближался к нему, он все что-то, как мне показалось, сердито бормотал себе под нос. Я поравнялся с ним и предложил ему пойти куда-нибудь вместе выпить бутылку вина. Он шел все так же скоро и недовольно оглянулся на меня; но, разобрав, в чем дело, остановился.

— Что ж, я не откажусь, ежели вы так добры, — сказал он. — Вот тут есть маленький кафе, туда зайти можно — простенькое, — прибавил он, указывая на распивную лавочку, которая была еще отворена.

Его слово «простенькое» невольно навело меня на мысль не идти в простенькое кафе, а идти в Швейцергоф, туда, где были те, которые его слушали. Несмотря на то, что он с робким волнением несколько раз

---

9. фр. à la mousquetaire — как мушкетер.

отказывался от Швейцергофа, говоря, что там слишком парадно, я настоял на своем, и он, притворяясь уже, что нисколько не смущен, весело размахивая гитарой, пошел со мной назад по набережной. Несколько праздных гуляк, как только я подошел к певцу, пододвинулись, прислушались к тому, что я говорил, и теперь, рассуждая между собой, пошли за нами до самого подъезда, ожидая, верно, от тирольца еще какого-нибудь представления.

Я спросил бутылку вина у кельнера, который встретился мне в сенях. Кельнер, улыбаясь, посмотрел на нас и, ничего не ответив, пробежал мимо. Старший кельнер, к которому я обратился с той же просьбой, серьезно выслушал меня и, оглядев с ног до головы робкую, маленькую фигуру певца, строго сказал швейцару, чтоб нас провели в залу налево. Зала налево была распивная комната для простого народа. В углу этой комнаты горбатая служанка мыла посуду, и вся мебель состояла в деревянных голых столах и лавках. Кельнер, который пришел служить нам, поглядывая на нас с кроткой насмешливой улыбкой и засунув руки в карманы, переговаривался о чем-то с горбатой судомойкой. Он, видимо, старался дать нам заметить, что, чувствуя себя по общественному положению и достоинствам неизмеримо выше певца, ему не только не обидно, но истинно забавно служить нам.

— Простого вина прикажете? — сказал он с знающим видом, подмигивая мне на моего собеседника и из руки в руку перекидывая салфетку.

— Шампанского, и самого лучшего, — сказал я, стараясь принять самый гордый и величественный вид. Но ни шампанское, ни мой будто бы гордый и величественный вид не подействовали на лакея; он усмехнулся, постоял немножко, глядя на нас, не торопясь посмотрел на золотые часы и тихими шагами, как бы прогуливаясь, вышел из комнаты. Скоро он возвратился с вином и еще двумя лакеями. Два из них сели около судомойки и с веселой внимательностью и кроткой улыбкой на лицах любовались на нас, как любуются родители на милых детей, когда они мило играют. Одна только горбатая судомойка, казалось, не насмешливо, а с участием смотрела на нас. Хотя мне было и очень тяжело и неловко под огнем этих лакейских глаз беседовать с певцом и угощать его, я старался делать свое дело сколь возможно независимо. При огне я его рассмотрел лучше. Это был крошечный, пропорционально сложенный, жилистый человек, почти карлик, с щетинистыми черными волосами, всегда плачущими большими черными глазами, лишенными ресниц, и чрезвычайно приятным, умильно сложенным ротиком. У него были маленькие бакенбарды, волоса были недлинны, одежда была самая простая и бедная. Он был нечист, оборван, загорел и вообще имел вид трудового человека. Он скорей был похож на бедного торговца, чем на артиста. Только в постоянно влажных, блестящих глазах и собранном ротике было что-то оригинальное и трогательное. На вид ему можно было дать от двадцати пяти до сорока лет; действительно же ему было тридцать восемь.

Вот что он с добродушной готовностью и очевидной искренностью рассказал про свою жизнь. Он из Арговии. В детстве еще он потерял отца и мать, других родных у него нет. Состояния он никогда не имел никакого. Он обучался столярному мастерству, но двадцать два года тому назад у него сделался костоед в руке, лишивший его возможности работать. Он с детства имел охоту к пенью и стал петь. Иностранцы давали ему изредка деньги. Он сделал из этого профессию, купил гитару и вот восьмнадцатый год странствует по Швейцарии и Италии, распевая перед гостиницами. Весь его багаж — гитара и кошелек, в котором у него теперь было только полтора франка, которые он должен проспать и проесть нынче же вечером. Он каждый год, уж восьмнадцать раз, проходит все лучшие, наиболее посещаемые места Швейцарии: Цюрих, Люцерн, Интерлакен, Шамуни и т. д.; через St.-Bernard проходит в Италию и возвращается через St.-Gotard или через Савойю. Теперь ему тяжело становится ходить, потому что от простуды он чувствует, что боль в ногах, которую он называет глидерзухт, с каждым годом усиливается и что глаза и голос его становятся слабее. Несмотря на это, он теперь отправляется в Интерлакен, Aix-les-Bains и, через малый St.-Bernard, в Италию, которую он особенно любит; вообще, как кажется, он очень доволен своей жизнью. Когда я спросил у него, зачем он возвращается домой, есть ли у него там родные, или дом и земля, ротик его, как будто на сборках, собрался в веселую улыбочку, и он отвечал мне.

— Oui, le sucre est bon, il est doux pour les enfants![10] — и подмигнул на лакеев.

Я ничего не понял, но в лакейской группе засмеялись.

— Ничего нет, а то разве я бы стал ходить так, — объяснил он мне, — а прихожу домой, потому что все-таки как-то тянет к себе на родину.

И он еще раз с хитро-самодовольной улыбкой повторил фразу: «Oui, le sucre est bon», — и добродушно рассмеялся. Лакеи очень были довольны и хохотали, одна горбатая судомойка большими добрыми глазами серьезно смотрела на маленького человечка и подняла ему шапку, которую он во время разговора уронил с лавки. Я замечал, что странствующие певцы, акробаты, даже фокусники любят называть себя

---

10. фр. Oui, le sucre est bon, il est doux pour les enfants! — Да, сахар хорош, он приятен для детей!

артистами, и потому несколько раз намекал своему собеседнику на то, что он артист, но он вовсе не признавал за собой этого качества, а весьма просто, как на средство к жизни, смотрел на свое дело. Когда я спросил его, не сам ли он сочиняет песни, которые поет, он удивился такому странному вопросу и отвечал, что куда ему, это всё старинные тирольские песни.

— А как же песня Риги? я думаю, не старинная? — сказал я.

— Да, это лет пятнадцать тому назад сочинена. Был один немец в Базеле, умнейший был человек, это он сочинил ее. Отличная песня! Это, видите, он для путешественников сочинил.

И он начал мне, переводя по-французски, рассказывать слова песни Риги, которая, видно, ему очень нравилась:

Коли хочешь идти на Риги,
До Вегиса не нужно башмаков
(Потому что на пароходе едут),
А от Вегиса возьми большую палку,
Да еще под руку возьми девицу,
Да зайди выпить стаканчик вина.
Только пей не слишком много,
Потому что тот, кто хочет пить,
Должен заслужить прежде...

— О, отличная песня! — заключил он.

Лакеи находили, вероятно, эту песню весьма хорошей, потому что приблизились к нам.

— Ну, а музыку кто же сочинял? — спросил я.

— Да никто, это так, знаете, чтобы петь для иностранцев, надо что-нибудь новенькое.

Когда нам принесли льду и я налил моему собеседнику стакан шампанского, ему, видимо, стало неловко, и он, оглядываясь на лакеев, поворачивался на своей лавке. Мы чокнулись за здоровье артистов; он отпил полстакана и нашел нужным задуматься и глубокомысленно повести бровями.

— Давно я не пил такого вина, je ne vous dis que ça[11]. В Италии вино d'Asti хорошо, но это еще лучше. Ах, Италия! славно там быть! — прибавил он.

— Да, там умеют ценить музыку и артистов, — сказал я, желая навести его на вечернюю неудачу перед Швейцергофом.

---

11. фр. je ne vous dis que ça — я только это скажу вам.

— Нет,— отвечал он,— там насчет музыки я никому не могу удовольствия доставить. Итальянцы сами музыканты, каких нет на всем свете; но я только насчет тирольских песен. Это им все-таки новость.

— Что ж, там щедрее господа? — продолжал я, желая его заставить разделить мою злобу на обитателей Швейцергофа. — Там не случится так, как здесь, чтобы из огромного отеля, где богачи живут, сто человек бы слушали артиста и ничего бы ему не дали...

Мой вопрос подействовал совсем не так, как я ожидал. Он и не думал негодовать на них; напротив, в моем замечании он видел упрек своему таланту, который не вызвал награды, и старался оправдаться передо мной.

— Не всякий раз много получишь,— отвечал он. — Иногда и голос пропадет, устанешь,— ведь я нынче девять часов прошел и пел целый день почти. Оно трудно. А важные господа аристократы, им иногда и не хочется слушать тирольские песни.

— Все-таки, как же ничего не дать? — повторил я.

Он не понял моего замечания.

— Не то, — сказал он, — а здесь главное on est très serré pour la police [12], вот что. Здесь по этим республиканским законам вам не позволяют петь, а в Италии вы можете ходить сколько хотите, никто вам слова не скажет. Здесь ежели захотят вам позволить, то позволят, а не захотят, то вас в тюрьму посадить могут.

— Как, неужели?

— Да. Ежели вам раз заметят, а вы будете еще петь, — вас могут в тюрьму посадить. Я уж просидел три месяца, — сказал он, улыбаясь, как будто это было одно из самых приятных его воспоминаний.

— Ах, это ужасно! — сказал я. — За что же?

— Это так у них по новым законам республики, — продолжал он, одушевляясь. — Они этого не хотят рассудить, что надо, чтобы и бедняк жил как-нибудь. Ежели бы я был не калека, я бы работал. А что я пою, так разве я кому-нибудь вред этим делаю? Что ж это такое? богатым жить можно, как хотят, а un bauvre tiaple [13], как я, уж и жить не может. Что ж это за законы республики? Коли так, то мы не хотим республики, не так ли, милостивый государь? мы не хотим республики, а мы хотим... мы хотим просто... мы хотим... — он замялся немного, — мы хотим натуральные законы.

Я подлил ему еще в стакан.

— Вы не пьете, — сказал я ему.

Он взял в руку стакан и поклонился мне.

---

12. фр. on est très serré pour la police — много притеснений со стороны полиции.

13. фр. un bauvre tiaple — бедный малый (искаж. франц.)

— Я знаю, что вы хотите, — сказал он, прищуривая глаз и грозя мне пальцем,— вы хотите подпоить меня, посмотреть, что из меня будет, но нет, это вам не удастся.

— Зачем же мне вас напоить, — сказал я, — я только желал бы вам сделать удовольствие.

Ему, верно, жалко стало, что он обидел меня, дурно объяснив мое намерение, он смутился, привстал и пожал меня за локоть.

— Нет, нет,— сказал он, с умоляющим выражением глядя на меня своими влажными глазами,— я так только, шучу.

И вслед за этим он произнес какую-то ужасно запутанную, хитрую фразу, долженствовавшую означать, что я все-таки добрый малый.

— Je ne vous dis que ça![14] — заключил он.

Таким образом, мы продолжали пить и беседовать с певцом, а лакеи продолжали, не стесняясь, любоваться нами и, кажется, подтрунивать. Несмотря на интерес моего разговора, я не мог не замечать их и, признаюсь, сердился все больше и больше. Один из них привстал, подошел к маленькому человечку и, глядя ему в маковку, стал улыбаться. У меня уж был готовый запас злобы на обитателей Швейцергофа, который я не успел еще сорвать ни на ком, и теперь, признаюсь, эта лакейская публика так и подмывала меня. Швейцар, не снимая фуражки, вошел в комнату и, облокотившись на стол, сел подле меня. Это последнее обстоятельство, задев мое самолюбие или тщеславие, окончательно взорвало меня и дало исход той давившей злобе, которая весь вечер собиралась во мне. Зачем у подъезда, когда я один, он мне униженно кланяется, а теперь, потому что я сижу с странствующим певцом, он грубо рассаживается рядом со мной? Я совсем озлился той кипящей злобой негодования, которую я люблю в себе, возбуждаю даже, когда на меня находит, потому что она успокоительно действует на меня и дает мне хоть на короткое время какую-то необыкновенную гибкость, энергию и силу всех физических и моральных способностей.

Я вскочил с места.

— Чему вы смеетесь? — закричал я на лакея, чувствуя, как лицо мое бледнеет и губы невольно подергиваются.

— Я не смеюсь, я так,— отвечал лакей, отступая от меня.

— Нет, вы смеетесь над этим господином. И какое право вы имеете тут быть и сидеть здесь, когда тут гости. Не сметь сидеть! — закричал я.

Швейцар, ворча что-то, встал и отодвинулся к двери.

— Какое вы имеете право смеяться над этим господином и сидеть с ним рядом, когда он гость, а вы лакей? Отчего вы не смеялись надо мной

---

14. фр. Je ne vous dis que ça! — Я только это скажу вам!

нынче за обедом и не садились со мной рядом? Оттого, что он бедно одет и поет на улице? от этого; а на мне хорошее платье. Он беден, но в тысячу раз лучше вас, в этом я уверен. Потому что он никого не оскорбил, а вы оскорбляете его.

— Да я ничего, что вы,— робко отвечал мой враг лакей.— Разве я мешаю ему сидеть.

Лакей не понимал меня, и моя немецкая речь пропадала даром. Грубый швейцар вступился было за лакея, но я напал на него так стремительно, что швейцар притворился, что тоже не понимает меня, и махнул рукой. Горбатая судомойка, заметив ли мое разгоряченное состояние и боясь скандалу, или разделяя мое мнение, приняла мою сторону и, стараясь стать между мной и швейцаром, уговаривала его молчать, говоря, что я прав, а меня просила успокоиться. «Der Herr hat Recht; Sie haben Recht [15]»,— твердила она. Певец представлял самое жалкое, испуганное лицо и, видимо, не понимая, из чего я горячусь и чего я хочу, просил меня уйти поскорее отсюда. Но во мне все больше и больше разгоралась злобная словоохотливость. Я все припомнил: и толпу, которая смеялась над ним, и слушателей, ничего не давших ему, я ни за что на свете не хотел успокоиться. Я думаю, что; если бы кельнеры и швейцар не были так уклончивы, я бы с наслаждением подрался с ними или палкой по голове прибил бы беззащитную английскую барышню. Если бы в эту минуту я был в Севастополе, я бы с наслаждением бросился колоть и рубить в английскую траншею.

— И отчего вы провели меня с этим господином в эту а не в ту залу? А? — допрашивал я швейцара, ухватив его за руку, с тем чтобы он не ушел от меня.— Какое вы имели право по виду решать, что этот господин должен быть в этой, а не в той зале? Разве, кто платит, не все равны в гостиницах? Не только в республике, но во всем мире. Паршивая ваша республика!.. Вот оно равенство! Англичан вы бы не смели провести в эту комнату, тех самых англичан, которые даром слушали этого господина, то есть украли у него каждый по нескольку сантимов, которые должны были дать ему. Как вы смели указать эту залу?

— Та зала заперта,— отвечал швейцар.

— Нет,— закричал я,— неправда, не заперта зала.

— Так вы лучше знаете.

— Знаю, знаю, что вы лжете.

Швейцар повернулся плечом прочь от меня.

— Э! что говорить! — проворчал он.

— Нет, не «что говорить»,— закричал я,— а ведите меня сию минуту в залу.

---

[15]. нем. Der Herr hat Recht; Sie haben Recht — Господин прав, вы правы.

Несмотря на увещанья горбуньи и просьбы певца идти лучше по домам, я потребовал обер-кельнера и пошел в залу вместе с моим собеседником. Обер-кельнер, услыхав мой озлобленный голос и увидав мое взволнованное лицо, не стал спорить и с презрительной учтивостью сказал, что я могу идти, куда мне угодно. Я не мог доказать швейцару его лжи, потому что он скрылся еще прежде, чем я вошел в залу.

Зала была действительно отперта, освещена, и на одном из столов сидели, ужиная, англичанин с дамой. Несмотря на то, что нам указывали особый стол, я с грязным певцом подсел к самому англичанину и велел сюда подать нам неоконченную бутылку.

Англичане сначала удивленно, потом озлобленно посмотрели на маленького человечка, который ни жив ни мертв сидел подле меня; они что-то сказали между собой, она оттолкнула тарелку, зашумела шелковым платьем, и оба скрылись. За стеклянными дверьми я видел, как англичанин что-то озлобленно говорил кельнеру, беспрестанно указывая рукой по нашему направлению. Кельнер высунулся в дверь и взглянул в нее. Я с радостью ожидал, что придут выводить нас и можно будет наконец вылить на них все свое негодование. Но, к счастью, хотя это тогда мне было неприятно, нас оставили в покое.

Певец, прежде отказывавшийся от вина, теперь торопливо допил все, что оставалось в бутылке, с тем чтобы только поскорей выбраться отсюда. Однако он с чувством, как мне показалось, отблагодарил меня за угощенье. Плачущие глаза его сделались еще более плачущими и блестящими, и он сказал мне самую странную, запутанную фразу благодарности. Но все-таки эта фраза, в которой он говорил, что ежели бы все так уважали артистов, как я, то ему было бы хорошо, и что он желает мне всякого счастия, была мне очень приятна. Мы вместе с ним вышли в сени. Тут стояли лакеи и мой враг швейцар, кажется, жаловавшийся им на меня. Все они, кажется, смотрели на меня, как на умалишенного. Я дал маленькому человечку поравняться со всей этой публикой и тут со всей почтительностью, которую только в состоянии выразить в своей особе, я снял шляпу и пожал ему руку с закостенелым отсохшим пальцем. Лакеи сделали, как будто не обращают на меня ни малейшего внимания. Только один из них засмеялся сардоническим смехом.

Когда певец, раскланиваясь, скрылся в темноте, я пошел к себе наверх, желая заспать все эти впечатления и глупую детскую злобу, которая так неожиданно нашла на меня. Но, чувствуя себя слишком взволнованным для сна, я опять пошел на улицу, с тем чтобы ходить до тех пор, пока успокоюсь, и, признаюсь, кроме того, в смутной надежде, что найдется случай сцепиться с швейцаром, лакеем или англичанином и доказать им всю их жестокость и, главное, несправедливость. Но, кроме швейцара, который, увидав меня, повернулся ко мне спиной, я никого не встретил и один-одинешенек стал взад и вперед ходить по набережной.

«Вот она, странная судьба поэзии,— рассуждал я, успокоившись немного.— Все любят, ищут ее, одну ее желают и ищут в жизни, и никто не признает ее силы, никто не ценит этого лучшего блага мира, не ценит и не благодарит тех, которые дают его людям. Спросите у кого хотите, у всех этих обитателей Швейцергофа: что лучшее благо в мире? и все, или девяносто девять на сто, приняв сардоническое выражение, скажут вам, что лучшее благо мира — деньги. «Может быть, мысль эта вам не нравится и не сходится с вашими возвышенными идеями,— скажет он,— но что ж делать, ежели жизнь человеческая так устроена, что одни деньги составляют счастье человека. Я не мог не позволить моему уму видеть свет, как он есть,— прибавит он,— то есть видеть правду». Жалкий твой ум, жалкое то счастье, которого ты желаешь, и несчастное ты создание, само не знающее, чего тебе надобно... Зачем вы все покинули свое отечество, родных, занятия и денежные дела и столпились в маленьком швейцарском городке Люцерне? Зачем вы все нынче вечером высыпали на балконы и в почтительном молчании слушали песню маленького нищего? И ежели бы он захотел петь еще, еще бы молчали и слушали. Что, за деньги, хоть за мильоны, вас можно бы было всех выгнать из отечества и собрать в маленьком уголке Люцерне? За деньги вас можно бы было всех собрать на балконах и в продолжение получаса заставить стоять молчаливо и неподвижно? Нет! А заставляет вас действовать одно, и вечно будет двигать сильнее всех других двигателей жизни: потребность поэзии, которую не сознаете, но чувствуете и век будете чувствовать, пока в вас останется что-нибудь человеческое. Слово «поэзия» вам смешно, вы употребляете его в виде насмешливого упрека, вы допускаете любовь к поэтическому нечто в детях и глупых барышнях, и то вы над ними смеетесь; для вас же нужно положительное. Да дети-то здраво смотрят на жизнь, они любят и знают то, что должен любить человек, и то, что даст счастие, а вас жизнь до того запутала и развратила, что вы смеетесь над тем, что одно любите, и ищете одного того, что ненавидите и что делает ваше несчастие. Вы так запутались, что не понимаете того обязательства, которое вы имеете перед бедным тирольцем, доставившим вам чистое наслаждение, а вместе с тем считаете себя обязанными даром, без пользы и удовольствия, унижаться перед лордом и зачем-то жертвовать ему своим спокойствием и удобством. Что за вздор, что за неразрешимая бессмыслица! Но не это сильней всего поразило меня нынче вечером. Это неведение того, что дает счастье, эту бессознательность поэтических наслаждений я почти понимаю или привык к ней, встречав ее часто в жизни; грубая, бессознательная жестокость толпы тоже была для меня не

27

новость; что бы ни говорили защитники народного смысла, толпа есть соединение хотя бы и хороших людей, но соприкасающихся только животными, гнусными сторонами, и выражающая только слабость и жестокость человеческой природы. Но как вы, дети свободного, человечного народа, вы, христиане, вы, просто люди, на чистое наслаждение, которое вам доставил несчастный просящий человек, ответили холодностью и насмешкой? Но нет, в вашем отечестве есть приюты для нищих.— Нищих нет, их не должно быть, и не должно быть чувства сострадания, на котором основано нищенство.— Но он трудился, он радовал вас, он умолял вас дать ему что-нибудь от вашего излишка за свой труд, которым вы воспользовались. А вы с холодной улыбкой наблюдали его как редкость из своих высоких блестящих палат, и из сотни вас, счастливых, богатых, не нашлось ни одного, ни одной, которая бы бросила ему что-нибудь! Пристыженный, он пошел прочь от вас, и бессмысленная толпа, смеясь, преследовала и оскорбляла не вас, а его,— за то, что вы холодны, жестоки и бесчестны; за то, что вы украли у него наслаждение, которое он вам доставил, за это его оскорбляли».

«Седьмого июля 1857 года в Люцерне перед отелем Швейцергофом, в котором останавливаются самые богатые люди, странствующий нищий певец в продолжение получаса пел песни и играл на гитаре. Около ста человек слушало его. Певец три раза просил всех дать ему что-нибудь. Ни один человек не дал ему ничего, и многие смеялись над ним».

Это не выдумка, а факт положительный, который могут исследовать те, которые хотят, у постоянных жителей Швейцергофа, справившись по газетам, кто были иностранцы, занимавшие Швейцергоф 7 июля.

Вот событие, которое историки нашего времени должны записать огненными неизгладимыми буквами. Это событие значительнее, серьезнее и имеет глубочайший смысл, чем факты, записываемые в газетах и историях. Что англичане убили еще тысячу китайцев за то, что китайцы ничего не покупают на деньги, а их край поглощает звонкую монету, что французы убили еще тысячу кабилов за то, что хлеб хорошо родится в Африке и что постоянная война полезна для формирования войск, что турецкий посланник в Неаполе не может быть жид и что император Наполеон гуляет пешком в Plombières и печатно уверяет народ, что он царствует только по воле всего народа,— это всё слова, скрывающие или показывающие давно известное; но событие, происшедшее в Люцерне 7 июля, мне кажется совершенно ново, странно и относится не к вечным дурным сторонам человеческой природы, но к известной эпохе развития общества. Это факт не для истории деяний людских, но для истории прогресса и цивилизации.

Отчего этот бесчеловечный факт, невозможный ни в какой деревне,

28

немецкой, французской или итальянской, возможен здесь, где цивилизация, свобода и равенство доведены до высшей степени, где собираются путешествующие, самые цивилизованные люди самых цивилизованных наций? Отчего эти развитые, гуманные люди, способные, в общем, на всякое честное, гуманное дело, не имеют человеческого сердечного чувства на личное доброе дело? Отчего эти люди, в своих палатах, митингах и обществах горячо заботящиеся о состоянии безбрачных китайцев в Индии, о распространении христианства и образования в Африке, о составлении обществ исправления всего человечества, не находят в душе своей простого первобытного чувства человека к человеку? Неужели нет этого чувства и место его заняли тщеславие, честолюбие и корысть, руководящие этих людей в их палатах, митингах и обществах? Неужели распространение разумной, себялюбивой ассоциации людей, которую называют цивилизацией, уничтожает и противоречит потребности инстинктивной и любовной ассоциации? И неужели это то равенство, за которое пролито было столько невинной крови и столько совершено преступлений? Неужели народы, как дети, могут быть счастливы одним звуком слова «равенство»?

Равенство перед законом? Да разве вся жизнь людей происходит в сфере закона? Только одна тысячная доля ее подлежит закону, остальная часть происходит вне его, в сфере нравов и воззрения общества. А в обществе лакей одет лучше певца и безнаказанно оскорбляет его. Я лучше одет лакея и безнаказанно оскорбляю лакея. Швейцар считает меня выше, а певца ниже себя; когда я соединился с певцом, он счел себя равным с нами и стал груб. Я стал нагл с швейцаром, и швейцар признал себя ниже меня. Лакей стал нагл с певцом, и певец признал себя ниже его. И неужели это свободное, то, что люди называют положительно-свободное государство, то, в котором есть хоть один гражданин, которого сажают в тюрьму за то, что он, никому не вредя, никому не мешая, делает одно, что может, для того чтобы не умереть с голода?

Несчастное, жалкое создание человек с своей потребностью положительных решений, брошенный в этот вечно движущийся, бесконечный океан добра и зла, фактов, соображений и противоречий! Веками бьются и трудятся люди, чтобы отодвинуть к одной стороне благо, к другой неблаго. Проходят века, и где бы, что бы ни прикинул беспристрастный ум на весы доброго и злого, весы не колеблются, и на каждой стороне столько же блага, сколько и неблага. Ежели бы только человек выучился не судить и не мыслить резко и положительно и не давать ответы на вопросы, данные ему только для того, чтобы они вечно оставались вопросами! Ежели бы только он понял, что всякая мысль и ложна и справедлива! Ложна односторонностью, по невозможности человека обнять всей истины, и справедлива по выражению одной стороны человеческих стремлений. Сделали себе подразделения в этом вечном движущемся, бесконечном, бесконечно-перемешанном хаосе добра и зла, провели воображаемые черты по этому морю и ждут, что море так и разделится. Точно нет мильонов других подразделений совсем с другой точки зрения, в другой плоскости. Правда, вырабатываются эти новые подразделения веками, но и веков прошли и пройдут мильоны. Цивилизация — благо; варварство — зло; свобода — благо; неволя — зло. Вот это-то воображаемое знание уничтожает инстинктивные, блаженнейшие первобытные потребности добра в человеческой натуре. И кто определит мне, что свобода, что деспотизм, что цивилизация, что варварство? И где границы одного и другого? У кого в душе так непоколебимо это мерило добра и зла, чтобы он мог мерить им бегущие запутанные факты? У кого так велик ум, чтоб хотя в неподвижном прошедшем обнять все факты и свесить их? И кто видел такое состояние, в котором бы не было добра и зла вместе? И почему я знаю, что вижу больше одного, чем другого, не оттого, что стою не на настоящем месте? И кто в состоянии так совершенно оторваться умом хоть на мгновение от жизни, чтобы независимо сверху взглянуть на нее? Один, только один есть у нас непогрешимый руководитель, Всемирный Дух, проникающий нас всех вместе и каждого, как единицу, влагающий в каждого стремление к тому, что должно, тот самый дух, который в дереве велит ему расти к солнцу, в цветке велит ему бросить себя к осени и в нас велит нам бессознательно жаться друг к другу.

И этот-то один непогрешимый блаженный голос заглушает шумное, торопливое развитие цивилизации. Кто больше человек и кто больше варвар: тот ли лорд, который, увидав затасканное платье певца, с злобой убежал из-за стола, за его труды не дал ему мильонной доли своего состояния и теперь, сытый, сидя в светлой покойной комнате, спокойно судит о делах Китая, находя справедливыми совершаемые там убийства, или маленький певец, который, рискуя тюрьмой, с франком в кармане, двадцать лет, никому не делая вреда, ходит по горам и долам, утешая людей своим пением, которого оскорбили, чуть не вытолкали нынче и который, усталый, голодный, пристыженный, пошел спать куда-нибудь на гниющей соломе?

В это время из города в мертвой тишине ночи я далеко-далеко услыхал гитару маленького человечка и его голос.

Нет,— сказалось мне невольно,— ты не имеешь права жалеть о нем и негодовать на благосостояние лорда. Кто свесил внутреннее счастье, которое лежит в душе каждого из этих людей? Вон он сидит теперь где-

30

нибудь на грязном пороге, смотрит в блестящее лунное небо и радостно поет среди тихой, благоуханной ночи, в душе его нет ни упрека, ни злобы, ни раскаянья. А кто знает, что делается теперь в душе всех этих людей, за этими богатыми, высокими стенами? Кто знает, есть ли в них всех столько беззаботной, кроткой радости жизни и согласия с миром, сколько ее живет в душе этого маленького человека? Бесконечна благость и премудрость того, кто позволил и велел существовать всем этим противоречиям. Только тебе, ничтожному червяку, дерзко, беззаконно пытающемуся проникнуть его законы, его намерения, только тебе кажутся противоречия. Он кротко смотрит с своей светлой неизмеримой высоты и радуется на бесконечную гармонию, в которой вы все противоречиво, бесконечно движетесь. В своей гордости ты думал вырваться из законов общего. Нет, и ты с своим маленьким, пошленьким негодованьицем на лакеев, и ты тоже ответил на гармоническую потребность вечного и бесконечного...

Набег

I

Двенадцатого июля капитан Хлопов, в эполетах и шашке, — форма, в которой со времени моего приезда на Кавказ я еще не видал его, — вошел в низкую дверь моей землянки.

— Я прямо от полковника, — сказал он, отвечая на вопросительный взгляд, которым я его встретил,— завтра батальон наш выступает.

— Куда? — спросил я.

— В NN. Там назначен сбор войскам.

— А оттуда, верно, будет какое-нибудь движение?

— Должно быть.

— Куда же? как вы думаете?

— Что думать? я вам говорю, что знаю. Прискакал вчера ночью татарин от генерала — привез приказ, чтобы батальону выступать и взять с собою на два дня сухарей; а куда, зачем, надолго ли? — этого, батюшка, не спрашивают: велено идти и — довольно.

— Однако если сухарей берут только на два дня, стало и войска продержат не долее.

— Ну, это еще ничего не значит...

— Да как же так? — спросил я с удивлением.

— Да так же! В Дарги ходили, на неделю сухарей взяли, а пробыли чуть не месяц!

31

— А мне можно будет с вами идти? — спросил я, помолчав немного.

— Можно-то можно, да мой совет лучше не ходить. Из чего вам рисковать?..

— Нет уж, позвольте мне не послушаться вашего совета: я целый месяц жил здесь только затем, чтобы дождаться случая видеть дело, — и вы хотите, чтобы я пропустил его.

— Пожалуй, идите; только, право, не лучше ли бы вам остаться? Вы бы тут нас подождали, охотились бы; а мы бы пошли с богом. И славно бы! — сказал он таким убедительным тоном, что мне в первую минуту действительно показалось, что это было бы славно; однако я решительно сказал, что ни за что не останусь.

— И чего вы не видали там? — продолжал убеждать меня капитан. — Хочется вам узнать, какие сражения бывают? прочтите Михайловского-Данилевского «Описание войны» — прекрасная книга: там всё подробно описано — и где какой корпус стоял, и как сражения происходят.

— Напротив, это-то меня и не занимает, — отвечал я.

— Ну, так что же? вам просто хочется, видно, посмотреть, как людей убивают?.. Вот в тридцать втором году был тут тоже неслужащий какой-то, из испанцев, кажется. Два похода с нами ходил, в синем плаще в каком-то... таки ухлопали молодца. Здесь, батюшка, никого не удивишь.

Как мне ни совестно было, что капитан так дурно объяснял мое намерение, я и не покушался разуверять его.

— Что, он храбрый был? — спросил я его.

— А бог его знает: все, бывало, впереди ездит; где перестрелка, там и он.

— Так, стало быть, храбрый, — сказал я.

— Нет, это не значит храбрый, что суется туда, где его не спрашивают...

— Что же вы называете храбрым?

— Храбрый? храбрый? — повторил капитан с видом человека, которому в первый раз представляется подобный вопрос. — Храбрый тот, который ведет себя как следует, — сказал он, подумав немного.

Я вспомнил, что Платон определяет храбрость знанием того, чего нужно и чего не нужно бояться, и, несмотря на общность и неясность выражения в определении капитана я подумал, что основная мысль обоих не так различна, как могло бы показаться, и что даже определение капитана вернее определения греческого философа, потому что, если бы он мог выражаться так же, как Платон, он, верно, сказал бы, что храбр тот, кто боится только того, чего следует бояться, а не того, чего не нужно бояться.

Мне хотелось объяснить свою мысль капитану.

— Да, — сказал я, — мне кажется, что в каждой опасности есть выбор, и выбор, сделанный под влиянием, например, чувства долга, есть храбрость, а выбор, сделанный под влиянием низкого чувства, — трусость; поэтому человека, который из тщеславия, или из любопытства, или из алчности рискует жизнию, нельзя назвать храбрым, и, наоборот, человека, который под влиянием честного чувства семейной обязанности или просто убеждения откажется от опасности, нельзя назвать трусом.

Капитан с каким-то странным выражением смотрел на меня в то время, как я говорил.

— Ну уж этого не умею вам доказать, — сказал он, накладывая трубку, — а вот у нас есть юнкер, так тот любит пофилософствовать. Вы с ним поговорите. Он и стихи пишет.

Я только на Кавказе познакомился с капитаном, но еще в России знал его. Мать его, Марья Ивановна Хлопова, мелкопоместная помещица, живет в двух верстах от моего имения. Перед отъездом моим на Кавказ я был у нее: старушка очень обрадовалась, что я увижу ее Пашеньку (как она называла старого, седого капитана) и — живая грамота — могу рассказать ему про ее житье-бытье и передать посылочку. Накормив меня славным пирогом и полотками, Марья Ивановна вышла в свою спальню и возвратилась оттуда с черной, довольно большой ладанкой, к которой была пришита такая же шелковая ленточка.

— Вот это неопалимой купины наша матушка-заступница, — сказала она, с крестом поцеловав изображение божией матери и передавая мне в руки, — потрудитесь, батюшка, доставьте ему. Видите ли: как он поехал на Кавказ, я отслужила молебен и дала обещание, коли он будет жив и невредим, заказать этот образок божией матери. Вот уж восемнадцать лет, как заступница и угодники святые милуют его: ни разу ранен не был, а уж в каких, кажется, сражениях не был!.. Как мне Михаило, что с ним был, порассказал, так, верите ли, волос дыбом становится. Ведь я что и знаю про него, так только от чужих: он мне, мой голубчик, ничего про свои походы не пишет — меня напугать боится.

(Уже на Кавказе я узнал, и то не от капитана, что он был четыре раза тяжело ранен и, само собою разумеется, как о ранах, так и о походах ничего не писал своей матери.)

— Так пусть теперь он это святое изображение на себе носит, — продолжала она, — я его им благословляю. Заступница пресвятая защитит его! Особенно в сражениях, чтобы он всегда его на себе имел. Так и скажи, мой батюшка, что мать твоя так тебе велела.

Я обещался в точности исполнить поручение.

— Я знаю, вы его полюбите, моего Пашеньку, — продолжала старушка, — он такой славный! Верите ли, году не проходит, чтобы он мне денег не присылал, и Аннушке, моей дочери, тоже много помогает; а все из одного жалованья! Истинно век благодарю бога, — заключила она со слезами на глазах, — что дал он мне такое дитя.

— Часто он вам пишет? — спросил я.

— Редко, батюшка: нечто в год раз, и то когда с деньгами, так словечко напишет, а то нет. Ежели, говорит, маменька, я вам не пишу, значит, жив и здоров, а коли что, избави бог, случится, так и без меня напишут.

Когда я отдал капитану подарок матери (это было на моей квартире), он попросил оберточной бумажки, тщательно завернул его и спрятал. Я много говорил ему о подробностях жизни его матери; капитан молчал. Когда я кончил, он отошел в угол и что-то очень долго накладывал трубку.

— Да, славная старуха, — сказал он оттуда несколько глухим голосом, — приведет ли еще бог свидеться.

В этих простых словах выражалось очень много любви и печали.

— Зачем вы здесь служите? — сказал я.

— Надо же служить, — отвечал он с убеждением. — А двойное жалованье для нашего брата, бедного человека, много значит.

Капитан жил бережливо: в карты не играл, кутил редко и курил простой табак, который он, неизвестно почему, называл не тютюн, а самброталический табак. Капитан еще прежде нравился мне: у него была одна из тех простых спокойных русских физиономий, которым приятно и легко смотреть прямо в глаза; но после этого разговора я почувствовал к нему истинное уважение.

II

В четыре часа утра на другой день капитан заехал за мной. На нем были старый, истертый сюртук без эполет, лезгинские широкие штаны, белая папашка с опустившимся пожелтевшим курпеем[16] и незавидная азиатская шашка через плечо. Беленький маштачок[17], на котором он ехал, шел понуря голову, мелкой иноходью и беспрестанно взмахивал жиденьким хвостом. Несмотря на то, что в фигуре доброго капитана было не только мало воинственного, но и красивого, в ней выражалось так много равнодушия ко всему окружающему, что она внушала невольное уважение.

---

16. Курпей на кавказском наречии значит овчина. (Прим. Л. Н. Толстого.)

17. Маштак на кавказском наречии значит небольшая лошадь. (Прим. Л. Н. Толстого.)

34

Я ни минуты не заставил его дожидаться, тотчас сел на лошадь, и мы вместе выехали за ворота крепости.

Батальон был уже сажен двести впереди нас и казался какой-то черной сплошной колеблющейся массой. Можно было догадаться, что это была пехота, только потому, что, как частые длинные иглы, виднелись штыки и изредка долетали до слуха звуки солдатской песни, барабана и прелестного тенора, подголоска шестой роты, которым я не раз восхищался еще в укреплении. Дорога шла серединой глубокой и широкой балки[18], подле берега небольшой речки, которая в это время играла, то есть была в разливе. Стада диких голубей вились около нее: то садились на каменный берег, то, поворачиваясь на воздухе и делая быстрые круги, улетали из вида. Солнце еще не было видно, но верхушка правой стороны балки начинала освещаться. Серые и беловатые камни, желто-зеленый мох, покрытые росой кусты держи-дерева, кизила и карагача обозначались с чрезвычайной ясностию и выпуклостию на прозрачном, золотистом свете восхода; зато другая сторона и лощина, покрытая густым туманом, который волновался дымчатыми неровными слоями, были сыры, мрачны и представляли неуловимую смесь цветов: бледно-лилового, почти черного, темно-зеленого и белого. Прямо перед нами, на темной лазури горизонта, с поражающей ясностью виднелись ярко-белые, матовые массы снеговых гор с их причудливыми, но до малейших подробностей изящными тенями и очертаниями. Сверчки, стрекозы и тысячи других насекомых проснулись в высокой траве и наполняли воздух своими ясными, непрерывными звуками: казалось, бесчисленное множество крошечных колокольчиков звенело в самых ушах. В воздухе пахло водой, травой, туманом, — одним словом, пахло ранним прекрасным летним утром. Капитан вырубил огня и закурил трубку; запах самброталического табаку и трута показался мне необыкновенно приятным.

Мы ехали стороной дороги, чтобы скорее догнать пехоту. Капитан казался задумчивее обыкновенного, не выпускал изо рта дагестанской трубочки и с каждым шагом пятками подталкивал ногами свою лошадку, которая, перекачиваясь с боку на бок, прокладывала чуть заметный темно-зеленый след по мокрой высокой траве. Из-под самых ног ее с тордоканьем[19] и тем звуком крыльев, который невольно заставляет вздрагивать охотника, вылетел фазан и медленно стал подниматься кверху. Капитан не обратил на него ни малейшего внимания.

Мы уже почти догоняли батальон, когда сзади нас послышался топот

---

18. Балка на кавказском наречии значит овраг, ущелье. (Прим. Л. Н. Толстого.)

19. Тордоканье — крик фазана. (Прим. Л. Н. Толстого.)

скачущей лошади, и в ту же минуту проскакал мимо очень хорошенький и молоденький юноша в офицерском сюртуке и высокой белой папахе. Поравнявшись с нами, он улыбнулся, кивнул головой капитану и взмахнул плетью... Я успел заметить только, что он как-то особенно грациозно сидел на седле и держал поводья и что у него были прекрасные черные глаза, тонкий носик и едва пробивавшиеся усики. Мне особенно понравилось в нем то, что он не мог не улыбнуться, заметив, что мы любуемся им. По одной этой улыбке можно было заключить, что он еще очень молод.

— И куда скачет? — с недовольным видом пробормотал капитан, не выпуская чубука изо рта.

— Кто это такой? — опросил я его.

— Прапорщик Аланин, субалтерн-офицер моей роты... Еще только в прошлом месяце прибыл из корпуса.

— Верно, он в первый раз идет в дело? — сказал я. — То-то и радешенек! — отвечал капитан, глубокомысленно покачивая головой. — Молодость!

— Да как же не радоваться? Я понимаю, что для молодого офицера это должно быть очень интересно.

Капитан помолчал минуты две.

— То-то я и говорю: молодость! — продолжал он басом. — Чему радоваться, ничего не видя! Вот как походишь часто, так не порадуешься. Нас вот, положим, теперь двадцать человек офицеров идет: кому-нибудь да убитым или раненым быть — уж это верно. Нынче мне, завтра ему, а послезавтра третьему: так чему же радоваться-то?

III

Едва яркое солнце вышло из-за горы и стало освещать долину, по которой мы шли, волнистые облака тумана рассеялись, и сделалось жарко. Солдаты с ружьями и мешками на плечах медленно шагали по пыльной дороге; в рядах слышались изредка малороссийский говор и смех. Несколько старых солдат в белых кителях — большею частию унтер-офицеры — шли с трубками стороной дороги и степенно разговаривали. Троечные навьюченные верхом повозки подвигались шаг за шагом и поднимали густую неподвижную пыль. Офицеры верхами ехали впереди; иные, как говорится на Кавказе, джигитовали[20], то есть, ударяя плетью по

---

[20]. Джигит — по-кумыцки значит храбрый; переделанное же на русский лад джигитовать соответствует слову «храбриться». (Прим. Л. Н. Толстого.)

лошади, заставляли ее сделать прыжка четыре и круто останавливались, оборачивая назад голову; другие занимались песенниками, которые, несмотря на жар и духоту, неутомимо играли одну песню за другою.

Сажен сто впереди пехоты, на большом белом коне, с конными татарами, ехал известный в полку за отчаянного храбреца и такого человека, который хоть кому правду в глаза отрежет, высокий и красивый офицер в азиатской одежде. На нем были черный бешмет с галунами, такие же ноговицы, новые, плотно обтягивающие ногу чувяки с чиразами[21], желтая черкеска и высокая, заломленная назад папаха. На груди и спине его лежали серебряные галуны, на которых надеты были натруска и пистолет за спиной; другой пистолет и кинжал в серебряной оправе висели на поясе. Сверх всего этого была опоясана шашка в красных сафьянных ножнах с галунами и надета через плечо винтовка в черном чехле. По его одежде, посадке, манере держаться и вообще по всем движениям заметно было, что он старается быть похожим на татарина. Он даже говорил что-то на неизвестном мне языке татарам, которые ехали с ним; но по недоумевающим, насмешливым взглядам, которые бросали эти последние друг на друга, мне показалось, что они не понимают его. Это был один из наших молодых офицеров, удальцов-джигитов, образовавшихся по Марлинскому и Лермонтову. Эти люди смотрят на Кавказ не иначе, как сквозь призму героев нашего времени, Мулла-Нуров и т. п., и во всех своих действиях руководствуются не собственными наклонностями, а примером этих образцов.

Поручик, например, любил, может быть, общество порядочных женщин и важных людей — генералов, полковников, адъютантов,— даже я уверен, что он очень любил это общество, потому что он был тщеславен в высшей степени, — но он считал своей непременной обязанностью поворачиваться своей грубой стороной ко всем важным людям, хотя грубил им весьма умеренно, и когда появлялась какая-нибудь барыня в крепости, то считал своей обязанностью ходить мимо ее окон с кунаками[22] в одной красной рубахе и одних чувяках на босую ногу и как можно громче кричать и браниться, — но все это не столько с желанием оскорбить ее, сколько с желанием показать, какие у него прекрасные белые ноги и как можно бы было влюбиться в него, если бы он сам захотел этого. Или, часто ходя с двумя-тремя мирными татарами по ночам в горы засаживаться на дороги, чтоб подкарауливать и убивать немирных проезжих татар, хотя сердце не раз говорило ему, что ничего тут удалого нет, он считал себя обязанным заставлять страдать людей, в которых он

---

21. Чиразы — значит галуны, на кавказском наречии. (Прим. Л. Н. Толстого.)

22. Кунак — приятель, друг, на кавказском наречии. (Прим. Л. Н. Толстого.)

будто разочарован за что-то и которых он будто бы презирал и ненавидел. Он никогда не снимал с себя двух вещей: огромного образа на шее и кинжала сверх рубашки, с которым он даже спать ложился. Он искренно верил, что у него есть враги. Уверить себя, что ему надо отметить кому-нибудь и кровью смыть обиду, было для него величайшим наслаждением. Он был убежден, что чувства ненависти, мести и презрения к роду человеческому были самые высокие поэтические чувства. Но любовница его, — черкешенка, разумеется, — с которой мне после случалось видеться, говорила, что он был самый добрый и кроткий человек и что каждый вечер он писал вместе свои мрачные записки, сводил счеты на разграфленной бумаге и на коленях молился богу. И сколько он выстрадал для того, чтобы только перед самим собой казаться тем, чем он хотел быть, потому что товарищи его и солдаты не могли понять его так, как ему хотелось. Раз, в одну из своих ночных экспедиций на дорогу с кунаками, ему случилось ранить пулей в ногу одного немирного чеченца и взять его в плен. Чеченец этот семь недель после этого жил у поручика, и поручик лечил его, ухаживал, как за ближайшим другом, и, когда тот вылечился, с подарками отпустил его. После этого, во время одной экспедиции, когда поручик отступал с цепью, отстреливаясь от неприятеля, он услыхал между врагами, что кто-то его звал по имени, и его раненый кунак выехал вперед и знаками приглашал поручика сделать то же. Поручик подъехал к своему кунаку и пожал ему руку. Горцы стояли поодаль и не стреляли; но как только поручик повернул лошадь назад, несколько человек выстрелили в него, и одна пуля попала вскользь ему ниже спины. Другой раз я сам видел, как в крепости ночью был пожар и две роты солдат тушили его. Среди толпы, освещенная багровым пламенем пожара, появилась вдруг высокая фигура человека на вороной лошади. Фигура расталкивала толпу и ехала к самому огню. Подъехав уже вплоть, поручик соскочил с лошади и побежал в горящий с одного краю дом. Через пять минут поручик вышел оттуда с опаленными волосами и обожженным локтем, неся за пазухой двух голубков, которых он спас от пламени.

Фамилия его была Розенкранц; но он часто говорил о своем происхождении, выводил его как-то от варягов и ясно доказывал, что он и предки его были чистые русские.

IV

Солнце прошло половину пути и кидало сквозь раскаленный воздух жаркие лучи на сухую землю. Темно-синее небо было совершенно чисто;

только подошвы снеговых гор начинали одеваться бело-лиловыми облаками. Неподвижный воздух, казалось, был наполнен какою-то прозрачною пылью: становилось нестерпимо жарко. Дойдя до небольшого ручья, который тек на половине дороги, войска сделали привал. Солдаты, составив ружья, бросились к ручью; батальонный командир сел в тени, на барабан, и, выразив на полном лице степень своего чина, с некоторыми офицерами расположился закусывать; капитан лег на траве под ротной повозкой; храбрый поручик Розенкранц и еще несколько молодых офицеров, поместясь на разостланных бурках, собрались кутить, как то заметно было по расставленным около них фляжкам и бутылкам и по особенному одушевлению песенников, которые, стоя полукругом перед ними, с присвистом играли плясовую кавказскую песню на голос лезгинки:

> Шамиль вздумал бунтоваться
> В прошедшие годы...
> Трай-рай, ра-та-тай...
> В прошедшие годы.

В числе этих офицеров был и молоденький прапорщик, который обогнал нас утром. Он был очень забавен: глаза его блестели, язык немного путался; ему хотелось целоваться и изъясняться в любви со всеми... Бедный мальчик! он еще не знал, что в этом положении можно быть смешным, что его откровенность и нежности, с которыми он ко всем навязывался, расположат других не к любви, которой ему так хотелось, а к насмешке, — не знал и того, что, когда он, разгоревшись, бросился наконец на бурку и облокотясь на руку, откинул назад свои черные густые волосы, он был необыкновенно мил. Два офицера сидели под повозкой и на погребце играли в дурачки.

Я с любопытством вслушивался в разговоры солдат и офицеров и внимательно, всматривался в выражения их физиономий; но решительно ни в ком я не мог заметить и тени того беспокойства, которое испытывал сам: шуточки, смехи, рассказы выражали общую беззаботность и равнодушие к предстоящей опасности. Как будто нельзя и предположить, что некоторым уже не суждено вернуться по этой дороге!

V

В седьмом часу вечера, пыльные и усталые, мы вступили в широкие укрепленные ворота крепости NN. Солнце садилось и бросало косые розовые лучи на живописные батарейки и сады с высокими раинами, окружавшие крепость, на засеянные желтеющие поля и на белые облака, которые, столпясь около снеговых гор, как будто подражая им, образовывали цепь не менее причудливую и красивую. Молодой полумесяц, как прозрачное облачко, виднелся на горизонте. В ауле, расположенном около ворот, татарин на крыше сакли сзывал правоверных к молитве; песенники заливались с новой удалью и энергией.

Отдохнув и оправясь немного, я отправился к знакомому мне адъютанту, с тем чтобы попросить его доложить о моем намерении генералу. По дороге от форштата²³, где я остановился, я успел заметить в крепости NN. то, чего никак не ожидал. Хорошенькая двухместная каретка, в которой видна была модная шляпка и слышался французский говор, обогнала меня. Из растворенного окна комендантского дома долетали звуки какой-то «Лизанька» или «Катенька-польки», играемой на плохом, расстроенном фортепьяно. В духане, мимо которого я проходил, с папиросами в руках, за стаканами вина сидели несколько писарей, и я слышал, как один говорил другому: «Уж позвольте... что насчет политики, Марья Григорьевна у нас первая дама». Сгорбленный жид, в изношенном сюртуке, с болезненной физиономией, тащил пискливую сломанную шарманку, и по всему форштату разносились звуки финала из «Лючии». Две женщины в шумящих платьях, повязанные шелковыми платками и с ярко-цветными зонтиками в руках, плавно прошли мимо меня по дощатому тротуару. Две девицы, одна в розовом, другая в голубом платье, с открытыми головами, стояли у завалинки низенького домика и принужденно заливались тоненьким смехом, с видимым желанием обратить на себя внимание проходящих офицеров. Офицеры, в новых сюртуках, белых перчатках и блестящих эполетах, щеголяли по улицам и бульвару.

Я нашел своего знакомого в нижнем этаже генеральского дома. Только что я успел объяснить ему свое желание и он — сказать мне, что оно очень может быть исполнено, как мимо окна, у которого мы сидели, простучала хорошенькая каретка, которую я заметил, и остановилась у крыльца. Из кареты вышел высокий, стройный мужчина в пехотном мундире с майорскими эполетами и прошел к генералу.

— Ах, извините, пожалуйста,— сказал мне адъютант, вставая с места,— мне непременно нужно доложить генералу.

— Кто это приехал? — спросил я.

— Графиня,— отвечал он и, застегивая мундир, побежал наверх.

Через несколько минут на крыльцо вышел невысокий, но весьма

---

²³. предместья (от нем. Vorstadt).

красивый человек, в сюртуке без эполет, с белым крестом в петличке. За ним вышли майор, адъютант и еще каких-то два офицера. В походке, голосе, во всех движениях генерала выказывался человек, который себе очень хорошо знает высокую цену.

— Bonsoir, madame la corntesse[24],— сказал он, подавая руку в окно кареты.

Ручка в лайковой перчатке пожала его руку, и хорошенькое, улыбающееся личико в желтой шляпке показалось в окне кареты.

Из всего разговора, продолжавшегося несколько минут, я слышал только, проходя мимо, как генерал, улыбаясь, сказал:

— Vous savez, que j'ai fait voeu de combattre les infideles; prenez done garde de le devenir[25].

В карете засмеялись.

— Adieu done, cher general[26].

— Non, a revoir,— сказал генерал, всходя на ступеньки лестницы,— n'oubliez pas, que je m'invite pour le soiree de demain[27].

Карета застучала дальше.

«Вот еще человек,— думал я, возвращаясь домой,— имеющий все, чего только добиваются русские люди: чин, богатство, знатность,— и этот человек перед боем, который бог один знает чем кончится, шутит с хорошенькой женщиной и обещает пить у нее чай на другой день, точно так же, как будто он встретился с нею на бале!»

Тут же, у этого же адъютанта, я встретил одного человека, который еще больше удивил меня: это — молодой поручик К. полка, отличавшийся своей почти женской кротостью и робостью, который пришел к адъютанту изливать свою досаду и негодование на людей, которые будто интриговали против него, чтобы его не назначили в предстоящее дело. Он говорил, что это гадость так поступать, что это не по-товарищески, что он будет это помнить ему и т. д. Сколько я ни вглядывался в выражение его лица, сколько ни вслушивался в звук его голоса, я не мог не убедиться, что он нисколько не притворялся, а был глубоко возмущен и огорчен, что ему не позволили идти стрелять в черкесов и находиться под их выстрелами; он был так огорчен, как бывает огорчен ребенок, которого только что несправедливо высекли... Я

---

24. фр. Bonsoir, madame la corntesse — Добрый вечер, графиня.

25. фр. Vous savez, que j'ai fait voeu de combattre les infideles; prenez done garde de le devenir — Вы знаете, что я дал обет сражаться с неверными, так остерегайтесь, чтоб не сделаться неверной.

26. фр. Adieu done, cher general — Ну, прощайте, дорогой генерал.

27. фр. Non, a revoir, n'oubliez pas, que je m'invite pour le soiree de demain — Нет, до свиданья,— не забудьте, что я напросился к вам завтра на вечер.

совершенно ничего не понимал.

VI

В десять часов вечера должны были выступить войска. В половине девятого я сел на лошадь и поехал к генералу; но, предполагая, что он и адъютант его заняты, я остановился на улице, привязал лошадь к забору и сел на завалинку, с тем чтобы, как только выедет генерал, догнать его.

Солнечный жар и блеск уже сменились прохладой ночи и неярким светом молодого месяца, который, образовывая около себя бледный светящийся полукруг на темной синеве звездного неба, начинал опускаться; в окнах домов и щелях ставень землянок засветились огни. Стройные раины садов, видневшиеся на горизонте из-за выбеленных, освещаемых луною землянок с камышовыми крышами, казались еще выше и чернее.

Длинные тени домов, деревьев, заборов ложились красиво по светлой пыльной дороге... На реке без умолку звенели лягушки [28] на улицах слышны были то торопливые шаги и говор, то скок лошади; с форштата изредка долетали звуки шарманки: то виют витры, то какого-нибудь «Aurora-Walzer»[29].

Я не скажу, о чем я задумался: во-первых, потому, что мне совестно было бы признаться в мрачных мыслях, которые неотвязчивой чередой набегали мне в душу, тогда как кругом себя я замечал только веселость и радость, а во-вторых, потому, что это нейдет к моему рассказу. Я задумался так, что даже не заметил, как колокол пробил одиннадцать и генерал со свитою проехал мимо меня.

Торопливо сев на лошадь, я пустился догонять отряд.

Арьергард еще был в воротах крепости. Насилу пробрался я по мосту между столпившимися орудиями, ящиками, ротными повозками и шумно распоряжающимися офицерами. Выехав за ворота, я рысью объехал чуть не на версту растянувшиеся, молчаливо двигающиеся в темноте войска и догнал генерала. Проезжая мимо вытянувшейся в одно орудие артиллерии и ехавших верхом между орудиями офицеров, меня, как оскорбительный диссонанс среди тихой и торжественной гармонии, поразил немецкий голос, кричавший: «Агхтингхист, падай паааль-ник!» — и голос солдатика, торопливо кричавший: «Шевченко! поручик огня спрашивают».

---

28. Лягушки на Кавказе производят звук, не имеющий ничего общего с кваканьем русских лягушек. (Прим. Л. Н. Толстого.).

29. «Аврора-вальс» (нем.).

Бо́льшая часть неба покрылась длинными темно-серыми тучами; только кое-где между ними блестели неяркие звезды. Месяц скрылся уже за близким горизонтом черных гор, которые виднелись направо, и бросал на верхушки их слабый и дрожащий полусвет, резко противоположный с непроницаемым мраком, покрывавшим их подошвы. В воздухе было тепло и так тихо, что казалось, ни одна травка, ни одно облачко не шевелились. Было так темно, что на самом близком расстоянии невозможно было определять предметы; по сторонам дороги представлялись мне то скалы, то животные, то какие-то странные люди, — и я узнавал, что это были кусты, только тогда, когда слышал их шелест и чувствовал свежесть росы, которою они были покрыты.

Перед собой я видел сплошную колеблющуюся черную стену, за которой следовало несколько движущихся пятен: это были авангард конницы и генерал со свитой. Сзади нас подвигалась такая же мрачная масса; но она была ниже первой: это была пехота.

Во всем отряде царствовала такая тишина, что ясно слышались все сливающиеся, исполненные таинственной прелести звуки ночи: далекий заунывный вой чакалок, похожий то на отчаянный плач, то на хохот, звонкие однообразные песни сверчка, лягушки, перепела, какой-то приближающийся гул, причины которого я никак не мог объяснить себе, и все те ночные, чуть слышные движения природы, которые невозможно ни понять, ни определить, сливались в один полный прекрасный звук, который мы называем тишиною ночи. Тишина эта нарушалась или, скорее, сливалась с глухим топотом копыт и шелестом высокой травы, которые производил медленно двигающийся отряд.

Только изредка слышались в рядах звон тяжелого орудия, звук столкнувшихся штыков, сдержанный говор и фырканье лошади.

Природа дышала примирительной красотой и силой.

Неужели тесно жить людям на этом прекрасном свете, под этим неизмеримым звездным небом? Неужели может среди этой обаятельной природы удержаться в душе человека чувство злобы, мщения или страсти истребления себе подобных? Все недоброе в сердце человека должно бы, кажется, исчезнуть в прикосновении с природой — этим непосредственнейшим выражением красоты и добра.

VII

Мы ехали уже более двух часов. Меня пробирала дрожь и начинало клонить ко сну. Во мраке смутно представлялись те же неясные предметы: в некотором отдалении черная стена, такие же движущиеся пятна; подле самого меня круп белой лошади, которая, помахивая хвостом, широко раздвигала задними ногами; спина в белой черкеске, на которой покачивалась винтовка в черном чехле и виднелась белая головка пистолета в шитом кобуре; огонек папиросы, освещающий русые усы, бобровый воротник и руку в замшевой перчатке. Я нагибался к шее лошади, закрывал глаза и забывался на несколько минут; потом вдруг знакомый топот и шелест поражали меня: я озирался, — и мне казалось, что я стою на месте, что черная стена, которая была передо мной, двигается на меня, или что стена эта остановилась, и я сейчас наеду на нее. В одну из таких минут меня поразил еще сильнее тот приближающийся непрерывный гул, причины которого я не мог отгадать. Это был шум воды. Мы входили в глубокое ущелье и приближались к горной реке, которая была в это время во всем разливе[30]. Гул усиливался, сырая трава становилась гуще и выше, кусты попадались чаще, и горизонт постепенно суживался. Изредка на мрачном фоне гор вспыхивали в различных местах яркие огни и тотчас же исчезали.

— Скажите, пожалуйста, что это за огни? — спросил я шепотом у татарина, ехавшего подле меня.

— А ты не знаешь? — отвечал он. — Не знаю.

— Это горской солома на таяк[31] связал и огонь махать будет.

— Зачем же это?

— Чтобы всякий человек знал, — русской пришел. Теперь в аулах, — прибавил он, засмеявшись, — аи-аи томаша[32] идет, всякий хурда-мурда[33] будет в балка тащить.

— Разве в горах уже знают, что отряд идет? — спросил я.

— Эй! как можно не знает! всегда знает: наши народ такой!

— Так и Шамиль теперь сбирается в поход? — сказал я.

— Йок[34], — отвечал он, качая головой в знак отрицания. — Шамиль на похода ходить не будет; Шамиль наиб[35] пошлет, а сам труба смотреть будет, наверху.

— А далеко он живет?

---

30. Разлив рек на Кавказе бывает в июле месяце. (Прим. Л. Н. Толстого).

31. Таяк значит шест, на кавказском наречии. (Прим. Л. Н. Толстого).

32. Томаша значит хлопоты, на особенном наречии, изобретенном русскими и татарами для разговора между собой. Есть много слов на этом странном наречии, корень которых нет возможности отыскать ни в русском, ни в татарском языках. (Прим. Л. Н. Толстого).

33. Хурда-мурда — пожитки на том же наречии. (Прим. Л. Н. Толстого).

34. Йок — по-татарски значит нет. (Прим. Л. И. Толстого).

35. Наибами называют людей, которым вверена от Шамиля какая-нибудь часть управления. (Прим. Л. И. Толстого).

— Далеко нету. Вот, левая сторона, верста десять будет.

— Почему же ты знаешь? — спросил я. — Разве ты был там?

— Был: наша все в горах был.

— И Шамиля видел?

— Пих! Шамиля наша видно не будет. Сто, триста, тысяча мюрид[36] кругом. Шамиль середка будет! — прибавил он с выражением подобострастного уважения.

Взглянув кверху, можно было заметить, что выяснившееся небо начинало светлеть на востоке и Стожары опускаться к горизонту; но в ущелье, по которому мы шли, было сыро и мрачно.

Вдруг немного впереди нас, в темноте, зажглось несколько огоньков; в то же мгновение с визгом прожужжали пули, и среди окружающей тишины далеко раздались выстрелы и громкий пронзительный крик. Это был неприятельский передовой пикет. Татары, составлявшие его, гикнули, выстрелили наудачу и разбежались.

Все смолкло. Генерал подозвал переводчика. Татарин в белой черкеске подъехал к нему и о чем-то шепотом и с жестами довольно долго говорил с ним.

— Полковник Хасанов, прикажите рассыпать цепь, — сказал генерал тихим, протяжным, но внятным голосом.

Отряд подошел к реке. Черные горы ущелья остались сзади; начинало светать. Небосклон, на котором чуть заметны были бледные, неяркие звезды, казался выше; зарница начинала ярко блестеть на востоке; свежий, прохватывающий ветерок тянул с запада, и светлый туман, как пар, подымался над шумящей рекой.

VIII

Вожак показал брод, и авангард конницы, а вслед за ним и генерал со свитою стали переправляться. Вода была лошадям по груди, с необыкновенной силой рвалась между белых камней, которые в иных местах виднелись на уровне воды, и образовывала около ног лошадей пенящиеся, шумящие струи. Лошади удивлялись шуму воды, подымали головы, настораживали уши, но мерно и осторожно шагали против течения по неровному дну. Седоки подбирали ноги и оружие. Пехотные солдаты, буквально в одних рубахах, поднимая над водою ружья, на

---

36. Слово мюрид имеет много значений, но в том смысле, в котором употреблено здесь, значит что-то среднее между адъютантом и телохранителем. (Прим. Л. И. Толстого.).

которые надеты были узлы с одеждой, схватясь человек по двадцати рука с рукою, с заметным, по их напряженным лицам, усилием старались противостоять течению. Артиллерийские ездовые с громким криком рысью пускали лошадей в воду. Орудия и зеленые ящики, через которые изредка хлестала вода, звенели о каменное дно; но добрые черноморки дружно натягивали уносы, пенили воду и с мокрым хвостом и гривой выбирались на другой берег.

Как скоро переправа кончилась, генерал вдруг выразил на своем лице какую-то задумчивость и серьезность, повернул лошадь и с конницей рысью поехал по широкой, окруженной лесом поляне, открывшейся перед нами. Казачьи конные цепи рассыпались вдоль опушек.

В лесу виднеется пеший человек в черкеске и папахе, другой, третий... Кто-то из офицеров говорит: «Это татары». Вот показался дымок из-за дерева... выстрел, другой... Наши частые выстрелы заглушают неприятельские. Только изредка пуля, с медленным звуком, похожим на полет пчелы, пролетая мимо, доказывает, что не все выстрелы наши. Вот пехота беглым шагом и орудия на рысях прошли в цепь; слышатся гудящие выстрелы из орудий, металлический звук полета картечи, шипение ракет, трескотня ружей. Конница, пехота и артиллерия виднеются со всех сторон по обширной поляне. Дымки орудий, ракет и ружей сливаются с покрытой росою зеленью и туманом. Полковник Хасанов подскакивает к генералу и на всем марш-марше круто останавливает лошадь.

— Ваше превосходительство! — говорил он, приставляя руку к папахе,— прикажите пустить кавалерию: показались значки[37], — и он указывает плетью на конных татар, впереди которых едут два человека на белых лошадях с красными и синими лоскутами на палках.

— С богом, Иван Михайлыч! — говорит генерал. Полковник на месте поворачивает лошадь, выхватывает шашку и кричит: «Ура!»

«Урра! Урра! Урра!» — раздается в рядах, и конница несется за ним.

Все смотрят с участием: вон значок, другой, третий, четвертый...

Неприятель, не дожидаясь атаки, скрывается в лес и открывает оттуда ружейный огонь. Пули летают чаще.

— Quel charmant coup d'oeil! [38] — говорит генерал, слегка припрыгивая по-английски на своей вороной тонконогой лошадке.

— Charrmant! — отвечает, грассируя, майор и, ударяя плетью по

---

[37] . Значки между горцами имеют почти значение знамен, с тою только разницею, что всякий джигит может сделать себе значок и возить его. (Прим. Л. Н. Толстого.).

[38] . фр. Quel charmant coup d'oeil! — Какое прекрасное зрелище!

лошади, подъезжает к генералу. — C'est un vrrai plaisirr, que la guerre dans un aussi beau pays[39], — говорит он.

— Et surtout en bonne compagnie[40], — прибавляет генерал с приятной улыбкой.

Майор наклоняется.

В это время с быстрым неприятным шипением пролетает неприятельское ядро и ударяется во что-то; сзади слышен стон раненого. Этот стон так странно поражает меня, что воинственная картина мгновенно теряет для меня всю свою прелесть; но никто, кроме меня, как будто не замечает этого: майор смеется, как кажется, с большим увлечением; другой офицер совершенно спокойно повторяет начатые слова речи; генерал смотрит в противоположную сторону и со спокойнейшей улыбкой говорит что-то по-французски.

— Прикажете отвечать на их выстрелы? — спрашивает, подскакивая, начальник артиллерии.

— Да, попугайте их, — небрежно говорит генерал, закуривая сигару.

Батарея выстраивается, и начинается пальба. Земля стонет от выстрелов, огни беспрестанно вспыхивают, и дым, в котором едва можно различить движущуюся прислугу около орудий, застилает глаза.

Аул обстрелян. Снова подъезжает полковник Хасанов и, по приказанию генерала, летит в аул. Крик войны снова раздается, и конница исчезает в поднятом ею облаке пыли.

Зрелище было истинно величественное. Одно только для меня, как человека, не принимавшего участия в деле и непривычного, портило вообще впечатление, было то, что мне казалось лишним — и это движение, и одушевление, и крики. Невольно приходило сравнение человека, который сплеча топором рубил бы воздух.

IX

Аул уже был занят нашими войсками, и ни одной неприятельской души не оставалось в нем, когда генерал со свитою, в которую вмешался и я, подъехал к нему.

Длинные чистые сакли с плоскими земляными крышами и красивыми трубами были расположены по неровным каменистым буграм, между которыми текла небольшая река. С одной стороны виднелись

---

39. фр. Charrmant! C'est un vrrai plaisirr, que la guerre dans un aussi beau pays — Очаровательно! Истинное наслаждение — воевать в такой прекрасной стране.

40. фр. Et surtout en bonne compagnie — И особенно в хорошей компании.

освещенные ярким солнечным светом зеленые сады с огромными грушевыми и лычевыми [41] деревьями; с другой — торчали какие-то странные тени, перпендикулярно стоящие высокие камни кладбища и длинные деревянные шесты с приделанными к концам шарами и разноцветными флагами. (Это были могилы джигитов.)

Войска в порядке стояли за воротами.

Через минуту драгуны, казаки, пехотинцы с видимой радостью рассыпались по кривым переулкам, и пустой аул мгновенно оживился. Там рушится кровля, стучит топор по крепкому дереву и выламывают дощатую дверь; тут загорается стог сена, забор, сакля, и густой дым столбом подымается по ясному воздуху. Вот казак тащит куль муки и ковер; солдат с радостным лицом выносит из сакли жестяной таз и какую-то тряпку; другой, расставив руки, старается поймать двух кур, которые с кудахтаньем бьются около забора; третий нашел где-то огромный кумган[42] с молоком, пьет из него и с громким хохотом бросает потом на землю.

Батальон, с которым я шел из крепости N., тоже был в ауле. Капитан сидел на крыше сакли и пускал из коротенькой трубочки струйки дыма самброталического табаку с таким равнодушным видом, что, когда я увидал его, я забыл, что я в немирном ауле, и мне показалось, что я в нем совершенно дома.

— А! и вы тут? — сказал он, заметив меня. Высокая фигура поручика Розенкранца то там, то сям мелькала в ауле; он без умолку распоряжался и имел вид человека, чем-то крайне озабоченного. Я видел, как он с торжествующим видом вышел из одной сакли; вслед за ним двое солдат вели связанного старого татарина. Старик, всю одежду которого составляли распадавшиеся в лохмотьях пестрый бешмет и лоскутные портки, был так хил, что туго стянутые за сгорбленной спиной костлявые руки его, казалось, едва держались в плечах, и кривые босые ноги насилу передвигались. Лицо его и даже часть бритой головы были изрыты глубокими морщинами; искривленный беззубый рот, окруженный седыми подстриженными усами и бородой, беспрестанно шевелился, как будто жуя что-то; но в красных, лишенных ресниц глазах еще блистал огонь и ясно выражалось старческое равнодушие к жизни.

Розенкранц через переводчика спросил его, зачем он не ушел с другими.

— Куда мне идти? — сказал он, спокойно глядя в сторону.
— Туда, куда другие ушли, — заметил кто-то.
— Джигиты пошли драться с русскими, а я старик.

---

41. Лыча — мелкая слива. (Прим. Л. Н. Толстого.).
42. Кумган — горшок. (Прим. Л. Н. Толстого.).

— Разве ты не боишься русских?

— Что мне русские сделают? Я старик,— сказал он опять, небрежно оглядывая кружок, составившийся около него.

Возвращаясь назад, я видел, как этот старик, без шапки, со связанными руками, трясся за седлом линейного казака и с тем же бесстрастным выражением смотрел вокруг себя. Он был необходим для размена пленных.

Я влез на крышу и расположился подле капитана.

— Неприятеля, кажется, было немного, — сказал я ему, желая узнать его мнение о бывшем деле.

— Неприятеля? — повторил он с удивлением, — да его вовсе не было. Разве это называется неприятель?.. Вот вечерком посмотрите, как мы отступать станем: увидите, как провожать начнут, что их там высыплет! — прибавил он, указывая трубкой на перелесок, который мы проходили утром.

— Что это такое? — спросил я с беспокойством, прерывая капитана и указывая на собравшихся недалеко от нас около чего-то донских казаков.

Между ними слышалось что-то похожее на плач ребенка и слова:

— Э, не руби... стой... увидят... Нож есть, Евстигнеич?.. Давай нож...

— Что-нибудь делят, подлецы, — спокойно сказал капитан.

Но в то же самое время с разгоревшимся, испуганным лицом вдруг выбежал из-за угла хорошенький прапорщик и, махая руками, бросился к казакам.

— Не трогайте, не бейте его! — кричал он детским голосом.

Увидев офицера, казаки расступились и выпустили из рук белого козленка. Молодой прапорщик совершенно растерялся, забормотал что-то и со сконфуженной физиономией остановился перед ним. Увидав на крыше меня и капитана, он покраснел еще больше и, припрыгивая, подбежал к нам.

— Я думал, что это они ребенка хотят убить, — сказал он, робко улыбаясь.

X

Генерал с конницей поехал вперед. Батальон, с которым я шел из крепости N., остался в арьергарде. Роты капитана Хлопова и поручика Розенкранца отступали вместе.

Предсказание капитана вполне оправдалось: как только мы вступили в узкий перелесок, про который он говорил, с обеих сторон стали беспрестанно мелькать конные и пешие горцы, и так близко, что я очень хорошо видел, как некоторые, согнувшись, с винтовкой в руках, перебегали от одного дерева к другому.

Капитан снял шапку и набожно перекрестился; некоторые старые солдат сделали то же. В лесу послышались гиканье, слова: «Иай гяур! Урус иай!» Сухие, короткие винтовочные выстрелы следовали один за другим, и пули визжали с обеих сторон. Наши молча отвечали беглым огнем; в рядах их только изредка слышались замечания вроде следующих: «Вон он[43] откуда палит, ему хорошо из-за леса, орудию бы нужно...» и т. д.

Орудия въезжали в цепь, и после нескольких залпов картечью неприятель, казалось, ослабевал, но через минуту и с каждым шагом, который делали войска, снова усиливал огонь, крики и гиканье.

Едва мы отступили сажен на триста от аула, как над нами со свистом стали летать неприятельские ядра. Я видел, как ядром убило солдата... Но зачем рассказывать подробности этой страшной картины, когда я сам дорого бы дал, чтобы забыть ее!

Поручик Розенкранц сам стрелял из винтовки, не умолкая ни на минуту, хриплым голосом кричал на солдат и во весь дух скакал с одного конца цепи на другой. Он был несколько бледен, и это очень шло к его воинственному лицу.

Хорошенький прапорщик был в восторге; прекрасные черные глаза его блестели отвагой, рот слегка улыбался; он беспрестанно подъезжал к капитану и просил его позволения броситься на ура.

— Мы их отобьем, — убедительно говорил он, — право, отобьем.

— Не нужно, — кротко отвечал капитан, — надо отступать.

Рота капитана занимала опушку леса и лежа отстреливалась от неприятеля. Капитан в своем изношенном сюртуке и взъерошенной шапочке, опустив поводья белому маштачку и подкорчив на коротких стременах ноги, молча стоял на одном месте. (Солдаты так хорошо знали и делали свое дело, что нечего было приказывать им.) Только изредка он возвышал голос, прикрикивая на тех, которые подымали головы.

В фигуре капитана было очень мало воинственного; но зато в ней было столько истины и простоты, что она необыкновенно поразила меня. «Вот кто истинно храбр»,— сказалось мне невольно.

Он был точно таким же, каким я всегда видал его: те же спокойные движения, тот же ровный голос, то же выражение бесхитростности на его некрасивом, но простом лице; только по более, чем обыкновенно, светлому взгляду можно было заметить в нем внимание человека, спокойно занятого своим делом. Легко сказать: таким же, как и всегда. Но сколько различных оттенков я замечал в других: один хочет казаться

---

43. Он собирательное название, под которым кавказские солдаты разумеют вообще неприятеля. (Прим. Л. Н. Толстого.).

50

спокойнее, другой суровее, третий веселее, чем обыкновенно; по лицу же капитана заметно, что он и не понимает, зачем казаться.

Француз, который при Ватерлоо сказал: «La garde meurt, mais ne se rend pas [44] »,— и другие, в особенности французские герои, которые говорили достопамятные изречения, были храбры и действительно говорили достопамятные изречения; но между их храбростью и храбростью капитана есть та разница, что если бы великое слово, в каком бы то ни было случае, даже шевелилось в душе моего героя, я уверен, он не сказал бы его: во-первых, потому, что, сказав великое слово, он боялся бы этим самым испортить великое дело, а во-вторых, потому, что, когда человек чувствует в себе силы сделать великое дело, какое бы то ни было слово не нужно. Это, по моему мнению, особенная и высокая черта русской храбрости; и как же после этого не болеть русскому сердцу, когда между нашими молодыми воинами слышишь французские пошлые фразы, имеющие претензию на подражание устарелому французскому рыцарству?..

Вдруг в той стороне, где стоял хорошенький прапорщик со взводом, послышалось недружное и негромкое «ура». Оглянувшись на этот крик, я увидел человек тридцать солдат, которые с ружьями в руках и мешками на плечах насилу-насилу бежали по вспаханному полю. Они спотыкались, но всё подвигались вперед и кричали. Впереди их, выхватив шашку, скакал молодой прапорщик.

Все скрылось в лесу...

Через несколько минут гиканья и трескотни из лесу выбежала испуганная лошадь, и в опушке показались солдаты, выносившие убитых и раненых; в числе последних был молодой прапорщик. Два солдата держали его под мышки. Он был бледен, как платок, и хорошенькая головка, на которой заметна была только тень того воинственного восторга, который одушевлял ее за минуту перед этим, как-то страшно углубилась между плеч и спустилась на грудь. На белой рубашке под расстегнутым сюртуком виднелось небольшое кровавое пятнышко.

— Ах, какая жалость! — сказал я невольно, отворачиваясь от этого печального зрелища.

— Известно, жалко, — сказал старый солдат, который с угрюмым видом, облокотясь на ружье, стоял подле меня. — Ничего не боится: как же этак можно! — прибавил он, пристально глядя на раненого. — Глуп еще — вот и поплатился.

— А ты разве боишься? — спросил я.

— А то нет!

---

44. фр. La garde meurt, mais ne se rend pas — Гвардия умирает, но не сдается.

51

XI

Четыре солдата на носилках несли прапорщика; за ними форштатский солдат вел худую, разбитую лошадь, с навьюченными на нее двумя зелеными ящиками, в которых хранилась фельдшерская принадлежность. Дожидались доктора. Офицеры подъезжали к носилкам и старались ободрить и утешить раненого.

— Ну, брат Аланин, не скоро опять можно будет поплясать с ложечками, — сказал с улыбкой подъехавший поручик Розенкранц.

Он, должно быть, полагал, что слова эти поддержат бодрость хорошенького прапорщика; но, сколько можно было заметить по холодно-печальному выражению взгляда последнего, слова эти не произвели желанного действия.

Подъехал и капитан. Он пристально посмотрел на раненого, и на всегда равнодушно-холодном лице его выразилось искреннее сожаление.

Что, дорогой мой Анатолий Иваныч? — сказал он голосом, звучащим таким нежным участием, какого я не ожидал от него, — видно, так богу угодно.

Раненый оглянулся; бледное лицо его оживилось печальной улыбкой.

— Да, вас не послушался.

— Скажите лучше: так богу угодно, — повторил капитан.

Приехавший доктор принял от фельдшера бинты, зонд и другую принадлежность и, засучивая рукава, с ободрительной улыбкой подошел к раненому.

— Что, видно, и вам сделали дырочку на целом месте, — сказал он шутливо-небрежным тоном, — покажите-ка.

Прапорщик повиновался; но в выражении, с которым он взглянул на веселого доктора, были удивление и упрек, которых не заметил этот последний. Он принялся зондировать рану и осматривать ее со всех сторон; но выведенный из терпения раненый с тяжелым стоном отодвинул его руку...

— Оставьте меня, — сказал он чуть слышным голосом, — все равно я умру.

С этими словами он упал на спину, и через пять минут, когда я, подходя к группе, образовавшейся возле него, спросил у солдата: «Что прапорщик?», мне отвечали: «Отходит».

Уже было поздно, когда отряд, построившись широкой колонной, с песнями подходил к крепости.

Солнце скрылось за снеговым хребтом и бросало последние розовые лучи на длинное, тонкое облако, остановившееся на ясном, прозрачном горизонте. Снеговые горы начинали скрываться в лиловом тумане; только верхняя; линия их обозначалась с чрезвычайной ясностью на багровом свете заката. Давно взошедший прозрачный месяц начинал белеть на темной лазури. Зелень травы и деревьев чернела и покрывалась росою. Темные массы войск мерно шумели и двигались «по роскошному лугу; в различных сторонах слышались бубны, барабаны и веселые; песни. Подголосок шестой роты звучал изо всех сил, и, исполненные чувства и силы, звуки его чистого грудною тенора далеко разносились по прозрачному вечернему, воздуху.

Святочная ночь

I

В одну из ясных, морозных январских ночей святок 18.. года вниз по Кузнецкому мосту дробной рысью катилась извозчичья карета на паре худых, разбитых лошадей.

Только темно-синее высокое небо, усеянное пропадающими в пространстве звездами, заиндевшая борода кучера, захватывающий дыхание, щиплющий за лицо воздух и скрип колес по морозному снегу напоминали те холодные, но поэтические святки, с которыми мы с детства привыкли соединять какие-то смутные чувства — любви к заветным преданиям старины, темным народным обычаям и — ожидания чего-то таинственного, необыкновенного...

Нет ни белых громадных сугробов сыпучего снега, занесшего двери, заборы и окна, ни узких, пробитых около них тропинок, ни высоких черных дерев с покрытыми инеем ветвями, ни безграничных ярко-белых полей, освещаемых светлой зимней луной, ни чудной, исполненной невыразимой прелести тишины деревенской ночи. Здесь высокие неприятно-правильные дома с обеих сторон закрывают горизонт и утомляют зрение однообразием; равномерный городской шум колес не умолкает и нагоняет на душу какую-то неотвязную, несносную тоску;

разбитый, навозный снег покрывает улицы и освещается кое-где ламповым светом, падающим из цельных окон какого-нибудь магазина, или тусклыми фонарями, которые, приставляя лесенку, поправляет засаленный будочник: все составляет резкую и жалкую противуположность с блестящим, безграничным покровом святочной Ночи. Мир божий и мир человеческий.

Карета остановилась у освещенного магазина. Из нее выпрыгнул стройный, хорошенький мальчик — лет 18 на вид — в круглой шляпе и шинели с бобровым воротником, из-за которого виден был белый бальный галстук, и, звеня колокольчиком, торопливо вбежал в дверь.

«Une paire de gants, je vous prie[45] »,— отвечал он на вопросительный: «Bonsoir, monsieur[46]» ,— которым встретила его худощавая француженка из-за конторки.

— Vot' numéro[47] .

— Six et demi[48] ,— отвечал он, показывая маленькую, почти женски нежную руку.

Молодой человек, казалось, куда-то очень торопился; он, прохаживаясь по комнате, стал надевать перчатки так неосторожно, что разорвал одну пару; с детским движением досады, показывавшим в нем, однако, энергию, швырнул ее на землю и стал растягивать другую.

— Сын мой, это вы? — послышался приятно-звучный, уверенный голос из соседней комнаты,— войдите сюда.

Молодой человек по звуку голоса и еще более по названию сына тотчас узнал своего знакомого и вошел к нему.

Это был высокий мужчина, лет 30, чрезвычайно худой, с рыжими бакенбардами, проходящими по середине щек до концов рта и начала острых воротничков, длинным сухим носом, спокойными, впалыми, голубыми глазами, выражающими ум и насмешливость, и чрезвычайно тонкими, бледными губами, которые, исключая того времени, когда открывали прекрасные мелкие зубы, складываясь в выразительную, симпатичную улыбку, лежали всегда как-то особенно важно и строго. Он сидел, вытянув длинные ноги, перед большим трюмо, в котором, казалось, с удовольствием рассматривал отражавшуюся стройную фигуру молодого человека, и предоставлял полную свободу выказать свое куаферское искусство мосье Шарлу, который, ловко поворачивая в помадных руках

---

45. фр. Une paire de gants, je vous prie — Пару перчаток, прошу вас.

46. фр. Bonsoir, monsieur — Добрый вечер, сударь.

47. фр. Vot' numéro — Ваш номер.

48. фр. Six et demi — Шесть с половиной.

щипцы и покрикивая на Эрнеста, подававшего их, давал, по своему выражению, «un coup de peigne à la plus estimable de ses pratiques [49]».

— Что, на бал, любезный сын?

— Да, а вы, князь?

— Тоже должен ехать; видите,— прибавил он, указывая на белый жилет и галстук, таким недовольным тоном, что молодой человек с удивлением спросил его: неужели он не хотел ехать? и что бы он делал в таком случае целый вечер?

— Спал бы,— отвечал он равнодушно и без малейшей аффектации.

— Вот этого я не могу понять!

— И я тоже не понимал лет 10 тому назад: лет 10 тому назад я готов был проскакать 300 верст на перекладных и не спать 10 ночей для одного бала; но тогда я был молод, разумеется, влюблен на каждом бале, а — главное — тогда мне было весело; потому что я знал, что я хорош, что, как меня ни поверни, никто не увидит ни лысины, ни накладки, ни вставленного зуба...

— А вы за кем волочитесь, сын мой? — прибавил он, вставая перед зеркалом и оправляя воротнички рубашки.

Этот вопрос, сделанный самым простым разговорным тоном, казалось, очень удивил молодого человека и привел в такое замешательство, что он, краснея и запинаясь, едва мог выговорить: «Я ни за... я ни... когда еще не волочился».

— Виноват, я и забыл, что в ваши года не волочатся, а влюбляются, так скажите мне, по крайней мере, в кого влюблены?

— Знаете, князь,— сказал молодой человек, улыбаясь,— что я даже не понимаю, что такое значит волочиться, faire le cour...

— Я вам сейчас объясню,— вы знаете, что такое быть влюблену?

— Знаю.

— Ну так волочиться — значит делать совершенно противное того, что делают влюбленные,— понемногу рассказывать про свою любовь и стараться, чтобы в вас были влюблены; одним словом, делать противное тому, что вы делаете в отношении к милому дебардёру, в которого вы влюблены.

Молодой человек покраснел еще раз.

— Нынче утром мы с вашей кузиной говорили про вас, и она открыла мне вашу тайну. Почему вы до сих пор не представлены?

— Не было случая.

— Как можно, чтобы не было случая; нет, скажите лучше, что не

---

[49] фр. un coup de peigne à la plus estimable de ses pratiques — прикосновение гребня к своему наиболее уважаемому клиенту.

можете решиться; я знаю, истинная, а в особенности первая, любовь стыдлива. Это нехорошо.

— Кузина нынче обещала представить меня,— сказал молодой человек, детски застенчиво улыбаясь.

— Нет, позвольте мне вас представить, любезный сын; поверьте, что я это сделаю лучше, чем ваша кузина; и посмотрите, с моей легкой руки,— прибавил он, надевая шинель и шляпу. — Поедем вместе.

— Для того, чтобы иметь успех у женщин,— продолжал он докторальным тоном, проходя к двери, не замечая ни поклонов мосье Шарля, ни улыбочки demoiselle de comptoir[50], слушавшей его,— для того, чтобы иметь успех у женщин, нужно быть предприимчиву, а для того, чтобы быть предприимчиву, нужно иметь успех у женщин, в особенности в первой любви, а для того, чтобы иметь успех в первой любви, нужно быть предприимчиву. Видите, cercle vicieux[51].

II

Молодого человека звали Сережей Ивиным. Он был прекрасный мальчик, с душой юной, не отуманенной еще поздним сознанием ошибок, сделанных в жизни; следовательно, с светлыми мечтами и благородными побуждениями. Окончив курс в училище... совершенным ребенком душою и телом, он приехал в Москву к своей матери — милейшей женщине старого века и любившей его так, как может любить мать единственного сына, которым гордится.

Приехав в Москву, он как-то невольно и незаметно для самого себя очутился, как дома, в добродушном и — ежели можно так сказать — фамильном московском свете, в который люди с известным рождением, несмотря на их внутренние качества, принимаются во всех отношениях, как свои и родные; в особенности же — доверчиво и радушно, когда они, как Ивин, не имеют еще для этого света неизвестного прошедшего. Трудно сказать, было ли это для него счастием или нет; с одной стороны, свет доставлял ему много истинных наслаждений, а уметь наслаждаться в ту пору молодости, когда каждое отрадное впечатление с силой отзывается в юной душе и заставляет дрожать свежие струны счастия, уже большое благо; с другой же стороны, свет развивал в нем ту страшную моральную заразу, прививающуюся к каждой части души, которая называется тщеславием. Не то светское тщеславие, которое никогда не

---

50. фр. demoiselle de comptoir — кассирши.

51. фр. cercle vicieux — заколдованный круг.

довольно тем кружком, в котором оно живет, а вечно ищет и добивается другого, в котором ему будет тяжело и неловко. Московский свет особенно мил и приятен тем, что он дружен и самостоятелен в своих суждениях; ежели человек раз принят в нем, то он принят везде, обсужден всеми одинаково, и ему нечего добиваться: живи, как хочешь и как нравится. Но у Сережи, несмотря на то, что он был умный и энергический мальчик, было тщеславие молодости. Смешно сказать, он — лучший московский танцор — мечтал о том, как бы ему попасть в скучную партию — по полтине — Г. О., о том, как бы ему, невинному и стыдливому, как девушка,— попасть на скандалезные вечера г-жи З. и сойтись на «ты» с старым, сально-развратным холостяком Долговым. Прекрасные мечты любви, дружбы и смешные планы тщеславия с одинаковою прелестью неизвестности и силою увлечения молодости наполняли его воображение и как-то странно путались в нем.

На балах нынешней зимы, которые были для него первыми в жизни, он встречал графиню Шофинг, которую князь Корнаков, дававший всем прозвища, называл почему-то милым дебардёром. Один раз он танцевал против нее, глаза его встретились с простодушно-любопытным взглядом графини, и взгляд этот так поразил его, доставил столько наслаждения, что он не мог понять, как прежде не был без памяти влюблен в нее, и внушил, бог знает почему, столько страха, что он стал смотреть на нее как на существо необыкновенное, высшее, с которым он недостоин иметь ничего общего, и поэтому несколько раз убегал случаев быть ей представлену.

Графиня Шофинг соединяла в себе все условия, чтобы внушить любовь, в особенности такому молодому мальчику, как Сереже. Она была необыкновенно хороша, и хороша как женщина и ребенок: прелестные плечи, стройный, гибкий стан, исполненные свободной грации движения и совершенно детское личико, дышащее кротостью и весельем. Кроме того, она имела прелесть женщины, стоящей в главе высшего света; а ничто не придает женщине более прелести, как репутация прелестной женщины. Графиня Шофинг имела еще очарование, общее очень немногим, это очарование простоты — не простоты, противуположной аффектации, но той милой наивной простоты, которая так редко встречается, что составляет самую привлекательную оригинальность в светской женщине. Всякий вопрос она делала просто и так же отвечала на все вопросы; в ее словах никогда не заметно было и тени скрытой мысли; она говорила все, что приходило в ее хорошенькую умную головку, и все выходило чрезвычайно мило. Она была одна из тех редких женщин, которых все любят, даже те, которые должны бы были завидовать,

И странно, что такая женщина отдала без сожаления свою руку графу

Шофинг. Но ведь она не могла знать, что, кроме тех сладких любезностей, которые говорил ей ее жених, существуют другие речи, что, кроме достоинств — отлично танцевать, прекрасно служить и быть любимым всеми почтенными старушками — достоинства, которыми вполне обладал г. Шофинг,— существуют другие достоинства, что, кроме той приличной мирной светской жизни, которую устроил для нее ее муж, существует другая жизнь, в которой можно найти любовь и счастие. Да, кроме того, надо отдать справедливость г. Шофинг, лучше его не было во всех отношениях жениха; даже сама Наталья Аполлоновна сказала в нос: «C'est un excellent partie, ma chère[52] ». Да и чего ей желать еще? Все молодые люди, которых она до сих пор встречала в свете, так похожи на ее Jean и, право, нисколько не лучше его; поэтому влюбиться ей в голову не приходило — она воображала, что любит своего мужа,— а жизнь ее сложилась так хорошо! Она любит танцевать и танцует; любит нравиться и нравится; любит всех своих хороших знакомых, и ее все очень любят.

III

Зачем описывать подробности бала? Кто не помнит того странного, поразительного впечатления, которое производили на него ослепительный свет тысячи огней, освещающих предметы со всех сторон и ни с одной — не кладущих тени, блеск брильянтов, глаз, цветов, бархата, шелку, голых плеч, кисеи, волос, черных фраков, белых жилетов, атласных башмачков, пестрых мундиров, ливрей; запаха цветов, душков женщин; звуков тысячи шагов и голосов, заглушаемых завлекательными, вызывающими звуками каких-либо вальсов или полек; и беспрерывное сочетание и причудливое сочетание всех этих предметов? Кто не помнит, как мало он мог разобрать подробности, как все впечатления смешивались, и оставалось только чувство или веселья, все казалось так легко, светло, отрадно, сердце билось так сильно, или казалось ужасно тяжело, грустно.

Но чувство, возбуждаемое балом, было совершенно различно в двух наших знакомых.

Сережа был так сильно взволнован, что заметно было, как скоро и сильно билось его сердце под белым жилетом, и что ему отчего-то захватывало дыхание, когда он вслед за князем Корнаковым, пробираясь между разнообразною, движущеюся толпою знакомых и незнакомых гостей, подходил к хозяйке дома. Волнение его еще усилилось в то время,

---

52. фр. C'est un excellent partie, ma chère — Это прекрасная партия, дорогая.

как он подходил к большой зале, из которой ясней стали долетать звуки вальса. В зале было и шумнее, и светлее, и теснее, и жарче, чем в первой комнате. Он отыскивал глазами графиню Шофинг, ее голубое платье, в котором он видел ее на прошедшем бале. (Впечатление это было так еще свежо в его воображении, что он не мог себе представить ее в другом платье.) Вот голубое платье; но это не ее волосы; это какие-то дурные рыжие волосы и какие плечи и грубые черты: как мог он так ошибиться? Вот вальсирует женщина в голубом; не она ли? Но вот вальсирующая пара поравнялась с ним, и какое разочарование! Хотя эта женщина очень недурна, но ему она кажется хуже греха смертного. Так трудно какой бы то ни было красоте выдержать сравнение с развившимся в его воображении во всей чудной прелести воспоминания образом его любви. Неужели ее еще нет? Как скучно, пусто на бале! Какие у всех несносные скучающие лица! И зачем, кажется, собрались они все? Но вот кружок, отдельный от всех других; в нем очень немного действующих лиц; но зато как много зрителей, смотрящих с завистью, но не проникающих в него. И странно, почему эти зрители, несмотря на сильнейшее желание, не могут переступить эту границу, этот волшебный круг. Сережа пробирается в середину кружка. Тут у него больше знакомых, некоторые издалека улыбаются ему, другие подают руки; но кто это в белом платье с простой зеленой куафюркой на голове стоит подле высокого князя Корнакова и, закинув назад русую головку, наивно глядит ему в глаза и говорит с ним? Это она! Поэтический образ женщины в голубом платье, который с прошлого бала не выходил из его воображения, мгновенно заменяется образом, который кажется ему еще прелестнее и живее — той же женщины в белом платье и зеленой куафюрке. Но отчего же ему вдруг делается неловко? Он не знает хорошенько: держать ли шляпу в левой или в правой руке, с беспокойством оглядывается вокруг себя и отыскивает глазами кузину или хорошего знакомого, с которым бы он мог заговорить и скрыть свое смущение; но, на беду, все окружающие его лица ему незнакомы, и ему кажется, что в выражении лиц их написано: «Comme le petit Ivine est ridicule[53]». Слава богу, кузина подзывает его, и он идет вальсировать с ней. Князь Корнаков, напротив того, так же спокойно, раскланиваясь знакомым мужчинам и женщинам, проходил первые комнаты, входил в большую залу и присоединялся к отдельному кружку, как бы он входил в свою спальню, и с тем же предзнанием того, что он должен встретить, с которым чиновник, приходя в отделение, пробирается в знакомый угол к своему столу. Он так хорошо знает каждого и его все так хорошо знают, что у него для каждого готово занимательное, забавное или любезное словечко. Почти с каждой есть

---

53. фр. Comme le petit Ivine est ridicule — Как маленький Ивин смешон.

начатой разговор, шуточка, общие воспоминания. <Для него ничто не может быть неожиданностью: он слишком порядочный человек и живет в слишком порядочном кругу, чтобы с ним могло случиться что-нибудь неприятное; ожидать же удовольствия от бала он давно уже отвык.> Ему не только не тяжело и не неловко, как Сереже, проходить через эти три гостиные, наполненные народом, а несносно видеть все одни знакомые лица, давно оцененные им, и которые, что бы он ни делал, с своей стороны никак не переменили бы о нем мнение, к которым, однако, нельзя не подойти и, по какой-то странной привычке говорить, не сказать не интересных ни для того, ни для другого слов, несколько раз уже слышанных и сказанных. Он так и делает; но все-таки скука — преобладающее в его душе чувство в эти минуты. Даже единственный интерес человека, как князь, не принимающего прямого участия в бале, то есть не играющего и не танцующего,— наблюдения, ни в каком отношении не могут представить ему ничего ни нового, ни занимательного. Подойдет ли он к разговаривающим группам в гостиных, они составлены все из тех же лиц, канва разговора их все та же самая: вот Д., имеющая репутацию московской красавицы, платье ее, лицо, плечи, все прекрасно, безукоризненно; но все то же пошло-бесстрастное выражение во взгляде и постоянной улыбке, и ее красота производит на него впечатление досады; около нее, как и всегда, увиваются молодой М., про которого говорят, что он, правда, дурен, но зато чрезвычайно остроумен, мил; он в душе находит, что Д. самая несносная женщина в мире; но волочится за ней только потому, что она первая женщина в московском свете; петербургский щеголь Ф., который хочет смотреть свысока на московский свет и которого за это никто терпеть не может, и т. д. Вот миленькая московская барышня Annette З., которая, бог знает почему, не выходит столько времени замуж, следовательно, тут же где-нибудь и последняя ее надежда, барон со стеклушком и дурным французским языком, который целый год сбирается на ней жениться и, разумеется, никогда не женится. Вот маленький черномазый адъютантик с большим носом, который в полной уверенности, что любезность в нынешнем веке состоит в том, чтобы говорить непристойности, и помирая со смеху рассказывает что-то старой эманципированной деве Г... Вот старая толстая Р....., которая так долго продолжает быть неприличною, что это перестало быть оригинальным, а сделалось просто гадко (и все отшатнулись от нее); около нее вертятся еще, однако, какой-то армейский гусар и молоденький студент, воображающие, бедняги, подняться этим во мнении света. Подойдет ли к карточным столам,— опять на тех же местах, что и пять лет тому назад, стоят столы и сидят те же лица. <Бывший откупщик не похудел нисколько, играет так же хорошо и неучтиво. Там старый генерал, как и всегда, платит дань маленькому сухому человечку, который, сгорбившись над столом, стоит.> Даже приемы тасовать, сдавать карты, сбирать взятки и карты [?], говорить игорные шуточки каждого давно известны ему. Вот старый генерал, с которого берут постоянную дань, несмотря на то, что он сердится и кричит на всю комнату, особенно сухой человечек, который, сгорбившись, молча сидит перед ним и только изредка исподлобья взглядывает на него. Вот молодой человек, который тем, что играет в карты, хочет доказать, что все ему надоело. Вот три старые барыни поймали несчастного партнера по две копейки, и бедный готов отдать все деньги, что у него есть в кармане,— отступного.

Корнаков подходит к столам, желает выигрывать? одни не замечают его, другие, не оглядываясь, подают руки, третьи просят присесть... Пойдет ли в залы, где танцуют: вот вертятся пять или шесть студентов, два приезжих гвардейца и вечные недоросли, молодые по летам, но состаревшиеся на московском паркете — Негичев, Губков, Тамарин, два или три устаревшие московские львы, которые уже не танцуют, а только любезничают, или ежели решаются пригласить даму, то делают с таким выражением, которое можно перевести так: посмотрите, как я резвлюсь.

Вот в кругу кавалеров стоят, как и всегда, неизвестные, неподвижные фраки, зрители, которые, бог один знает зачем, приехали сюда; только изредка между ними заметно движение, показывается смельчак, робко или слишком смело проходит через пустой круг, приглашает, может быть, единственную знакомую ему даму, делает с ней, несмотря на то, что ей это весьма неприятно, несколько туров вальса и опять скрывается за стеной стоящих мужчин. Вообще в московском свете мужчины разделяются на два разряда: или на недоученных мальчиков, смотрящих на свет слишком серьезно, или на устарелых львов, смотрящих или показывающих, что смотрят на него слишком свысока.

Какие-нибудь жалкие, ни с кем не знакомые, но приглашенные по проискам родственниц барышни сидят около стен и дурнеют от злости за то, что, несмотря на их прекрасные туалеты, стоившие, может быть, месячного труда, никто с ними танцевать не хочет. Всего не перескажешь, но дело в том, что для князя Корнакова все это страшно старо. Хотя много старых лиц сошло и много новых выступило на светскую арену за его время, но отношения, разговоры, действия этих лиц все те же самые. Матерьяльная часть бала, даже буфет, ужин, музыка, убранство комнат, все до того хорошо известно князю, что ему иногда становится невыносимо гадко 20-й раз видеть все одно и то же. Князь Корнаков был один из тех богатых, пожилых холостяков, для которых свет сделался необходимейшею и вместе скучнейшею из потребностей; необходимейшею потому, что в первой молодости, заняв без труда первое место в свете, самолюбие не позволяло ему испытывать себя на другой, неизвестной дороге в жизни и даже допускать возможность другого образа жизни; скучнейшею же потребностью сделался для него свет потому, что он был слишком умен, чтобы давно не разглядеть всю пустоту постоянных отношений людей, не связанных между собою ни общим интересом, ни благородным чувством, а полагающих цель жизни в искусственном поддержании этих постоянных отношений. Душа его всегда была полна бессознательной грусти о даром потерянном прошедшем и ничего не обещающем будущем, но тоска эта выражалась не тоскою и раскаянием, а желчною, светскою болтовнёю — иногда резкою, иногда пустою; но всегда умною и благородно-оригинальною. Он принимал так мало участия в делах света, смотрел на него так равнодушно, как бы сказать, à vol d'oiseau[54], что не мог приходить ни с кем в столкновение; поэтому никто не любил его, никто и не не любил; но все смотрели с тем особенным уважением, которым пользуются люди, составляющие свет.

IV

Увлечение

— Encore un tour je t'en prie[55],— говорил Сережа своей кузине, обхватив ее тоненькую талию и с разгоревшимся лицом, легко и грациозно проносясь в вальсе уже 10-й раз через всю залу.

— Нет, довольно, я уже устала,— отвечала, улыбаясь, хорошенькая кузина, снимая руку с его плеча.

Сережа принужден был остановиться, и остановиться именно подле той двери, у которой, небрежно облокотившись, с обычным выражением самодовольного спокойствия, стоял князь Корнаков и что-то говорил <хорошенькой> графине Шофинг.

— Вот он сам,— сказал он, указывая глазами на Сережу. — Подойдите к нам,— прибавил он ему, в то же время почтительно кланяясь хорошенькой кузине. — Графиня желает, чтобы вы были ей представлены.

— Я очень давно желал иметь эту честь,— с детски смущенным видом проговорил Сережа, кланяясь.

— Этого, однако, нельзя было заметить до сих пор,— отвечала графиня, с простодушной улыбкой глядя на него.

Сережа молчал и, краснея все более и более, придумывал, что бы

---

54. фр. à vol d'oiseau — с высоты птичьего полета.

55. фр. Encore un tour je t'en prie — Еще тур, прошу тебя.

сказать, кроме банальности, <а кроме банальности, он не знал, что сказать>. Князь Корнаков, казалось, с большим удовольствием смотрел на искреннее смущение молодого человека, но, заметив, что оно не прекращается и даже, несмотря на всю светскую рутину графини, сообщается и ей, сказал:

— Accorderez vous un tour de valse, madame la comtesse?[56]

Графиня, зная, что он давно уже не танцует, с удивлением посмотрела на него.

— Pas à moi, madame la comtesse; je me sens trop laid et trop vieux pour prétendre à cet honneur[57].

— Вы меня извините, любезный сын, что я взял на себя роль вашего переводчика,— прибавил он ему. Сережа поклонился. Графиня встала перед ним, молча согнула хорошенькую ручку и подняла ее на уровень плеча; но только что Сережа обвил рукою ее стан, музыка замолчала, и они стояли так до тех пор, пока музыканты, заметив знаки, которые подавал им князь, снова заиграли вальс. Никогда не забудет Сережа этих нескольких секунд, во время которых он раза два то сжимал, то оставлял талию своей дамы.

Сережа не чувствовал, как скользили его ноги по паркету; ему казалось, что он уносится все дальше и дальше от окружающей его пестрой толпы. Все жизненные силы его сосредоточивались в чувстве слуха, заставлявшем его, повинуясь звукам музыки, то умерять резвость движения, то кружиться быстрее и быстрее, в ощущении стана графини, который так согласовался со всеми его движениями, что, казалось, слился с ним в одно; и во взгляде, который он от времени до времени, с непонятным для самого себя смешанным чувством наслаждения и страха, останавливал то на белом плече графини, то на ее светлых голубых глазах, слегка подернутых какою-то влажною плевою, придававшей им необъяснимое выражение неги и страсти.

— Ну посмотрите, пожалуйста, что может быть лучше этой парочки? — говорил князь Корнаков, обращаясь к кузине Сережи. — Вы знаете, моя страсть сводить хорошеньких.

— Да, теперь Serge совершенно счастлив.

— Не только Serge, но я уверен, что и графине приятнее танцевать с ним, чем с таким стариком, как я.

— Вы решительно хотите, чтобы я вам сказала, что вы еще не стары.

---

56. фр. Accorderez vous un tour de valse, madame la comtesse? — Разрешите тур вальса, графиня?.

57. фр. Pas à moi, madame la comtesse; je me sens trop laid et trop vieux pour prétendre à cet honneur — Только не я, я, чувствую себя слишком некрасивым и старым, чтобы претендовать на эту честь.

— За кого вы меня принимаете? Я очень хорошо знаю, что я еще не стар; но я хуже — я надоел, выдохнулся так, как и все эти господа, которые, однако, этого никак понять не могут; а Сережа, во-первых, новость, во-вторых, женщина не может себе представить, мне кажется, и желать мужчину лучше его. Ну посмотрите, что за прелесть! — продолжал, с улыбкой наслаждения глядя на них. — И она как мила! Я решительно влюблен в них...

— Я непременно скажу это Лизе (так звали гр. Шофинг).

— Нет, уж я давно извинялся перед графиней, что до сих пор не влюблен в нее,— она знает, что это происходит единственно потому, что я уж не могу влюбляться; но я влюблен в них обоих — в парочку.

Не один князь Корнаков любовался вальсирующими Сережей и графиней Шофинг, но все нетанцующие невольно следили глазами за ними — одни с чистым наслаждением видеть прекрасное, другие с досадой и завистью.

Сережа так был взволнован совокупным впечатлением движения, музыки и любви, что, когда графиня попросила его привести ее на место и, поблагодарив его улыбкой, снимала руку с его плеча, ему вдруг пришло желание, от которого он едва мог удержаться — воспользоваться этой минутой, чтобы поцеловать ее.

Невинный юноша в первый раз в жизни испытывал чувство любви: смутные желания, которыми оно наполняло его душу, были для него непонятны — он не остерегался их, не боялся предаваться им.

V

(Невинность)

VI

Любовь

Целый бал прошел для влюбленного Сережи, как чудный, обольстительный сон, которому хочется и страшно верить. У графини оставалась одна 6-я кадриль, и она танцевала ее с ним. Разговор их был обыкновенный бальный разговор; но для Сережи каждое слово имело особенное значение,— значение улыбки, взгляда, движенья. Во время кадрили признанный поклонник графини, Д., подсел к ним. (Сережа объяснял себе это почему-то тем, что Д. принимает его за мальчика, и почувствовал к нему какое-то чрезвычайно неприязненное чувство); но графиня была особенно мила и добра к своему новому знакомому; она говорила с Д. особенно сухо; но зато как только обращалась к Сереже, в улыбке и взгляде ее выражалось удовольствие. Ничто так тесно не соединяется и так часто не разрушает одно другое, как любовь и самолюбие. Теперь же эти две страсти соединились вместе, чтобы окончательно вскружить бедную, молодую голову Сережи. В мазурке графиня два раза выбирала его, и он два раза выбрал ее. Делая одну из фигур, она дала ему свой букет. Сережа вырвал из него веточку и спрятал в перчатку. Графиня заметила это и улыбнулась.

Графиня не могла оставаться ужинать. Сережа провожал ее до лестницы.

— Надеюсь вас видеть у себя,— сказала она, подавая ему руку.

— Когда позволите?

— Всегда.

— Всегда?! — повторил он взволнованным голосом и невольно пожал маленькую ручку, которая доверчиво лежала в его руке. Графиня покраснела, ручка ее задрожала — хотела ли она ответить на пожатие или освободиться? Бог знает — робкая улыбка задрожала на ее крошечном розовом ротике, и она сошла с лестницы.

Сережа был невыразимо счастлив. Вызванное в его юной душе в первый раз чувство любви не могло остановиться на одном предмете, оно разливалось на всех и на все. Все казались ему такими добрыми, любящими и достойными любви. Он остановился на лестнице, вынул оторванную ветку из-за перчатки и несколько раз с восторгом, заставившим выступить слезы на его глазах, прижал ее к губам.

— Что, довольны ли вы милым дебардёром? — спросил его князь Корнаков.

— Ах, как я вам благодарен! Я никогда не был так счастлив,— отвечал он с жаром, сжимая его руку.

VII

А она могла бы быть счастлива

Приехав домой, графиня по привычке спросила о графе. Он еще не возвращался. В первый раз ей было приятно слышать, что его нет. Ей хотелось хоть на несколько часов отдалить от себя действительность, показавшуюся ей с нынешнего вечера тяжелою, и пожить одной с своими мечтами. Мечты были прекрасные.

Сережа был так мало похож на всех тех мужчин, которые окружали ее до сих пор, что он не мог не остановить ее внимания. В его движениях, голосе, взгляде лежал какой-то особенный отпечаток юности, откровенности, теплоты душевной. Тип невинного мальчика, не испытавшего еще порывов страстей и порочных наслаждений, который у людей, не уклоняющихся от закона природы, должен бы быть так обыкновенен и, к несчастью, так редко встречающийся между ними, был для графини, жившей всегда в этой неестественной сфере, называемой светом, <но не утратившей в ней благодаря своей счастливой, особенно простой и доброй натуре, любви ко всему истинно-прекрасному — был для нее> самою увлекательною прелестною новостью.

По моему мнению, в ночном белом капоте и чепчике она была еще лучше, чем в бальном платье. Забравшись с ножками на большую кровать и облокотившись ручкой на подушки, она пристально смотрела на бледный свет лампы. На хорошеньком ротике остановилась грустная полуулыбка.

— Можно взойти, Лиза? — спросил голос графа за дверью.

— Войди,— отвечала она, не переменяя положения.

— Весело ли тебе было, мой друг? — спросил граф, целуя ее.

— Да.

— Что ты такая грустная, Лиза, уж не на меня ли ты сердишься?

Графиня молчала, и губки ее начинали слегка дрожать, как у ребенка, который собирается плакать.

— Неужели ты точно на меня сердишься за то, что я играю. Успокойся, мой дружок, нынче я все отыграл и больше играть не буду...

— Что с тобой? — прибавил он, нежно целуя ее руки, заметив слезы, которые вдруг потекли из ее глаз.

Графиня не отвечала, а слезы текли у нее из глаз. Сколько ни ласкал и ни допрашивал ее граф, она не сказала ему, о чем она плачет; а плакала все больше и больше.

Оставь ее, человек без сердца и совести. Она плачет именно о том, что ты ласкаешь ее, что имеешь право на это; о том, что отрадные мечты, наполнявшие ее воображение, разлетелись, как пар, от прикосновения действительности, к которой она до нынешнего вечера была равнодушна, но которая стала ей отвратительна и ужасна с той минуты, как она поняла возможность истинной любви и счастия.

VIII

Знакомство со всеми уважаемым барином

— Что, скучаешь, любезный сын? — сказал князь Корнаков Сереже, который с каким-то странным выражением равнодушия и беспокойства ходил из комнаты в комнату, не принимая участия ни в танцах, ни в разговорах.

— Да,— отвечал он, улыбаясь,— хочу уехать.

— Поедем ко мне, — nous causerons[58]

— Надеюсь, ты здесь не остаешься ужинать, Корнаков? — спросил проходивший в это время с шляпой в руках твердым, уверенным шагом через толпу, собравшуюся у двери, толстый, высокий мужчина лет 40, с опухшим, далеко не красивым, но чрезвычайно нахальным лицом.

— Ты кончил уж партию?

— Слава богу, успел до ужина и бегу от фатального майонеза с русскими трюфелями, тухлой стерляди и тому подобных любезностей,— кричал он почти на всю залу,

— Где ты будешь ужинать?

— Или у Трахманова, ежели он не спит, или в Новотроицком; поедем с нами. Вот и Аталов едет.

— Что, поедем, Ивин? — сказал князь Корнаков. — Вы знакомы? <прибавил он толстому господину.> Сережа сделал отрицательный знак головою.

— Сергей Ивин, сын Марьи Михайловны,— сказал князь.

— Очень рад,— сказал толстый господин, не глядя на него, подавая свою толстую руку и продолжая идти дальше. — Приезжайте же скорей.

Я полагаю, что ни для кого не нужно подробное описание типа толстого господина, которого звали Н. Н. Долговым. Верно, каждый из моих читателей ежели не знает, то видал, или, по крайней мере, слыхал про Н. Н., поэтому достаточно несколько характеристических признаков, чтобы лицо это во всей полноте своей ничтожности и подлости возникло в его воображении. По крайней мере, это так для меня. Богатство, знатность, уменье жить, большие разнообразные способности, погибнувшие или изуродованные праздностью и пороком. Цинический ум, не останавливающийся ни перед каким вопросом и обсуживающий всякий в пользу низких страстей. Совершенное отсутствие совести, стыда и понятия о моральных наслаждениях. Нескрытый эгоизм порока. Дар грубого и резкого слова. Сладострастие, обжорство, пьянство; презрение

---

58. фр. nous causerons — поболтаем.

ко всему, исключая самого себя. Взгляд на вещи только с 2-х сторон: со стороны наслаждения, которое они могут доставить, и их недостатков, и две главные черты: бесполезная, бесцельная, совершенно праздная жизнь и самый гнусный разврат, который он не только не скрывает, а, как будто находя достоинство в своем цинизме, с радостью обнаруживает. Про него говорят, что он дурной человек; но всегда и везде его уважают и дорожат связями с ним; он это знает, смеется и еще более презирает людей. И как ему не презирать того, что называют добродетелью, когда он всю жизнь попирал ее и все-таки по-своему счастлив, то есть страсти его удовлетворены и он уважаем.

Сережа был в необыкновенно хорошем расположении духа. Присутствие князя Корнакова, который очень нравился ему и имел на него почему-то особенное влияние, доставляло ему большое удовольствие. И короткое знакомство с таким замечательным человеком, как толстый господин, приятно щекотало его тщеславие. Толстый господин сначала мало обращал внимания на Сережу; но по мере того, как казак-половой, которого, приехав в Новотроицкой, он потребовал, приносил заказанные расстегаи и вино, он становился любезнее и, заметив развязность молодого человека, стал с ним говорить (такие люди, как Долгов, ничего так не любят, как застенчивость), трепать по плечу и чокаться.

Мысли и чувства влюбленного так сильно сосредоточены на один предмет, что он не имеет времени наблюдать, анализировать людей, с которыми встречается; а ничто так не мешает короткости и свободе в отношениях, как склонность, в особенности очень молодых людей, не брать людей за то, чем они себя показывают, а допытываться их внутренних, скрытых побуждений и мыслей.

Кроме того, Сережа чувствовал в этот вечер особенную охоту и способность без малейшего труда быть умным и любезным.

Знакомство с отставным генералом, кутилою Долговым, бывшее одно время мечтою его тщеславия, теперь не доставляло ему никакого удовольствия. Ему казалось, напротив, что он делает удовольствие и честь этому генералу, ежели говорит с ним, потому что вместо того, чтобы говорить с ним, он мог бы говорить с ней или думать о ней. Прежде он никак не смел говорить Корнакову ты, хотя этот последний часто обращался к нему в единственном числе, теперь он совершенно смело тыкал его, и тыканье это доставляло ему необыкновенное удовольствие. Ласковый взгляд и улыбка графини придали ему более самостоятельности, чем ум, красота, кандидатство и всегдашние похвалы: в один час из ребенка сделали мужчину. Он вдруг почувствовал в себе все те качества мужчины, недостаток которых ясно сознавал в себе: твердость, решимость, смелость и гордое сознание своего достоинства.

Внимательный наблюдатель заметил бы даже перемену в его наружности за этот вечер. Походка стала увереннее и свободнее, грудь выпрямилась, руки не были лишними, голова держалась выше, в лице исчезла детская округленность и неопределенность черт, мускулы лба и щек выказывались отчетливее, улыбка была смелее и тверже.

VIII [IX]

\<Кутеж\>

Веселье

В маленькой задней красной комнате Новотроицкого трактира, занимаемой только людьми, пользующимися в этом трактире особенной известностью, сидели наши четыре знакомые за длинным накрытым столом.

— Знаете, за чье здоровье,— сказал Сережа князю Корнакову, наливая бокал и поднося к губам. Сережа был очень красен, и в глазах у него было что-то масляное, неестественное.

— Выпьем,— отвечал Корнаков, изменяя бесстрастное скучающее выражение своего лица ласковой улыбкой.

Тост за здоровье неназываемой особы был повторен несколько раз.

Генерал, снявши галстук, с сигарой в руке лежал на диване, перед ним стояла бутылка коньяку, рюмочка и кусок сыру, он был немного краснее и одутловатее, чем обыкновенно, по его наглым, несколько сощурившимся глазам видно было, что ему хорошо.

— Вот это я люблю,— говорил он, глядя на Сережу, который, сидя перед ним, выпивал один бокал за другим, — когда было время, что и я пил так же шампанское. Бутылку выпивал за ужином на бале и потом как ни в чем не бывало танцевал и был любезен, как никогда.

— Нет, об этом я не жалею,— сказал Н. Н., облокотившись на руку и с грустным выражением глядя прямо в прекрасные одушевленные глаза К. — Я еще теперь способен выпить сколько хотите, да что? а жалко, что прошло время, когда я так же, как он, пил за здоровье и готов был умереть лучше, чем отказаться от бокала за здоровье кого-нибудь, когда я, бывало, добивался, чтобы мне достался непременно le fond de la bouteille[59], вполне верил, что я женюсь на той, за чье здоровье я пил этот fond de la bouteille.

---

[59]. фр. le fond de la bouteille — последняя капля в бутылке.

О, ежели бы я только женился на всех, за кого я выпил последнюю каплю, сколько бы у меня было чудесных жен! Ах, каких чудесных, коли бы вы знали, Alexandre,— и он махнул рукой. — Ну вот ваш le fond de la bouteille,— сказал он, наливая ему... — да что я? вам не нужно... — и он весело, ласково улыбнулся ему.

— Ах, не напоминайте мне, я забыл про то, что мне не нужно, да и помнить не хочу, мне так хорошо теперь,— и глаза его сияли истинным восторгом молодой души, без страха предающейся своему первому увлечению.

— Что это, как он мил! — сказал Н. Н., поворачиваясь к генералу,— ты не можешь себе представить, как он мне меня напоминает. Débouchons-le tout-à-fait[60].

— Да,— сказал генерал,— знаешь что, мне <давно хотелось собрать компанию к цыганам, нынче я в духе, поедем.> Allons au b...[61] и его возьмем с собой.

Через пять минут Alexandre сидел уже в ночных санках Н. Н.; свежий, морозный воздух резал ему лицо, перед ним была толстая спина кучера, тусклые фонари и стены домов мелькали с обеих сторон.

Мечты

«Вот я в деревне, в которой я родился и провел свое детство, в полном милыми и дорогими воспоминаниями Семеновском. Весна, вечер; я в саду, на любимом месте покойной матушки, около пруда, в березовой аллее, и не один,— со мной женщина, в белом платье, с волосами, просто убранными на прелестной головке; и эта женщина та, которую я люблю,— так, как я никого не любил до сих пор, которую я люблю больше, чем все на свете, больше, чем самого себя. Месяц тихо плывет по подернутому прозрачными облаками небу, ярко отражается вместе с освещенными им облаками в зеркальной поверхности тихой воды пруда, освещает желтоватую осоку, поросшую зеленые берега, светлые бревна плотины, нависшие над ней кусты ивы и темную зелень кустов распустившейся сирени, черемухи, наполняющей чистый воздух каким-то весенним отрадным запахом, и шиповника, густо сросших в клумбах, разбросанных около извилистых дорожек, и кудрявые, неподвижно висящие, длинные ветви высоких берез, нежную обильную зелень лип, составляющих прямые темные аллеи. За прудом, в глуши сросших

---

60. фр. Débouchons-le tout-à-fait — Раскупорим окончательно.
61. фр. Allons au b... — Поедем в б...

деревьев громко слышится звучная песня соловья и еще звучнее разносится по неподвижной поверхности воды« Я держу нежную руку женщины, которую я люблю, смотрю в эти чудные большие глаза, взгляд которых так отрадно действует на душу, она улыбается и жмет мою руку — она счастлива!»

Глупые — отрадные мечты. Глупые по несбыточности, отрадные по поэтическому чувству, которым исполнены. Пускай они не сбываются — не могут сбываться; но почему не увлекаться ими, ежели одно увлечение это доставляет чистое и высокое наслаждение? Сашеньке в эту минуту и в мысль не приходило задать себе вопрос: каким образом женщина эта будет его женою, тогда как она замужем, и, ежели бы это было возможно, хорошо ли бы это было, то есть нравственно ли? и каким бы образом он в таком случае устроил свою жизнь? Кроме минут любви и увлечения, он не воображал себе другой жизни. Истинная любовь сама в себе чувствует столько святости, невинности, силы, предприимчивости и самостоятельности, что для нее не существует ни преступления, ни препятствий, ни всей прозаической стороны жизни.

Вдруг сани остановились, и это прекращение равномерного, убаюкивающего движения разбудило его. ‹Налево от него виднелось довольно большое для города, пустое, занесенное снегом место и несколько голых деревьев, направо был подъезд низенького, несколько кривого серенького домика с закрытыми ставнями.

— Что, мы за городом? — спросил он у кучера.

— Никак нет, евто Патриарши пруды, коли изволите знать, что подле Козихи.›

Н. Н. и веселый генерал стояли у подъезда. Последний изо всех сил то бил ногою в шатавшуюся и трещавшую от его ударов дверь домика, то подергивал за заржавелую изогнутую проволоку, висевшую у притолки, покрикивая при этом довольно громко: «Ей, Чавалы! Отпханьте, Чавалы!» Наконец послышался шорох — звук нетвердых, осторожных шагов в туфлях, блеснул свет в ставнях, и дверь отворилась. На пороге показалась сгорбленная старуха в накинутом на белую рубаху лисьем салопе и с сальной оплывшей свечой в сморщенных руках. По первому взгляду на ее сморщенные, резкие, энергические черты, на черные блестящие глаза и ярко поседевшие черные как смоль волоса, торчавшие из-под платка, и темно-кирпичного цвета тело, ее безошибочно можно было принять за цыганку. Она поднесла свечку на уровень лиц Н. Н. и генерала и тотчас, как заметно было, с радостью узнала их.

— Ах, батюшки, господи! Михаил Николаевич, отец мой,— заговорила она резким голосом и с каким-то особенным, одним цыганам свойственным выговором. — Вот радость-то! Солнце ты наше красное. Ай,

71

и ты, М. М., давно не жаловал, то-то девки наши рады будут! Просим покорно, пляску сделаем!

— Дома ли ваши?

— Все, все дома, сейчас прибегут, золотой ты мой. Заходите, заходите.

— Entrons[62],— сказал Н. Н., и все четверо вошли, не снимая шляп и шинелей, в низкую нечистую комнату, убранную, кроме опрятности [?], так, как обыкновенно убираются мещанские комнаты, то есть с небольшими зеркалами в красных рамах, с оборванным диваном с деревянной спинкой, сальными, под красное дерево стульями и столами.

Молодость легко увлекается и способна увлекаться даже дурным, если увлечение это происходит под влиянием людей уважаемых. Alexandre забыл уже свои мечты и смотрел на всю эту странную обстановку с любопытством человека, следящего за химическими опытами. Он наблюдал то, что было, и с нетерпением ожидал того, что выйдет из всего этого; а, по его мнению, должно было выйти что-нибудь очень хорошее.

На диване спал молодой цыган с длинными черными курчавыми волосами, косыми, немного страшными, глазами и огромными белыми зубами. Он в одну минуту вскочил, оделся, сказал несколько слов с старухой на звучном цыганском языке и стал, улыбаясь, кланяться гостям.

— Кто у вас теперь дирижером? — спрашивал Н. Н. — Давно уж я здесь не был.

— Иван Матвеич,— отвечал цыган.

— Ванька?

— Так точно-с.

— А запевает кто?

— И Таня запевает, и Марья Васильевна.

— Маша, которая у Б. жила <Брянцова>? эта хорошенькая? разве она опять у вас?

— Так точно-с,— отвечал, улыбаясь, цыган. — Она приходит на пляску иногда.

— Так ты сходи за ней да шампанского принеси.

Цыган получил деньги и побежал. Старик генерал, как следует старому цыганеру, сел верхом на стул и вступил в разговор с старухой о всех старых бывших в таборе цыганах и цыганках. Он знал все родство каждой и каждого. Гвардеец толковал о том, что в Москве нет женщин, что приятного у цыган ничего быть не может уже только потому, что обстановка их так грязна, что внушает отвращение всякому порядочному

62. фр. Entrons — Войдем.

человеку. Хоть бы позвать их к себе,— то другое дело. Н. Н. говорил ему, что, напротив, цыгане дома только и хороши, что надобно их понимать и т. д. Alexandre прислушивался к разговорам и, хотя молчал, в душе был на стороне Н. Н., находил так много оригинального в этой обстановке, что понимал, что тут должно быть что-нибудь особенное, приятное. От времени до времени отворялась дверь в сени, в которую врывался холодный воздух, и попарно входили цыгане, составлявшие хор. Мужчины были одеты в голубые, плотно стягивающие их стройные талии казакины, шаровары в сапоги, и все с длинными курчавыми волосами; женщины в лисьих, крытых атласом салопах, с яркими шелковыми платками на головах и довольно красивых и дорогих, хотя и не модных платьях. Цыган принес шампанское, сказал, что Маша сейчас будет, и предлагал начать пляску без нее. Он что-то сказал дирижеру, небольшому, тонкому, красивому малому в казакине с галунами, который, поставив ногу на окно, настраивал гитару. Тот с сердцем отвечал что-то; некоторые старухи присоединились к разговору, который постепенно становился громче и, наконец, превратился в общий крик; старухи с разгоревшимися глазами размахивали руками, кричали самым пронзительным голосом, цыгане и некоторые бабы не отставали от других. В их непонятном для гостей разговоре слышалось только часто повторяемое слово: Мака, Мака. Молоденькая, очень хорошенькая девушка Стешка, которую дирижер рекомендовал как новую запевалу, сидела потупя глаза и одна не вступала в разговор. Генерал понял, в чем было дело. Цыган, который ходил за шампанским, обманывал, что Мака, то есть Маша, придет, и они хотели, чтобы запевала Стешка. Вопрос был в том, что Стешке надо было или нет дать 11/2 пая.

— Ей, Чавалы! — кричал он,— послушайте, послушайте,— но никто не обращал на него ни малейшего внимания. Наконец кое-как он успел добиться того, что его выслушали.

— Мака не придет? — сказал он,— так вы так и скажите.

— Поверьте моей чести,— сказал дирижер,— Стешка споет не хуже ее; а уж как поет «Ночку», так против нее нет другой цыганки, вся манера Танюши, ведь изволите всех наших знать,— прибавил он, зная, что этим льстит ему. — Извольте ее послушать.

Цыганки, в несколько голосов обратясь к генералу, говорили то же самое.

— Ну ладно, ладно, габаньте.

— Какую прикажете? — сказал дирижер, становясь с гитарой в руках перед полукругом усевшихся цыган.

— По порядку, разумеется, «Слышишь».

Цыган подкинул ногой гитару, взял аккорд, и хор дружно и плавно затянул: «Ведь ли да как ты слы-ы-шишь...»

73

— Стой, стой! — закричал генерал,— еще не все в порядке,— выпьемте.

Господа все выпили по стакану гадкого теплого шампанского. Генерал подошел к цыганам, велел встать одной из них, бывшей хорошенькой еще во время его молодости, Любаше, сел на ее место и посадил к себе на колени. Хор снова затянул «Слышишь». Сначала плавно, потом живее и живее и, наконец, так, как поют цыгане свои песни, то есть с необыкновенной энергией и неподражаемым искусством. Хор замолк вдруг неожиданно. Снова первоначальный аккорд, и тот же мотив повторяется нежным, сладким, звучным голоском с необыкновенно оригинальными украшениями и интонациями, и голосок точно так же становится все сильнее и энергичнее и, наконец, передает свой мотив совершенно незаметно в дружно подхватывающий хор.

Было время, когда на Руси ни одной музыки не любили больше цыганской; когда цыгане пели русские старинные хорошие песни: «Не одна», «Слышишь», «Молодость», «Прости» и т. д. и когда любить слушать цыган и предпочитать их итальянцам не казалось странным. Теперь цыгане для публики, которая сбирается в пассаже, поют водевильные куплеты, «Две девицы», «Ваньку и Таньку» и т. д. Любить цыганскую музыку, может быть, даже называть их пение музыкой покажется смешным. А жалко, что эта музыка так упала. Цыганская музыка была у нас в России единственным переходом от музыки народной к музыке ученой. Отчего в Италии каждый Лазарони понимает арию Доницетти и Россини и наслаждается ею, а у нас в «Оскольдовой могиле» и «Жизни за царя» купец, мещанин и т. п. любуются только декорациями? Я не говорю уже о итальянской музыке, которой не сочувствует и 1/100 русских абонеров, а выбрал так называемые народные оперы. Тогда как каждый русский будет сочувствовать цыганской песне, потому что корень ее народный. Но мне скажут, что это музыка неправильная. Никто не обязан мне верить; но я скажу то, что сам испытал, и те, которые любят цыганскую музыку, поверят мне, а те, которые захотят испытать, тоже убедятся. Было время, когда я любил вместе и цыганскую и немецкую музыку и занимался ими. Один очень хороший музыкант, мой приятель, немец по музыкальному направлению и по происхождению, спорил всегда со мной, что в цыганском хоре есть непростительные музыкальные неправильности, и хотел (он находил, как и все, соло превосходными) доказать мне это. Я писал порядочно, он очень хорошо. Мы заставили пропеть одну песню раз десять и записывали оба каждый голос. Когда мы сличили обе партитуры, действительно, мы нашли ходы квинтами; но я все не сдавался и отвечал, что мы могли записать правильно самые звуки, но не могли уловить настоящего темпа и что ход квинтами, на который он мне указывал, был не что иное, как подражание в квинте, что-то вроде фуги, очень удачно проведенной. Мы еще раз стали писать, и Р. совершенно убедился в том, что я говорил. Надо заметить, что всякий раз, как <мы писали>, выходило новое, движение гармонии было то же, но иногда аккорд был полнее, иногда вместо одной ноты было повторение предыдущего мотива — подражание. Заставить же петь отдельно каждого свою партию было невозможно, они все пели первый голос. Когда же начинался хор, каждый импровизировал.

Да извинят мне читатели, которые не интересуются цыганами, это отступление; я чувствовал, что оно неуместно; но любовь к этой оригинальной, но народной музыке, всегда доставлявшей мне столько наслаждения, преодолела.

Во время первого куплета генерал слушал внимательно, иногда улыбался и жмурил глаза, иногда хмурился и неодобрительно качал головой, потом перестал слушать и занялся разговором с Любашей, которая то, показывая свои белые, как перлы, зубы, улыбаясь, отвечала ему, то подтягивала хору своим громким альтом, строго поглядывая направо и налево на цыганок и делая им разные жесты руками. Гвардеец подсел к хорошенькой Стеше и, обращаясь к Н. Н., беспрестанно говорит: «Charmant, délicieux[63]», — или подтягивает ей не совсем удачно, что, как заметно, заставляет перешептываться цыганок и не нравится им, одна даже трогает его за руку и говорит: «Позвольте, барин». Н. Н. с ногами залез на диванчик, об чем-то шепчется с хорошенькой плясуньей Малашкой. Alexandre, расстегнув жилет, стоит перед хором и, как видно, с наслаждением слушает. Он замечает тоже, что молоденькие цыганки посматривают на него и, улыбаясь, перешептываются, и он знает, что они не смеются, а любуются им, он чувствует, что он очень хорошенький мальчик. Но вдруг генерал поднимается и говорит Н. Н.: «Non, cela ne va pas dans Машка, ce choeur ne vaut rien, n'est ce pas?[64]» Н. Н., который с самого бала казался каким-то сонным, апатичным, соглашается с ним. Г. дает деньги бедняжке [?] и не приказывает величать.

— Pardon.

Н. Н., зевая, отвечает: «Pardon». Гвардеец только спорит; но на него не обращают внимания. Надевают шубы и выходят.

— Я не могу спать теперь,— говорит генерал, приглашая Н. Н. садиться в его карету. Allons au b...[65]

«Ich mache alles mit[66]»,— говорит Н. Н., и снова две кареты и сани

---

63. фр. Charmant, délicieux — Прекрасно, очаровательно.

64. фр. Non, cela ne va pas dans Машка, ce choeur ne vaut rien, n'est ce pas? — Нет, дело без Машки не идет, хор ничего не стоит, не правда ли?

65. фр. Allons au b... — Едем в б...

66. нем. Ich mache alles mit — Я приму участие.

катятся вдоль молчаливых темных улиц. Alexandre в карете только почувствовал, что голова у него очень кружилась, он прислонился затылком к мягкой стенке кареты, старался привести в порядок свои запутанные мысли и не слушал генерала, который говорил ему самым спокойным, трезвым голосом: «Si ma femme savait que je bamboche avec vous[67]».

Карета остановилась. Alexandre, генерал, Н. Н. и гвардеец вошли по довольно опрятной, освещенной лестнице в чистую прихожую, в которой лакей снял с них шинели, и оттуда в ярко освещенную, как-то странно, но с претензией на роскошь убранную комнату. В комнате играла музыка, были какие-то мужчины, танцевавшие с дамами. Другие дамы в открытых платьях сидели около стен. — Наши знакомые прошли в другую комнату. Несколько дам прошли за ними. Подали опять шампанское. Alexandre удивлялся сначала странному обращению его товарищей с этими дамами, еще более странному языку, похожему на немецкий, которым говорили эти дамы между собой. Alexandre выпил еще несколько бокалов вина. Н. Н., сидевший на диване рядом с одной из этих женщин, подозвал его к себе. Alexandre подошел к ним и был поражен не столько красотой этой женщины (она была необыкновенно хороша), сколько необыкновенным сходством ее с графиней. Те же глаза, та же улыбка, только выражение ее было неровное,— то слишком робкое, то слишком дерзкое. Он, Alexandre, очутился подле нее и говорил с ней. Он смутно помнил, в чем состоял его разговор; но помнил, что история дамы камелий проходила со всею своею поэтической прелестью в его раздраженном воображении, он помнил, что Н. Н. называл ее Dame aux Camélias, говорил, что он не видал лучше женщины, ежели бы только не руки, что сама Dame aux Camélias молчала, изредка улыбалась, и улыбалась так, что Alexandr'у досадно было видеть эту улыбку; но винные пары слишком сильно ударили в его молодую, непривычную голову.

Он помнил еще, что Н. Н. что-то сказал ей на ухо и вслед за этим отошел к другой группе, образовавшейся около генерала и гвардейца, что женщина эта взяла его за руку и они прошли куда-то.

Через час у подъезда этого же дома все четыре товарища разъехались. Alexandre, не отвечая на adieu Н. Н., сел в свою карету и заплакал, как дитя. Он вспомнил чувство невинной любви, которое наполняло его грудь волнением и неясными желаниями, и понял, что время этой любви невозвратимо прошло для него. Он плакал от стыда и раскаяния. И чему радовался генерал, довозивший домой Н. Н., когда он шутя говорил: «Le

---

[67]. фр. Si ma femme savait que je bamboche avec vous — Если бы моя жена знала, что я бездельничаю с вами.

jeune a perdu son pucelage [68] ».— «Да, я ужасно люблю сводить хорошеньких».

Кто виноват? Неужели Alexandre, что он поддался влиянию людей, которых он любил, и чувству природы? Конечно, он виноват; но кто бросит в него первый камень? Виноват ли и Н. Н. и генерал? Эти люди, назначение которых делать зло, которые полезны, как искусители, придающие больше цены добру? Но виноваты вы, которые терпите их; не только терпите, но избираете своими руководителями.

За что? Кто виновать?

А жалко, что такие прекрасные существа, так хорошо рожденные один для другого и понявшие это, погибли <для> любви. Они еще увидят другое, может быть, и полюбят; но какая же это будет любовь? Лучше им век раскаиваться, чем заглушить в себе это воспоминание и преступной любовью заменить ту, которую они вкусили хоть на одно мгновение.

Примечания

Как умирают русские солдаты

В 1853 году я несколько дней провел в крепости Чахгири, одном из самых живописных и беспокойных мест Кавказа. На другой день моего приезда, перед вечером, мы сидели с знакомым, у которого я остановился, на завалинке перед его землянкой и ожидали чая. Капитан N., наш добрый знакомый, подошел к нам.

Это было летом; жар свалил, белые летние тучи разбегались по горизонту, горы виднелись яснее, и быстрые ласточки весело вились в воздухе. Два вишневые дерева и несколько однообразных подсолнечников недвижимо стояли перед нами и далеко по дороге кидали свои тени, В двухаршинном садике было как-то тихо и уютно.

Вдруг в воздухе раздался дальний гул орудийного выстрела.

— Что это? — спросил я.

— Не знаю. Кажется, с башни,— отвечал мой знакомый,— уж не тревога ли?

Какой-то казак проскакал по улице, солдат пробежал по дороге,

---

[68]. фр. Le jeune a perdu son pucelage — Мальчуган потерял свою невинность.

топая большими сапогами, в соседнем доме послышался шум и говор. Мы подошли к забору.

— Что такое? — спросили мы у денщика, который в полосатых штанах, поддерживаемых одной помочею, почесывая спину, бежал по улице.

— Тревога! — отвечал он, не останавливаясь,— барина ищу.

Капитан N. схватил папаху и, застегиваясь, побежал домой. Его рота была дежурная. Раздался второй и третий выстрел с башни.

— Пойдемте на кручь, посмотрим, верно, на водопое что-нибудь,— сказал мне мой знакомый. — Не туши самовар,— прибавил он денщику,— сейчас придем.

По улицам бежал народ: где казак, где офицер верхом, где солдат с ружьем в одной и мундиром в другой руке. Испуганные рожи жидов и баб показывались у ворот, в отворенных дверях и окнах. Все было в движенье.

— Где, братцы мои, тревога? где? — спрашивал задыхавшийся голос.

— За мостом антирелийских лошадей забирают,— отвечал другой,— такая большенная партия, братцы мои, что беда.

— Ах ты, мои батюшки! как они в крепость-то ворвутся, ай-аяй-ай-ай! — говорила слезным голосом какая-то баба.

— А, примерно, к Шамилю в жены не желаете, тетушка? — отвечал, подмигивая, молодой солдат в синих шароварах и с папахой набекрень.

<— Ишь, ровно на сватьбу,— говорил старый солдат, покачивая головой на бегущий народ,— делать-то нечего.

Два мальчика галопом пролетели мимо нас.

— Эх вы, голубчики! на тревогу! — провизжал один из них, размахивая хлыстом.>

Едва мы успели подойти к кручи, как нас уже догнала дежурная рота, которая с мешочками за плечами и ружьями наперевес бежала под гору. Ротный командир, капитан N., верхом ехал впереди.

— Петр Иваныч! — закричал ему мой знакомый,— хорошенько их,— но N. не оглянулся на нас: он с озабоченным выражением глядел вперед, и глаза его блестели более обыкновенного. В хвосте роты шел фельдшер со своим кожаным мешочком и несли носилки. Я понял выражение лица ротного командира.

Отрадно видеть человека, смело смотрящего в глаза смерти; а здесь сотни людей всякий час, всякую минуту готовы не только принять ее без страха, но — что гораздо важнее — без хвастовства, без желания отуманиться, спокойно и просто идут ей навстречу. <Хороша жизнь солдата!>

Когда рота была уже на полугоре, рябой солдат с загорелым лицом, белым затылком и серьгой в ухе, запыхавшись, подбежал к кручи. Одной рукой он нес ружье, другой придерживал суму. Поравнявшись с нами, он споткнулся и упал. В толпе раздался хохот.

— Смотрите, Антоныч! не к добру падать,— сказал балагур-солдат в синих штанах.

Солдат остановился; усталое, озабоченное лицо его вдруг приняло выражение самой сильной досады и строгости.

— Кабы ты был не дурак, а то ты самый дурак,— сказал он с презрением,— что ни на есть глуп, вот что,— и он пустился догонять роту.

Вечер был тихий и ясный, по ущельям, как всегда, ползли тучи, но небо было чисто, два черных орла высоко разводили свои плавные круги. На противоположной стороне серебряной ленты Аргуна отчетливо виднелась одинокая кирпичная башня — единственное владение наше в Большой Чечне. В некотором расстоянии от нее партия конных чеченцев гнала отбитых лошадей вверх по крутому берегу и перестреливалась с солдатами, бывшими в башне.

Когда рота перебежала через мост, чеченцы были от нее уже гораздо далее ружейного выстрела, но, несмотря на то, между нашими показался дымок, другой, третий, и вдруг беглый огонь по всему фронту роты. Звук этой трескотни выстрелов секунд через пятьдесят, к общей радости толпы зрителей, долетел до нас.

— Вот она! Ишь пошли! Пошли, пошли-и! Наутек,— послышались в толпе хохот и одобрения.

— Ежели бы, то есть, постепенно отрезать их от гор, не могли бы себе уходу иметь,— сказал балагур в синих штанах, обращавший своим разговором внимание всех зрителей.

Чеченцы, действительно, после залпа поскакали шибче в гору; только несколько джигитов из удальства остались сзади и завязали перестрелку с ротой. Особенно один на белом коне в черной черкеске джигитовал, казалось, шагах в пятидесяти от наших, так что досадно было глядеть на него. Несмотря на беспрерывные выстрелы, он разъезжал шагом перед ротой; и только изредка около него показывался голубоватый дымок, долетал отрывчатый звук винтовочного выстрела. Сейчас после выстрела он на несколько скачков пускал свою лошадь и потом снова останавливался.

— Опять выпалил, подлец,— говорили около нас.

— Вишь, сволочь, не боится. Слово знает,— замечал говорун.

<— Задело, задело, братцы мои,— вдруг послышались радостные восклицания,— ей-богу, задело одного! Бог важно-то! Ай лихо! Хоть лошадей не отбили, да убили черта одного. Что, дофарсился, брат? — и т.д.>

Между чеченцами вдруг стало заметно особенное движение, как

будто они подбирали раненого, и вперед их побежала лошадь без седока. Восторг толпы при этом виде дошел до последних пределов — смеялись и хлопали в ладоши. За последним уступом горцы совершенно скрылись из виду, и рота остановилась.

— Ну-с, спектакль кончен,— сказал мне мой знакомый,— пойдемте чай пить.

— Эх, братцы, нашего-то, кажись, одного задели,— сказал в это время старый фурштат, из-под руки смотревший на возвращавшуюся роту,— несут кого-то.

Мы решили подождать возвращения роты.

Ротный командир ехал впереди, за ним шли песенники и играли одну из самых веселых, разлихих кавказских песен. На лицах солдат и офицера я заметил особенное выражение сознания собственного достоинства и гордости.

— Нет ли папиросы, господа? — сказал N., подъезжая к нам,— страх курить хочется.

— Ну что? — спросили мы его.

— Да черт бы их побрал с их лошадьми <паршивыми>,— отвечал он, закуривая папиросу,— Бондарчука ранили.

— Какого Бондарчука?

— Шорника, знаете, которого я к вам присылал седло обделывать.

— А, знаю, белокурый.

— Какой славный солдат был. Вся рота им держалась.

— Разве тяжело ранен?

— Вот же, навылет,— сказал он, указывая на живот. В это время за ротой показалась группа солдат, которые на носилках несли раненого.

— Подержи-ка за конец, Филипыч,-сказал один из них,— пойду напьюсь.

Раненый тоже попросил воды. Носилки остановились. Из-за краев носилок виднелись только поднятые колена и бледный лоб из под старенькой шапки.

Какие-то две бабы, бог знает отчего, вдруг начали выть, и в толпе послышались неясные звуки сожаления, которые вместе со стопами раненого производили тяжелое, грустное впечатление.

— Вот она есть, жисть-то нашего брата,— сказал, пощелкивая языком, красноречивый солдат в синих штанах.

Мы подошли взглянуть на раненого. Это был тот самый беловолосый солдат с серьгой в ухе, который споткнулся, догоняя роту. Он, казалось, похудел и постарел несколькими годами, и в выражении его глаз и склада губ было что-то новое, особенное. Мысль о близости смерти уже успела проложить на этом простом лице свои прекрасные, спокойно-величественные черты.

80

— Как ты себя чувствуешь? — спросили его.

— Плохо, ваше благородие,— сказал он, с трудом поворачивая к нам отяжелевшие, но блестящие зрачки.

— Бог даст, поправишься.

— Все одно когда-нибудь умирать,— отвечал он, закрывая глаза.

Носилки тронулись; но умирающий хотел еще сказать что-то. Мы еще раз подошли к нему.

— Ваше благородие,— сказал он моему знакомому. — Я стремена купил, они у меня под наром лежат — ваших денег ничего не осталось.

....

На другое утро мы пришли в госпиталь наведать раненого.

— Где тут солдат восьмой роты? — спросили мы.

— Который, ваше благородие?— отвечал белолицый исхудалый солдат с подвязанной рукой, стоявший у двери.

— Должно, того спрашивают, что вчера с тревоги принесли,— сказал слабый голос с койки.

— Вынесли.

— Что, он говорил что нибудь перед смертью? — спросили мы.

— Никак нет, только дыхал тяжко,— отвечал голос с койки,— он со мной рядом лежал, так дурно пахло, ваше благородие, что беда.

....

Велики судьбы славянского народа! Недаром дана ему эта спокойная сила души, эта великая простота и бессознательность силы!..

Записки маркёра

Так часу в третьем было дело. Играли господа: гость большой (так его наши прозвали), князь был (что с ним все ездит), усатый барин тоже был, гусар маленький, Оливер, что в актерах был, Пан были. Народу было порядочно.

Гость большой с князем играли. Только вот я себе с машинкой круг бильярда похаживаю, считаю: девять и сорок восемь, двенадцать и сорок восемь. Известно, наше дело маркёрское: у тебя еще во рту куска не было, и не спал-то ты две ночи, а все знай покрикивай да шары вынимай.

Считаю себе, смотрю: новый барин какой-то в дверь вошел, посмотрел, да и сел на диванчик. Хорошо.

«Кто, мол, это такой будет? из каких то есть»,— думаю про себя.

Одет чисто, уж так чисто, что как с иголочки все платье на нем: брюки триковые, клетчатые, сюртучок модный, коротенький, жилет плюшевый и цепь золотая, а на ней всякие штучки висят.

Одет чисто, а уж из себя еще того чище: тонкий, высокий, волоса завиты наперед, по-модному, и с лица белый, румяный, — ну, сказать, молодец.

Оно известно, наше дело такое, что народу всякого видим: и самого что ни есть важного и дряни-то много бывает, так все хотя и маркёл, а к людям приноровишься, то есть в том разе, что в политике-то кое-что смыслишь.

Посмотрел я на барина, — вижу, сидит тихо, ни с кем не знаком, и платье-то на нем новехонько; думаю себе: али из иностранцев, англичан будет, али из графов каких приезжих. И даром что молодой, вид имеет в себе. Подле него Оливер сидел, так посторонился даже.

Кончили партию. Большой проиграл, кричит на меня:

— Ты,— говорит,— все врешь: не так считаешь, по сторонам смотришь.

Бранится, кий шваркнул и ушел. Вот поди ты! По вечерам с князем по пятидесяти целковых партию играют, а тут бутылку макону проиграл и сам не в себе. Уж такой характер! Другой раз до двух часов играют с князем, денег в лузу не кладут, и уж знаю, денег нет ни у того, ни у другого, а все форсят.

— Идет,— говорит,— от двадцати пяти угол?

— Идет!

Зевни только али шара не так поставь — ведь не каменный человек! — так еще норовит в морду заехать.

— Не на щепки,— говорит,— играют, а на деньги. Уж этот пуще всех меня донимает. Ну, хорошо. Только князь и говорит новому барину-то, как большой ушел:

— Не угодно ли,— говорит,— со мной сыграть?

— С удовольствием, — говорит.

Сидел он, так таким фофаном смотрит, что ну! Куражный то есть из себя; ну, а как встал, подошел к бильярду, и не то: заробел. Заробел не заробел, а видно, что уж не в своем духе. В платье, что ли, в новом неловко, али боится, что смотрят все на него, только уж форцу того нет. Ходит боком как-то, карманом за лузы цепляет, станет кий мелить — мел уронит. Где бы и сделал шара, так все оглядывается да краснеет. Не то, что князь: тот уж привык — намелит, намелит себе руку, рукава засучит, да как пойдет садить, так лузы трещат, даром что маленький.

Сыграли две ли три партии, уж не помню, князь кий положил, говорит:

— Позвольте узнать, как ваша фамилия?

— Нехлюдов,— говорит.

— Ваш,— говорит,— батюшка корпусом командовал?

— Да,— говорит.

Тут по-французски что-то часто заговорили; уж я не понял. Должно, все родство вспоминали.

— А ревуар[69],— говорит князь,— очень рад с вами познакомиться.

Вымыл руки и ушел кушать; а тот стоит с кием у бильярда, шарики поталкивает.

Наше дело, известно, с новым человеком что грубей быть, то лучше: я взял шары, да и собираю. Он покраснел, говорит:

— Можно еще сыграть?

— Известно,— говорю,— на то бильярд стоит, чтоб играть. — А сам на него не смотрю, кии уставляю.

— Хочешь со мной играть?

— Извольте,— говорю,— сударь!

Шары поставил.

— На пролаз угодно?

— Что такое значит,— говорит,— на пролаз?

— Да так,— я говорю,— вы мне полтинничек, а я под бильярд пролезу.

Известно, ничего не видамши, чудно ему показалось, смеется.

— Давай,— говорит.

Хорошо. Я говорю:

— Мне вперед сколько пожалуете?

— Разве,— говорит,— ты хуже меня играешь?

— Как можно,— я говорю,— у нас против вас игроков мало.

Стали играть. Уж он и точно думает, что мастер: стучит так, что беда; а Пан сидит да все приговаривает:

— Вот так шар! вот так удар!

А какой!.. ударишка точно был, да расчету ничего не знает. Ну, как водится, проиграл я первую партию: полез, кряхчу. Тут Оливер, Пан с мест пососкочили, киями стучат.

— Славно! Еще,— говорят,— еще!

А уж чего «еще»! Особенно Пан-то за полтинник рад бы не то под бильярд, под Синий мост пролезть. А то туда же, кричит:

— Славно,— говорит,— пыль не всю еще вытер.

---

69. До свидания (от франц. au revoir).

Петрушка-маркёл, я чай, всем известен. Тюрин был да Петрушка-маркёл.

Только игры, известно, не открыл: проиграл другую.

— Мне,— говорю,— с вами, сударь, так и так не сыграть.

Смеется. Потом как выиграл я три партии — у них сорок девять было, у меня никого,— я положил кий на бильярд, говорю:

— Угодно, барин, на всю?

— Как на всю? — говорит.

— Либо три рубля за вами, либо ничего,— говорю.

— Как,— говорит,— разве я с тобой на деньги играю? Дурак!

Покраснел даже.

Хорошо. Проиграл он партию.

— Довольно,— говорит.

Достал бумажник, новенький такой, в аглицком магазине куплен, открыл, уж я вижу, пофорсить хотел. Полнехонек денег, да все сторублевые.

— Нет,— говорит,— тут мелочи нет. Достал из кошелька три рубля.

— Тебе,— говорит,— два, да за партии, а остальное возьми на водку.

Благодарю, мол, покорно. Вижу, барин славный! Для такого можно полазить. Одно жаль: на деньги не хочет играть; а то, думаю, уж я бы изловчился: глядишь, рублей двадцать, а то и сорок потянул бы.

Как Пан увидел деньги у молодого барина-то: «Не угодно ли, говорит, со мной партийку? Вы так отлично играете». Такой лисой подъехал. «Нет, говорит, извините: мне некогда». И ушел.

И черт его знает, кто он такой был, Пан этот. Прозвал его кто-то Паном, так и пошло. День-деньской, бывало, сидит в бильярдной, все смотрит. Уж его и били-то, и ругали, и в игру ни в какую не принимали, все сидит себе, принесет трубку и курит. Да уж и играл чисто... бестия!

Хорошо. Пришел Нехлюдов в другой раз, в третий, стал часто ходить. И утром и вечером, бывало, ходит. В три шара, алагер, пирамидку — все узнал. Смелей стал, познакомился со всеми и играть стал порядочно. Известно, человек молодой, большой фамилии, с деньгами, так уважал каждый. Только с одним с гостем с большим раз как-то повздорил.

И из-за пустяков дело вышло.

Играли алагер князь, гость большой, Нехлюдов, Оливер и еще кто-то. Нехлюдов стоит около печки, говорит с кем-то, а большому играть,— он же крепко выпимши был в тот раз. Только шар его и придись как раз против самой печки: тесненько там, да и любит он размахнуться.

Вот он, не видал, что ли, Нехлюдова, али нарочито, как размахнется в шара, да Нехлюдова в грудь турником ка-ак стукнет! Охнул даже сердечный. Так что ж? Нет того, чтоб извиниться — грубый такой! пошел себе дальше, на него и не посмотрел; да еще бормочет: «Чего, говорит, тут суются? От этого шара не сделал. Разве нет места?»

Тот подошел к нему, побледнел весь, а говорит как ни в чем не был, учтиво так:

— Вы бы прежде, сударь, должны извиниться: вы меня толкнули,— говорит.

— Не до извинений мне теперь: я бы,— говорит,— должен выиграть, а теперь,— говорит,— вот моего шара сделают.

Тот ему опять говорит:

— Вы должны,— говорит,— извиниться.

— Убирайтесь вы,— говорит. — Вот пристал! — А сам все на своего шара смотрит.

Нехлюдов подошел к нему еще ближе да за руку его.

— Вы невежа,— говорит,— милостивый государь!

Даром что тоненький, молоденький, как девушка красная, а какой задорный: глазенки горят, вот так съесть его хочет. Большой-то гость мужчина здоровый, высокий — куда Нехлюдову!

— Что-о? — говорит,— я невежа!

Да как закричит, да как замахнется на него. Тут подскочили, кто был, за руки их поймали обоих, растащили.

Тары да бары, Нехлюдов говорит:

— Пусть он мне удовлетворенье даст, он меня оскорбил, дескать,— то есть дуэль хотел с ним иметь. Известно, господа: уж у них такое заведение... нельзя!.. ну, одно слово, господа!

— Никакого,— говорит,— удовлетворения знать не хочу! Он мальчишка, больше ничего. Я его за уши выдеру.

— Ежели вы,— говорит,— не хотите драться, так вы не благородный человек.

А сам чуть не плачет.

— А ты,— говорит,— мальчишка: я от тебя ничем не обижусь.

Ну, развели их, как водится, по разным комнатам. Нехлюдов с князем дружны были.

— Поди,— говорит,— ради бога, уговори его, чтобы он, то есть, на дуэль согласие сделал. Он,— говорит,— пьян был; может, он опомнится. Нельзя,— говорит,— этому так кончиться.

Пошел князь. Большой говорит:

— Я,— говорит,— и на дуэли, и на войне дрался. Не стану,— говорит,— с мальчишкой драться. Не хочу, да и шабаш.

Что ж, поговорили, поговорили, да и замолчали; только гость большой перестал к нам ездить.

Насчет этого, то есть конфузу, какой петушок был, амбиционный был... то есть Нехлюдов-то... а уж что касается чего другого прочего, так вовсе не смыслил. Помню раз.

— Кто у тебя здесь есть? — говорит князь Нехлюдову-то.

— Никого,— говорит.

— Как же,— говорит,— никого?

— Зачем? — говорит.

— Как зачем?

— Я,— говорит,— до сих пор так жил, так отчего же нельзя?

— Как: так жил? Не может быть!

И заливается-хохочет, и усатый барин тоже хохочет. Совсем на смех подняли.

— Так никогда? — говорят.

— Никогда.

Помирают со смеху. Я, известно, сейчас понял, что они так над ним смеются. Смотрю: что, мол, будет из него?

— Поедем,— говорит князь,— сейчас.

— Нет, ни за что! — говорит.

— Ну, полно! Это смешно,— говорит. — Выпей для куражу, да и поедем.

Принес я им бутылку шампанского. Выпили, повезли молодчика.

Приехали часу в первом. Сели ужинать, и собралось их много, что ни есть самые лучшие господа: Атанов, князь Разин, граф Шустах, Мирцов. И все Нехлюдова поздравляют, смеются. Меня позвали. Вижу — веселы порядочно.

— Поздравляй,— говорят,— барина.

— С чем? — говорю.

Как бишь он сказал? с посвещением ли, с просвещением ли, не помню уж хорошенько.

— Честь имею,— говорю,— поздравить.

А он красный сидит; улыбается только. То-то смеху-то было!

Хорошо. Приходят потом в бильярдную, веселы все, а уж Нехлюдов на себя не похож; глаза посоловели, губами водит, икает все и уж слова не может сказать хорошенько. Известно, ничего не видамши, его и сшибло. Подошел он к бильярду, облокотился, да и говорит:

— Вам,— говорит,— смешно, а мне грустно. Зачем,— говорит,— я это сделал; и тебе,— говорит,— князь, и себе в жизнь свою этого не прощу.

Да как зальется, заплачет. Известно, выпил: сам не знает, что говорит. Подошел к нему князь, улыбается сам.

— Полно,— говорит,— пустяки! Поедем домой, Анатолий.

— Никуда,— говорит,— не поеду. Зачем я это сделал? А сам-то заливается. Нейдет от бильярда, да и шабаш.

Что значит человек молодой, непривычный.

Таким-то родом езжал он к нам часто. Приезжают раз с князем и с усатым господином, который все с князем ходил. Из чиновников или из отставных каких он был, бог его знает, только Федоткой его все господа звали, Скуластый, дурной такой, а ходил чисто и в карете езжал. За что его господа так любили, бог их ведает, Федотка, Федотка, а глядишь — его и кормят, и поят, и деньги за него платят. Да уж и шельма же был! проиграет — не платит; а выиграет, так небось! Уж его и ругали-то, и бил в глазах моих гость большой, и на дуэль вызывал.., все с князем под ручку ходит.

— Ты,— говорит,— пропадешь без меня. Я Федот, — говорит,— да не тот.

Шутник такой! Ну, ладно. Приехали, говорят:

— Давай алагер втроем составим.

— Давай,— говорит.

Стали играть по три рубля ставку. Нехлюдов с князем тары да бары.

— Ты,— говорит,— посмотри, какая у нее ножка. Нет,— говорит,— что ножка! у нее коса,— говорит,— хороша.

Известно, на игру не смотрят; только всё промеж себя разговаривают. А Федотка свое дело помнит: знай с накатцем сыграет, а те промах али вовсе на себя. И зашиб по шести рублей с брата. С князем-то у них бог знает какие счеты были, никогда друг другу денег не платили, а Нехлюдов достал две зелененьких, подает ему.

— Нет,— говорит,— я не хочу с тебя денег брать. Давай простую сыграем: китудубль то есть: либо вдвое, либо ничья.

Поставил я шаров. Федотка вперед взял, и стали играть. Нехлюдов-то бьет, чтоб пофорсить; другой раз на партии стоит: нет, говорит, не хочу, легко, мол, слишком; а Федотка свое дело не забывает, знай себе подбирает. Известно, игру скрыл, да как будто невзначай и выиграй партию.

— Давай,— говорит,— еще на все.

— Давай.

Опять выиграл.

— С пустяков,— говорит,— началось. Я не хочу у тебя много выигрывать. Идет на все?

— Идет.

Оно как бы ни было, пятидесяти-то рублей жалко. Уж Нехлюдов просит: «Давай на всю». Пошла да пошла, дальше да больше, двести восемьдесят рублей на него и набил. Федотка сноровку знает: простую проиграет, а угол выиграет. А князь сидит, видит, что дело всерьез пошло.

— Асе[70],— говорит,— асе.

Какой! всё куш прибавляют.

Наконец тому дело вышло, за Нехлюдовым пятьсот с чем-то рублей. Федотка кий положил, говорит:

— Не довольно ли? Я устал,— говорит.

А сам до зари готов играть, только б денежки были... политика, известно. Тому еще пуще хочется: давай да, давай.

— Нет,— говорит,— ей-богу, устал. Пойдем,— говорит,— наверх; там реванш возьмешь.

А наверху у нас в карты играли господа. Сначала преферансик, а там глядишь — любишь не любишь пойдет.

Вот с того самого числа так его Федотка округ, что начал он к нам каждый день ездить. Сыграет партию-другую, да и наверх, да и наверх.

Уж что там у них бывало, бог их знает; только что совсем другой человек стал, и с Федоткой все пошло заодно. Прежде, бывало, модный, чистенький, завитой, а нынче только с утра еще в настоящем виде; а как наверху побывал, придет взъерошенный, сюртук в пуху, в мелу, руки грязные.

Раз этаким манером приходит оттуда с князем, бледный, губы трясутся, и спорит что-то.

— Я, мол, не позволю ему говорить мне (как бишь он сказал?)... что я не великатен, что ли, и что он моих карт не будет бить. Я,— говорит,— ему десять тысяч заплатил, так он мог бы при других-то быть осторожнее.

— Ну, полно,— говорит князь,— стоит ли на Федотку сердиться?

— Нет,— говорит,— я этого так не оставлю.

— Перестань,— говорит,— как можно до того унижаться, что с Федоткой иметь историю!

— Да ведь тут были посторонние.

— Что ж,— говорит,— посторонние? Ну хочешь, я его сейчас заставлю у тебя прощения просить?

— Нет,— говорит.

И забормотали что-то по-французски, уж я не понял. Что ж? тот же вечер с Федоткой вместе ужинали, и опять дружба пошла.

Хорошо. Придет другой раз один.

— Что,— говорит,— хорошо я играю?

Наше дело, известно: потрафлять каждому надо; скажешь: хорошо,— а какой хорошо! стучит дуром, а расчету ничего нет. И с того самого время, как с Федоткой связался, все на деньги играть стал. Прежде не любил ни на что — ни на кушанье, ни на шампанское. Бывало, князь скажет:

---

70. Довольно (от франц. assez).

— Давай на бутылку шампанского.

— Нет,— говорит,— я лучше так велю принести... Гей! Дай бутылку.

А нынче все на интерес стал играть. Ходит, бывало, День-деньской у нас, или с кем в бильярд играет, или наверх пойдет. Я себе и думаю: что же другим, а не мне все будет доставаться?

— Что,— говорю,— сударь, со мной давно не играли? Вот и стали играть.

Как набил я на него полтинников десять,— на квит, говорю, хотите, сударь?

Молчит. Не то что прежде дурака сказал. Вот и стали играть на квит да на квит. Я на него рублей восемьдесят и набил. Так что ж? Каждый день со мной играть стал. Того и ждет, бывало, чтобы не было никого, а то, известно, при других стыдно ему с маркёлом играть. Раз как-то погорячился он, а рублей уж за ним с шестьдесят было.

— Хочешь,— говорит,— на все?

— Идет,— говорю.

Выиграл я.

— Сто двадцать на сто на двадцать?

— Идет,— говорю. Опять выиграл.

— Двести сорок на двести на сорок?

— Не много ли будет? — говорю. Молчит. Стали играть: опять моя партия.

— Четыреста восемьдесят на четыреста на восемьдесят?

Я говорю:

— Что ж, сударь, мне вас обижать. Сто-то рубликов Пожалуйте; а то пусть так будут.

Так он как крикнет! А ведь какой тихий был.

— Я,— говорит,— тебя исколочу. Играй или не играй. Ну, вижу, делать нечего.

— Триста восемьдесят,— говорю,— извольте.

Известно, хотел проиграть.

Дал я сорок вперед. У него пятьдесят два было, у меня тридцать шесть. Стал он желтого резать, да и положи на себя восемнадцать очков, а мой — на перекате стоял.

Ударил я так, чтоб выскочил шар. Не тут-то было, он дуплетом и упади. Опять моя партия.

— Послушай,— говорит,— Петр (Петрушкой не назвал), я тебе сейчас не могу отдать всех, а через два месяца хоть три тысячи могу заплатить.

А сам весь кра-асный стал, дрожит ажно голос у него.

— Хорошо,— говорю,— сударь, Да и поставил кий. Он походил, походил, пот так с него и льет.

89

— Петр,— говорит,— давай на все. А сам чуть не плачет.

Я говорю:

— Что, сударь, играть!

— Ну, давай, пожалуйста.

И сам кий мне подает. Я взял кий да шары на бильярд так шваркнул, что на пол полетели: известно, нельзя не пофорсить; говорю:

— Давай, сударь!

А уж он так заторопил, что сам шар поднял. Думаю себе: «Не получить мне семисот рублей; все равно проиграю». Стал нарочно играть. Так что же?

— Зачем,— говорит,— нарочно дурно играешь?

А у самого руки дрожат; а как шар к лузе бежит, так пальцы растаращит, рот скривит да все к лузе и головой-то и руками тянет. Уж я говорю:

— Этим не поможешь, сударь.

Хорошо. Как выиграл он эту партию, я говорю:

— Сто восемьдесят рубликов за вами будет да полтораста партий; а я, мол, ужинать пойду.

Поставил кий и ушел.

Сел я себе за столик против двери, а сам смотрю: что, мол, из него будет? Так что ж? Походит, походит — чай, думает: никто на него не глядит — да за волосы себя как дернет, и опять ходит, бормочет все что-то, да опять как дернет.

После того дней с восемь не видать его было. Пришел в столовую раз, угрюмый такой, и в бильярдную не зашел.

Увидал его князь.

— Пойдем,— говорит,— сыграем.

— Нет,— говорит,— я больше играть не буду,

— Да полно! пойдем.

— Нет,— говорит,— не пойду. Тебе,— говорит,— добра не сделает, что я пойду, а мне дурно от этого будет.

Так и не ходил дней с десять еще, а потом на праздниках как-то заехал, во фраке, видно, в гостях был, и целый день пробыл: все играл; на другой день приехал, на третий... Пошло по-старому. Хотел я было с ним еще поиграть, так нет, говорит: с тобой играть не стану. А сто восемьдесят рублей, что я тебе должен, приди ко мне через месяц: получишь.

Хорошо. Пришел к нему через месяц.

— Ей-богу,— говорит,— нет, а в четверг приди.

Пришел я в четверг. Славную такую квартерку занимал.

— Что,— говорю,— дома?

— Почивает,— говорят.

Хорошо, подожду.

Камердин у него из своих был — старичок такой седенький, простой, ничего политики не знал. Вот и поразговорились мы с ним.

— Что,— говорит,— мы тут живем с барином! Совсем замотались, и никакой им ни чести, ни пользы нет от Петербургу от этого. Из деревни ехали, думали: будем как при покойнике барине, царство небесное, по князьям, по графам да по генералам ездить; думали: возьмем себе какую из графинь кралю, с приданым, да и заживем по-дворянски; а выходит на поверку, что мы только по трахтирам бегаем — совсем плохо! Княгиня-то Ртищева ведь нам тетка родная, а князь Воротыпцев тятенька хресный. Что ж? только на рождество был раз, да и носу не кажет. Уж ихние люди и то смеются мне: что, мол, ваш барин-то, видно, не в папеньку пошел. Я раз и говорю ему: «Что, сударь, к тетеньке не изволите ездить? Они скучают, что вас давно не видали». — «Скучно, говорит, там, Демьяныч!»

Поди ты! только и веселья нашел, что в трахтире. Хоть бы служил, что ли, а то нет: занялся картами да прочим, а уж евти дела никогда к добру не поведут... Э-эх! пропадаем мы, так, ни за грош пропадаем!.. У нас от барыни-покойницы, царство небесное, богатейшее именье осталось: тысяча душ с лишком, тысяч на триста лесу было. Все заложил теперь, лес продал, мужичков разорил, и все нет ничего. Без господина, известно, управляющий сам больше господина... дерет с мужика последнюю шкуру, да и шабаш. Ему что? набить бы только карман, а там хоть с голоду все помирай. Намедни пришли два мужичка, жалобы принесли от всей вотчины. «Разорил, говорят, вконец мужиков». Что ж? прочитал жалобы, дал по десяти рублей мужичкам. «Я, говорит, сам скоро буду. Получу деньги, говорит, расплачусь, тогда уеду».

А где расплатиться, когда мы всё долги делаем! Ведь много ли, мало ли, тут зиму прожили, тысяч восемьдесят спустили; а теперь в доме рубля серебром нету! А все от добродетели своей. Уж такой простой барин, что и сказать нельзя. От этого самого и пропадает, так вот ни за что пропадает.

И сам чуть не плачет, старик-то. Такой старик смешной.

Проснулся часу в одиннадцатом, позвал меня.

— Не прислали,— говорит,— денег, только я не виноват. Затвори,— говорит,— дверь.

Я затворил.

— Вот,— говорит,— возьми часы или булавку брильянтовую и заложи их. Тебе,— говорит,— за них больше ста восьмидесяти рублей дадут, а когда я получу деньги, то выкуплю,— говорит.

— Что ж,— я говорю,— сударь, коли денег у вас нет, нечего делать: пожалуйте хоть часы. Я для вас могу уважить.

А сам вижу, что часы рублей триста стоят.

Хорошо. Заложил я часы за сто рублей, а записку ему принес.

— Восемьдесят,— говорю,— рублей за вами будут; а часы сами извольте выкупить.

Так и по сие время восемьдесят рублей моих денег за ним осталось.

Таким-то родом стал он к нам опять каждый день ходить. Уж не знаю, какие у них промеж себя расчеты были, только всё вместе с князем езжали. Или с Федоткой наверх пойдут играть. И тоже какие-то у них втроем мудреные счеты были: тот тому дает, тот тому дает; а кто кому должен, не разберешь никак.

И бывал он таким манером у нас два года, почитай что каждый день, только вид уж свой потерял: бойкой стал и другой раз до того доходил, что у меня по целковому занимал извозчику отдать; а по сту рублей с князем партию играли.

Скучный, худой, желтый стал. Приедет, бывало, абсинту сейчас рюмочку велит подать, канапе закусит да портвейном запьет; ну, и повеселей как будто.

Приезжает раз перед обедом, на масленице дело было, и стал с каким-то гусаром играть.

— Хотите,— говорит,— заинтересовать партию?

— Извольте,— говорит. — На что?

— Бутылку Клодвужо, хотите?

— Идет.

Хорошо. Гусар выиграл, и пошли кушать. Сели за стол; только Нехлюдов и говорит:

— Simon! бутылку Клодвужо; да смотри, согреть хорошенько.

Simon ушел, приносит кушанье, бутылки нет.

— Что ж,— говорит,— вино? Simon побежал, приносит жаркое.

— Подавай же вино,— говорит.

Simon молчит.

— Что ты, с ума сошел! мы уж кончаем обедать, а вина нет. Кто ж его пьет с десертом?

Побежал Simon.

— Хозяин,— говорит,— вас просит.

Покраснел весь, выскочил из-за стола,

— Что,— говорит,— ему надо? А хозяин стоит у двери.

— Я,— говорит,-не могу вам больше верить, коли вы мне по счету не заплатите.

— Да я,— говорит,— вам сказал, что я в первых числах отдам.

— Как вам угодно,— говорит,— будет; а я в долг не могу беспрестанно давать и ничего не получать. У меня и так,— говорит,— десятки тысяч в долгах пропадают.

— Ну, полно, моншер[71],— говорит,— уж мне-то можно поверить. Пришлите бутылку, а я постараюсь вам поскорее отдать.

И убежал сам.

— Что это, вас зачем вызывали? — гусар говорит,

— Так,— говорит,— просил меня об одной вещи.

— А славно бы,— говорит гусар,— теперь винца тепленького стакан выпить.

— Simon, что же?!

Побежал мой Simon. Опять нет ни вина, ничего. Плохо. Вышел из-за стола, прибежал ко мне.

— Ради бога,— говорит,— Петруша, дай мне шесть целковых.

А на самом лица нет.

— Нету,— говорю,— сударь, ей-богу, да уж и так за вами моих много.

— Я тебе,— говорит,— сорок целковых за шесть через неделю отдам.

— Коли бы были,— говорю,— я бы не смел отказать, а то, ей-ей, нету.

Так что же? выскочил, зубы стиснул, кулаки сжал, как шальной по коридору бегает, да по лбу себя как треснет.

— Ах,— говорит,— господи! Что это? Даже не зашел в столовую, вскочил в карету и ускакал.

То-то смеху было. Гусар говорит:

— Где, мол, барин, что со мной обедал?

— Уехал,— говорят.

— Как уехал? Что ж он сказать велел?

— Ничего,— говорят,— не велели сказывать: сели да и уехали.

— Хорош,— говорит,— гусь!

Ну, думаю себе, теперь долго ездить не будет, после то есть сраму такого. Так нет. На другой день ввечеру приезжает. Пришел в бильярдную и ящик какой-то с собой принес. Снял пальто.

— Давай играть,— говорит.

Глядит исподлобья, сердитый такой.

Сыграли партийку.

— Довольно,— говорит,— поди принеси мне перо и бумаги: письмо нужно написать.

Я ничего не думамши, не гадамши, принес бумаги, положил на стол в маленькую комнату.

— Готово,— говорю,— сударь.

Хорошо. Сел за стол. Уж он писал, писал, бормотал все что-то, вскочил потом нахмуренный такой.

---

71. Мой дорогой (от франц. mon cher).

— Поди,— говорит,— посмотри, приехала ли моя карета?

Дело в пятницу на масленой было, так никого из гостей не было: все по балам.

Я пошел было узнать о карете, только за дверь вышел.

— Петрушка! Петрушка! — кричит, точно испугался чего.

Я вернулся. Смотрю, он белый, вот как полотно, стоит, на меня смотрит.

— Звать,— говорю,— изволили, сударь?

Молчит.

— Что,— говорю,— вам угодно?

Молчит.

— Ах, да! давай еще играть,— говорит. Хорошо. Выиграл он партию.

— Что,— говорит,— хорошо я научился играть?

— Да,— я говорю.

— То-то. Поди,— говорит,— теперь узнай, что карета?

А сам по комнате ходит.

Я себе, ничего не думая, вышел на крыльцо: вижу, кареты никакой нет, иду назад.

Только иду назад, слышу, кием ровно стукнул кто-то. Вхожу в бильярдную: пахнет что-то чудно.

Глядь: а он на полу лежит, ве-есь в крови, и пистоль подле брошена. Так я до того испугался, что слова сказать не мог.

А он дрыгнет, дрыгнет ногой, да и потянется, захрапел потом, да и растянулся вот этаким родом.

И отчего такой грех с ними случился, что душу свою загубил, то есть бог его знает; только что бумагу эту оставил, да и то я никак не соображу.

Уж чего не делают господа!.. Сказано, господа... Одно слово — господа.

«Бог дал мне все, что может желать человек: богатство, имя, ум, благородные стремления. Я хотел наслаждаться и затоптал в грязь все, что было во мне хорошего.

Я не обесчещен, не несчастен, не сделал никакого преступления; но я сделал хуже: я убил свои чувства, свой ум, свою молодость.

Я опутан грязной сетью, из которой не могу выпутаться и к которой не могу привыкнуть. Я беспрестанно падаю, падаю; чувствую свое падение — и не могу остановиться.

Мне легче бы было быть обесчещенным, несчастным или преступным: тогда было бы какое-то утешительное, угрюмое величие в моем отчаянии. Ежели бы я был обесчещен, я бы мог подняться выше понятий чести нашего общества и презирать его. Ежели бы я был несчастлив, я бы мог роптать. Ежели бы я сделал преступление, я бы мог

94

раскаянием или наказанием искупить его; но я просто низок, гадок, знаю это — и не могу подняться.

И что погубило меня? Была ли во мне какая-нибудь сильная страсть, которая бы извиняла меня? Нет.

Семерка, туз, шампанское, желтый в середину, мел, серенькие, радужные бумажки, папиросы, продажные женщины — вот мои воспоминания!

Одна ужасная минута забвения, низости, которой я никогда не забуду, заставила меня опомниться. Я ужаснулся, когда увидел, какая неизмеримая пропасть отделяла меня от того, чем я хотел и мог быть. В моем воображении возникли надежды, мечты и думы моей юности.

Где те светлые мысли о жизни, о вечности, о боге, которые с такою ясностью и силой наполняли мою душу? Где беспредметная сила любви, отрадной теплотой согревавшая мое сердце? Где надежда на развитие, сочувствие ко всему прекрасному, любовь к родным, к ближним, к труду, к славе? Где понятие об обязанности?

Меня оскорбили — я вызывал на дуэль и думал, что вполне удовлетворил требованиям благородства. Мне нужны были деньги для удовлетворения своих пороков и тщеславия — я разорил тысячи семейств, вверенных мне богом, и сделал это без стыда,— я, который так хорошо понимал эти священные обязанности. Бесчестный человек сказал мне, что у меня нет совести, что я хочу красть,— и я остался его другом, потому что он бесчестный человек и сказал мне, что он не хотел меня обидеть. Мне сказали, что смешно жить скромником,— и я отдал без сожаления цвет своей души — невинность — продажной женщине. Да, никакой убитой части моей души мне так не жалко, как любви, к которой я так был способен. Боже мой! Любил ли хоть один человек так, как я любил, когда еще не знал женщин!

А как я мог быть хорош и счастлив, ежели бы шел по той дороге, которую, вступая в жизнь, открыли мой свежий ум и детское, истинное чувство! Не раз пробовал я выйти из грязной колеи, по которой шла моя жизнь, на эту светлую дорогу. Я говорил себе: употреблю все, что есть у меня воли,— и не мог. Когда я оставался один, мне становилось неловко и страшно с самим собой. Когда я был с другими, я забывал невольно свои убеждения, не слыхал более внутреннего голоса и снова падал.

Наконец я дошел до страшного убеждения, что не могу подняться, перестал думать об этом и хотел забыться; но безнадежное раскаяние еще сильнее тревожило меня. Тогда мне в первый раз пришла страшная для других и отрадная для меня мысль о самоубийстве.

Но и в этом отношении я был низок и подл. Только вчерашняя глупая история с гусаром дала мне довольно решимости, чтобы исполнить свое намерение. Во мне не осталось ничего благородного — одно тщеславие, и из тщеславия я делаю единственный хороший поступок в моей жизни.

Я думал прежде, что близость смерти возвысит мою душу. Я ошибался. Через четверть часа меня не будет, а взгляд мой нисколько не изменился. Я так же вижу, так же слышу, так же думаю; та же странная непоследовательность, шаткость и легкость в мыслях, столь противоположная тому единству и ясности, которые, бог знает зачем, дано воображать человеку. Мысли о том, что будет за гробом и какие толки будут завтра о моей смерти у тетушки Ртищевой, с одинаковой силой представляются моему уму.

Непостижимое создание человек!»

Рубка леса

I

В середине зимы 185. года дивизион нашей батареи стоял в отряде в Большой Чечне. Вечером четырнадцатого февраля, узнав, что взвод, которым я командовал, за отсутствием офицера, назначен в завтрашней колонне на рубку леса, и с вечера же получив и передав нужные приказания, я раньше обыкновенного отправился в свою палатку и, не имея дурной привычки нагревать ее горячими углями, не раздеваясь лег на свою построенную на колышках постель, надвинул на глаза папаху, закутался в шубу и заснул тем особенным крепким и тяжелым сном, которым спится в минуты тревоги и беспокойства перед опасностью. Ожидание дела назавтра привело меня в это состояние.

В три часа утра, когда еще было совершенно темно, с меня сдернули обогретый тулуп, и багровый огонь свечки неприятно поразил мои заспанные глаза.

«Извольте вставать», — сказал чей-то голос. Я закрыл глаза, бессознательно натянул на себя опять тулуп и заснул. «Извольте вставать», — повторил Дмитрий, безжалостно раскачивая меня за плечо. «Пехота выступает». Я вдруг вспомнил действительность, вздрогнул и вскочил на ноги. Наскоро выпив стакан чаю и умывшись оледенелой водой, я вылез из палатки и пошел в парк (место, где стоят орудия). Было темно, туманно и холодно. Ночные костры, светившиеся там и сям по лагерю, освещая фигуры сонных солдат, расположившихся около них, увеличивали темноту своим неярким багровым светом. Вблизи слышался равномерный спокойный храп, вдали движение, говор и бряцанье ружей пехоты, готовившейся к выступлению; пахло дымом, навозом, фитилем и туманом; по спине пробегала утренняя дрожь, и зубы против воли ощупывали друг друга.

Только по фырканью и редкому топоту можно было разобрать в этой непроницаемой темноте, где стоят запряженные передки и ящики, и по светящимся точкам пальников — где стоят орудия. Со словами: «С богом», зазвенело первое орудие, за ним зашумел ящик, и взвод тронулся. Мы все сняли шапки и перекрестились. Вступив в интервал между пехотою, взвод остановился и с четверть часа дожидался сбора всей колонны и выезда начальника.

— А у нас одного солдатика нет, Николай Петрович! — сказала, подходя ко мне, черная фигура, которую я только по голосу узнал за взводного фейерверкера Максимова.

— Кого?

— Веленчука нет-с. Как запрягали, он все тут был — я его видал,— а теперь нет.

Так как нельзя было предполагать, чтобы колонна тронулась сейчас же, мы решили послать отыскать Веленчука строевого ефрейтора Антонова. Скоро после этого мимо нас в темноте прорысило несколько конных: это был начальник со свитой; а вслед за тем зашевелилась и тронулась голова колонны, наконец и мы,— а Антонова и Веленчука не было. Однако не успели мы пройти сто шагов, как оба солдата догнали нас.

— Где он был? — спросил я у Антонова.

— В парке спал.

— Что, он хмелен, что ли?

— Никак нет.

— Так отчего же он заснул?

— Не могу знать.

Часа три мы медленно двигались по каким-то непаханым, бесснежным полям и низким кустам, хрустевшим под колесами орудий, в том же безмолвии и мраке. Наконец, перейдя неглубокий, но чрезвычайно быстрый ручей, нас остановили, и в авангарде послышались отрывчатые винтовочные выстрелы. Звуки эти, как и всегда, особенно возбудительно подействовали на всех. Отряд как бы проснулся: в рядах послышались говор, движение и смех. Солдаты кто боролся с товарищем, кто перепрыгивал с ноги на ногу, кто жевал сухарь или, для препровождения времени, отбивал на караул и к ноге. Притом туман заметно начинал белеть на востоке, сырость становилась ощутительнее, и окружающие предметы постепенно выходили из мрака. Я различал уже зеленые лафеты и ящики, покрытую туманной сыростью медь орудий, знакомые, невольно изученные до малейших подробностей фигуры моих солдат, гнедых лошадей и ряды пехоты с их светлыми штыками, торбами, пыжовниками и котелками за спинами.

Скоро нас снова тронули и, проведя несколько сот шагов без дороги, указали место. Справа виднелись крутой берег извилистой речки и высокие деревянные столбы татарского кладбища; слева и спереди сквозь туман проглядывала черная полоса. Взвод снялся с передков. Восьмая рота, прикрывавшая нас, составила ружья в козлы, и батальон солдат с ружьями и топорами вошел в лес.

Не прошло пяти минут, как со всех сторон затрещали и задымились костры, рассыпались солдаты, раздувая огни руками и ногами, таская сучья и бревна, и в лесу неумолкаемо зазвучали сотни топоров и падающих деревьев.

Артиллеристы с некоторым соперничеством перед пехотными разложили свой костер, и хотя он уже так разгорелся, что на два шага подойти нельзя было, и густой черный дым проходил сквозь обледенелые ветви, с которых капли шипели на огне и которые нажимали на огонь солдаты, снизу образовывались угли, и помертвелая белая трава оттаивала кругом костра, солдатам все казалось мало: они тащили целые бревна, подсовывали бурьян и раздували все больше и больше.

Когда я подошел к костру, чтобы закурить папиросу, Веленчук, и всегда хлопотун, но теперь, как провинившийся, больше всех старавшийся около костра, в припадке усердия достал из самой середины голой рукой уголь, перебросил раза два из руки в руку и бросил на землю.

«Ты форостинку зажги да подай»,— сказал другой. «Пальник, братцы, подайте», сказал третий. Когда я наконец без помощи Веленчука, который опять было руками хотел взять уголь, зажег папиросу, он потер обожженные пальцы о задние полы полушубка и, должно быть, чтоб что-нибудь делать, поднял большой чинаровый отрубок и с размаху бросил его на костер. Когда наконец ему показалось, что можно отдохнуть, он подошел к самому жару, распахнул шинель, надетую на нем в виде епанчи, на задней пуговице, расставил ноги, выставил вперед свои большие черные руки, и скривив немного рот, зажмурился.

— Эхма! трубку забыл. Вот горе-то, братцы мои! — сказал он, помолчав немного и не обращаясь ни к кому в особенности.

II

В России есть три преобладающие типа солдат, под которые

подходят солдаты всех войск; кавказских, армейских, гвардейских, пехотных, кавалерийских, артиллерийских и т.д.

Главные эти типы, со многими подразделениями и соединениями, следующие:

1) Покорных.

2) Начальствующих и

3) Отчаянных.

Покорные подразделяются на а) покорных хладнокровных, Ь) покорных хлопотливых.

Начальствующие подразделяются на а) начальствующих суровых и Ь) начальствующих политичных.

Отчаянные подразделяются на а) отчаянных забавников и Ь) отчаянных развратных.

Чаще других встречающийся тип,— тип более всего милый, симпатичный и большей частью соединенный с лучшими христианскими добродетелями: кротостью, набожностью, терпением и преданностью воле божьей,— есть тип покорного вообще. Отличительная черта покорного хладнокровного есть ничем не сокрушимое спокойствие и презрение ко всем превратностям судьбы, могущим постигнуть его. Отличительная черта покорного пьющего есть тихая поэтическая склонность и чувствительность; отличительная черта хлопотливого — ограниченность умственных способностей, соединенная с бесцельным трудолюбием и усердием.

Тип же начальствующих вообще встречается преимущественно в высшей солдатской сфере: ефрейторов, унтер-офицеров, фельдфебелей и т. д., и, по первому подразделению начальствующих суровых, есть тип весьма благородный, энергический, преимущественно военный, не исключающий высоких поэтических порывов (к этому-то типу принадлежал ефрейтор Антонов, с которым я намерен познакомить читателя). Второе подразделение составляют начальствующие политичные, с некоторого времени начинающие сильно распространяться. Начальствующий политичный бывает всегда красноречив, грамотен, ходит в розовой рубашке, не ест из общего котла, курит иногда Мусатов табак, считает себя несравненно выше простого солдата и редко сам бывает столь хорошим солдатом, как начальствующие первого разряда.

Тип отчаянного, точно так же, как и тип начальствующего, хорош в первом подразделении — отчаянных забавников, отличительными чертами которых суть непоколебимая веселость, огромные способности ко всему, богатство натуры и удаль,— и так же ужасно дурен во втором подразделении — отчаянных развратных, которые, однако, нужно сказать к чести русского войска, встречаются весьма редко, и если встречаются, то бывают удаляемы от товарищества самим обществом солдатским. Неверие и какое-то удальство в пороке — главные черты характера этого разряда.

Веленчук принадлежал к разряду покорных хлопотливых. Он был малороссиянин родом, уже пятнадцать лет на службе и хотя невидный и не слишком ловкий солдат, но простодушный, добрый, чрезвычайно усердный, хотя большей частью некстати, и чрезвычайно честный. Я говорю: чрезвычайно честный, потому что в прошлом году был случай, в котором он показал весьма очевидно это характеристическое свойство. Надобно заметить, что почти каждый из солдат имеет мастерство. Более распространенные мастерства: портняжное и сапожное. Веленчук сам научился первому и даже, судя по тому, что сам Михаил Дорофеич, фельдфебель, давал ему шить на себя, дошел до известной степени совершенства. В прошлом году в лагере Веленчук взялся шить тонкую шинель Михаилу Дорофеичу; но в ту самую ночь когда он, скроив сукно и прикинув приклад, положил к себе в палатке под голову, с ним случилось несчастие: сукно, которое стоило семь рублей, в ночь пропало! Веленчук со слезами на глазах, с дрожащими бледными губами и сдержанными рыданиями объявил о том фельдфебелю. Михаил Дорофеич прогневался. В первую минуту досады он пригрозил портному, но потом, как человек с достатком и хороший, махнул рукой и не требовал с Веленчука возвращения ценности шинели. Как ни хлопотал хлопотливый Веленчук, как ни плакал, рассказывая про свое несчастие, вор не нашелся. Хотя и были сильные подозрения на одного отчаянного развратного солдата, Чернова, спавшего с ним в одной палатке, но не было положительных доказательств. Начальствующий политичный Михаил Дорофеич, как человек с достатком, занимаясь кое-какими сделочками с каптенармусом и артельщиком, аристократами батареи, скоро совершенно забыл о пропаже партикулярной шинели; Веленчук же, напротив, не забыл своего несчастия. Солдаты говорили, что в это время они боялись за него, как бы он не наложил на себя рук или не бежал в горы: так сильно на него подействовало это несчастие. Он не пил, не ел, работать даже не мог и все плакал. Через три дня он явился к Михаилу Дорофеичу и, весь бледный, дрожащей рукой достал из-за обшлага золотой и подал ему. «Ей-богу, последние, Михаил Дорофеич,— и те у Жданова занял,— сказал он, снова всхлипывая,— а еще два рубля, ей-ей, отдам, как заработаю. Он (кто был он, не знал и сам Веленчук) меня перед вашими глазами плутом сделал. Он — ехидная его мерзкая душа — у своего брата-солдата последнее из души взял; а я, пятнадцать лет служа...» К чести Михаила Дорофеича должно сказать, что он не взял с Веленчука недостающих двух рублей, хотя Веленчук через два месяца и приносил их.

III

Кроме Веленчука, около костра грелись еще пять человек солдат моего взвода.

На лучшем месте, за ветром, на баклаге, сидел взводный фейерверкер Максимов и курил трубку. В позе, во взгляде и во всех движениях этого человека заметны были привычка повелевать и сознание собственного достоинства, не говоря уже о баклаге, на которой он сидел, составляющей на привале эмблему власти, и крытом нанкой полушубке.

Когда я подошел, он повернул голову ко мне; но глаза его оставались устремленными на огонь, и только гораздо после взгляд его, вслед за направлением головы, обратился на меня. Максимов был из однодворцев, имел деньги и в учебной бригаде получил класс и набрался учёности. Он был ужасно богат и ужасно учен, как говорили солдаты. Я помню, как раз на практической навесной стрельбе с квадрантом он объяснял собравшимся вокруг него солдатам, что ватерпас не что иное есть, как происходит, что атмосферическая ртуть свое движение имеет. В сущности, Максимов был далеко не глуп и отлично знал свое дело; но у него была несчастная странность говорить иногда нарочно так, что не было никакой возможности понять его и что, я уверен, он сам не понимал своих слов. Особенно он любил слова «происходит» и «продолжать», и когда, бывало, скажет: «происходит» или «продолжая», то уже я вперед знаю, что из всего последующего я не пойму ничего. Солдаты же, напротив, сколько я мог заметить, любили слушать его «происходит» и подозревали в нем глубокий смысл, хотя так же, как и я, не понимали ни слова. Но непонимание это они относили только к своей глупости и тем более уважали Федора Максимыча. Одним словом, Максимов был начальствующий политичный.

Второй солдат, переобувавший около огня свои жилистые красные ноги, был Антонов,— тот самый бомбардир Антонов, который еще в тридцать седьмом году, втроем оставшись при одном орудии, без прикрытия, отстреливался от сильного неприятеля и с двумя пулями в ляжке продолжал идти около орудия и заряжать его. «Давно бы уж ему быть фейерверкером, коли бы не характер его»,— говорили про него солдаты. И действительно, странный у него был характер: в трезвом виде не было человека покойнее, смирнее и исправнее; когда же он запивал, становился совсем другим человеком: не признавал власти, дрался, буянил и делался никуда не годным солдатом. Не дальше как неделю тому назад он запил на масленице и, несмотря ни на какие угрозы, увещания и привязыванья к орудию, пьянствовал и буянил до самого чистого понедельника. Весь пост же, несмотря на приказ по отряду всем людям есть скоромное, питался он одними сухарями и на первой неделе не брал даже положенной крышки водки. Впрочем, надобно было видеть эту невысокую, сбитую, как железо, фигуру с короткими, выгнутыми ножками и глянцевитой усатой рожей, когда он, бывало, под хмельком возьмет в жилистые руки балалайку, и, небрежно поглядывая по сторонам, заиграет «барыню» или, с шинелью внакидку, на которой болтаются ордена, и заложив руки в карманы синих нанковых штанов, пройдется по улице,— надо было видеть выражение солдатской гордости и презрения ко всему несолдатскому, игравшее в это время на его физиономии, чтобы понять, каким образом не подраться в такие минуты с загрубившим или просто подвернувшимся денщиком, казаком, пехотным или переселенцем, вообще неартиллеристом, было для него совершенно невозможно. Он дрался и буянил не столько для собственного удовольствия, сколько для поддержания духа всего солдатства, которого он чувствовал себя представителем.

Третий солдат, с серьгой в ухе, щетинистыми усиками, птичьей рожицей и фарфоровой трубочкой в зубах, на корточках сидевший около костра, был ездовой Чикин. Милый человек Чикин, как его прозвали солдаты, был забавник. В трескучий ли мороз, по колено в грязи, два дня не евши, в походе, на смотру, на ученье, милый человек всегда и везде корчил гримасы, выделывал ногами коленцы и отливал такие штуки, что весь взвод покатывался со смеху. На привале или в лагере вокруг Чикина всегда собирался кружок молодых солдат, с которыми он или затевал «Фильку»[72], или рассказывал сказки про хитрого солдата и английского милорда, или представлял татарина, немца, или просто делал свои замечания, от которых все помирали со смеху. Правда, что репутация его как забавника была уж так утверждена в батарее, что стоило ему только открыть рот и подмигнуть, чтобы произвести общий хохот; но действительно в нем много было истинно комического и неожиданного. Он в каждой вещи умел видеть что-то особенное, такое, что другим и в голову не приходило, и главное — способность эта во всем видеть смешное не уступала никаким испытаниям.

Четвертый солдат был молодой, невзрачный мальчишка, рекрут прошлогоднего пригона, в первый еще раз бывший в походе. Он стоял в самом дыму и так близко от огня, что казалось, истертый полушубочек его сейчас загорится; но, несмотря на это, по его распахнутым полам, спокойной, самодовольной позе с выгнутыми икрами видно было, что он испытывал большое удовольствие.

И, наконец, пятый солдат, немного поодаль сидевший от костра и

---

72. Солдатская игра в карты. (Прим. Л. Н. Толстого.)

строгавший какую-то палочку, был дяденька Жданов. Жданов был старше всех солдат в батарее на службе, всех знал еще рекрутами, и все по старой привычке называли его дяденькой. Он, как говорили, никогда не пил, не курил, не играл в карты (даже в носки), не бранился дурным словом. Все свободное от службы время он занимался сапожным мастерством, по праздникам ходил в церковь, где было возможно, или ставил копеечную свечку перед образом и раскрывал псалтырь, единственную книгу, по которой он умел читать. С солдатами он водился мало,— со старшим чином, хотя и младшими летами, он был холодно-почтителен, с равными, как непьющий, он имел мало случаев сходиться; но особенно он любил рекрутов и молодых солдат: их он всегда покровительствовал, читал им наставления и помогал часто. Все в батарее считали его капиталистом, потому что он имел рублей двадцать пять, которыми охотно ссужал солдата, который действительно нуждался. Тот самый Максимов, который теперь был фейерверкером, рассказывал мне, что, когда, десять лет тому назад, он рекрутом пришел и старые пьющие солдаты пропили с ним деньги, которые у него были, Жданов, заметив его несчастное положение, призвал к себе, строго выговорил ему за его поведение, побил даже, прочел наставление, как в солдатстве жить нужно, и отпустил, дав ему рубаху, которых уже не было у Максимова, и полтину денег. «Он из меня человека сделал», — говорил про него всегда с уважением и благодарностью сам Максимов. Он же помог Веленчуку, которого он вообще покровительствовал с самого рекрутства, во время несчастия пропажи шинели и многим, многим другим во время своей двадцатипятилетней службы.

По службе нельзя было желать лучше знающего дело, храбрее и исправнее солдата; но он был слишком смирен и невиден, чтобы быть произведенным в фейерверкеры, хотя уже был пятнадцать лет бомбардиром. Одна радость и даже страсть Жданова были песни; особенно некоторые он очень любил и всегда собирал кружок песенников из молодых солдат и, хотя сам не умел петь, стоял с ними и, заложив руки в карманы полушубка и зажмурившись, Движениями головы и скул выражал свое сочувствие. Не знаю почему, в этом равномерном движении скул под ушами, которое я замечал только у него одного, я почему-то находил чрезвычайно много выраженья. Белая как лунь голова, нафабренные черные усы и загорелое морщинистое лицо придавали ему на первый взгляд выражение строгое и суровое; но, вглядевшись ближе в его большие круглые глаза, особенно когда они улыбались (губами он никогда не смеялся), что-то необыкновенно кроткое, почти детское вдруг поражало вас.

IV

— Эх-ма! трубку забыл. Вот горе-то, братцы мои! — повторил Веленчук.

— А ты бы сихарки курил, милый человек! — заговорил Чикин, скривив рот и подмигивая. — Я так всё сихарки дома курю: она слаще!

Разумеется, все покатились со смеху.

— То-то, трубку забыл,— перебил Максимов, не обращая внимания на общий хохот и начальнически-гордо выбивая трубку о ладонь левой руки. — Ты где там пропадал? а, Веленчук?

Веленчук полуоборотился к нему, поднял было руку к шапке, но потом опустил ее.

— Видно, со вчерашнего не проспался, что уж стоя засыпаешь. За это вашему брату спасибо не говорят.

— Разорви меня на сем месте, Федор Максимыч, коли у меня капля во рту была; а я и сам не знаю, что со мной сделалось,— отвечал Веленчук. — С какой радости напился! — проворчал он.

— То-то; а из-за вашего брата ответствуешь перед начальством своим, а вы этак продолжаете — вовсе безобразно,— заключил красноречивый Максимов уже более спокойным тоном.

— Ведь вот чудо-то, братцы мои,— продолжал Веленчук после минутного молчания, почесывая в затылке и не обращаясь ни к кому в особенности,— право, чудо, братцы мои! Шестнадцать лет служу — такого со мной не бывало. Как сказали к расчету строиться, я собрался как следует — ничего не было, да вдруг у парке как она схватит меня... схватила, схватила, повалила меня наземь, да и все... И как заснул, сам не слыхал, братцы мои! Должно, она самая спячка и есть,— заключил он.

— Ведь и то насилу я тебя разбудил,— сказал Антонов, натягивая сапог,— уж я тебя толкал, толкал... ровно чурбан какой!

— Вишь ты,— заметил Веленчук,— добро уж пьяный бы был...

— Так-то у нас дома баба была,— начал Чикин,— так с печи, почитай, два года не сходила. Стали ее будить раз, думали, что спит, а уж она мертвая лежит,— так тоже все на нее сон находил. Так-то, милый человек!

— А расскажи-ка, Чикин, как ты в отпуску тон задавал себе,— сказал Максимов, улыбаясь и поглядывая на меня, как будто говоря: «Не угодно ли тоже послушать глупого человека?»

— Какой тон, Федор Максимыч! — сказал Чикин, бросая искоса на меня беглый взгляд,— известно, рассказывал, какой такой Капказ есть.

— Ну да, как же, как же! Ты не модничай... расскажи, как ты им предводительствовал?

104

— Известно, как предводительствовал: спрашивали, как мы живем,— начал Чикин скороговоркой, с видом человека, несколько раз рассказывавшего то же самое,— я говорю, живем хорошо, милый человек: провиянт сполна получаем, утро и вечер по чашке щиколата идет на солдата, а в обед идет господский суп из перловых круп, а замест водки модера полагается по крышке. Модера Дивирье, что без посуды, мол, сорок две!

— Важная модера! — громче других, заливаясь смехом, подхватил Веленчук,— вот так модера!

— Ну, а про эзиятов как рассказывал? — продолжал допрашивать Максимов, когда общий смех утих несколько.

Чикин нагнулся к огню, достал палочкой уголек, наложил его на трубку, и молча, как будто не замечая возбужденного в слушателях молчаливого любопытства, долго раскуривал свои корешки. Когда наконец он набрался достаточно дыму, сбросил уголек, сдвинул еще более назад свою шапочку и, подергиваясь и слегка улыбаясь, продолжал:

— Тоже спрашивают, какой, говорит, там малый, черкес, говорит, или турка у вас на Капказе, говорит, бьет? Я говорю: у нас черкес, милый человек, не один, а разные есть. Есть такие тавлинцы, что в каменных горах живут и камни замест хлеба едят. Те большие, говорю, ровно как колода добрая, по одному глазу во лбу, и шапки на них красные, вот так и горят, ровно как на тебе, милый человек! — прибавил он, обращаясь к молодому рекрутику, на котором действительно была уморительная шапочка с красным верхом.

Рекрутик при этом неожиданном обращении вдруг присел к земле, ударил себя по коленям и расхохотался и раскашлялся до того, что едва мог выговорить задыхающимся голосом: «Вот так тавлинцы!»

— А то еще, говорю, мумры есть,— продолжал Чикин, движением головы надвигая на лоб свою шапочку,— те другие — двойнешки маленькие, вот такие. Всё по парочкам, говорю, рука с рукой держатся и так-то бегают, говорю, швытко, что ты его на коне не догонишь. «Как же, говорит, малый, как же они, мумры-то, рука с рукой так и родятся, что ли?» — воображая передразнивать мужика, сказал он горловым басом. — «Да, говорю, милый человек, он такой от природии. Ты им руки разорви, так кровь пойдет, все равно что китаец: шапку с него сними, она, кровь, пойдет».— «А кажи, малый, как они бьют-то?»— говорит. «Да так, говорю, поймают тебя, живот распорят, да кишки тебе на руку и мотают и мотают. Они мотают, а ты смеешься; дотелева смеешься, что дух вон...»

— Ну, что ж, и имели к тебе доверие, Чикин? — сказал Максимов, слегка улыбаясь, тогда как остальные помирали со смеху.

— И такой, право, народ чудной, Федор Максимыч: верют всему, ей-богу, верют. А стал им про гору Кизбек сказывать, что на ней все лето снег не тает, так вовсе на смех подняли, милый человек! «Что ты, говорит, малый, фастаешь? Видано ли дело: большая гора, да на ней снег не будет таять. У нас, малый, в ростопель так какой бугор, и то прежде растает, а в лощине снег лежит». Поди ты! — заключил Чикин, подмигивая.

V

Светлый круг солнца, просвечивающий сквозь молочно-белый туман, уже поднялся довольно высоко; серо-лиловый горизонт постепенно расширялся и хотя гораздо дальше, но также резко ограничивался обманчивою белою стеною тумана.

Впереди нас, за срубленным лесом, открылась довольно большая поляна. По поляне со всех сторон расстилался где черный, где молочно-белый, где лиловый дым костров, и странными фигурами носились белые слои тумана. Далеко впереди изредка показывались группы верховых татар, и слышались нечастые выстрелы наших штуцеров, их винтовок и орудия.

«Это еще было не дело, а одна потеха-с»,— как говорил добрый капитан Хлопов.

Командир девятой егерской роты, бывший у нас в прикрытии, подошел к моим орудиям и, указывая на трех верховых татар, ехавших в это время под лесом, на расстоянии от нас более шестисот сажен, просил, по свойственной всем вообще пехотным офицерам любви к артиллерийской стрельбе, просил меня пустить по ним ядро или гранату.

— Видите,— говорил он, с доброй и убедительной улыбкой протягивая руку из-за моего плеча,— где два большие дерева, так впереди один на белой лошади и в черной черкеске, а вон сзади еще два. Видите. Нельзя ли их, пожалуйста...

— А вон еще трое едут, по-под лесом,— прибавил Антонов, отличавшийся удивительным глазом, подходя к нам и пряча за спину трубку, которую курил в это время,— еще передний винтовку из чехла вынул. Знатко видать, вашбородие!

— Вишь, выпалил, братцы мои! вон дымок забелелся,— сказал Веленчук в группе солдат, стоявших немного сзади нас.

— Должно, в нашу цепь, прохвост! — заметил другой.

— Вишь, их из-за лесу-то сколько высыпало, должно, место глядят — орудию поставить хотят,— добавил третий. — Гхранату кабы им туда в кучку пустить, то-то бы заплевали...

— А как думаешь, как раз дотолева фатит, милый человек? — спросил Чикин.

— Пятьсот либо пятьсот двадцать сажен, больше не будет,— как будто говоря сам с собой, хладнокровно сказал Максимов, хотя видно было, что ему, так же как и другим, ужасно хотелось выпалить,— коли сорок пять линий из единорога дать, то в самый пункт попасть можно, то есть совершенно.

— Знаете, теперь коли в эту кучку направить, непременно в кого-нибудь попадете. Вот-вот теперь, как они съехались, пожалуйста, поскорей велите выстрелить,— продолжал упрашивать меня ротный командир.

— Прикажете навести орудие? — отрывистым басом вдруг спросил Антонов с видом какой-то угрюмой злобы.

Признаюсь, мне и самому этого очень хотелось, и я велел навести второе орудие.

Едва я успел сказать, как граната была распудрена, дослана, и Антонов, прильнув к станине и приставив к затыльнику свои два толстых пальца, уже командовал хобот вправо и влево.

— Чуть-чуть влево... самую малость вправо... еще, еще трошки... так ладно,— сказал он, с гордым видом отходя от орудия.

Пехотный офицер, я, Максимов, один за другим приложились к прицелу и все подали свои разнообразные мнения.

— Ей-богу, перенесет,— заметил Веленчук, пощелкивая языком, несмотря на то, что он только смотрел чрез плечо Антонова и поэтому не имел никакого основания предполагать это. — Е-е-ей-богу, перенесет, прямо в ту дереву попанет, братцы мои!

— Второе! — скомандовал я.

Прислуга расступилась. Антонов отбежал в сторону, чтобы видеть полет снаряда, трубка вспыхнула, и зазвенела медь. В то же мгновение нас обдало пороховым дымом, и из поразительного гула выстрела отделился металлический, жужжащий, с быстротою молнии удалявшийся звук полета, посреди всеобщего молчания замерший в отдалении.

Немного позади группы верховых показался белый дымок, татары расскакались в разные стороны, и до нас долетел звук разрыва.

«Вот важно-то! Эк поскакали! Вишь, черти, не любят!» — послышались одобрения и смешки в рядах артиллерийских и пехотных солдат.

— Коли бы трошки ниже пустить, в самую его бы попало,— заметил Веленчук,— говорил, в дереву попанет: оно и есть — взяло вправо.

VI

Оставив солдат рассуждать о том, как татары ускакали, когда увидели гранату, и зачем они тут ездили, и много ли их еще в лесу есть, я отошел с ротным командиром за несколько шагов и сел под деревом, ожидая разогревавшихся битков, которые он предложил мне. Ротный командир Болхов был один из офицеров, называемых в полку бонжурами. Он имел состояние, служил прежде в гвардии и говорил по-французски. Но, несмотря на это, товарищи любили его. Он был довольно умен и имел достаточно такта, чтобы носить петербургский сюртук, есть хороший обед и говорить по-французски, не слишком оскорбляя общество офицеров. Поговорив о погоде, о военных действиях, об общих знакомых офицерах и убедившись по вопросам и ответам, по взгляду на вещи в удовлетворительности понятий один другою, мы невольно перешли к разговору более короткому. Притом же на Кавказе между встречающимися одного круга людьми хотя невысказанно, но весьма очевидно проявляется вопрос: зачем вы здесь? — и на этот-то мой молчаливый вопрос, мне казалось, собеседник мой хотел ответить.

— Когда этот отряд кончится? — сказал он лениво,— скучно!

— Мне не скучно,— сказал я,— ведь в штабе еще скучнее.

— О, в штабе в десять тысяч раз хуже,— сказал он со злостью. — Нет! когда все это совсем кончится?

— Что же вы хотите, чтоб кончилось? — спросил я.

— Все, совсем!.. Что же, готовы битки, Николаев? — спросил он.

— Для чего же вы пошли служить на Кавказ,— сказал я,— коли Кавказ вам так не нравится?

— Знаете, для чего,— отвечал он с решительной откровенностью,— по преданию. В России ведь существует престранное предание про Кавказ: будто это какая-то обетованная земля для всякого рода несчастных людей.

— Да, это почти правда,— сказал я,— бо́льшая часть из нас...

— Но что лучше всего,— перебил он меня,— что все мы, по преданию едущие на Кавказ, ужасно ошибаемся в своих расчетах, и решительно я не вижу, почему вследствие несчастной любви или расстройства дел скорее ехать служить на Кавказ, чем в Казань или в Калугу, Ведь в России воображают Кавказ как-то величественно, с вечными девственными льдами, бурными потоками, с кинжалами, бурками, черкешенками,— все это страшное что-то, а, в сущности, ничего в этом нету веселого. Ежели бы они знали, по крайней мере, что в девственных льдах мы никогда не бываем, да и быть-то в них ничего веселого нет, а что Кавказ разделяется на губернии: Ставропольскую, Тифлисскую и т.д. ...

108

— Да,— сказал я, смеясь,— мы в России совсем иначе смотрим на Кавказ, чем здесь. Это испытывали ли вы когда-нибудь? Как читать стихи на языке, который плохо знаешь: воображаешь себе гораздо лучше чем есть?..

— Не знаю, право, но ужасно не нравится мне этот Кавказ,— перебил он меня.

— Нет, Кавказ для меня и теперь хорош, но только иначе...

— Может быть, и хорош,— продолжал он с какою-то раздражительностью,— знаю только то, что я не хорош на Кавказе.

— Отчего же так? — сказал я, чтоб сказать что-нибудь.

— Оттого, что, во-первых, он обманул меня. Все то, от чего я, по преданию, поехал лечиться на Кавказ, все приехало со мною сюда, только с той разницей, что прежде все это было на большой лестнице, а теперь на маленькой, на грязненькой, на каждой ступеньке которой я нахожу миллионы маленьких тревог, гадостей, оскорблений; во-вторых, оттого, что я чувствую, как я с каждым днем морально падаю ниже и ниже, и главное — то, что чувствую себя неспособным к здешней службе: я не могу переносить опасности... просто, я не храбр... — Он остановился и посмотрел на меня. — Без шуток.

Хотя это непрошеное признание чрезвычайно удивило меня, я не противоречил, как, видимо, хотелось того моему собеседнику, но ожидал от него самого опровержения своих слов, как это всегда бывает в подобных случаях.

— Знаете, я в нынешний отряд в первый раз в деле,— продолжал он,— и вы не можете себе представить, что со мной вчера было. Когда фельфебель принес приказание, что моя рота назначена в колонну, я побледнел как полотно и не мог говорить от волнения. А как я провел ночь, ежели бы вы знали! Если правда, что седеют от страха, то я бы должен быть совершенно белый нынче, потому что, верно, ни один приговоренный к смерти не прострадал в одну ночь столько, как я; даже и теперь, хотя мне и легче немного, чем ночью, но у меня здесь вот что идет,— прибавил он, вертя кулак перед своей грудью.— И что смешно,— продолжал он,— что здесь ужаснейшая драма разыгрывается, а сам ешь битки с луком и уверяешь, что очень весело. Вино есть, Николаев? — прибавил он, зевая.

— Это он, братцы мои! — послышался в это время встревоженный голос одного из солдат,— и все глаза обратились на опушку дальнего леса.

Вдали увеличивалось и, уносясь по ветру, поднималось голубоватое облако дыма. Когда я понял, что это был против нас выстрел неприятеля, все, что было на моих глазах в эту минуту, все вдруг приняло какой-то новый величественный характер. И козлы ружей, и дым костров, и голубое небо, и зеленые лафеты, и загорелое усатое лицо Николаева — все это как будто говорило мне, что ядро, которое вылетело уже из дула и летит в это мгновение в пространстве, может быть, направлено прямо в мою грудь.

— Вы где брали вино? — лениво спросил я Болхова, между тем как в глубине души моей одинаково внятно говорили два голоса: один — господи, прими дух мой с миром, другой — надеюсь не нагнуться, а улыбаться в то время, как будет пролетать ядро,— и в то же мгновение над головой просвистело что-то ужасно неприятно, и в двух шагах от нас шлепнулось ядро.

— Вот если бы я был Наполеон или Фридрих,— сказал в это время Болхов, совершенно хладнокровно поворачиваясь ко мне,— я бы непременно сказал какую-нибудь любезность.

— Да вы и теперь сказали,— отвечал я, с трудом скрывая тревогу, произведенную во мне прошедшей опасностью.

— Да что ж, что сказал: никто не запишет.

— А я запишу.

— Да вы ежели и запишете, так в критику, как говорит Мищенков,— прибавил он, улыбаясь.

— Тьфу ты, проклятый! — сказал в это время сзади нас Антонов, с досадой плюя в сторону,— трошки по ногам не задела.

Все мое старанье казаться хладнокровным и все наши хитрые фразы показались мне вдруг невыносимо глупыми после этого простодушного восклицания.

VII

Неприятель действительно поставил два орудия на том месте, где разъезжали татары, и каждые минут двадцать или тридцать посылал по выстрелу в наших рубщиков. Мой взвод выдвинули вперед на поляну и приказали отвечать ему. В опушке леса показался дымок, слышались выстрел, свист, и ядро падало сзади или впереди нас. Снаряды неприятеля ложились счастливо, и потери не было.

Артиллеристы, как и всегда, вели себя превосходно, проворно заряжали, старательно наводили по показавшемуся дыму и спокойно шутили между собой. Пехотное прикрытие в молчаливом бездействии лежало около нас, дожидая своей очереди. Рубщики леса делали свое дело: топоры звучали по лесу быстрее и чаще; только в то время, как слышался свист снаряда, все вдруг замолкало, средь мертвой тишины раздавались не совсем спокойные голоса: «Сторонись, ребята!» — и все глаза устремлялись на ядро, рикошетировавшее по кострам и срубленным сучьям.

Туман уже совершенно поднялся и, принимая формы облаков, постепенно исчезал в темно-голубой синеве неба; открывшееся солнце ярко светило и бросало веселые отблески на сталь штыков, медь орудий, оттаивающую землю и блестки инея. В воздухе слышалась свежесть утреннего мороза вместе с теплом весеннего солнца; тысячи различных теней и цветов мешались в сухих листьях леса, и на торной глянцевитой дороге отчетливо виднелись следы шин и подковных шипов.

Между войсками движение становилось сильнее и заметнее. Со всех сторон показывались чаще и чаще голубоватые дымки выстрелов. Драгуны, с развевающимися флюгерами пик, выехали вперед; в пехотных ротах послышались песни, и обоз с дровами стал строиться в арьергард. К нашему взводу подъехал генерал и приказал готовиться к отступлению. Неприятель засел в кусты против нашего левого фланга и стал сильно беспокоить нас ружейным огнем. С левой стороны из лесу прожужжала пуля и ударила в лафет, потом другая, третья... Пехотное прикрытие, лежавшее около нас, шумно поднялось, взяло ружья и заняло цепь. Ружейные выстрелы усиливались, и пули стали летать чаще и чаще. Началось отступление и, следовательно, настоящее дело, как это всегда бывает на Кавказе.

По всему видно было, что артиллеристам не нравились пули, как прежде ядра — пехотным. Антонов принахмурился. Чикин передразнивал пули и подшучивал над ними; но видно было, что они ему не нравились. Про одну говорил он: «как торопится», другую называл «пчелкой», третью, которая, как-то медленно и жалобно визжа, пролетела над нами, назвал «сиротой», чем произвел общий хохот.

Рекрутик с непривычки при каждой пуле сгибал набок голову и вытягивал шею, что тоже заставляло смеяться солдатиков. «Что, знакомая, что ли, что кланяешься?» — говорили ему. И Веленчук, всегда чрезвычайно равнодушный к опасности, теперь был в тревожном состоянии: его, видимо, сердило то, что мы не стреляем картечью по тому направлению», откуда летали пули. Он несколько раз недовольным голосом повторил: «Что ж он нас даром-то бьет? Кабы туда орудию поворотить да картечью бы дунуть, так затих бы небось».

Действительно, пора было это сделать: я приказал выпустить последнюю гранату и зарядить картечью.

— Картечь! — крикнул Антонов, лихо в самом дыму подходя с банником к орудию, только что заряд был выпущен.

В это время недалеко сзади себя я услыхал вдруг прекратившийся сухим ударом во что-то быстрый жужжащий звук пули. Сердце сжалось во мне. «Кажется, кого-то из наших задело»,— подумал я, но вместе с тем боясь оглянуться под влиянием тяжелого предчувствия. Действительно, вслед за этим звуком послышалось тяжелое падение тела и «о-о-о-ой» — раздирающий стон раненого. «Задело, братцы мои!» — проговорил с трудом голос, который я узнал. Это был Веленчук. Он лежал навзничь между передком и орудием. Сума, которую он нес, была отброшена в сторону. Лоб его был весь в крови, и по правому глазу и носу текла густая красная струя. Рана его была в животе, но в ней почти не было крови; лоб же он разбил о пень во время падения.

Все это я разобрал гораздо после; в первую же минуту я видел только какую-то неясную массу и ужасно много, как мне казалось, крови.

Никто из солдат, заряжавших орудие, не сказал слова,— только рекрутик пробормотал что-то, вроде: «Вишь ты как, в кровь», — и Антонов, нахмурившись, крякнул сердито; но по всему заметно было, что мысль о смерти пробежала в душе каждого. Все с большей деятельностью принялись за дело. Орудие было заряжено в одно мгновение, и вожатый, принося картечь, шага на два обошел то место, на котором, продолжая стонать, лежал раненый.

VIII

Каждый бывший в деле, верно, испытывал то странное, хотя и не логическое, но сильное чувство отвращения от того места, на котором был убит или ранен кто-нибудь. Этому чувству заметно поддались в первую минуту мои солдаты, когда нужно было поднять Веленчука и перенести его на подъехавшую повозку. Жданов сердито подошел к раненому, несмотря на усилившийся крик его, взял под мышки и поднял его. «Что стали! берись!» — крикнул он, и тотчас же раненого окружили человек десять, даже ненужных, помощников. Но едва сдвинули его с места, как Веленчук начал кричать ужасно и рваться.

— Что кричишь, как заяц! — сказал Антонов грубо, удерживая его за ногу,— а не то бросим.

И раненый затих действительно, только изредка приговаривая: «Ох, смерть моя! о-ох, братцы мои!»

Когда же его положили на повозку, он даже перестал охать, и я слышал, что он что-то говорил с товарищами — должно быть, прощался — тихим, но внятным голосом.

В деле никто не любит смотреть на раненого, и я, инстинктивно торопясь удалиться от этого зрелища, приказал скорей везти его на перевязочный пункт и отошел к орудиям; но через несколько минут мне сказали, что Веленчук зовет меня, л я подошел к повозке.

На дне ее, ухватясь обеими руками за края, лежал раненый. Здоровое, широкое лицо его в несколько секунд совершенно изменилось: он как будто похудел и постарел несколькими годами, губы его были тонки, бледны и сжаты с видимым напряжением; торопливое и тупое выражение его взгляда заменил какой-то ясный, спокойный блеск, и на окровавленных лбу и носу уже лежали черты смерти.

Несмотря на то, что малейшее движение причиняло ему нестерпимые страдания, он просил снять с левой ноги чересок[73] с деньгами.

Ужасно тяжелое чувство произвел во мне вид его голой, белой и здоровой ноги, когда с нее сняли сапог и развязывали черес.

— Тут три монеты и полтинник,— сказал он мне в то время, как я брал в руки черес,— уж вы их сберегёте.

Повозка было тронулась, но он остановил ее.

— Я поручику Сулимовскому шинель работал. О-они мне две монеты дали. На полторы я пуговиц купил, а полтина у меня в мешке с пуговицами лежит. Отдайте.

— Хорошо, хорошо,— сказал я,— выздоравливай, братец!

Он не отвечал мне, повозка тронулась, и он снова начал стонать и охать самым ужасным, раздирающим душу голосом. Как будто, окончив мирские дела, он не находил больше причин удерживаться и считал теперь позволительным себе это облегчение.

IX

— Ты куда? Вернись! Куда ты идешь? — закричал я рекрутику, который, положив под мышку свой запасный пальник, с какой-то палочкой в руках прехладнокровно отправлялся за повозкой, повезшей раненого.

Но рекрутик только лениво оглянулся на меня, пробормотал что-то и пошел дальше, так что я должен был послать солдат, чтобы привести его. Он снял свою красную шапочку и, глупо улыбаясь, глядел на меня.

— Куда ты шел? — спросил я.

— В лагерь.

---

73. Черес — кошелек в виде пояска, который солдаты носят обыкновенно под коленом. (Прим. Л. Н. Толстого).

— Зачем?

— А как же — Веленчука-то ранили,— сказал он, опять улыбаясь.

— Так тебе-то что? ты должен здесь оставаться.

Он с удивлением посмотрел на меня, потом хладнокровно повернулся, надел шапку и пошел к своему месту.

Дело вообще было счастливо: казаки, слышно было, сделали славную атаку и взяли три татарских тела; пехота запаслась дровами и потеряла всего человек шесть ранеными; в артиллерии выбыли из строя всего один Веленчук и две лошади. Зато вырубили леса версты на три и очистили место так, что его узнать нельзя было: вместо прежде видневшейся сплошной опушки леса открывалась огромная поляна, покрытая дымящимися кострами и двигавшимися к лагерю кавалерией и пехотой. Несмотря на то, что неприятель не переставал преследовать нас артиллерийским и ружейным огнем до самой речки с кладбищем, которую мы переходили утром, отступление сделано было счастливо. Уже я начинал мечтать о щах и бараньем боке с кашей, ожидавших меня в лагере, когда пришло известие, что генерал приказал построить на речке редут и оставить в нем до завтра третий батальон К. полка и взвод четырехбатарейной. Повозки с дровами и ранеными, казаки, артиллерия, пехота с ружьями и дровами на плечах — все с шумом и песнями прошли мимо нас. На всех лицах видны были одушевление и удовольствие, внушенные минувшей опасностью и надеждой на отдых. Только мы с третьим батальоном должны были ожидать этих приятных чувств еще до завтра.

X

Покуда мы, артиллеристы, хлопотали около орудий: расставляли передки, ящики, разбивали коновязь, пехота уже составила ружья, разложила костры, построила из сучьев и кукурузной соломы балаганчики и варила кашицу. Начинало смеркаться. По небу ползли сине-беловатые тучи. Туман, превратившийся в мелкую сырую мглу, мочил землю и солдатские шинели; горизонт суживался, и вся окрестность принимала мрачные тени. Сырость, которую я чувствовал сквозь сапоги, за шеей, неумолкаемое движение и говор, в которых я не принимал участия, липкая грязь, по которой раскатывались мои ноги, и пустой желудок наводили на меня самое тяжелое, неприятное расположение духа после дня физической и моральной усталости. Веленчук не выходил у меня из головы. Вся простая история его солдатской жизни неотвязчиво представлялась моему воображению.

114

Последние минуты его были так же ясны и спокойны, как и вся жизнь его. Он слишком жил честно и просто, чтобы простодушная вера его в ту будущую, небесную жизнь могла поколебаться в решительную минуту.

— Ваше здоровье,— сказал мне подошедший Николаев,— пожалуйте к капитану, просят чай кушать.

Кое-как пробираясь между козлами и кострами, я вслед за Николаевым пошел к Болхову, с удовольствием мечтая о стакане горячего чая и веселой беседе, которая бы разогнала мои мрачные мысли. «Что, нашел?»— послышался голос Болхова из кукурузного шалаша, в котором светился огонек.

— Привел, ваше благородие! — басом отвечал Николаев.

В балагане на сухой бурке сидел Болхов, расстегнувшись и без папахи. Подле него кипел самовар, стоял барабан с закуской. В землю был воткнут штык со свечкой. «Каково?»— с гордостью сказал он, оглядывая свое уютное хозяйство. Действительно, в балагане было так хорошо, что за чаем я совсем забыл про сырость, темноту и рану Веленчука. Мы разговорились про Москву, про предметы, не имеющие никакого отношения с войной и Кавказом.

После одной из тех минут молчания, которые прерывают иногда самые оживленные разговоры, Болхов с улыбкой посмотрел на меня.

— А я думаю, вам очень странным показался наш разговор утром? — сказал он.

— Нет. Отчего же? Мне только показалось, что вы слишком откровенны, а есть вещи, которые мы все знаем, но которых никогда говорить не надо.

— Отчего? Нет! Ежели бы была какая-нибудь возможность променять эту жизнь хоть на жизнь самую пошлую и бедную, только без опасностей и службы, я бы ни минуты не задумался.

— Отчего же вы не перейдете в Россию? — сказал я.

— Отчего? — повторил он.— О! я давно уже об этом думал. Я не могу теперь вернуться в Россию до тех пор, пока не получу Анны и Владимира, Анны на шею и майора, как и предполагал, ехавши сюда.

— Отчего же, ежели вы чувствуете себя неспособным, как вы говорите, к здешней службе?

— Но когда я еще более чувствую себя неспособным к тому, чтобы вернуться в Россию тем, чем я поехал. Это тоже одно из преданий, существующих в России, которое утвердили Пассек, Слепцов и другие, что на Кавказ стоит приехать; чтобы осыпаться наградами. И от нас все ожидают и требуют этого; а я вот два года здесь, в двух экспедициях был и ничего не получил. Но все-таки у меня столько самолюбия, что я не уеду отсюда ни за что до тех пор, пока не буду майором с Владимиром и Анной на шее. Я уж втянулся до того, что меня всего коробит, когда Гнилокишкину дадут награду, а мне нет. И потом, как я покажусь на глаза в России своему старосте, купцу Когельникову, которому я хлеб продаю, тетушке московской и всем этим господам после двух лет на Кавказе без всякой награды? Правда, что я этих господ знать не хочу и, верно, они тоже очень мало обо мне заботятся; но уж так устроен человек, что я их знать не хочу, а из-за них гублю лучшие года, все счастие жизни, всю будущность свою погублю.

XI

В это время послышался снаружи голос батальонного командира: «С кем это вы, Николай Федорыч?»

Болхов назвал меня, и вслед за тем в балаган влезли три офицера: майор Кирсанов, адъютант его батальона и ротный командир Тросенко.

Кирсанов был невысокий, полный мужчина, с черными усиками, румяными щеками и маслеными глазками. Глазки эти были самой замечательной чертой в его физиономии. Когда он смеялся, то от них оставались только две влажные звездочки, и звездочки эти вместе с натянутыми губами и вытянутой шеей принимали иногда престранное выражение бессмысленности. Кирсанов в полку вел и держал себя лучше всякого другого: подчиненные не бранили, а начальники уважали его, хотя общее мнение о нем было, что он очень недалек. Он знал службу, был исправен и усерден, всегда был при деньгах, имел коляску и повара и весьма натурально умел притворяться гордым.

— О чем это толкуете, Николай Федорыч? — сказал он, входя.

— Да вот о приятностях здешней службы.

Но в это время Кирсанов заметил меня, юнкера, и потому, чтобы дать почувствовать мне свое значение, как будто не слушая ответа Болхова и глядя на барабан, спросил:

— Что, устали, Николай Федорыч?

— Нет, ведь мы...— начал было Болхов. Но опять, должно быть, достоинство батальонного командира требовало перебить и сделать новый вопрос:

— А ведь славное дело было нынче?

Батальонный адъютант был молодой прапорщик, недавно произведенный из юнкеров, скромный и тихий мальчик, со стыдливым и добродушно-приятным лицом. Я видал его прежде у Болхова. Молодой человек часто приходил к нему, раскланивался, садился в уголок и по нескольку часов молчал, делал папиросы, курил их, потом вставал, раскланивался и уходил. Это был тип бедного русского дворянского сына, выбравшего военную карьеру, как одну возможную при своем образовании, и ставящего выше всего в мире свое офицерское звание,— тип простодушный и милый, несмотря на смешные неотъемлемые принадлежности: кисет, халат, гитару и щеточку для усов, с которыми мы привыкли воображать его. В полку рассказывали про него, будто он хвастался тем, что он с своим денщиком справедлив, но строг, будто он говорил: «Я редко наказываю, но уж когда меня доведут до этого, то беда», и что, когда пьяный денщик обокрал его совсем и стал даже ругать своего барина, будто он привел его на гауптвахту, велел приготовить все для наказания, но при виде приготовлений до того смутился, что мог только говорить: «Ну, вот видишь... ведь я могу...»-и, совершенно растерявшись, убежал домой и с той поры боялся смотреть в глаза своему Чернову. Товарищи не давали ему покоя, дразнили его этим, и я несколько раз слышал, как простодушный мальчик отговаривался и, краснея до ушей, уверял, что это неправда, а совсем напротив.

Третье лицо, капитан Тросенко, был старый кавказец в полном значении этого слова, то есть человек, для которого рота, которою он командовал, сделалась семейством, крепость, где был штаб,— родиной, а песенники — единственными удовольствиями жизни,— человек, для которого все, что не было Кавказ, было достойно презрения, да и почти недостойно вероятия; все же, что было Кавказ, разделялось на две половины: нашу и не нашу; первую он любил, вторую ненавидел всеми силами своей души, и главное — он был человек закаленной, спокойной храбрости, редкой доброты в отношении к своим товарищам и подчиненным и отчаянной прямоты и даже дерзости в отношении к ненавистным для него почему-то адъютантам и бонжурам. Входя в балаган, он чуть не пробил головой крыши, потом вдруг опустился и сел на землю.

— Ну, что? — сказал он и, вдруг заметив мое незнакомое для него лицо, остановился, вперил в меня мутный, пристальный взгляд.

— Так о чем это вы беседовали? — спросил майор, вынимая часы и глядя на них, хотя, я твердо уверен, ему совсем не нужно было делать этого.

— Да вот спрашивал меня, зачем я служу здесь.

— Разумеется, Николай Федорыч хочет здесь отличиться и потом — восвояси.

— Ну, а вы скажите, Абрам Ильич, зачем вы служите на Кавказе?

— Я потому, знаете, что, во-первых, мы все обязаны по своему долгу служить. Что?— прибавил он, хотя все молчали. — Вчера я получил

117

письмо из России, Николай Федорыч,— продолжал он, видимо желая переменить разговор,— мне пишут, что... такие вопросы странные делают.

— Какие же вопросы? — спросил Болхов. Он засмеялся.

— Право, странные вопросы... мне пишут, что может ли быть ревность без любви... Что? — спросил он, оглядываясь на всех нас.

— Вот как! — сказал, улыбаясь, Болхов.

— Да, знаете, в России хорошо,— продолжал он, как будто фразы его весьма натурально вытекали одна из другой. — Когда я в пятьдесят втором году был в Тамбове, то меня принимали везде как флигель-адъютанта какого-нибудь. Поверите ли, на балу у губернатора, как я вошел, так знаете... очень хорошо принимали. Сама губернаторша, знаете, со мной разговаривала и спрашивала про Кавказ, и все так.. что я не знал . Мою золотую шашку смотрят, как редкость какую-нибудь, спрашивают: за что шашку получил, за что Анну, за что Владимира, и я им так рассказывал. . Что? Вот этим-то Кавказ хорош, Николай Фодорыч! — продолжал он, не дожидаясь ответа,— там смотрят на нашего брата, кавказца, очень хорошо. Молодой человек, знаете, штаб-офицер с Анной и Владимиром — это много значит в России Что?

— Вы и прихвастнули-таки, я думаю, Абрам Ильич? — сказал Болхов.

— Хи-хи! — засмеялся он своим глупым смехом. — Знаете, это нужно Да и поел я славно эти два месяца!

— А что, хорошо там, в России-то? — сказал Тросенко, спрашивая про Россию, как про какой-то Китай или Японию.

— Да с, уж что мы там шампанского выпили в два месяца, так это страх!

— Да что вы! Вы, верно, лимонад пили. Вот я так — уж бы треснул там, что знали бы, как кавказцы пьют. Недаром бы слава прошла. Я бы показал, как пьют... А, Болхов, — прибавил он

— Да ведь ты, дядя, уж за десять лет на Кавказе,— сказал Болхов,— а помнишь, что Ермолов сказал, а Абрам Ильич только шесть

— Какой десять! скоро шестнадцать.

— Вели же, Болхов, шолфею дать. Сыро, бррр!.. А? — прибавил он, улыбаясь,— выпьем, майор!

Но майор был недоволен и первым обращением к нему старого капитана, теперь же, видимо, съежился и искал убежища в собственном величии. Он запел что-то и снова посмотрел на часы.

— Вот я так уж никогда туда не поеду,— продолжал Тросенко, не обращая внимания на насупившегося майора,— я и ходить и говорить-то по-русскому отвык. Скажут: что за чудо такая приехало? Сказано, Азия. Так, Николай Федорыч?.. Да и что мне в России! Все равно тут когда-нибудь подстрелят. Спросят где Тросенко? — подстрелили. Что вы тогда с

118

восьмой ротой сделаете... а? — прибавил он, обращаясь постоянно к майору.

— Послать дежурного по батальону! — крикнул Кирсанов, не отвечая капитану, хотя, я опять уверен был, ему не нужно было отдавать никаких приказаний.

— А вы, я думаю, теперь рады, молодой человек, что на двойном окладе? — сказал майор после нескольких минут молчания батальонному адъютанту.

— Как же-с, очень-с.

— Я нахожу, что наше жалованье теперь очень большое, Николай Федорович,— продолжал он,— молодому человеку можно жить весьма прилично и даже позволить себе роскошь маленькую.

— Нет, право, Абрам Ильич,— робко сказал адъютант,— хоть оно и двойное, а только что так... ведь лошадь надо иметь...

— Что вы мне говорите, молодой человек! я сам прапорщиком был и знаю. Поверьте, с порядком жить очень можно. Да вот вам, сочтите,— прибавил он, загибая мизинец левой руки.

— Всё вперед жалованье забираем — вот вам и счет,— сказал Тросенко, выпивая рюмку водки.

— Ну, да ведь на это что же вы хотите... что?

В это время в отверстие балагана всунулась белая голова со сплюснутым носом, и резкий голос с немецким выговором сказал:

— Вы здесь, Абрам Ильич? а дежурный ищет вас.

— Заходите, Крафт! — сказал Болхов.

Длинная фигура в сюртуке генерального штаба пролезла в двери и с особенным азартом принялась пожимать всем руки.

— А, милый капитан! и вы тут? — сказал он, обращаясь к Тросенке.

Новый гость, несмотря на темноту, пролез до него и, к чрезвычайному, как мне показалось, удивлению и неудовольствию капитана, поцеловал его в губы.

«Это немец, который хочет быть хорошим товарищем»,— подумал я.

XII

Предположение мое тотчас же подтвердилось. Капитан Крафт попросил водки, назвав ее горилкой, и ужасно крякнул и закинул голову, выпивая рюмку.

— Что, господа, поколесовали мы нынче по равнинам Чечни... — начал было он, но, увидав дежурного офицера, тотчас замолчал, предоставив майору отдавать свои приказания.

— Что, вы обошли цепь?

— Обошел-с.

— А секреты высланы?

— Высланы-с.

— Так вы передайте приказание ротным командирам, чтоб были как можно осторожнее.

— Слушаю-с.

Майор прищурил глаза и глубокомысленно задумался.

— Да скажите, что люди могут теперь варить кашу.

— Они уж варят.

— Хорошо. Можете идти-с.

— Ну-с, так вот мы считали, что нужно офицеру,— продолжал майор, со снисходительной улыбкой обращаясь к нам. — Давайте считать.

— Нужно вам один мундир и брюки... так-с?

— Так-с.

— Это, положим, пятьдесят рублей на два года, стало быть, в год двадцать пять рублей на одежду; потом на еду, каждый день по два обаза... так-с?

— Так-с; это даже много.

— Ну, да я кладу. Ну, на лошадь с седлом для ремонта тридцать рублей — вот и всё. Выходит всего двадцать пять, да сто двадцать, да тридцать=сто семьдесят пять. Все вам остается еще на роскошь, на чай и на сахар, на табак рублей двадцать. Изволите видеть?.. Правда, Николай Федорыч?

— Нет-с. Позвольте, Абрам Ильич! — робко сказал адъютант,— ничего-с на чай и сахар не останется. Вы кладете одну пару на два года, а тут по походам панталон не наготовишься; а сапоги? я ведь почти каждый месяц пару истреплю-с. Потом-с белье-с, рубашки, полотенца, подвертки — все ведь это нужно купить-с. А как сочтешь, ничего не останется-с. Это, ей-богу-с, Абрам Ильич!

— Да, подвертки прекрасно носить,— сказал вдруг Крафт после минутного молчания, с особенной любовью произнося слово «подвертки»,— знаете, просто, по-русски.

— Я вам скажу,— заметил Тросенко,— как ни считай, все выходит, что нашему брату зубы на полку класть приходится, а на деле выходит, что все живем, и чаи пьем, и табак курим, и водку пьем. Послужишь с мое,— продолжал он, обращаясь к прапорщику,— тоже выучишься жить. Ведь знаете, господа, как он с денщиками обращается.

И Тросенко, помирая со смеху, рассказал нам всю историю прапорщика с своим денщиком, хотя мы все ее тысячу раз слышали.

— Да ты что, брат, таким розаном смотришь? — продолжал он,

120

обращаясь к прапорщику, который краснел, потел и улыбался, так что жалко было смотреть на него. — Ничего, брат, и я такой же был, как ты, а теперь, видишь, молодец стал. Пусти-ка сюда какого молодчика из России,— видали мы их,— так у него тут и спазмы и ревматизмы какие-то сделались бы; а я вот сел тут — мне здесь и дом, и постель, и всё. Видишь...

При этом он выпил еще рюмку водки.

— А? — прибавил он, пристально глядя в глаза Крафту.

— Вот это я уважаю! вот это истинно старый кавказец! Позвольте вашу руку.

И Крафт растолкал всех нас, продрался к Тросенке и, схватив его руку, потряс ее с особенным чувством.

— Да, мы можем сказать, что испытали здесь всего,— продолжал он,— в сорок пятом году... ведь вы изволили быть там, капитан? Помните ночь с двенадцатого на тринадцатое, когда по коленки в грязи ночевали, а на другой день пошли на завалы? Я тогда был при главнокомандующем, и мы пятнадцать завалов взяли в один день. Помните, капитан?

Тросенко сделал головой знак согласия и, выдвинув вперед нижнюю губу, зажмурился.

— Изволите видеть... — начал Крафт чрезвычайно одушевленно, делая руками неуместные жесты и обращаясь к майору.

Но майор, должно быть, неоднократно слышавший уже этот рассказ, вдруг сделал такие мутные, тупые глаза, глядя на своего собеседника, что Крафт отвернулся от него и обратился ко мне и Болхову, попеременно глядя то на того, то на другого. На Тросенку же он ни разу не взглянул во время всего своего рассказа.

— Вот изволите видеть, как вышли мы утром, главнокомандующий и говорит мне: «Крафт! возьми эти завалы». Знаете, наша военная служба, без рассуждений— руку к козырьку. «Слушаю, ваше сиятельство!» — и пошел. Только как мы подошли к первому завалу, я обернулся и говорю солдатам: «Ребята! не робеть! в оба смотреть! Кто отстанет, своей рукой изрублю». С русским солдатом, знаете, надо просто. Только вдруг граната... я смотрю, один солдат, другой солдат, третий солдат, потом пули... взжинь! взжинь! взжинь!.. Я говорю: «Вперед, ребята, за мной!» Только мы подошли, знаете, смотрим, я вижу тут, как это... знаете, как это называется? — и рассказчик замахал руками, отыскивая слово.

— Обрыв,— подсказал Болхов.

— Нет... Ах, как это? Боже мой! ну, как это?., обрыв,— сказал он скоро. — Только ружья наперевес... ура! та-ра-та-та-та! Неприятеля ни души. Знаете, все удивились. Только хорошо: идем мы дальше — второй завал. Это совсем другое дело. У нас уж ретивое закипело, знаете. Только

121

подошли мы, смотрим, я вижу, второй завал — нельзя идти. Тут... как это, ну, как называется этакая... Ах! как это...

— Опять обрыв,— подсказал я.

— Совсем нет,— продолжал он с сердцем,— не обрыв, а... ну, вот, как это называется,— и он сделал рукой какой-то нелепый жест.— Ах, боже мой! как это...

Он, видимо, так мучился, что невольно хотелось подсказать ему.

— Река, может,— сказал Болхов.

— Нет, просто обрыв. Только мы туда, тут, поверите ли, такой огонь, ад...

В это время за балаганом кто-то спросил меня. Это был Максимов. А так как за прослушанием разнообразной истории двух завалов мне оставалось еще тринадцать, я рад был придраться к этому случаю, чтобы пойти к своему взводу. Тросенко вышел вместе со мной. «Все врет,— сказал он мне, когда мы на несколько шагов отошли от балагана,— его и не было вовсе на завалах»,— и Тросенко так добродушно расхохотался, что и мне смешно стало.

XIII

Уже была темная ночь, и только костры тускло освещали лагерь, когда я, окончив уборку, подошел к своим солдатам. Большой пень, тлея, лежал на углях. Вокруг него сидели только трое: Антонов, поворачивавший в огне котелок, в котором варился рябко[74], Жданов, хворостинкой задумчиво разгребавший золу, и Чикин с своей вечно нераскуренной трубочкой. Остальные уже расположились на отдых — кто под ящиками, кто в сене, кто около костров. При слабом свете углей я различал знакомые мне спины, ноги, головы; в числе последних был и рекрутик, который, придвинувшись к самому огню, казалось, спал уже. Антонов дал мне место. Я сел подле него и закурил папиросу. Запах тумана и дыма от сырых дров, распространяясь по всему воздуху, ел глаза, и та же сырая мгла сыпалась с мрачного неба.

Подле нас слышались мерное храпенье, треск сучьев в огне, легкий говор и изредка бряцанье ружей пехоты. Везде кругом пылали костры, освещая в небольшом круге вокруг себя черные тени солдат. Около ближайших костров я различал на освещенных местах фигуры голых солдат, над самым пламенем махающих своими рубахами. Еще много людей не спало, двигалось и говорило на пространстве пятнадцати

---

74. Солдатское кушанье — моченые сухари с салом. (Прим. Л. Н. Толстого).

квадратных сажен; но мрачная, глухая ночь давала свой особенный таинственный тон всему этому движению, как будто каждый чувствовал эту, мрачную тишину и боялся нарушить ее спокойную гармонию. Когда я заговорил, я почувствовал, что мой голос звучит иначе; на лицах всех солдат, сидевших около огня, я читал то же настроение. Я думал, что до моего прихода они говорили о раненом товарище; но ничуть не бывало: Чикин рассказывал про приемку вещей в Тифлисе и про тамошних школьников.

Я всегда и везде, особенно на Кавказе, замечал особенный такт у нашего солдата во время опасности умалчивать и обходить те вещи, которые могли бы невыгодно действовать на дух товарищей. Дух русского солдата не основан так, как храбрость южных народов, на скоро воспламеняемом и остывающем энтузиазме: его так же трудно разжечь, как и заставить упасть духом. Для него не нужны эффекты, речи, воинственные крики, песни и барабаны: для него нужны, напротив, спокойствие, порядок и отсутствие всего натянутого. В русском, настоящем русском солдате никогда не заметите хвастовства, ухарства, желания отуманиться, разгорячиться во время опасности: напротив, скромность, простота и способность видеть в опасности совсем другое, чем опасность, составляют отличительные черты его характера. Я видел солдата, раненного в ногу, в первую минуту жалевшего только о пробитом новом полушубке, ездового, вылезающего из-под убитой под ним лошади и расстегивающего подпругу, чтобы снять седло. Кто не помнит случая при осаде Гергебиля, когда в лаборатории загорелась трубка начиненной бомбы, и фейерверкер двум солдатам велел взять бомбу и бежать бросить ее в обрыв, и как солдаты не бросили ее в ближайшем месте около палатки полковника, стоявшей над обрывом, а понесли дальше, чтобы не разбудить господ, которые почивали в палатке, и оба были разорваны на части. Помню я еще, в отряде 1852 года, один из молодых солдат к чему-то сказал во время дела, что уж, кажется, взводу не выйти отсюда, и как весь взвод со злобой напустился на него за такие дурные слова, которые они и повторять не хотели. Вот теперь, когда у каждого в душе должна была быть мысль о Веленчуке и когда всякую секунду мог быть по нас залп подкравшихся татар, все слушали бойкий рассказ Чикина, и никто не упоминал ни о нынешнем деле, ни о предстоящей опасности, ни о раненом, как будто это было бог знает как давно или вовсе никогда не было. Но мне показалось только, что лица их были несколько пасмурнее обыкновенного: они не слишком внимательно слушали рассказ Чикина, и даже Чикин чувствовал, что его не слушают, но говорил уж так себе.

К костру подошел Максимов и сел подле меня. Чикин дал ему место, замолчал и снова начал сосать свою трубочку.

— Пехотные в лагерь за водкой посылали,— сказал Максимов после довольно долгого молчания,— сейчас воротились. — Он плюнул в огонь. — Унтер-офицер сказывал, нашего видали.

— Что, жив еще? — спросил Антонов, поворачивая котелок.

— Нет, помер.

Рекрутик вдруг поднял над огнем свою маленькую голову в красной шапочке, с минуту пристально посмотрел на Максимова и на меня, потом быстро опустил ее и закутался шинелью.

— Вишь, смерть-то недаром к нему поутру приходила, как я будил его в парке,— сказал Антонов.

— Пустое! — сказал Жданов, поворачивая тлеющий пень,— и все замолчали.

Среди общей тишины сзади нас послышался выстрел в лагере. Барабанщики у нас приняли его и заиграли зорю. Когда затихла последняя дробь, Жданов первый встал и снял шапку. Мы все последовали его примеру.

Среди глубокой тишины ночи раздался стройный хор мужественных голосов:

— «Отче наш, иже оси на небесех! да святится имя твое; да приидет царствие твое; да будет воля твоя, яко на небеси и на земли; хлеб наш насущный даждь нам днесь; и остави нам долги наша, якоже и мы оставляем должником нашим; и не введи нас во искушение, но избави нас от лукаваго».

— Так-то у нас в сорок пятом году солдатик один в это место контужен был,— сказал Антонов, когда мы надели шапки и сели опять около огня,— так мы его два дня на орудии возили... помнишь Шевченку, Жданов?.. да так и оставили там под деревом.

В это время пехотный солдат, с огромными бакенбардами и усами, с ружьем и сумкой подошел к нашему костру.

— Позвольте, землячки, огоньку, закурить трубочку,— сказал он.

— Что ж, закуривайте: огню достаточно,— заметил Чикин.

— Это, верно, про Дарги, земляк, сказываете? — обратился пехотный к Антонову.

— Про сорок пятый год, про Дарги,— ответил Антонов.

Пехотный покачал головой, зажмурился и присел около нас на корточки.

— Да уж было там всего,— заметил он.

— Отчего ж бросили? — спросил я Антонова.

— От живота крепко мучился. Как стоим, бывало, ничего, а как тронемся, то криком кричит. Богом просил, чтоб оставили, да все жалко было. Ну, а как он стал нас уж крепко донимать, трех людей у нас убил в орудии, офицера убил, да и от батареи своей отбились мы как-то. Беда! совсем не думали орудия увезти. Грязь же была.

— Пуще всего, что под Индейской горой грязно было,— заметил какой-то солдат.

— Да, вот там-то ему пуще хуже стало. Подумали мы с Аношенкой,— старый фирверкин был,— что ж в самом деле, живому ему не быть, а богом просит — оставим, мол, его здесь. Так и порешили. Древо росла там ветлеватая такая. Взяли мы сухариков моченых ему положили — у Жданова были,— прислонили его к древу к этому, надели на него рубаху чистую, простились как следует, да так и оставили.

— И важный солдат был?

— Ничего солдат был,— заметил Жданов.

— И что с ним сталось, бог его знает,— продолжал Антонов. — Много там всякого нашего брата осталось.

— В Даргах-то? — сказал пехотный, вставая и расковыривая трубку и снова зажмурившись и покачивая головой,— уж было там всего.

И он отошел от нас.

— А что, много еще у нас в батарее солдат, которые в Дарго были? — спросил я.

— Да что? вот Жданов, я, Пацан, что в отпуску теперь, да еще человек шесть есть. Больше не будет.

— А что, Пацан-то наш загулял в отпуску? — сказал Чикин, спуская ноги и укладываясь головой на бревно. — Почитай, год скоро, что его нет.

— А что, ты ходил в годовой? — спросил я у Жданова.

— Нет, не ходил,— отвечал он неохотно.

— Ведь хорошо идти,— сказал Антонов,— от богатого дома али когда сам в силах работать, так и идти лестно, и тебе дома рады будут.

— А то что идти, когда от двух братьев! — продолжал Жданов,— самим только бы прокормиться, а не нашего брата солдата кормить. Подмога плохая, как уж двадцать пять лет прослужил. Да и живы ли, кто е знает.

— А разве ты не писал? — спросил я.

— Как не писать! два письма послал, да все в ответ не присылают. Али померли, али так не посылают, что, значит, сами в бедности живут: так где тут!

— А давно ты писал?

— Пришедши с Даргов, писал последнее письмо.

— Да ты «березушку» спел бы,— сказал Жданов Антонову, который в это время, облокотись на колени, мурлыкал какую-то песню.

Антонов запел «березушку».

— Эта что ни на есть самая любимая песня дяденьки Жданова,— сказал мне шепотом Чикин, дернув меня за шинель,— другой раз, как заиграет ее Филипп Антоныч, так он ажно плачет.

Жданов сидел сначала совершенно неподвижно, с глазами,

устремленными на тлевшие уголья, и лицо его, освещенное красноватым светом, казалось чрезвычайно мрачным; потом скулы его под ушами стали двигаться все быстрее и быстрее, и наконец он встал и, разостлав шинель, лег в тени сзади костра. Или он ворочался и кряхтел, укладываясь спать, или же смерть Веленчука и эта печальная погода так настроили меня, но мне действительно показалось, что он плачет.

Низ пня, превратившийся в уголь, изредка вспыхивая, освещал фигуру Антонова, с его седыми усами, красной рожей и орденами на накинутой шинели, чьи-нибудь сапоги, голову или спину. Сверху сыпалась та же печальная мгла, в воздухе слышался тот же запах сырости и дыма, вокруг видны были те же светлые точки потухавших костров, и слышны были среди общей тишины звуки заунывной песни Антонова; а когда она замолкала на мгновение, звуки слабого ночного движения лагеря — храпения, бряцания ружей часовых и тихого говора вторили ей.

— Вторая смена! Макатюк и Жданов! — крикнул Максимов.

Антонов перестал петь, Жданов встал, вздохнул, перешагнул через бревно и побрел к орудиям.

Метель

I

В седьмом часу вечера я, напившись чаю, выехал со станции, которой названия уже не помню, но помню, где-то в Земле Войска Донского, около Новочеркасска. Было уже темно, когда я, закутавшись в шубу и полость, рядом с Алешкой уселся в сани. За станционным домом казалось тепло и тихо. Хотя снегу не было сверху, над головой не виднелось ни одной звездочки, и небо казалось чрезвычайно низким и черным сравнительно с чистой снежной равниной, расстилавшейся впереди нас.

Едва миновав темные фигуры мельниц, из которых одна неуклюже махала своими большими крыльями, и выехав за станцу, я заметил, что дорога стала тяжелее и засыпаннее, ветер сильнее стал дуть мне в левую сторону, заносить вбок хвосты и гривы лошадей и упрямо поднимать и относить снег, разрываемый полозьями и копытами. Колокольчик стал замирать, струйка холодного воздуха пробежала через какое-то отверстие в рукаве за спину, и мне пришел в голову совет смотрителя не ездить лучше, чтоб не проплутать всю ночь и не замерзнуть дорогой.

— Не заблудиться бы нам? — сказал я ямщику. Но, не получив

ответа, яснее предложил вопрос: — Что, доедем до станции, ямщик? не заблудимся?

— А бог знает,— отвечал он мне, не поворачивая головы,— вишь, какая поземная расходится: ничего дороги не видать. Господи-батюшка!

— Да ты скажи лучше, надеешься ты довезти до станции или нет? — продолжал я спрашивать. — Доедем ли?

— Должны доехать,— сказал ямщик и еще продолжал говорить что-то, чего уже я не мог расслышать за ветром.

Ворочаться мне не хотелось; но и проплутать всю ночь в мороз и метель в совершенно голой степи, какова эта часть Земли Войска Донского, казалось очень невесело. Притом же, несмотря на то, что в темноте я не мог рассмотреть его хорошенько, ямщик мой почему-то мне не нравился и не внушал к себе доверия. Он сидел совершенно посередине, с ногами, а не сбоку, роста был слишком большого, голос у него был ленивый, шапка какая-то не ямская — большая, раскачивающаяся в разные стороны; да и понукал он лошадей не так, как следует, а держа вожжи в обеих руках, точно как лакей, который сел на козлы за кучера, и, главное, не доверял я ему почему-то за то, что у него уши были подвязаны платком. Одним словом, не нравилась и как будто не обещала ничего хорошего эта серьезная сгорбленная спина, торчавшая передо мною.

— А по-моему, лучше бы воротиться,— сказал мне Алешка,— плутать-то что́ веселого!

— Господи-батюшка! вишь, несет какая кура! ничего дороги не видать, все глаза залепило... Господи-батюшка! — ворчал ямщик.

Не проехали мы четверти часа, как ямщик, остановив лошадей, передал вожжи Алешке, неловко выпростал ноги из сиденья и, хрустя большими сапогами по снегу, пошел искать дорогу.

— Что? куда ты? сбились, что ли? — спрашивал я; но ямщик не отвечал мне, а, отвернув лицо в сторону от ветра, который сек ему глаза, отошел от саней.

— Ну что? есть? — повторил я, когда он вернулся.

— Нету ничего,— сказал он мне вдруг нетерпеливо и с досадой, как будто я был виноват в том, что он сбился с дороги, и, медлительно опять просунув свои большие ноги в передок, стал разбирать вожжи замерзлыми рукавицами.

— Что ж будем делать? — спросил я, когда мы снова тронулись.

— Что ж делать! поедем куда бог даст.

И мы поехали тою же мелкой рысью, уже очевидно целиком, где по сыпучему в четверть снегу, где по хрупкому голому насту.

Несмотря на то, что было холодно, снег на воротнике таял весьма

127

скоро; заметь низовая все усиливалась, и сверху начинал падать редкий сухой снег.

Ясно было, что мы едем бог знает куда, потому что, проехав еще с четверть часа, мы не видали ни одного верстового столба.

— Что, как ты думаешь,— спросил я опять ямщика,— доедем мы до станции?

— До которой? Назад приедем, коли дать волю лошадям: они привезут; а на ту вряд... только себя погубить можно.

— Ну, так пускай назад,— сказал я,— и в самом деле...

— Стало, ворочаться? — повторил ямщик.

— Да, да, ворочайся!

Ямщик пустил вожжи. Лошади побежали шибче, и хотя я не заметил, чтобы мы поворачивали, ветер переменился, и скоро сквозь снег завиднелись мельницы. Ямщик приободрился и стал разговаривать.

— Анадысь так-то в заметь обратные с той станции поехали,— сказал он,— да в стогах и ночевали, к утру только приехали. Спасибо еще к стогам прибились, а то все бы чисто позамерзали — холод был. И то один ноги позаморозил, так три недели от них умирал.

— А теперь ведь не холодно и потише стало,— сказал я,— можно бы ехать?

— Оно тепло-то, тепло, да метет. Теперь взад, так оно полегче кажет, а метет дюже. Ехать бы можно, кабы кульер али что, по своей воле; а то ведь шутка ли — седока заморозишь. Как потом за вашу милость отвечать?

II

В это время сзади нас послышались колокольчики нескольких троек, которые шибко догоняли нас.

— Колокол кульерский, — сказал мой ямщик, — один такой на всей станции есть.

И действительно, колокольчик передовой тройки, звук которого уже ясно доносился по ветру, был чрезвычайно хорош: чистый, звучный, басистый и дребезжащий немного. Как я потом узнал, это было охотницкое заведение: три колокольчика — один большой в середине, с малиновым звоном, как называется, и два маленькие, подобранные в терцию. Звук этой терции и дребезжащей квиты, отзывавшейся в воздухе, был необыкновенно поразителен и странно хорош в этой пустынной, глухой степи.

— Пошта бежит,— сказал мой ямщик, когда передняя из трех троек

128

поравнялась с нами. — А что дорога? проехать можно? — крикнул он заднему из ямщиков; но тот только крикнул на лошадей и не отвечал ему.

Звук колокольчиков быстро замер по ветру, как только почта миновала нас.

Должно быть, моему ямщику стало стыдно.

— А то поедемте, барин! — сказал он мне,— люди проехали — теперь же их следок свежий.

Я согласился, и мы снова повернули против ветра и потащились вперед по глубокому снегу. Я смотрел сбоку на дорогу, чтобы не сбиться со следа, проложенного санями. Версты две след был виден ясно; потом заметна стала только маленькая неровность под полозьями, а скоро уже я решительно не мог узнать, след ли это или просто наметенный слой снега. Глаза притупели смотреть на однообразное убегание снега под полозьями, и я стал глядеть прямо. Третий верстовой столб мы еще видели, но четвертого никак не могли найти; как и прежде, ездили и против ветра, и по ветру, и вправо, и влево, и наконец дошли до того, что ямщик говорил, будто мы сбились вправо, я говорил, что влево, а Алешка доказывал, что мы вовсе едем назад. Снова мы несколько раз останавливались, ямщик выпрастывал свои большие ноги и лазил искать дорогу; но все тщетно. Я тоже пошел было раз посмотреть, не дорога ли то, что мне мерещилось; но едва я с трудом сделал шагов шесть против ветра и убедился, что везде были одинаковые, однообразные белые слои снега и дорога мне виднелась только в воображении,— как уже я не видал саней. Я закричал: «Ямщик! Алешка!»-но голос мой — я чувствовал, как ветер подхватывал прямо изо рта и уносил в одно мгновение куда-то прочь от меня. Я пошел туда, где были сани,— саней не было, пошел направо — тоже нет. Мне совестно вспомнить, каким громким, пронзительным, даже немного отчаянным голосом я закричал еще раз: «Ямщик!» — тогда как он был в двух шагах от меня. Его черная фигура с кнутиком и с огромной, свихнувшейся набок шапкой вдруг выросла передо мной. Он провел меня к саням.

— Еще спасибо — тепло, — сказал он, — а морозом хватит — беда!.. Господи-батюшка!

— Пускай лошадей, пусть везут назад,— сказал я, усевшись в сани.— Привезут? а, ямщик?

— Должны привезть.

Он бросил вожжи, ударил раза три кнутиком по седелке коренную, и мы опять поехали куда-то. Мы ехали с полчаса. Вдруг впереди нас послышались опять знакомый мне охотницкий колокольчик и еще два; но теперь они подвигались нам навстречу. Это были те же три тройки, уже сложившие почту и с обратными лошадьми, привязанными сзади, возвращавшиеся на станцию. Курьерская тройка крупных лошадей с охотницким колокольчиком шибко бежала впереди. В ней сидел один ямщик на облучке и бойко покрикивал. Сзади, в середине пустых саней, сидело по двое ямщиков, слышался их громкий и веселый говор. Один из них курил трубку, и искра, вспыхнув на ветру, осветила часть его лица.

Глядя на них, мне стало стыдно, что я боялся ехать, и ямщик мой, должно быть, испытал то же чувство, потому что мы в один голос сказали: «Поедем за ними».

III

Не пропустив еще последней тройки, мой ямщик стал неловко поворачивать и наехал оглоблями на привязанных лошадей. Одна тройка из них шарахнулась, оторвала повод и поскакала в сторону.

— Вишь, черт косоглазый, не видит, куда воротит,— на людей. Черт! — принялся ругаться хриплым, дребезжащим голосом один невысокий ямщик; старичок, сколько я мог заключить по голосу и сложению, сидевший в задней тройке, живо выскочил из саней и побежал за лошадьми, продолжая грубо и жестоко бранить моего ямщика.

Но лошади не давались. Ямщик побежал за ними, и в одну минуту и лошади и ямщик скрылись в белой мгле метели.

— Васили-ий! давай сюда буланого, так не поймаешь,— послышался еще его голос.

Один из ямщиков, весьма высокий мужчина, вылез из саней, молча отвязал свою тройку, взлез по шлее на одну из лошадей и, хрустя по снегу, спутанным галопцем скрылся по тому же направлению.

Мы же с двумя другими тройками, вслед за курьерской, которая, звеня колокольчиком, полной рысью бежала впереди, без дороги пустились дальше.

— Как же! поймает! — сказал мой ямщик на того, который побежал ловить лошадей.— Уж коли к лошадям не пошла, значит — оголтелая лошадь, туда заведет, что и... не выйдет.

С тех пор как ямщик мой ехал сзади, он сделался как будто веселее и разговорчивее, чем я, так как мне еще спать не хотелось, разумеется, не преминул воспользоваться. Я стал его расспрашивать, откуда и как и что он, и скоро узнал, что он земляк мне, тульский, господский, из села Кирпичного, что у них земель мало стало и совсем хлеб рожать перестали земли с самой холеры, что их в семье два брата, третий в солдаты пошел, что хлеба до рождества недостает и живут заработками, что меньшой брат хозяин в дому, потому что женатый, а сам он вдовец; что из их сел каждый год сюда артели ямщиков ходят, что он хоть не езжал ямщиком, а пошел

130

на почту, чтоб поддержка брату была, что живет здесь, слава богу, по сто двадцать рублей ассигнациями в год, из которых сто в семью посылает, и что жить бы хорошо, да «кульеры оченно звери, да и народ здесь все ругатель».

— Ну, чего ругался ямщик-то этот? Господи-ба-тюшка! разве я нарочно ему лошадей оборвал? разве я кому злодей? И чего поскакал за ними! сами бы пришли; а то только лошадей заморит, да и сам пропадет,— повторял богобоязненный мужичок.

— А это что чернеется? — спросил я, замечая несколько черных предметов впереди нас.

— А обоз. То-то любезная езда! — продолжал он, когда мы поравнялись с огромными, покрытыми рогожами возами, шедшими друг за другом на колесах.— Гляди, ни одного человека не видать — все спят. Сама умная лошадь знает: не собьешь ее с дороги никак. Мы тоже езжали с рядою,— прибавил он,— так знаем.

Действительно, странно было смотреть на эти огромные возы, засыпанные от рогожного верху до колес снегом, двигавшиеся совершенно одни. Только в переднем возу поднялась немного на два пальца покрытая снегом рогожа, и на минуту высунулась оттуда шапка, когда наши колокольчики прозвенели около обоза. Большая пегая лошадь, вытянув шею и напрягши спину, мерно ступала по совершенно занесенной дороге, однообразно качала под побелевшей дугой своей косматой головой и насторожила одно занесенное снегом ухо, когда мы поравнялись с ней.

Проехав еще с полчаса молча, ямщик снова обратился ко мне.

— А что, как вы думаете, барин, мы хорошо едем?

— Не знаю,— отвечал я.

— Прежде ветер во как был, а теперь мы вовсе под погодой едем. Нет, мы не туда едем, мы тоже плутаем,— заключил он совершенно спокойно.

Видно было, что несмотря на то, что он был очень трусоват,— на миру и смерть красна,— он совершенно стал спокоен с тех пор, как нас было много и не он должен был быть руководителем и ответчиком. Он прехладнокровно делал наблюдения над ошибками передового ямщика, как будто ему до этого ни малейшего дела не было. Действительно, я замечал, что иногда передовая тройка становилась мне в профиль слева, иногда справа; мне даже казалось, что мы кружимся на очень малом пространстве. Впрочем, это мог быть обман чувств, как и то, что мне казалось иногда, что передовая тройка въезжает на гору или едет по косогору или под гору, тогда как степь была везде ровная.

Проехав еще несколько времени, я увидел, как мне показалось, далеко, на самом горизонте, черную длинную двигавшуюся полосу; но через минуту мне уже ясно стало, что это был тот же самый обоз, который мы обгоняли. Точно так же снег засыпал скрипучие колеса, из которых некоторые не вертелись даже; точно так же люди все спали под рогожами; и так же передовая пегая лошадь, раздувая ноздри, обнюхивала дорогу и настораживала уши.

— Вишь, кружили, кружили, опять к тому же обозу выехали! — сказал мой ямщик недовольным тоном.— Кульерские лошади добрые: то-то он так и гонит дуром; а наши так и вовсе станут, коли так всю ночь проездим.

Он прокашлялся.

— Вернемся-ка, барин, от греха.

— Зачем? куда-нибудь да приедем.

— Куда приехать? уж будем в степи ночевать. Как метет... Господи-батюшка!

Хотя меня удивляло то, что передовой ямщик, очевидно уже потеряв и дорогу и направление, не отыскивал дороги, а, весело покрикивая, продолжал ехать полной рысью, я уже не хотел отставать от них.

— Пошел за ними,— сказал я.

Ямщик поехал, но еще неохотнее погонял, чем прежде, и уже больше не заговаривал со мной.

IV

Метель становилась сильнее и сильнее, и сверху снег шел сухой и мелкий; казалось, начинало подмораживать: нос и щеки сильнее зябли, чаще пробегала под шубу струйка холодного воздуха, и надо было запахиваться. Изредка сани постукивали по голому обледенелому черепку, с которого снег сметало. Так как я, не ночуя, ехал уже шестую сотню верст, несмотря на то, что меня очень интересовал исход нашего плутания, я невольно закрывал глаза и задремывал. Раз, когда я открыл глаза, меня поразил, как мне показалось в первую минуту, яркий свет, освещавший белую равнину: горизонт значительно расширился, черное низкое небо вдруг исчезло, со всех сторон видны были белые косые линии падающего снега; фигуры передовых троек виднелись яснее, и когда я посмотрел вверх, мне показалось в первую минуту, что тучи разошлись и что только падающий снег застилает небо. В то время как я вздремнул, взошла луна и бросала сквозь неплотные тучи и падающий снег свой холодный и яркий свет. Одно, что я видел ясно,— это были мои сани, лошади, ямщик и три тройки, ехавшие впереди: первая — курьерская, в которой все так же на облучке сидел один ямщик и гнал крупной рысью; вторая, в которой, бросив вожжи и сделав себе из армяка

132

затишку, сидели двое и не переставая курили трубочку, что видно было по искрам, блестевшим оттуда; и третья, в которой никого не видно было и, предположительно, ямщик спал в середине. Передовой ямщик, однако, когда я проснулся, изредка стал останавливать лошадей и искать дороги. Тогда, только что мы останавливались, слышнее становилось завывание ветра и виднее поразительно огромное количество снега, носящегося в воздухе. Мне видно было, как при лунном, застилаемом метелью свете невысокая фигура ямщика с кнутовищем в руке, которым он ощупывал снег впереди себя, двигалась взад и вперед в светлой мгле, снова подходила к саням, вскакивала бочком на передок, и слышались снова среди однообразного свистения ветра ловкое, звучное покрикиванье и звучание колокольчиков. Когда передовой ямщик вылезал, чтобы искать признаков дороги или стогов, из вторых саней всякий раз слышался бойкий, самоуверенный голос одного из ямщиков, который кричал передовому:

— Слышь, Игнашка! влево совсем забрали: правее забирай, под погоду-то.— Или: — Что кружишь дуром? по снегу ступай, как снег лежит,— как раз выедешь.— Или: — Вправо-то, вправо-то пройди, братец ты мой! вишь, чернеет что-то, столб, никак. — Или: — Что путаешь-то? что путаешь? Отпряжка пегого да пусти передом, так он как раз тебя выведет на дорогу. Дело-то лучше будет!

Сам же тот, который советовал, не только но отпрягал пристяжной или не ходил по снегу искать дороги, но носу не высовывал из-за своего армяка, и когда Игнашка-передовой на один из советов его крикнул, чтобы он сам ехал передом, когда знает, куда ехать, то советчик отвечал, что когда бы он на курьерских ездил, то и поехал бы и вывел бы как раз на дорогу.

— А наши лошади в заметь передом не пойдут,— крикнул он,— не такие лошади!

— Так не мути! — отвечал Игнашка, весело посвистывая на лошадей.

Другой ямщик, сидевший в одних санях с советчиком, ничего не говорил Игнашке и вообще не вмешивался в это дело, хотя не спал еще, о чем я заключил по неугасаемой его трубочке и по тому, что, когда мы останавливались, я слышал его мерный, непрерываемый говор. Он рассказывал сказку. Раз только, когда Игнашка в шестой или седьмой раз остановился, ему, видимо, досадно стало, что прерывается его удовольствие езды, и он закричал ему:

— Ну что стал опять? Вишь, найти дорогу хочет! Сказано, метель! Теперь землемер самый и тот дороги не найдет. Ехал бы, поколе лошади везут. Авось до смерти не замерзнем... пошел, знай!

— Как же! небось поштальон в прошлом году до смерти замерз! — отозвался мой ямщик.

Ямщик третьей тройки не просыпался все время. Только раз, во время остановки, советчик крикнул:

— Филипп! а Филипп! — И, не получив ответа, заметил: — Уж не замерз ли? Ты бы, Игнашка, посмотрел.

Игнашка, который поспевал на все, подошел к саням и начал толкать спящего.

— Вишь, с косушки как его разобрало! Замерз, так скажи! — говорил он, раскачивая его. Спящий промычал что-то и ругнулся.

— Жив, братцы! — сказал Игнашка и снова побежал вперед; и мы снова ехали, и даже так скоро, что маленькая гнеденькая пристяжная в моей тройке, беспрестанно постегиваемая в хвост, не раз попрыгивала неловким галопцем.

V

Уже, я думаю, около полуночи к нам подъехали старичок и Василий, догонявшие оторвавшихся лошадей. Они поймали лошадей и нашли и догнали нас; но каким образом сделали они это в темную, слепую метель, средь голой степи, мне навсегда останется непонятным. Старичок, размахивая локтями и ногами, рысью ехал на коренной (другие две лошади были привязаны к хомуту: в метель нельзя бросать лошадей). Поравнявшись со мной, он снова принялся ругать моего ямщика:

— Вишь, черт косоглазый! право...

— Э, дядя Митрич, — крикнул сказочник из вторых саней,— жив? полезай к нам.

Но старик не отвечал ему, а продолжал браниться. Когда ему показалось достаточным, он подъехал ко вторым саням.

— Всех поймал? — сказали ему оттуда.

— А то нет!

И небольшая фигура его на рыси грудью взвалилась на спину лошади, потом соскочила на снег, не останавливаясь, пробежала за санями и ввалилась в них, с выпущенными кверху через грядку ногами. Высокий Василий, так же как и прежде, молча сел в передние сани с Игнашкой и с ним вместе стал искать дорогу.

— Вишь ругатель... Господи-батюшка! — пробормотал мой ямщик.

Долго после этого мы ехали, не останавливаясь, по белой пустыне, в холодном, прозрачном и колеблющемся свете метели. Откроешь глаза — та же неуклюжая шапка и спина, занесенные снегом, торчат передо мной, та же невысокая дуга, под которой между натянутыми ременными поводками узды поматывается, всё в одном расстоянии, голова коренной с черной гривой, мерно подбиваемой в одну сторону ветром; виднеется из-за спины та же гнеденькая пристяжная направо, с коротко подвязанным хвостом и вальком, изредка постукивающим о лубок саней. Посмотришь вниз — тот же сыпучий снег разрывают полозья, и ветер упорно поднимает и уносит все в одну сторону. Впереди, на одном же расстоянии, убегают передовые тройки; справа, слева все белеет и мерещится. Напрасно глаз ищет нового предмета: ни столба, ни стога, ни забора — ничего не видно. Везде все бело, бело и подвижно: то горизонт кажется необъятно-далеким, то сжатым на два шага во все стороны, то вдруг белая высокая стена вырастает справа и бежит вдоль саней, то вдруг исчезает и вырастает спереди, чтобы убегать дальше и опять исчезнуть. Посмотришь ли наверх — покажется светло в первую минуту, — кажется, сквозь туман видишь звездочки; но звездочки убегают от взора выше и выше, и только видишь снег, который мимо глаз падает на лицо и воротник шубы; небо везде одинаково светло, одинаково бело, бесцветно, однообразно и постоянно подвижно. Ветер как будто изменяется: то дует навстречу и лепит глаза снегом, то сбоку досадно закидывает воротник шубы на голову и насмешливо треплет меня им по лицу, то сзади гудит в какую-нибудь скважину. Слышно слабое неумолкаемое хрустение копыт и полозьев по снегу и замирающее, когда мы едем по глубокому снегу, звяканье колокольчиков. Только изредка, когда мы едем против ветра и по голому намерзлому черепку, ясно долетают до слуха энергическое посвистыванье Игната и заливистый звон его колокольчика с отзывающейся дребезжащей квинтой, и звуки эти вдруг отрадно нарушают унылый характер пустыни и потом снова звучат однообразно, с несносной верностью наигрывая все тот же самый мотив, который невольно я воображаю себе. Одна нога начала у меня зябнуть, и, когда я поворачивался, чтобы лучше закрыться, снег, насыпавшийся на воротник и шапку, проскакивал за шею и заставлял меня вздрагивать; но мне было вообще еще тепло в обогретой шубе, и дремота клонила меня.

VI

Воспоминания и представления с усиленной быстротой сменялись в воображении.

«Советчик, что все кричит из вторых саней, какой это мужик должен быть? Верно, рыжий, плотный, с короткими ногами,— думаю я,— вроде Федора Филиппыча, нашего старого буфетчика». И вот я вижу лестницу нашего большого дома и пять человек дворовых, которые на полотенцах, тяжело ступая, тащат фортепьяно из флигеля; вижу Федора Филиппыча с завороченными рукавами нанкового сюртука, который несет одну педаль, забегает вперед, отворяет задвижки, подергивает там за ручник, поталкивает тут, пролезает между ног, всем мешает и озабоченным голосом кричит не переставая:

— На себя возьми, передовые-то, передовые! Вот так, хвостом-то в гору, в гору, в гору, заноси в дверь! Вот так.

— Уж вы позвольте, Федор Филиппыч! мы одни,— робко замечает садовник, прижатый к перилам, весь красный от напряжения, из последних сил поддерживая один угол рояля.

Но Федор Филиппыч не унимается.

«И что это? — рассуждал я,— думает он, что он полезен, необходим для общего дела, или просто рад, что бог дал ему это самоуверенное, убедительное красноречие, и с наслаждением расточает его? Должно быть, так». И я вижу почему-то пруд, усталых дворовых, которые по колено в воде тянут невод, и опять Федор Филиппыч с лейкой, крича на всех, бегает по берегу и только изредка подходит к воде, чтобы, придержав рукой золотистых карасей, спустить мутную воду и набрать свежей. Но вот полдень в июле месяце. Я по только что скошенной траве сада, под жгучими прямыми лучами солнца, иду куда-то. Я еще очень молод, мне чего-то недостает и чего-то хочется. Я иду к пруду, на свое любимое место, между шиповниковой клумбой и березовой аллеей, и ложусь спать. Помню чувство, с которым я, лежа, гляжу сквозь красные колючие стволы шиповника на черную, засохшую крупинками землю и на просвечивающее ярко-голубое зеркало пруда. Это было чувство какого-то наивного самодовольствия и грусти. Все вокруг меня было так прекрасно, и так сильно действовала на меня эта красота, что мне казалось, я сам хорош, и одно, что мне досадно было, это то, что никто не удивляется мне. Жарко. Я пытаюсь заснуть, чтоб утешиться; но мухи, несносные мухи, не дают мне и здесь покоя, начинают собираться около меня и упорно, туго как-то, как косточки, перепрыгивают со лба на руки. Пчела жужжит недалеко от меня, на самом припеке; желтокрылые бабочки, как раскислые, перелетают с травки на травку. Я гляжу вверх; глазам больно — солнце слишком блестит через светлую листву кудрявой березы, высоко, но тихонько раскачивающейся надо мной своими ветвями,— и кажется еще жарче. Я закрываю лицо платком; становится душно, и мухи как будто липнут к рукам, на которых выступает испарина. В шиповнике завозились воробьи в самой чаще. Один из них спрыгнул на землю в аршине от меня, притворился раза два, что энергически клюнул землю, и, хрустя ветками и весело чирикнув, вылетел из клумбы; другой тоже соскочил на землю, подернул хвостик, оглянулся и так же, как стрела, чирикая, вылетел за первым. На пруде слышны удары валька по мокрому белью, и удары эти раздаются и разносятся как-то низом, вдоль по пруду. Слышны смех и говор и плесканье купающихся. Порыв ветра зашумел верхушками берез еще далеко от меня; вот ближе, слышу, он зашевелил траву, вот и листья шиповниковой клумбы заколебались, забились на своих ветках; а вот, поднимая угол платка и щекотя потное лицо, до меня добежала свежая струя. В отверстие поднятого платка влетела муха и испуганно забилась около влажного рта. Какая-то сухая ветка жмет мне под спиной. Нет, не улежать: пойти выкупаться. Но вот около самой клумбы слышу торопливые шаги и испуганный женский говор:

— Ах, батюшки! Да что ж это! и мужчин никого нету!

— Что это, что? — спрашиваю я, выбегая на солнце, у дворовой женщины, которая, охая, бежит мимо меня. Она только оглядывается, взмахивает руками и бежит дальше. Но вот и стопятилетняя старуха Матрена, придерживая рукою платок, сбивающийся с головы, подпрыгивая и волоча одну ногу в шерстяном чулке, бежит к пруду. Две девочки бегут, держась друг за друга, и десятилетний мальчишка, в отцовском сюртуке, держась за посконную юбку одной из них, поспешает сзади,

— Что случилось? — спрашиваю я у них.

— Мужик утонул.

— Где?

— В пруде.

— Какой? наш?

— Нет, прохожий.

Кучер Иван, ёрзая большими сапогами по скошенной траве, и толстый приказчик Яков, с трудом переводя дух, бегут к пруду, и я бегу за ними.

Помню чувство, которое мне говорило: «Вот бросься и вытащи мужика, спаси его, и все будут удивляться тебе»,— чего мне именно и хочется.

— Где же, где? — спрашиваю я у толпы дворовых, собравшейся на берегу.

— Вон там, в самой пучине, к тому берегу, у бани почти, — говорит прачка, убирая мокрое белье на коромысло. — Я гляжу, что он ныряет; а он покажется так-то, да и уйдет опять, покажется еще, да как крикнет: «Тону, батюшки!» — и опять ушел на низ, только пузырики пошли. Тут я увидала, мужик тонет. Как взвою: «Батюшки, мужик тонет!»

И прачка, взвалив на плечо коромысло, виляя боком, пошла по тропинке прочь от пруда.

— Вишь, грех какой! — говорит Яков Иванов, приказчик, отчаянным голосом,— что теперь хлопот с земским судом будет — не оберешься.

Какой-то один мужик с косой пробрался сквозь толпу баб, детей и стариков, столпившихся у того берега, и, повесив косу на сук ракиты, медленно разувается.

— Где же, где он утонул? — все спрашиваю я, желая броситься туда и сделать что-нибудь необыкновенное.

Но мне указывают на гладкую поверхность пруда, которую изредка рябит проносящийся ветер. Мне непонятно, как же он утонул, а вода все так же гладко, красиво, равнодушно стоит над ним, блестя золотом на полуденном солнце; и мне кажется, что я ничего не могу сделать, никого не удивлю, тем более что весьма плохо плаваю; а мужик уже через голову стаскивает с себя рубашку и сейчас бросится. Все смотрят на него с надеждой и замиранием; но, войдя в воду по плечи, мужик медленно возвращается и надевает рубашку: он не умеет плавать.

Народ все сбегается, толпа становится больше и больше, бабы держатся друг за друга; но никто не подает помощи. Те, которые только что приходят, подают советы, ахают и на лицах выражают испуг и отчаянье; из тех же, которые собрались прежде, некоторые садятся, устав стоять, на траву, некоторые возвращаются. Старуха Матрена спрашивает у дочери, затворила ли она заслонку печи; мальчишка в отцовском сюртуке старательно бросает камешки в воду.

Но вот от дому, с лаем и в недоумении оглядываясь назад, бежит под гору Трезорка, собака Федора Филиппыча; но вот и самая фигура его, бегущего с горы и кричащего что-то, показывается из-за шиповниковой клумбы.

— Что стоите? — кричит он, на бегу снимая сюртук. — Человек потонул, а они стоят! Давай веревку!

Все с надеждой и страхом смотрят на Федора Филиппыча, пока он, придерживаясь рукой за плечо услужливого дворового, снимает носком левой ноги каблук правой.

— Вон там, где народ стоит, так вот поправее ракиты, Федор Филиппыч, вон там-то, — говорит ему кто-то.

— Знаю! — отвечает он и, нахмурив брови, должно быть, в ответ на признаки стыдливости, выражающейся в толпе женщин, снимает рубашку, крестик, передавая его мальчишке-садовнику, который подобострастно стоит перед ним, и, энергически ступая по скошенной траве, подходит к пруду.

Трезорка, в недоумении насчет причин этой быстроты движений своего господина, остановившись около толпы и чмокая, съев несколько травинок около берега, вопросительно смотрит на него и, вдруг весело взвизгнув, вместе с своим хозяином бросается в воду. Первую минуту ничего не видно, кроме пены и брызгов, которые летят даже до нас; но вот

Федор Филиппыч, грациозно размахивая руками и равномерно подымая и опуская белую спину, саженями, бойко плывет к тому берегу. Трезорка же, захлебнувшись, торопливо возвращается назад, отряхивается около толпы и на спине вытирается по берегу. В одно и то же время, как Федор Филиппыч подплывает к тому берегу, два кучера прибегают к раките с свернутым на палке неводом. Федор Филиппыч для чего-то поднимает кверху руки, ныряет раз, другой, третий, всякий раз пуская изо рта струйку воды и красиво встряхивая волосами и не отвечая на вопросы, которые со всех сторон сыплются на него. Наконец он выходит на берег и, сколько мне видно, распоряжается только расправлением невода. Невод вытаскивают, но в корме ничего нет, кроме тины и нескольких мелких карасиков, бьющихся между нею. В то время как невод еще раз затаскивают, я перехожу на ту сторону.

Слышно только голос Федора Филиппыча, отдающего приказания, поплескиванье по воде мокрой веревки и вздохи ужаса. Мокрая веревка, привязанная к правому крылу, больше и больше покрытая травой, дальше и дальше выходит из воды.

— Теперь вместе тяни, дружней, разом! — кричит голос Федора Филиппыча. Показываются камола, облитые водой.

— Есть что-то, тяжело идет, братцы,— говорит чей-то голос.

Но вот и крылья, в которых бьются два-три карасика, моча и прижимая траву, вытягиваются на берег. И вот сквозь тонкий, колеблющийся слой возмутившейся воды в натянутой сети показывается что-то белое. Негромкий, но поразительно слышный средь мертвой тишины вздох ужаса проносится в толпе.

— Тащи дружней, на сухое тащи! — слышится решительный голос Федора Филиппыча, и утопленника по скошенным стеблям лопуха и репейника волоком подтаскивают к раките.

И вот я вижу мою добрую старую тетушку в шелковом платье, вижу ее лиловый зонтик с бахромой, который почему-то так несообразен с этой ужасной по своей простоте картиной смерти, лицо, готовое сию минуту расплакаться. Помню выразившееся на этом лице разочарование, что нельзя тут ни к чему употребить арнику, и помню больное, скорбное чувство, которое я испытал, когда она мне с наивным эгоизмом любви сказала: «Пойдем, мой друг. Ах, как это ужасно! А вот ты все один купаешься и плаваешь».

Помню, как ярко и жарко пекло солнце сухую, рассыпчатую под ногами землю, как играло оно на зеркале пруда, как бились у берегов крупные карпии, в середине зыбили гладь пруда стайки рыбок, как высоко в небе вился ястреб, стоя над утятами, которые, бурля и плескаясь, через тростник выплывали на середину; как грозовые белые кудрявые тучи сбирались на горизонте, как грязь, вытащенная неводом у берега, понемногу расходилась и как, проходя по плотине, я снова услыхал удары валька, разносящиеся по пруду.

Но валек этот звучит, как будто два валька звучат вместе в терцию, и звук этот мучит, томит меня, тем более что я знаю — этот валек есть колокол, и Федор Филиппыч не заставит замолчать его. И валек этот, как инструмент пытки, сжимает мою ногу, которая зябнет,— я засыпаю.

Меня разбудило, как мне показалось, то, что мы очень быстро скачем, и два голоса говорят подле самого меня.

— Слышь, Игнат, а Игнат! — говорит голос моего ямщика, — возьми седока — тебе все одно ехать, а мне что даром гонять! возьми!

Голос Игната подле самого меня отвечает:

— А что мне радости-то за седока отвечать?.. Поставишь полштофа?

— Ну, полштофа!.. косушку — уж так и быть.

— Вишь, косушку! — кричит другой голос, — лошадей помучить за косушку!

Я открываю глаза. Все тот же несносный колеблющийся снег мерещится в глазах, те же ямщики и лошади, но подле себя я вижу какие-то сани. Мой ямщик догнал Игната, и мы довольно долго едем рядом. Несмотря на то, что голос из других саней советует не брать меньше полуштофа, Игнат вдруг останавливает тройку.

— Перекладывай, уж так и быть, твое счастье. Косушку поставь, как завтра приедем. Клади много, что ли?

Мой ямщик с несвойственной ему живостью выскакивает на снег, кланяется мне и просит, чтобы я пересел к Игнату. Я совершенно согласен; но видно, что богобоязненный мужичок так доволен, что ему хочется излить на кого-нибудь свою благодарность и радость: он кланяется, благодарит меня, Алешу, Игнашку.

— Ну вот и слава богу! а то что это, господи-батюш-ка! половину ночи ездим, сами не знаем куда. Он-то вас довезет, батюшка-барин, а мои уж лошади вовсе стали.

И он выкладывает вещи с усиленной деятельностью.

Пока перекладывались, я по ветру, который так и подносил меня, подошел ко вторым саням. Сани, особенно с той стороны, с которой от ветра завешен был на головах двух ямщиков армяк, были на четверть занесены снегом; за армяком же было тихо и уютно. Старичок лежал так же, с выпущенными ногами, а сказочник продолжал свою сказку:

— В то самое время, как генерал от королевского, значит, имени приходит, значит, к Марии в темницу, в то самое время Мария говорит ему: «Генерал! я в тебе не нуждаюсь и не могу тебя любить, и, значит, ты мне не полюбовник; а полюбовник мой есть тот самый принц...» В то самое время... — продолжал было он, но, увидав меня, замолк на минуту и стал раздувать трубочку.

— Что, барин, сказочку пришли послушать? — сказал другой, которого я называл советчиком.

— Да у вас славно, весело! — сказал я.

— Что ж! от скуки,— по крайности не думается.

— А что, не знаете вы, где мы теперь? Вопрос этот, как мне показалось, не понравился ямщикам.

— А кто е разберет, где? может, и к калмыкам заехали вовсе, — отвечал советчик.

— Что же мы будем делать? — спросил я.

— А что делать? Вот едем, можь, и выедем,— сказал он недовольным тоном.

— Ну, а как не выедем да лошади станут в снегу, что тогда?

— А что! Ничего.

— Да замерзнуть можно.

— Известно можно, потому и стогов теперича не видать: значит, мы вовсе к калмыкам заехали. Первое дело надо по снегу смотреть.

— А ты, никак, боишься замерзнуть, барин? — сказал старичок дрожащим голосом.

Несмотря на то, что он как будто подтрунивал надо мной, видно было, что он продрог до последней косточки.

— Да, холодно очень становится,— сказал я.

— Эх ты, барин! А ты бы, как я: нет-нет да и пробегись,— оно тебя и согреет.

— Первое дело, как пробежишь за санями,— сказал советчик.

VII

— Пожалуйте: готово! — кричал мне Алешка из передних саней.

Метель была так сильна, что насилу-насилу, перегнувшись совсем вперед и ухватясь обеими руками за полы шипели, я мог по колеблющемуся снегу, который выносило ветром из-под ног, пройти те несколько шагов, которые отделяли меня от моих саней. Прежний ямщик мой уже стоял на коленках в середине пустых саней, но, увидав меня, снял свою большую шапку, причем ветер неистово подхватил его волосы кверху, и попросил на водку. Он, верно, и не ожидал, чтобы я дал ему, потому что отказ мой нисколько не огорчил его. Он поблагодарил меня и на этом, надвинул шапку и сказал мне: «Ну, дай бог вам, барин...» — и, задергав вожжами и зачмокав, тронулся от нас. Вслед за тем и Игнашка размахнулся всей спиной и крикнул на лошадей. Опять звуки хрустенья копыт, покрикиванья и колокольчика заменили звук завывания ветра, который был особенно слышен, когда стояли на месте.

С четверть часа после перекладки я не спал и развлекался рассматриванием фигуры нового ямщика и лошадей. Игнашка сидел молодцом, беспрестанно подпрыгивал, замахивался рукою с висящим кнутом на лошадей, покрикивал, постукивал ногой об ногу и, перегибаясь вперед, поправлял шлею коренной, которая все сбивалась на правую сторону. Он был невелик ростом, но хорошо сложен, как казалось. Сверх полушубка на нем был надет неподпоясанный армяк, которого воротник был почти откинут, и шея совсем голая; сапоги были не валяные, а кожаные, и шапка маленькая, которую он снимал и поправлял беспрестанно. Уши закрыты были только волосами. Во всех его движениях заметна была не только энергия, но еще более, как мне казалось, желание возбудить в себе энергию. Однако, чем дальше мы ехали, тем чаще и чаще он, оправляясь, подпрыгивал на облучке, похлопывал ногой об ногу и заговаривал со мной и Алешкой: мне казалось, он боялся упасть духом. И было от чего: хотя лошади были добрые, дорога с каждым шагом становилась тяжелее и тяжелее, и заметно было, как лошади бежали неохотнее: уже надобно было постегивать, и коренная, добрая большая косматая лошадь, спотыкнулась раза два, хотя тотчас же, испугавшись, дернула вперед и подкинула косматую голову чуть не под самый колокольчик. Правая пристяжная, которую я невольно наблюдал, вместе с длинной ременной кисточкой шлеи, бившейся и подпрыгивающей с полевой стороны, заметно спускала постромки, требовала кнутика, но, по привычке доброй, даже горячей лошади, как будто досадовала на свою слабость, сердито опускала и подымала голову, попрашивая повода. Действительно, страшно было видеть, что метель и мороз все усиливаются, лошади слабеют, дорога становится хуже, и мы решительно не знаем, где мы и куда ехать, не только на станцию, но к какому-нибудь приюту,— и смешно и странно слышать, что колокольчик звенит так непринужденно и весело и Игнатка покрикивает так бойко и красиво, как будто в крещенский морозный солнечный полдень мы катаемся в праздник по деревенской улице,— и главное, странно было думать, что мы всё едем, и шибко едем, куда-то прочь от того места, на котором находились. Игнатка запел какую-то песню, хотя весьма гаденькой фистулой, но так громко и с такими остановками, во время которых он посвистывал, что странно было робеть, слушая его.

— Ге-гей! что горло-то дерешь, Игнат! — послышался голос советчика,— постой на час!

— Чаво?

— Посто-о-о-ой!

Игнат остановился. Опять все замолкло, и загудел и запищал ветер, и снег стал, крутясь, гуще валить в сани. Советчик подошел к нам.

— Ну что?

— Да что! куда ехать-то?

— А кто е знает!

— Что, ноги замерзли, что ль, что хлопаешь-то?

— Вовсе зашлись.

— А ты бы вот сходил: во-он маячит — никак, калмыцкое кочевье. Оно бы и ноги-то посогрел.

— Ладно. Подержи лошадей... на.

И Игнат побежал по указанному направлению.

— Все надо смотреть да походить: оно и найдешь; а то так, что дуром-то ехать!— говорил мне советчик,— вишь, как лошадей упарил!

Все время, пока Игнат ходил,— а это продолжалось так долго, что я даже боялся, как бы он не заблудился,— советчик говорил мне самоуверенным, спокойным тоном, как надо поступать во время метели, как лучше всего отпрячь лошадь и пустить, что она, как бог свят, выведет, или как иногда можно и по звездам смотреть, и как, ежели бы он передом ехал, уж мы бы давно были на станции.

— Ну что, есть? — спросил он у Игната, который возвращался, с трудом шагая, почти по колено в снегу.

— Есть-то есть, кочевье видать,— отвечал, задыхаясь, Игнат, — да незнамо какое. Это мы, брат, должно, вовсе на Пролговскую дачу заехали. Надо левей брать.

— И что мелет! это вовсе наши кочевья, которые позадь станицы,— возразил советчик.

— Да говорю, что нет!

— Уж я глянул, так знаю: оно и будет; а не оно, так Тамышевско. Все надо правей забирать: как раз и выедем на большой мост — осьмую версту.

— Да говорят, что нет! Ведь я видал! — с досадой отвечал Игнат.

— Э, брат! а еще ямщик!

— То-то ямщик! ты сходи сам.

— Что мне ходить! я так знаю.

Игнат рассердился, видно: он, не отвечая, вскочил на облучок и погнал дальше.

— Вишь, как зашлись ноги: ажио не согреешь, — сказал он Алешке, продолжая похлопывать чаще и чаще и огребать и высыпать снег, который ему забился за голенище.

Мне ужасно хотелось спать.

VIII

«Неужели это я уже замерзаю,— думал я сквозь сон,— замерзание всегда начинается сном, говорят. Уж лучше утонуть, чем замерзнуть, пускай меня вытащат в неводе; а впрочем, все равно — утонуть ли, замерзнуть, только бы под спину не толкала эта палка какая-то и забыться бы».

Я забываюсь на секунду.

«Чем же, однако, все это кончится? — вдруг мысленно говорю я, на минуту открывая глаза и вглядываясь в белое пространство. — Чем же это кончится? Ежели мы не найдем стогов и лошади станут, что, кажется, скоро случится,— мы все замерзнем». Признаюсь, хотя я и боялся немного, желание, чтобы с нами случилось что-нибудь необыкновенное, несколько трагическое, было во мне сильней маленькой боязни. Мне казалось, что было бы недурно, если бы к утру в какую-нибудь далекую, неизвестную деревню лошади бы уж сами привезли нас полузамерзлых, чтобы некоторые даже замерзли совершенно. И в этом смысле мечты с необыкновенной ясностью и быстротой носились передо мною. Лошади становятся, снегу наносится больше и больше, и вот от лошадей видны только дуга и уши; но вдруг Игнашка является наверху с своей тройкой и едет мимо нас. Мы умоляем его, кричим, чтобы он взял нас; но ветром относит голос, голосу нет. Игнашка посмеивается, кричит по лошадям, посвистывает и скрывается от нас в каком-то глубоком, занесенном снегом овраге. Старичок вскакивает верхом, размахивает локтями и хочет ускакать, но не может сдвинуться с места; мой старый ямщик, с большой шапкой, бросается на него, стаскивает на землю и топчет в снегу. «Ты колдун,— кричит он,— ты ругатель! Будем плутать вместе». Но старичок пробивает головой сугроб: он не столько старичок, сколько заяц, и скачет прочь от нас. Все собаки скачут за ним. Советчик, который есть Федор Филиппыч, говорит, чтобы все сели кружком, что ничего, ежели нас занесет снегом: нам будет тепло. Действительно, нам тепло и уютно; только хочется пить. Я достаю погребец, потчую всех ромом с сахаром и сам пью с большим удовольствием. Сказочник говорит какую-то сказку про радугу,— и над нами уже потолок из снега и радуга. «Теперь сделаемте себе каждый комнатку в снегу и давайте спать!» — говорю я. Снег мягкий и теплый, как мех. Я делаю себе комнатку и хочу войти в нее; но Федор Филиппыч, который видел в погребце мои деньги, говорит: «Стой! давай деньги. Все одно умирать!»— и хватает меня за ногу. Я отдаю деньги и прошу только, чтобы меня отпустили; но они не верят, что это все мои деньги, и хотят меня убить. Я схватываю руку старичка и с невыразимым наслаждением начинаю целовать ее; рука старичка нежная и сладкая. Он сначала вырывает ее, но потом отдает мне и даже сам другой рукой ласкает меня. Однако Федор Филиппыч приближается и грозит мне. Я бегу в свою комнату; но это не комната, а длинный белый коридор, и кто-то держит меня за ноги. Я вырываюсь. В руках того, кто меня держит, остаются моя одежда и часть кожи; но мне только холодно и стыдно — стыдно тем более, что тетушка с зонтиком и гомеопатической аптечкой, под руку с утопленником, идут мне навстречу. Они смеются и не понимают знаков, которые я им делаю. Я бросаюсь на сани, ноги волокутся по снегу; но старичок гонится за мной, размахивая локтями. Старичок уже близко, но я слышу, впереди звонят два колокола, и знаю, что я спасен, когда прибегу к ним. Колокола звучат слышней и слышней; но старичок догнал меня и животом упал на мое лицо, так что колокола едва слышны. Я снова схватываю его руку и начинаю целовать ее, но старичок не старичок, а утопленник... и кричит: «Игнашка! стой, вон Ахметкины стоги, кажись! Подька посмотри!» Это уж слишком страшно. Нет! проснусь лучше...

Я открываю глаза. Ветер закинул мне на лицо полу Алешкиной шинели, колено у меня раскрыто, мы едем по голому насту, и терция колокольчиков слышнехонько звучит в воздухе с своей дребезжащей квинтой.

Я смотрю, где стоги; но вместо стогов, уже с открытыми глазами, вижу какой-то дом с балконом и зубчатую стену крепости. Меня мало интересует рассмотреть хорошенько этот дом и крепость: мне, главное, хочется опять видеть белый коридор, по которому я бежал, слышать звон церковного колокола и целовать руку старичка. Я снова закрываю глаза и засыпаю.

IX

Я спал крепко; но терция колокольчиков все время была слышна и виделась мне во сне то в виде собаки, которая лает и бросается на меня, то органа, в котором я составляю одну дудку, то в виде французских стихов, которые я сочиняю. То мне казалось, что эта терция есть какой-то инструмент пытки, которым не переставая сжимают мою правую пятку. Это было так сильно, что я проснулся и открыл глаза, потирая ногу. Она начинала замораживаться. Ночь была та же светлая, мутная, белая. То же движение поталкивало меня и сани; тот же Игнашка сидел боком и похлопывал ногами; та же пристяжная, вытянув шею и невысоко поднимая ноги, рысью бежала по глубокому снегу, кисточка подпрыгивала на шлее и хлесталась о брюхо лошади. Голова коренной с развевающейся гривой, натягивая и отпуская поводья, привязанные к дуге, мерно покачивалась. Но все это, больше чем прежде, покрыто, занесено было снегом. Снег крутился спереди, сбоку, засыпал полозья, ноги лошадей по колени и сверху валил на воротники и шапки. Ветер был то справа, то слева, играл воротником, полой Игнашкина армяка, гривой пристяжной и завывал над дугой и в оглоблях.

Становилось ужасно холодно, и едва я высовывался из воротника, как морозный сухой снег, крутясь, набивался в ресницы, нос, рот и заскакивал за шею; посмотришь кругом — все бело, светло и снежно, нигде ничего, кроме мутного света и снега. Мне стало серьезно страшно. Алешка спал в ногах и в самой глубине саней; вся спина его была покрыта густым слоем снега. Игнашка не унывал: он беспрестанно подергивал вожжами, покрикивал и хлопал ногами. Колокольчик звенел так же чудно. Лошади похрапывали, но бежали, спотыкаясь чаще и чаще и несколько тише. Игнашка опять подпрыгнул, взмахнул рукавицей и запел песню своим тоненьким напряженным голосом. Не допев песни, он остановил тройку, перекинул вожжи па передок и слез. Ветер завыл неистово; снег, как из совка, так и посыпал на полы шубы. Я оглянулся: третьей тройки уж за нами не было (она где-то отстала). Около вторых саней, в снежном тумане, видно было, как старичок попрыгивал с ноги на ногу. Игнашка шага три отошел от саней, сел на снег, распоясался и стал снимать сапоги.

— Что это ты делаешь? — спросил я.

— Переобуться надо; а то вовсе ноги заморозил,— отвечал он и продолжал свое дело.

Мне холодно было высунуть шею из-за воротника, чтобы посмотреть, как он это делал. Я сидел прямо, глядя на пристяжную, которая, отставив ногу, болезненно, устало помахивала подвязанным и занесенным снегом хвостом. Толчок, который дал Игнат санями, вскочив на облучок, разбудил меня.

— Что, где мы теперь? — спросил я,— доедем ли хоть к свету?

— Будьте покойны: доставим,— отвечал он.— Теперь важно ноги согрелись, как переобулся.

И он тронул, колокол зазвенел, сани снова стали раскачиваться и ветер свистеть под полозьями. И мы снова пустились плыть по беспредельному морю снега.

X

Я заснул крепко. Когда же Алешка, толкнув меня ногой, разбудил и я открыл глаза, было уже утро. Казалось еще холодней, чем ночью. Сверху снега не было; но сильный, сухой ветер продолжал заносить снежную пыль на поле и особенно под копытами лошадей и полозьями. Небо справа на востоке было тяжелое, темно-синеватого цвета; но яркие красно-оранжевые косые полосы яснее и яснее обозначались на нем. Над головами, из-за бегущих белых, едва окрашивающихся туч, виднелась бледная синева: налево облака были светлы, легки и подвижны. Везде кругом, что мог окинуть глаз, лежал на поле белый, острыми слоями рассыпанный, глубокий снег. Кое-где виднелся сереющий бугорок, через который упорно летела мелкая, сухая снежная пыль. Ни одного, ни санного, ни человеческого, ни звериного следа не было видно. Очертания и цвета спины ямщика и лошадей виднелись ясно и резко даже на белом фоне... Околыш Игнашкиной темно-синей шапки, его воротник, волосы и даже сапоги были белы. Сани были занесены совершенно. У сивой коренной вся правая часть головы и холки были набиты снегом; у моей пристяжной ноги обсыпаны были до колен, и весь сделавшийся кудрявым потный круп облеплен с правой стороны. Кисточка подпрыгивала так же в такт какого бы ни захотел воображать мотива, и сама пристяжная бежала так же, только по впалому, часто поднимающемуся и опускающемуся животу и отвисшим ушам видно было, как она измучена. Один только новый предмет останавливал внимание: это был верстовой столб, с которого сыпало снег на землю и около которого ветер намел целую гору справа и все еще рвался и перебрасывал сыпкий снег с одной стороны на другую. Меня ужасно удивило, что мы ехали целую ночь на одних лошадях двенадцать часов, не зная куда и не останавливаясь, и все-таки как-то приехали. Наш колокольчик звенел как будто еще веселее. Игнат запахивался и покрикивал; сзади фыркали лошади и звенели колокольчики троек старичка и советчика; но тот, который спал, решительно в степи отбился от нас. Проехав полверсты, попался свежий, едва занесенный следок саней и тройки, и изредка розоватые пятна крови лошади, которая засекалась, верно, виднелись на нем.

— Это Филипп! Вишь, раньше нас угодил! — сказал Игнашка.

Но вот домишко с вывеской виднеется один около дороги посреди снега, который чуть не до крыш и окон занес его. Около кабака стоит тройка серых лошадей, курчавых от пота, с отставленными ногами и понурыми головами. Около двери расчищено, и стоит лопата: но с крыши все метет еще и крутит снег гудящий ветер.

Из двери на звон наших колоколов, выходит большой, красный, рыжий ямщик со стаканом вина в руках и кричит что-то. Игнашка обертывается ко мне и просит позволения остановиться. Тут я в первый раз вижу его рожу.

XI

Лицо у него было не черноватое, сухое и прямоносое, как я ожидал, судя по его волосам и сложению. Это была круглая, веселая, совершенно курносая рожа, с большим ртом и светло, ярко-голубыми круглыми глазами. Щеки и шея его были красны, как натертые суконкой; брови, длинные ресницы и пушок, ровно покрывающий низ его лица, были залеплены снегом и совершенно белы. До станции оставалось всего полверсты, и мы остановились.

— Только поскорее,— сказал я.

— В одну минуту, — отвечал Игнашка, соскакивая с облучка и подходя к Филиппу.

— Давай, брат,— сказал он, снимая с правой руки и бросая на снег рукавицу с кнутом, и, опрокинув голову, залпом выпил поданный ему стаканчик водки.

Целовальник, должно быть, отставной казак, с полуштофом в руке, вышел из двери.

— Кому подносить? — сказал он.

Высокий Василий, худощавый русый мужик с козлиной бородкой, и советчик, толстый, белобрысый, с белой густой бородой, обкладывающей его красное лицо, подошли и тоже выпили по стаканчику. Старичок подошел было тоже к группе пьющих, но ему не подносили, и он отошел к своим привязанным сзади лошадям и стал поглаживать одну из них по спине и заду.

Старичок был точно такой, каким я воображал его: маленький, худенький, со сморщенным посинелым лицом, жиденькой бородкой, острым носиком и съеденными желтыми зубами. Шапка на нем была ямская, совершенно новая, но полушубчишка, истертый, испачканный дегтем и прорванный на плече и полах, не закрывал колен и посконного нижнего платья, всунутого в огромные валяные сапоги. Сам он весь сгорбился, сморщился и, дрожа лицом и коленами, копошился около саней, видимо, стараясь согреться.

— Что́ ж, Митрич, поставь косушку-то: согрелся бы важно,— сказал ему советчик.

Митрича подернуло. Он поправил шлею у своей лошади, поправил дугу и подошел ко мне.

— Что ж, барин,— сказал он, снимая шапку с своих седых волос и низко кланяясь,— всю ночь с вами плутали, дорогу искали: хоть бы на косушечку пожаловали. Право, батюшка, ваше сиятельство! А то обогреться не на что,— прибавил он с подобострастной улыбочкой.

Я дал ему четвертак. Целовальник вынес косушку и поднес старичку.

Он снял рукавицу с кнутом и поднес маленькую черную, корявую и немного посиневшую руку к стакану; но большой палец его, как чужой, не повиновался ему: он не мог удержать стакана и, разлив вино, уронил его на снег.

Все ямщики расхохотались.

— Вишь, замерз Митрич-то как! аж вина не сдержит.

Но Митрич очень огорчился тем, что пролил вино.

Ему, однако, налили другой стакан и вылили в рот. Он тотчас же развеселился, сбегал в кабак, запалил трубку, стал оскабливать свои желтые съеденные зубы и ко всякому слову ругаться. Допив последнюю косуху, ямщики разошлись к тройкам, и мы поехали.

Снег все становился белее и ярче, так что ломило глаза, глядя на него. Оранжевые, красноватые полосы выше и выше, ярче и ярче расходились вверх по небу; даже красный круг солнца завиднелся на горизонте сквозь сизые тучи; лазурь стала блестящее и темнее. По дороге около станицы след был ясный, отчетливый, желтоватый, кой-где были ухабы; в морозном, сжатом воздухе чувствительна была какая-то приятная легкость и прохлада.

Моя тройка бежала очень шибко. Голова коренной и шея с развевающейся по дуге гривой раскачивались быстро, почти на одном месте, под охотницким колокольчиком, язычок которого уже не бился, а скоблил по стенкам. Добрые пристяжные дружно натянули замерзлые кривые постромки, энергически подпрыгивали, кисточка билась под самое брюхо и шлею. Иногда пристяжная сбивалась в сугроб с пробитой дороги и запорашивала глаза снегом, бойко выбиваясь из него. Игнашка покрикивал веселым тенором; сухой мороз повизгивал под полозьями; сзади звонко-празднично звенели два колокольчика и слышны были пьяные покрикиванья ямщиков. Я оглянулся назад: серые курчавые пристяжные, вытянув шеи, равномерно сдерживая дыхание, с перекосившимися удилами, попрыгивали по снегу. Филипп, помахивая кнутом, поправлял шапку, старичок, задрав ноги, так же как и прежде, лежал в середине саней.

Через две минуты сани заскрипели по доскам сметенного подъезда станционного дома, и Игнашка повернул ко мне свое засыпанное снегом, дышащее морозом, веселое лицо.

— Доставили-таки, барин! — сказал он.

Разжалованный

Мы стояли в отряде. Дела уже кончались, дорубали просеку и с каждым днем ожидали из штаба приказа об отступлении в крепость. Наш дивизион батарейных орудий стоял на скате крутого горного хребта, оканчивающегося быстрой горной речкой Мечиком, и должен был обстреливать расстилавшуюся впереди равнину. На живописной равнине этой, вне выстрела, изредка, особенно перед вечером, там и сям показывались невраждебные группы конных горцев, выезжавших из любопытства посмотреть на русский лагерь. Вечер был ясный, тихий и свежий, как обыкновенно декабрьские вечера на Кавказе, солнце спускалось за крутым отрогом гор налево и бросало розовые лучи на палатки, рассыпанные по горе, на движущиеся группы солдат и на наши два орудия, тяжело, как будто вытянув шеи, неподвижно стоявшие в двух шагах от нас на земляной батарее. Пехотный пикет, расположенный на бугре налево, отчетливо обозначался на прозрачном свете заката, с своими козлами ружей, фигурой часового, группой солдат и дымом разложенного костра. Направо и налево, по полугоре, на черной притоптанной земле белели палатки, а за палатками чернели голые стволы чинарного леса, в котором беспрестанно стучали топорами, трещали костры и с грохотом падали подрубленные деревья. Голубоватый дым трубой подымался со всех сторон в светло-синее морозное небо. Мимо палаток и низами около ручья тянулись с топотом и фырканьем казаки, драгуны и артиллеристы, возвращавшиеся с водопоя. Начинало подмораживать, все звуки были слышны особенно явственно, — и далеко вперед по равнине было видно в чистом, редком воздухе. Неприятельские кучки, уже не возбуждая любопытства солдат, тихо разъезжали по светло-желтому жнивью кукурузных полей, кой-где из-за деревьев виднелись высокие столбы кладбищ и дымящиеся аулы.

Наша палатка стояла недалеко от орудий, на сухом и высоком месте, с которого вид был особенно обширен. Подле палатки, около самой батареи, на расчищенной площадке была устроена нами игра в городки, или чушки. Услужливые солдатики тут же приделали для нас плетеные лавочки и столик. По причине всех этих удобств артиллерийские офицеры, наши товарищи, и несколько пехотных любили по вечерам собираться в нашей батарее и называли это место клубом.

Вечер был славный, лучшие игроки собрались, и мы играли в городки. Я, прапорщик Д. и поручик О. проиграли сряду две партии и к общему удовольствию и смеху зрителей — офицеров, солдат и денщиков, глядевших на нас из своих палаток,— провезли два раза на своих спинах выигравшую партию от одного кона до другого. Особенно забавно было положение огромного, толстого штабс-капитана Ш., который, задыхаясь и добродушно улыбаясь, с волочащимися по земле ногами проехал на маленьком и тщедушном поручике О. Но становилось уже поздно, денщики вынесли нам, на всех шесть человек, три стакана чая, без блюдечек, и мы, окончив игру, подошли к плетеным лавочкам. Около них стоял незнакомый нам небольшой человечек с кривыми ногами, в нагольном тулупе и в папахе с длинною висящей белой шерстью. Как только мы подошли близко к нему, он нерешительно несколько раз снял и надел шапку и несколько раз как будто собирался подойти к нам и снова останавливался. Но решив, должно быть, что уже больше нельзя оставаться незамеченным, незнакомый человек этот снял шапку и, обходя нас кругом, подошел к штабс-капитану Ш.

— А, Гуськантини! Ну что, батенька? — сказал ему Ш., добродушно улыбаясь еще под влиянием своей поездки.

Гуськантини, как его назвал Ш., тотчас же надел шапку и сделал вид, что он засовывает руки в карманы полушубка, но с той стороны, с которой он стоял ко мне, кармана на полушубке не было, и маленькая красная рука его осталась в неловком положении. Мне хотелось решить, кто такой был этот человек (юнкер или разжалованный?), и я, не замечая того, что мой взгляд (то есть взгляд незнакомого офицера) смущал его, вглядывался пристально в его одежду и наружность. Ему казалось лет тридцать. Маленькие, серые, круглые глаза его как-то заспанно и вместе с тем беспокойно выглядывали из-за грязного белого курпея папахи, висевшего ему на лицо. Толстый, неправильный нос среди ввалившихся щек изобличал болезненную, неестественную худобу. Губы, весьма мало закрытые редкими, мягкими, белесоватыми усами, беспрестанно находились в беспокойном состоянии, как будто пытались принять то одно, то другое выражение. Но все эти выражения были как-то недоконченны; на лице его оставалось постоянно одно преобладающее выражение испуга и торопливости. Худую, жилистую шею что обвязывал шерстяной зеленый шарф, скрывающийся под полушубком. Полушубок был затертый, короткий, с нашитой собакой на воротнике и на фальшивых карманах. Панталоны были клетчатые, пепельного цвета, и сапоги с короткими нечернеными солдатскими голенищами!.

— Пожалуйста, не беспокойтесь,— сказал я ему, когда он снова, робко взглянув на меня, снял было шапку.

Он поклонился мне с благодарным выражением, надел шапку и, достав из кармана грязный ситцевый кисет на шнурочках, стал делать папироску.

Я сам недавно был юнкером, старым юнкером, неспособным уже

быть добродушно-услужливым младшим товарищем, и юнкером без состояния, поэтому, хорошо зная всю моральную тяжесть этого положения для немолодого и самолюбивого человека, я сочувствовал всем людям, находящимся в таком положении, и старался объяснить себе их характер и степень и направление умственных способностей, для того чтобы по этому судить о степени их моральных страданий. Этот юнкер или разжалованный, по своему беспокойному взгляду и тому умышленному беспрестанному изменению выражения лица, которое я заметил в нем, казался мне человеком очень неглупым и крайне самолюбивым, и поэтому очень жалким.

Штабс-капитан Ш. предложил нам сыграть еще партию в городки, с тем чтобы проигравшая партия, кроме перевозу, заплатила за несколько бутылок красного рому, сахару, корицы и гвоздики для глинтвейна, который в эту зиму, по случаю холода, был в большой моде в нашем отряде. Гуськантини, как его опять назвал Ш., тоже пригласили в партию, но, перед тем как начинать игру, он, видимо борясь между удовольствием, которое ему доставило это приглашение, и каким-то страхом, отвел в сторону штабс-капитана Ш, и стал что-то нашептывать ему. Добродушный штабс-капитан ударил его своей пухлой, большой ладонью по животу и громко отвечал: «Ничего, батенька, я вам поверю».

Когда игра кончилась, и та партия, в которой был незнакомый нижний чин, выиграла, и ему пришлось ехать верхом на одном из наших офицеров, прапорщике Д.,— прапорщик покраснел, отошел к диванчикам и предложил нижнему чину папирос в виде выкупа. Пока заказали глинтвейн и в денщицкой палатке слышалось хлопотливое хозяйничанье Никиты, посылавшего вестого за корицей и гвоздикой, и спина его натягивала то там, то сям грязные полы палатки, мы все семь человек уселись около лавочек и, попеременно попивая чай из трех стаканов и посматривая вперед на начинавшую одеваться сумерками равнину, разговаривали и смеялись о разных обстоятельствах игры. Незнакомый человек в полушубке не принимал участия в разговоре, упорно отказывался от чая, который я несколько раз предлагал ему, и, сидя на земле по-татарски, одну за другою делал из мелкого табаку папироски и выкуривал их, как видно было, не столько для своего удовольствия, сколько для того, чтобы дать себе вид чем-нибудь занятого человека. Когда заговорили о том, что назавтра ожидают отступления и, может быть, дела, он приподнялся на колени и, обращаясь к одному штабс-капитану Ш., сказал, что он был теперь дома у адъютанта и сам писал приказ о выступлении назавтра. Мы все молчали в то время, как он говорил, и, несмотря на то, что он, видимо, робел, заставили его повторить это крайне для нас интересное известие. Он повторил сказанное, прибавив, однако, что он был и сидел у адъютанта, с которым он живет вместе, в то время как принесли приказание.

— Смотрите, коли вы не лжете, батенька, так мне надо в своей роте идти приказать кой-что к завтраму, — сказал штабс-капитан Ш.

— Нет... отчего же?.. как же можно, я наверно... — заговорил нижний чин, но вдруг замолчал и, видима решившись обидеться, ненатурально нахмурил брови и, шепча что-то себе под нос, снова начал делать папироску. Но высыпанного мельчайшего табаку уже было недостаточно в его ситцевом кисете, и он попросил Ш. одолжить ему папиросочку. Мы довольно долго продолжали между собою ту однообразную военную болтовню, которую знает каждый, кто бывал в походах, жаловались всё одними и теми же выражениями на скуку и продолжительность похода, одним и тем же манером рассуждали о начальстве, всё так же, как много раз прежде, хвалили одного товарища, жалели другого, удивлялись, как много выиграл тот, как много проиграл этот, и т.д., и т.д.

— Вот, батенька, адъютант-то наш прорвался так прорвался,— сказал штабс-капитан Ш.,— в штабе вечно в выигрыше был, с кем ни сядет, бывало, загребет, а теперь уж второй месяц все проигрывает. Не задался ему нынешний отряд. Я думаю, монетов тысячу спустил, да и вещей монетов на пятьсот: ковер, что у Мухина выиграл, пистолеты Никитинские, часы золотые, от Сады, что ему Воронцов подарил, все ухнуло.

— Поделом ему,— сказал поручик О.,— а то уж он очень всех обдувал: с ним играть нельзя было.

— Всех обдувал, а теперь весь в трубу вылетел,— и штабс-капитан Ш. добродушно рассмеялся,— вот Гуськов у него живет — он и его чуть не проиграл, право. Так, батенька? — обратился он к Гуськову.

Гуськов засмеялся. У него был жалкий, болезненный смех, совершенно изменявший выражение его лица. При этом изменении мне показалось, что я прежде знал и видал этого человека, притом и настоящая фамилия его, Гуськов, была мне знакома, но как и когда я его знал и видел — я решительно не мог припомнить.

— Да,— сказал Гуськов, беспрестанно поднимая руки к усам и, не дотронувшись до них, опуская их снова,— Павлу Дмитриевичу очень в этот отряд не повезло, такая veine de malheur [75],— добавил он старательным, но чистым французским выговором, причем мне снова показалось, что я уже видал, и даже часто видал его где-то. — Я хорошо знаю Павла Дмитриевича, он мне все доверяет,— продолжал он,— мы с ним еще старые знакомые, то есть он меня любит,— прибавил он, видимо

---

[75]. фр. veine de malheur — полоса неудачи.

испугавшись слишком смелого утверждения, что он старый знакомый адъютанта. — Павел Дмитриевич отлично играет, но теперь удивительно, что с ним сделалось, он совсем как потерянный,— la chance a tourné[76],— добавил он, обращаясь преимущественно ко мне.

Мы сначала с снисходительным вниманием слушали Гуськова, но как только он сказал еще эту французскую фразу, мы все невольно отвернулись от него.

— Я с ним тысячу раз играл, и ведь согласитесь, что это странно,— сказал поручик О. с особенным ударением на этом слове,— удивительно странно: я ни разу у него не выиграл ни абаза. Отчего же я у других выигрываю?

— Павел Дмитриевич отлично играет, я его давно знаю,— сказал я. Действительно, я знал адъютанта уже несколько лет, не раз видал его в игре, большой по средствам офицеров, и восхищался его красивой, немного мрачной и всегда невозмутимо спокойной физиономией, его медлительным малороссийским выговором, его красивыми вещами и лошадьми, его неторопливой хохлацкой молодцеватостью и особенно его умением сдержанно, отчетливо и приятно вести игру. Не раз, каюсь в том, глядя на его полные и белые руки с бриллиантовым перстнем на указательном пальце, которые мне били одну карту за другою, я злился на этот перстень, на белые руки, на всю особу адъютанта, и мне приходили на его счет дурные мысли; но, обсуживая потом хладнокровно, я убеждался, что он просто игрок умнее всех тех, с которыми ему приходилось играть. Тем более что, слушая его общие рассуждения об игре, о том, как следует не отгибаться, поднявшись с маленького куша, как следует бастовать в известных случаях, как первое правило играть на чистые и т.д., и т.д., было ясно, что он всегда в выигрыше только оттого, что умнее и характернее всех нас. Теперь же оказалось, что этот воздержный, характерный игрок проигрался в пух в отряде не только деньгами, но и вещами, что означает последнюю степень проигрыша для офицера.

— Ему чертовски всегда везет со мной,— продолжал поручик О. — Я уж дал себе слово больше не играть с ним.

— Экой вы чудак, батенька,— сказал Ш, подмигивая на меня всей головой и обращаясь к О.,— проиграли ему монетов триста, ведь проиграли!

— Больше,— сердито сказал поручик.

— А теперь хватились за ум, да поздно, батенька: всем давно известно, что он наш полковой шулер,— сказал Ш., едва удерживаясь от

---

76. фр. la chance a tourné — счастье отвернулось.

смеха и очень довольный своей выдумкой. — Вот Гуськов налицо, он ему и карты подготавливает. От этого-то у них и дружба, батенька мой... — И штабс-капитан Ш. так добродушно, колеблясь всем телом, расхохотался, что расплескал стакан глинтвейна, который держал в руке в это время. На желтом, исхудалом лице Гуськова показалась как будто краска, он несколько раз открывал рот, поднимал руки к усам и снова опускал их к месту, где должны были быть карманы, приподнимался и опускался и наконец не своим голосом сказал Ш.:

— Это не шутка, Николай Иванович; вы говорите такие вещи и при людях, которые меня не знают и видят в нагольном полушубке... потому что... — Голос у него оборвался, и снова маленькие красные ручки с грязными ногтями заходили от полушубка к лицу, то поправляя усы, волосы, нос, то прочищая глаз или почесывая без всякой надобности щеку.

— Да что и говорить, всем известно, батенька,— продолжал Ш., искренно довольный своей шуткой и вовсе не замечая волнения Гуськова. Гуськов еще прошептал что-то и, уперев локоть правой руки на коленку левой ноги, в самом неестественном положении, глядя на Ш., стал делать вид, как будто он презрительно улыбается.

«Нет,— решительно подумал я, глядя на эту улыбку,— я не только видел его, но говорил с ним где-то».

— Мы с вами где-то встречались,— сказал я ему, когда под влиянием общего молчания начал утихать смех Ш. Переменчивое лицо Гуськова вдруг просветлело, и его глаза в первый раз с искренно-веселым выражением устремились на меня.

— Как же, я вас сейчас узнал,— заговорил он по-французски. — В сорок восьмом году я вас довольно часто имел удовольствие видеть в Москве, у моей сестры Ивашиной.

Я извинился, что не узнал его сразу в этом костюме и в этой новой одежде. Он встал, подошел ко мне и своей влажной рукой нерешительно, слабо пожал мою руку и сел подле меня. Вместо того чтобы смотреть на меня, которого он будто бы был так рад видеть, он с выражением какого-то неприятного хвастовства оглянулся на офицеров. Оттого ли, что я узнал в нем человека, которого несколько лет тому назад видал во фраке в гостиной, или оттого, что при этом воспоминании он вдруг поднялся в своем собственном мнении, мне показалось, что его лицо и даже движения совершенно изменились: они выражали теперь бойкий ум, детское самодовольство от сознания этого ума и какую-то презрительную небрежность, так что, признаюсь, несмотря на жалкое положение, в котором он находился, мой старый знакомый уже внушал мне не сострадание, а какое-то несколько неприязненное чувство.

Я живо вспомнил нашу первую встречу. В сорок восьмом году я часто в бытность мою в Москве езжал к Ивашину, с которым мы росли вместе и были старые приятели. Его жена была приятная хозяйка дома, любезная женщина, что называется, но она мне никогда не нравилась... В ту зиму, когда я ее знал, она часто говорила с худо скрываемой гордостью про своего брата, который недавно кончил курс и будто бы был одним из самых образованных и любимых молодых людей в лучшем петербургском свете. Зная по слухам отца Гуськовых, который был очень богат и занимал значительное место, и зная направление сестры, я встретился с молодым Гуськовым с предубеждением. Раз вечером, приехав к Ивашину, я застал у него невысокого, весьма приятного на вид молодого человека в черном фраке, в белом жилете и галстуке, с которым хозяин забыл познакомить меня. Молодой человек, по-видимому собиравшийся ехать на бал, с шляпой в руке стоял перед Ивашиным и горячо, но учтиво спорил с ним про общего нашего знакомого, отличившегося в то время в венгерской кампании. Он говорил, что этот знакомый был вовсе не герой и человек, рожденный для войны, как его называли, а только умный, и образованный человек. Помню, я принял участие в споре против Гуськова и увлекся в крайность, доказывая даже, что ум и образование всегда в обратном отношении к храбрости, и помню, как Гуськов приятно и умно доказывал мне, что храбрость есть необходимое следствие ума и известной степени развития, с чем я, считая себя умным и образованным человеком, не мог втайне не согласиться! Помню, что в конце нашего разговора Ивашина познакомила меня с своим братом, и он, снисходительно улыбаясь, подал мне свою маленькую руку, на которую еще не совсем успел натянуть лайковую перчатку, и так же слабо и нерешительно, как и теперь, пожал мою руку. Хотя я и был предубежден против него, я не мог тогда не отдать справедливости Гуськову и не согласиться с его сестрою, что он был действительно умный и приятный молодой человек, который должен был иметь успех в свете. Он был необыкновенно опрятен, изящно одет, свеж, имел самоуверенно-скромные приемы и вид чрезвычайно моложавый, почти детский, за который вы невольно извиняли ему выражение самодовольства и желание умерить степень своего превосходства перед вами, которое постоянно носили на себе его умное лицо и в особенности улыбка. Говорили, что он в эту зиму имел большой успех у московских барынь. Видав его у сестры, я только по выражению счастия и довольства, которое постоянно носила на себе его молодая наружность, и по его иногда нескромным рассказам мог заключить, в какой степени это было справедливо. Мы встречались с ним раз шесть и говорили довольно много, или, скорее, много говорил он, а я слушал. Он говорил большею частию по-французски, весьма хорошим языком, очень складно, фигурно и умел мягко, учтиво перебивать других в разговоре. Вообще он обращался со всеми и со мною довольно свысока, а я, как это всегда со мной бывает в отношении людей, которые твердо уверены, что со мной следует обращаться свысока, и которых я мало знаю,— чувствовал, что он совершенно прав в этом отношении.

Теперь, когда он подсел ко мне и сам подал мне руку, я живо узнал в нем прежнее высокомерное выражение, и мне показалось, что он не совсем честно пользуется выгодой своего положения нижнего чина перед офицером, так небрежно расспрашивая меня о том, что я делал все это время и как попал сюда. Несмотря на то, что я всякий раз отвечал по-русски, он заговаривал на французском языке, на котором уже заметно выражался не так свободно, как прежде. Про себя он мне мельком сказал, что после своей несчастной глупой истории (в чем состояла эта история, я не знал, и он не сказал мне) он три месяца сидел под арестом, потом был послан на Кавказ в N. полк,— теперь уже три года служит солдатом в этом полку.

— Вы не поверите,— сказал он мне по-французски,— сколько я должен был выстрадать в этих полках от общества офицеров; еще счастье мое, что я прежде знал адъютанта, про которого мы сейчас говорили: он хороший человек, право,— заметил он снисходительно,— я у него живу, и для меня это все-таки маленькое облегчение. Oui, mon cher, les jours se suivent, mais ne se ressemblent pas [77],— добавил он и вдруг замялся, покраснел и встал с места, заметив, что к нам подходил тот самый адъютант, про которого мы говорили.

— Такая отрада встретить такого человека, как вы,— сказал мне шепотом Гуськов, отходя от меня,— мне бы много, много хотелось переговорить с вами.

Я сказал, что я очень рад этому, но, в сущности, признаюсь. Гуськов внушал мне несимпатическое, тяжелое сострадание.

Я предчувствовал, что с глазу на глаз мне будет неловко с ним, но мне хотелось узнать от него многое и в особенности, почему, когда отец его был так богат, он был в бедности, как это было заметно по его одежде и приемам.

Адъютант поздоровался со всеми нами, исключая Гуськова, и подсел со мной рядом на место, которое занимал разжалованный. Всегда спокойный и медлительный, характерный игрок и денежный человек, Павел Дмитриевич был теперь совершенно другим, как я его знал в цветущие времена его игры; он как будто торопился куда-то,

---

77. фр. Oui, mon cher, les jours se suivent, mais ne se ressemblent pas — Да, дорогой мой, дни следуют один за другим, но не повторяются.

беспрестанно оглядывал всех, и не прошло пяти минут, как он, всегда отказывавшийся от игры, предложил поручику О. составить банчик. Поручик О. отказался под предлогом занятий по службе, собственно же, потому, что, зная, как мало вещей и денег оставалось у Павла Дмитриевича, он считал неблагоразумным рисковать свои триста рублей против ста рублей, а может, и меньше, которые он мог выиграть.

— А что, Павел Дмитриевич,— сказал поручик, видимо желая избавиться от повторения просьбы,— правда говорят — завтра выступление?

— Не знаю,— заметил Павел Дмитриевич,— только велено приготовиться, а право, лучше бы сыграли, я бы вам заложил моего кабардинца.

— Нет, уж нынче...

— Серого, уж куда ни шло, а то, ежели хотите, деньгами. Что ж?

— Да я что ж... Я бы готов, вы не думайте,— заговорил поручик О., отвечая на свое собственное сомнение,— а то завтра, может, набег или движение, выспаться надо.

Адъютант встал и, заложив руки в карманы, стал ходить по площадке. Лицо его приняло обычное выражение холодности и некоторой гордости, которое я любил в нем.

— Не хотите ли стаканчик глинтвейну? — сказал я ему.

— Можно-с,— и он направился ко мне, но Гуськов торопливо взял стакан у меня из рук и понес его адъютанту, стараясь притом не глядеть на него. Но, не обратив вниманья на веревку, натягивающую палатку, Гуськов споткнулся на нее и, выпустив из рук стакан, упал на руки.

— Эка филя! — сказал адъютант, протянувший уже руку к стакану. Все расхохотались, не исключая Гуськова, потиравшего рукой свою худую коленку, которую он никак не мог зашибить при падении.

— Вот как медведь пустыннику услужил,— продолжал адъютант. — Так-то он мне каждый день услуживает, все колышки на палатках пооборвал,— все спотыкается.

Гуськов, не слушая его, извинялся перед нами и взглядывал на меня с чуть заметной грустной улыбкой, которою он как будто говорил, что я один могу понимать его. Он был жалок, но адъютант, его покровитель, казался почему-то озлобленным на своего сожителя и никак не хотел оставить его в покое.

— Как же, ловкий мальчик! куда ни поверните.

— Да кто ж не спотыкается на эти колышки, Павел Дмитриевич,— сказал Гуськов,— вы сами третьего дня споткнулись.

— Я, батюшка, не нижний чин, с меня ловкости не спрашивается.

— Он может ноги волочить,— подхватил штабс-капитан Ш.,— а нижний чин должен подпрыгивать...

— Странные шутки,-сказал Гуськов почти шепотом и опустив глаза. Адъютант был, видимо, неравнодушен к своему сожителю, он с алчностью вслушивался в его каждое слово.

— Придется опять в секрет послать,— сказал он, обращаясь к Ш. и подмигивая на разжалованного.

— Что ж, опять слезы будут,— сказал Ш., смеясь. Гуськов не глядел уже на меня, а делал вид, что достает табак из кисета, в котором давно уже ничего не было.

— Сбирайтесь в секрет, батенька,— сквозь смех проговорил Ш.,— нынче лазутчики донесли, нападение на лагерь ночью будет, так надо надежных ребят назначать. — Гуськов нерешительно улыбался, как будто сбираясь сказать что-то, и несколько раз поднимал умоляющий взгляд на Ш.

— Что ж, ведь я ходил, и пойду еще, коли пошлют,— пролепетал он.

— Да и пошлют.

— Ну, и пойду. Что ж такое?

— Да, как на Аргуне, убежали из секрета и ружье бросили,— сказал адъютант и, отвернувшись от него, начал нам рассказывать приказания на завтрашний день.

Действительно, в ночь ожидали со стороны неприятеля стрельбу по лагерю, а назавтра какое-то движение. Потолковав еще о разных общих предметах, адъютант, как будто нечаянно вдруг вспомнив, предложил поручику О. прометать ему маленькую. Поручик О. совершенно неожиданно согласился, и они вместе с Ш. и прапорщиком пошли в палатку адъютанта, у которого был складной зеленый стол и карты. Капитан, командир нашего дивизиона, пошел спать в палатку, другие господа разошлись тоже, и мы остались одни с Гуськовым. Я не ошибался, мне действительно было с ним неловко с глазу на глаз. Я невольно встал и стал ходить взад и вперед по батарее. Гуськов молча пошел со мной рядом, торопливо и беспокойно поворачиваясь, чтобы не отставать и не опережать меня.

— Я вам не мешаю? — сказал он кротким, печальным голосом. Сколько я мог рассмотреть в темноте его лицо, оно мне показалось глубоко задумчивым и грустным.

— Нисколько,— отвечал я; но так как он не начинал говорить и я не знал, что сказать ему, мы довольно долго ходили молча.

Сумерки уже совершенно заменились темнотою ночи, над черным профилем гор зажглась яркая вечерняя зарница, над головами на светло-синем морозном небе мерцали мелкие звезды, со всех сторон краснело во мраке пламя дымящихся костров, вблизи серели палатки и мрачно чернела насыпь нашей батареи. От ближайшего костра, около которого, греясь, тихо разговаривали наши денщики, изредка блестела на батарее медь наших тяжелых орудий, и показывалась фигура часового в шинели внакидку, мерно двигавшегося вдоль насыпи.

— Вы не можете себе представить, какая отрада для меня говорить с таким человеком, как вы,— сказал мне Гуськов, хотя он еще ни о чем не говорил со мной,— это может понять только тот, кто побывал в моем положении.

Я не знал, что отвечать ему, и мы снова молчали, несмотря на то, что ему, видимо, хотелось высказаться, а мне выслушать его.

— За что вы были... за что вы пострадали? — спросил я его наконец, не придумав ничего лучше, чтоб начать разговор.

— Разве вы не слышали про эту несчастную историю с Метениным?

— Да, дуэль, кажется; слышал мельком,— отвечал я,— ведь я уже давно на Кавказе.

— Нет, не дуэль, но эта глупая и ужасная история! Я вам все расскажу, коли вы не знаете. Это было в тот самый год, когда мы с вами встречались у сестры, я жил тогда в Петербурге. Надо вам сказать, я имел тогда то, что называется une position dans le monde [78], и довольно выгодную, ежели не блестящую. Mon père me donnait dix milles par an [79]. В сорок девятом году мне обещали место при посольстве в Турине, дядя мой по матери мог и всегда был готов очень много для меня сделать. Дело прошлое теперь, j’étais reçu dans la meilleure société de Pétersbourg, je pouvais prétendre [80] на лучшую партию. Учился я, как все мы учились в школе, так что особенного образования у меня не было; правда, я читал много поело, mais j’avais surtout, знаете, ce jargon du monde [81], и, как бы то ни было, меня находили почему-то одним из первых молодых людей Петербурга. Что меня еще больше возвысило в общем мнении — c’est cette liaison avec madame D. [82], про которую много говорили в Петербурге, но я был ужасно молод в то время и мало ценил все эти выгоды. Просто я был молод и глуп, чего мне еще нужно было? В то время в Петербурге этот Метенин имел репутацию... — И Гуськов продолжал в этом роде рассказывать мне историю своего несчастия, которую, как вовсе не интересную, я пропущу здесь. — Два месяца я сидел под арестом,—

---

[78]. фр. une position dans le monde — положение в свете.

[79]. фр. Mon père me donnait dix milles par an — Отец давал мне десять тысяч ежегодно.

[80]. фр. j’étais reçu dans la meilleure société de Pétersbourg, je pouvais prétendre — я был принят в лучшем обществе Петербурга, я мог рассчитывать.

[81]. фр. mais j’avais surtout ce jargon du monde — но особенно я владел этим светским жаргоном.

[82]. фр. c’est cette liaison avec madame D. — так это связь с госпожой Д.

продолжал он,— совершенно один, и чего не передумал я в это время. Но знаете, когда все это кончилось, как будто уж окончательно была разорвана связь с прошедшим, мне стало легче. Mon père, vous en avez entendu parler [83], наверно, он человек с характером железным и с твердыми убеждениями, il m'a déshérité[84] и прекратил все сношения со мною. По его убеждениям так надо было сделать, и я нисколько не обвиняю его: il a été conséquent[85]. Зато и я не сделал шагу для того, чтобы он изменил своему намерению. Сестра была за границей, madame D. одна писала ко мне, когда позволили, и предлагала помощь, но вы понимаете, что я отказался. Так что у меня не было тех мелочей, которые облегчают немного в этом положении, знаете,— ни книг, ни белья, ни пищи, ничего. Я много, много передумал в это время, на все стал смотреть другими глазами; например, этот шум, толки света обо мне в Петербурге не занимали меня, не льстили нисколько, все это мне казалось смешно. Я чувствовал, что сам был виноват, неосторожен, молод, я испортил свою карьеру и только думал о том, как снова поправить ее. И я чувствовал в себе на это силы и энергию. Из-под ареста, как я вам говорил, меня отослали сюда, на Кавказ, в N. полк. Я думал,— продолжал он, воодушевляясь более и более,— что здесь, на Кавказе, la vie de camp[86], люди простые, честные, с которыми я буду в сношениях, война, опасности, всё это придется к моему настроению духа как нельзя лучше, что я начну новую жизнь. On me verra au feu[87], полюбят меня, будут уважать меня не за одно имя,— крест, унтер-офицер, снимут штраф, и я опять вернусь et, vous savez, avec ce prestige du malheur! Но quel désenshantement[88]. Вы не можете себе представить, как я ошибся!.. Вы знаете общество офицеров нашего полка? — Он помолчал довольно долго, ожидая, как мне показалось, что я скажу ему, что знаю, как нехорошо общество здешних офицеров; но я ничего не отвечал ему. Мне было противно, что он, потому верно, что я знал по-французски, предполагал, что я должен был быть возмущен против общества офицеров, которое я, напротив, пробыв долго на Кавказе, успел оценить вполне и уважал в тысячу раз больше, чем то общество, из которого вышел господин Гуськов. Я хотел ему сказать это, но его положение связывало меня. — В N. полку общество офицеров в тысячу раз хуже здешнего,— продолжал он. —

---

83. фр. Mon père, vous en avez entendu parler — Мой отец, вы слышали о нем.

84. фр. il m'a déshérité — он лишил меня права на наследство.

85. фр. il a été conséquent — он был последователен.

86. фр. la vie de camp — лагерная жизнь.

87. фр. On me verra au feu — Меня увидят под огнем.

88. фр. et, vous savez, avec ce prestige du malheur! Но quel désenshantement — и, знаете, с этим обаянием несчастья! Но какое разочарование.

J'espère que c'est beaucoup dire[89], то есть вы не можете себе представить, что это такое! Уже не говорю о юнкерах и солдатах. Это ужас что такое! Меня приняли сначала хорошо, это совершенная правда, но потом, когда увидали, что я не могу не презирать их, знаете, в этих незаметных мелких отношениях, увидали, что я человек совершенно другой, стоящий гораздо выше их, они озлобились на меня и стали отплачивать мне разными мелкими унижениями. Ce que j'ai eu à souffrir, vous ne vous faites pas une idée[90]. Потом эти невольные отношения с юнкерами, а главное avec les petits moyens, que j'avais, je manquais de tout[91], у меня было только то, что сестра мне присылала. Вот вам доказательство, сколько я выстрадал, что я с моим характером, avec ma fierté, j'ai écrit à mon père[92], умолял его прислать мне хоть что-нибудь. Я понимаю, что прожить пять лет такой жизнью — можно сделаться таким же, как наш разжалованный Дромов, который пьет с солдатами и ко всем офицерам пишет записочки, прося ссудить его тремя рублями, и подписывает «tout à vous[93] [19] Дромов» Надобно было иметь такой характер, который я имел, чтобы совершенно не погрязнуть в этом ужасном положении. — Он долго молча ходил подле меня. — Avez-vous un papiros?[94] — сказал он мне. — Да, так на чем я остановился? Да. Я не мог этого выдержать, не физически, потому что хотя и плохо, холодно и голодно было, я жил как солдат, но все-таки и офицеры имели какое-то уважение ко мне. Какой-то prestige[95] оставался на мне и для них. Они не посылали меня в караулы, на ученье. Я бы этого не вынес. Но морально страдал я ужасно. И главное, не видел выхода из этого положения. Я писал дяде, умолял его перевести меня в здешний полк, который, по крайней мере, бывает в делах, и думал, что здесь Павел Дмитриевич, qui est le fils de l'intendant de mon père[96], все-таки он мог быть мне полезен. Дядя сделал это для меня, меня перевели. После того полка этот показался для меня собранием камергеров. Потом Павел Дмитриевич тут, он знал, кто я такой, и меня приняли прекрасно. По просьбе дяди... Гуськов, vous savez...[97] но я заметил, что с этими людьми,

---

89. фр. J'espère que c'est beaucoup dire — Надеюсь, что этим достаточно сказано.

90. фр. Ce que j'ai eu à souffrir, vous ne vous faites pas une idée — Вы не можете себе представить, сколько я перестрадал.

91. фр. avec les petits moyens, que j'avais, je manquais de tout — при тех маленьких средствах, которые у меня были, я нуждался во всем.

92. фр. avec ma fierté, j'ai écrit à mon père — с моей гордостью, я написал отцу.

93. фр. tout à vous — весь ваш.

94. фр. Avez-vous un papiros? — есть у вас папироса?

95. фр. prestige — авторитет.

96. фр. qui est le fils de l'intendant de mon père — сын управляющего моего отца.

97. фр. vous savez... — вы знаете...

без образования и развития,— они не могут уважать человека и оказывать ему признаки уважения, ежели на нем нет этого ореола богатства, знатности; я замечал, как понемногу, когда увидали, что я беден, их отношения со мной становились небрежнее, небрежнее и наконец сделались почти презрительные. Это ужасно! но это совершенная правда.

— Здесь я был в делах, дрался, on m'a vu au feu[98] ,— продолжал он,— но когда это кончится? Я думаю, никогда! а силы мои и энергия уже начинают истощаться. Потом я воображал la guerre, la vie de camp[99] , но все это не так, как я вижу,— в полушубке, немытые, в солдатских сапогах вы идете в секрет и целую ночь лежите в овраге с каким-нибудь Антоновым, за пьянство отданный в солдаты, и всякую минуту вас из-за куста могут застрелить, вас или Антонова, все равно. Тут уж не храбрость — это ужасно. C'est affreux, ça tue[100].

— Что ж, вы можете теперь за поход получить унтер-офицера, а на будущий год и прапорщика,— сказал я.

— Да, могу, мне обещали, но еще два года, и то едва ли. А что такое эти два года, ежели бы знал кто-нибудь. Вы представьте себе эту жизнь с этим Павлом Дмитриевичем: карты, грубые шутки, кутеж; вы хотите сказать что-нибудь, что у вас накипело на душе, вас не понимают или над вами еще смеются, с вами говорят не для того, чтобы сообщить вам мысль, а так, чтоб, ежели можно, еще из вас сделать шута. Да и все это так пошло, грубо, гадко, и всегда вы чувствуете, что вы нижний чин, это вам всегда дают чувствовать. От этого вы не поймете, какое наслаждение поговорить à coeur ouvert[101] с таким человеком, как вы.

Я никак не понимал, какой это я был человек, и поэтому не знал, что отвечать ему...

— Закусывать будете? — сказал мне в это время Никита, незаметно подобравшийся ко мне в темноте и, как я заметил, недовольный присутствием гостя. — Только вареники да битой говядины немного осталось.

— А капитан уж закусывал?

— Они спят давно,— угрюмо отвечал Никита. На мое приказание принести нам сюда закусить и водочки он недовольно проворчал что-то и потащился к своей палатке. Поворчав еще там, он, однако, принес нам погребец; на погребце поставил свечку, обвязав ее наперед бумагой от ветру, кастрюльку, горчицу в банке, жестяную рюмку с ручкой и бутылку

---

98. фр. on m'a vu au feu — меня видели под огнем.

99. фр. la guerre, la vie de camp — войну, лагерную жизнь.

100. фр. C'est affreux, ça tue — Это ужасно, это убийственно.

101. фр. à coeur ouvert — по душе.

с полынной настойкой. Устроив все это, Никита постоял еще несколько времени около нас и посмотрел, как я и Гуськов выпили водки, что ему, видимо, было очень неприятно. При матовом освещении свечи сквозь бумагу и среди окружающей темноты виднелись только тюленевая кожа погребца, ужин, стоявший на ней, лицо, полушубок Гуськова и его маленькие красные ручки, которыми он принялся выкладывать вареники из кастрюльки. Кругом все было черно, и, только вглядевшись, можно было различить черную батарею, такую же черную фигуру часового, видневшуюся через бруствер, по сторонам огни костров и наверху красноватые звезды. Гуськов печально и стыдливо чуть заметно улыбался, как будто ему неловко было глядеть мне в глаза после своего признания. Он выпил еще рюмку водки и ел жадно, выскребая кастрюльку.

— Да, для вас все-таки облегчение,— сказал я ему, чтобы сказать что-нибудь,— ваше знакомство с адъютантом; он, я слышал, очень хороший человек.

— Да,— отвечал разжалованный,— он добрый человек, но он не может быть другим, не может быть человеком, с его образованьем и нельзя требовать. — Он вдруг как будто покраснел. — Вы заметили его грубые шутки нынче о секрете,— и Гуськов, несмотря на то, что я несколько раз старался замять разговор, стал оправдываться передо мной и доказывать, что он не убежал из секрета и что он не трус, как это хотели дать заметить адъютант и Ш.

— Как я говорил вам,— продолжал он, обтирая руки о полушубок,— такие люди не могут быть деликатны с человеком — солдатом и у которого мало денег; это свыше их сил. И вот последнее время, как я пять месяцев уж почему-то ничего не получаю от сестры, я заметил, как они переменились ко мне. Этот полушубок, который я купил у солдата и который не греет, потому что весь вытерт (при этом он показал мне голую полу), не внушает ему сострадания или уважения к несчастью, а презрение, которое он не в состоянии скрывать. Какая бы ни была моя нужда, как теперь, что мне есть нечего, кроме солдатской каши, и носить нечего,— продолжал он, потупившись, наливая себе еще рюмку водки,— он не догадается предложить мне денег взаймы, зная наверно, что я отдам ему, а ждет, чтобы я в моем положении обратился к нему. А вы понимаете, каково это мне и с ним. Вам бы, например, я прямо сказал — vous êtes au-dessus de cela; mon cher, je n'ai pas le sou[102]. И знаете,— сказал он, вдруг отчаянно взглядывая мне в глаза,— вам я прямо говорю, я теперь

---

102. фр. vous êtes au-dessus de cela; mon cher, je n'ai pas le sou — вы выше этого, дорогой мой, у меня нет ни гроша.

в ужасном положении: pouvez vous me prêter dix roubles argent?[103] Сестра должна мне прислать по следующей почте et mon père...[104]

— Ах, я очень рад,— сказал я, тогда как, напротив, мне было больно и досадно, особенно потому, что накануне проигравшись в карты, у меня у самого оставалось только рублей пять с чем-то у Никиты. — Сейчас,— сказал я, вставая,— я пойду возьму в палатке.

— Нет, после, ne vous dérangez pas[105].

Однако, не слушая его, я пролез в застегнутую палатку, где стояла моя постель и спал капитан. — Алексей Иваныч, дайте мне, пожалуйста, десять рублей до рационов,— сказал я капитану, расталкивая его.

— Что, опять продулись? а еще вчера хотели не играть больше,— спросонков проговорил капитан.

— Нет, я не играл, а нужно, дайте, пожалуйста.

— Макатюк! — закричал капитан своему денщику,— достань шкатулку с деньгами и подай сюда.

— Тише, тише,— заговорил я, слушая за палаткой мерные шаги Гуськова.

— Что? отчего тише?

— Это этот разжалованный просил у меня взаймы. Он тут!

— Вот знал бы, так не дал,— заметил капитан,— я про него слыхал — первый пакостник мальчишка! — Однако капитан дал-таки мне деньги, велел спрятать шкатулку, хорошенько запахнуть палатку и, снова повторив: — Вот коли бы знал на что, так не дал бы,— завернулся с головой под одеяло. — Теперь за вами тридцать два, помните,— прокричал он мне.

Когда я вышел из палатки, Гуськов ходил около диванчиков, и маленькая фигура его с кривыми ногами и в уродливой папахе с длинными белыми волосами выказывалась и скрывалась во мраке, когда он проходил мимо свечки. Он сделал вид, как будто не замечает меня. Я передал ему деньги. Он сказал merci и, скомкав, положил бумажку в карман панталон.

— Теперь у Павла Дмитриевича, я думаю, игра во всем разгаре,— вслед за этим начал он.

— Да, я думаю.

— Он странно играет, всегда аребур и не отгибается: когда везет, это хорошо, но зато, когда уже не пойдет, можно ужасно проиграться. Он и доказал это. В этот отряд, ежели считать с вещами, он больше полуторы

---

[103]. фр. pouvez vous me prêter dix roubles argent? — можете вы одолжить мне десять рублей серебром?

[104]. фр. et mon père... — и мой отец...

[105]. фр. ne vous dérangez pas — не беспокойтесь.

тысячи проиграл. А как играл воздержно прежде, так что этот ваш офицер как будто сомневался в его честности.

— Да это он так... Никита, не осталось ли у нас чихиря? — сказал я, очень облегченный разговорчивостью Гуськова. Никита поворчал еще, но принес нам чихиря и снова с злобой посмотрел, как Гуськов выпил свой стакан. В обращении Гуськова заметна стала прежняя развязность. Мне хотелось, чтобы он ушел поскорее, и казалось, что он этого не делает только потому, что ему совестно было уйти тотчас после того, как он получил деньги. Я молчал.

— Как это вы с средствами, без всякой надобности, решились de gaieté de coeur[106] идти служить на Кавказ? вот чего я не понимаю,— сказал он мне.

Я постарался оправдаться в таком странном для него поступке.

— Я воображаю, и для вас как тяжело общество этих офицеров, людей без понятия об образовании. Вы не можете с ними понимать друг друга. Ведь, кроме карт, вина и разговоров о наградах и походах, вы десять лет проживете, ничего не увидите и не услышите.

Мне было неприятно, что он хотел, чтобы я непременно разделял его положение, и совершенно искренно уверял его, что я очень любил и карты, и вино, и разговоры о походах и что лучше тех товарищей, которые у меня были, я не желал иметь. Но он не хотел верить мне.

— Ну, вы это так говорите,— продолжал он,— а отсутствие женщин, то есть я разумею femmes comme il faut[107], разве это не ужасное лишение? Я не знаю, что бы я дал теперь, чтоб только на минутку перенестись в гостиную и хоть сквозь щелочку посмотреть на милую женщину.

Он помолчал немного и выпил еще стакан чихиря.

— Ах, боже мой, боже мой! Может, случится еще нам когда-нибудь встретиться в Петербурге, у людей, быть и жить с людьми, с женщинами.
— Он вылил последнее вино, оставшееся в бутылке, и, выпив его, сказал:
— Ах, pardon, может быть, вы хотели еще, я ужасно рассеян. Однако я, кажется, слишком много выпил, et je n'ai pas la tête forte[108]. Было время, когда я жил на Морской au re de chaussée[109], у меня была чудная квартирка, мебель, знаете, я умел это устроить изящно, хотя не слишком дорого, правда: mon père дал мне фарфоры, цветы, серебра чудесного. Le matin je sortais[110], визиты, à cinq heures régulièrement[111] я ехал обедать к

---

[106]. фр. de gaieté de coeur — с легким сердцем.
[107]. фр. femmes comme il faut — порядочных женщин.
[108]. фр. et je n'ai pas la tête forte — и у меня слабая голова.
[109]. фр. au re de chaussée — в нижнем этаже.
[110]. фр. Le matin je sortais — Утром я выезжал.

ней, часто она была одна. Il faut avouer que c'était une femme ravissante![112] Вы ее не знали? нисколько?

— Нет.

— Знаете, эта женственность была у нее в высшей степени, нежность, и потом что за любовь! Господи! я не умел ценить тогда этого счастия. Или после театра мы возвращались вдвоем и ужинали. Никогда с ней скучно не было, toujours gaie, toujours aimante[113]. Да, я не предчувствовал, какое это было редкое счастье. Et j'ai beaucoup à, me reprocher перед нею. Je l'ai fait souffrir et souvent[114]. Я был жесток. Ах, какое чудное было время! Вам скучно?

— Нет, нисколько.

— Так я вам расскажу наши вечера. Бывало, я вхожу — эта лестница, каждый горшок цветов я знал — ручка двери, все это так мило, знакомо, потом передняя, ее комната... Нет, уже это никогда, никогда не возвратится! Она и теперь пишет мне, я вам, пожалуй, покажу ее письма. Но я уж не тот, я погиб, я уже не стою ее... Да, я окончательно погиб! Je suis cassé[115]. Нет во мне ни энергии, ни гордости, ничего. Даже благородства нет... Да, я погиб! И никто никогда не поймет моих страданий. Всем все равно. Я пропащий человек! никогда уж мне не подняться, потому что я морально упал... в грязь... упал... — В эту минуту в его словах слышно было искреннее, глубокое отчаяние; он не смотрел на меня и сидел неподвижно.

— Зачем так отчаиваться? — сказал я.

— Оттого, что я мерзок, эта жизнь уничтожила меня, все, что во мне было, все убито. Я терплю уж не с гордостью, а с подлостью, dignité dans le malheur[116] уже нет.

Меня унижают ежеминутно, я все терплю, сам лезу на униженья. Эта грязь a déteint sur moi[117], я сам стал груб, я забыл, что знал, я по-французски уж не могу говорить, я чувствую, что я подл и низок. Драться я не могу в этой обстановке, решительно не могу, я бы, может быть, был герой: дайте мне полк, золотые эполеты, трубачей, а идти рядом с каким-то диким Антоном Бондаренко и так далее и думать, что между мной и им

---

111. фр. à cinq heures régulièrement — ровно в пять часов.

112. фр. Il faut avouer que c'était une femme ravissante! — Надо признаться, что это была очаровательная женщина!

113. фр. toujours gaie, toujours aimante — всегда веселая, всегда любящая.

114. фр. Et j'ai beaucoup à, me reprocher... Je l'ai fait souffrir et souvent — Я за многое упрекаю себя... Я ее заставлял страдать, и часто

115. фр. Je suis cassé — Я разбит.

116. фр. dignité dans le malheur — достоинства в несчастье.

117. фр. a déteint sur moi — отпечаталась на мне.

нет никакой разницы, что меня убьют или его убьют — все равно, эта мысль убивает меня. Вы понимаете ли, как ужасно думать, что какой-нибудь оборванец убьет меня, человека, который думает, чувствует, и что все равно бы было рядом со мной убить Антонова, существо, ничем не отличающееся от животного, и что легко может случиться, что убьют именно меня, а не Антонова, как всегда бывает une fatalité[118] для всего высокого и хорошего. Я знаю, что они зовут меня трусом; пускай я трус, я точно трус и не могу быть другим. Мало того, что я трус, я по-ихнему нищий и презренный человек. Вот я у вас сейчас выпросил денег, и вы имеете право презирать меня. Нет, возьмите назад ваши деньги,— и он протянул мне скомканную бумажку. — Я хочу, чтоб вы меня уважали. — Он закрыл лицо руками и заплакал; я решительно не знал, что говорить и делать.

— Успокойтесь,— говорил я ему,— вы слишком чувствительны, не принимайте все к сердцу, не анализируйте, смотрите на вещи проще. Вы сами говорите, что у вас есть характер. Возьмите на себя, вам недолго уже осталось терпеть,— говорил я ему, но очень нескладно, потому что был взволнован и чувством сострадания и чувством раскаяния в том, что я позволил себе мысленно осуждать человека, истинно и глубоко несчастливого.

— Да,— начал он,— ежели бы я слышал хоть раз с тех пор, как я в этом аду, хоть одно слово участия, совета, дружбы — человеческое слово, такое, какое я от вас слышу. Может быть, я бы мог спокойно переносить все; может, я даже взял бы на себя и мог быть даже солдатом, но теперь это ужасно... Когда я рассуждаю здраво, я желаю смерти, да и зачем мне любить опозоренную жизнь и себя, который погиб для всего хорошего в мире? А при малейшей опасности я вдруг невольно начинаю обожать эту подлую жизнь и беречь ее, как что-то драгоценное, и не могу, je ne puis pas[119] преодолеть себя. То есть я могу,— продолжал он опять после минутного молчания,— но мне это стоит слишком большого труда, громадного труда, коли я один. С другими, в обыкновенных условиях, как вы идете в дело, я храбр, j'ai fait mes preuves[120], потому что я самолюбив и горд: это мой порок, и при других... Знаете, позвольте мне ночевать у вас, а то у нас целую ночь игра будет, мне где-нибудь, на земле.

Пока Никита устраивал постель, мы встали и стали снова ходить в темноте по батарее. Действительно, у Гуськова голова была, должно быть, очень слаба, потому что с двух рюмок водки и двух стаканов вина он

118. фр. une fatalité — рок.
119. фр. je ne puis pas — я не могу.
120. фр. j'ai fait mes preuves — я доказал.

покачивался. Когда мы встали и отошли от свечки, я заметил, что он, стараясь, чтобы я не видал этого, сунул снова в карман десятирублевую бумажку, которую во все время предшествовавшего разговора держал в ладони. Он продолжал говорить, что он чувствует, что может еще подняться, ежели бы был у него человек, как я, который бы принимал в нем участие.

Мы уже хотели идти в палатку ложиться спать, как вдруг над нами просвистело ядро и недалеко ударилось в землю. Так странно было,— этот тихий спящий лагерь, наш разговор, и вдруг ядро неприятельское, которое, бог знает откуда, влетело в середину наших палаток,— так странно, что я долго не мог дать себе отчета, что это такое. Наш солдатик Андреев, ходивший на часах по батарее, подвинулся ко мне.

— Вишь, подкрался! Вот тут огонь видать было,— сказал он.

— Надо капитана разбудить,— сказал я и взглянул на Гуськова.

Он стоял, пригнувшись совсем к земле, и заикался, желая выговорить что-то. «Это... а то... неприя... это пре... смешно». Больше он не сказал ничего, и я не видал, как и куда он исчез мгновенно.

В капитанской палатке зажглась свеча, послышался его всегдашний пробудный кашель, и он сам скоро вышел оттуда, требуя пальник, чтобы закурить свою маленькую трубочку.

— Что это, батюшка,— сказал он, улыбаясь,— не хотят мне нынче спать давать: то вы с своим разжалованным, то Шамиль; что же мы будем делать, отвечать или нет. Ничего не было об этом в приказании?

— Ничего. Вот он еще,— сказал я,— и из двух.

Действительно, во мраке, справа впереди, загорелось два огня, как два глаза, и скоро над нами пролетело одно ядро и одна, должно быть наша, пустая граната, производившая громкий и пронзительный свист. Из соседних палаток повылезали солдатики, слышно было их покрякиванье, и потягиванье, и говор.

— Вишь, в очко свистит, как соловей,— заметил артиллерист.

— Позовите Никиту,— сказал капитан с своей всегдашней доброй усмешкой. — Никита! ты не прячься, а горных соловьев послушай.

— Что ж, ваше высокоблагородие,— говорил Никита, стоя подле капитана,— я их видал соловьев-то, я не боюсь, а вот гость-то, что тут был, наш чихирь пил, как услышал, так живо стречка дал мимо нашей палатки, шаром прокатился, как зверь какой изогнулся!

— Однако надо съездить к начальнику артиллерии,— сказал мне капитан серьезным начальническим тоном,— спросить, стрелять ли на огонь, или нет; оно толку не будет, но все-таки можно. Потрудитесь, съездите и спросите. Велите лошадь оседлать, скорей будет, хоть моего Полкана возьмите.

Через пять минут мне подали лошадь, и я отправился к начальнику артиллерии.

— Смотрите, отзыв «дышло»,— шепнул мне пунктуальный капитан,— а то в цепи не пропустят.

До начальника артиллерии было с полверсты, вся дорога шла между палаток. Как только я отъехал от нашего костра, сделалось так черно, что я не видал даже ушей лошади, а только огни костров, казавшиеся мне то очень близко, то очень далеко, мерещились у меня в глазах. Отъехав немного по милости лошади, которой я пустил поводья, я стал различать белые четвероугольные палатки, потом и черные колеи дороги; через полчаса, спросив раза три дорогу, раза два зацепив за колышки палаток, за что получал всякий раз ругательства из палаток, и раза два остановленный часовым, я приехал к начальнику артиллерии. Покуда я ехал, я слышал еще два выстрела не нашему лагерю, но снаряды не долетали до того места, где стоял штаб. Начальник артиллерии не приказал отвечать на выстрелы, тем более что неприятель приостановился, и я отправился домой, взяв лошадь в повод и пробираясь пешком между пехотными палатками. Не раз я уменьшал шаг, проходя мимо солдатской палатки, в которой светился огонь, и прислушивался или к сказке, которую рассказывал балагур, или к книжке, которую читал грамотей и слушало целое отделение, битком набившись в палатке и около нее, прерывая чтеца изредка разными замечаниями, или просто к толкам о походе, о родине, о начальниках.

Проходя около одной из палаток третьего батальона, я услыхал громкий голос Гуськова, который говорил очень весело и бойко. Ему отвечали молодые, тоже веселые, господские, не солдатские голоса. Это, очевидно, была юнкерская или фельдфебельская палатка. Я остановился.

— Я его давно знаю,— говорил Гуськов,— когда я жил в Петербурге, он ко мне ходил часто, и я бывал у него, он очень в хорошем свете жил.

— Про кого ты говоришь? — спросил пьяный голос.

— Про князя,— сказал Гуськов. — Мы ведь родня с ним, а главное — старые приятели. Оно, знаете, господа, хорошо этакого знакомого иметь. Он ведь богат страшно. Ему сто целковых пустяки. Вот я взял у него немного денег, пока мне сестра пришлет.

— Ну, посылай же,

— Сейчас. Савельич, голубчик! — заговорил голос Гуськова, подвигаясь к дверям палатки,— вот тебе десять монетов, поди к маркитанту, возьми две бутылки кахетинского и еще чего? Господа? Говорите! — И Гуськов, шатаясь, с спутанными волосами, без шапки, вышел из палатки. Отворотив полы полушубка и засунув руки в карманы своих сереньких панталон, он остановился в двери. Хотя он был в свету, а я в темноте, я дрожал от страха, чтобы он не увидал меня, и, стараясь не делать шума, пошел дальше.

— Кто тут? — закричал на меня Гуськов совершенно пьяным голосом. Видно, на холоде разобрало его. — Какой тут черт с лошадью шляется?

Я не отвечал и молча выбрался на дорогу.

Отрывки рассказов из деревенской жизни

1

Все говорят: не делись, не делись. Терпи, а не расходись. Что поделился, то разорился. Так и старики говорят, в старину не делились — богаче жили; так и мир судит, чтобы больше двойников или тройников было; было бы кому мирское дело потянуть; так и господа начальство судят. Особенно старые господа. Как кто делиться вздумает, посекут обоих, да и велят опять вместе жить. А опять придешь, опять то же будет.

А настоящее дело, другой раз дележ баловство, а другой раз не миновать делиться, брату ли с братом или отцу с сыном. Что больше вместе жить, то греха больше. Все больше от баб, говорят, дележ бывает. Другой раз и не от баб, да не миновать делиться. Так-то с Сергеем Резуновым было.

Остался Сергей после отца сиротой, всего годочков 6 от роду. Прозвище его настоящее Трегубой; так его отца звали, а уж Резуновым он по вотчиму называться стал. Отчего Трегубой помер, бог его знает; говорили старухи умные (они все знают, старухи), говорили, что его в Саламатине баба испортила, только не верю я что-то бабам, а должно, простудился, горячка или другая болезнь от бога была. Мужик он был одинокой, бедный, остались после него молодайка-вдова, да трое сирот, Сережка да две девочки. И помер-то в самое голодное время перед осенью. Хоть по миру иди. Спасибо, господские были, хоть плохи-плохи, а сходила к приказчику, велел отсыпное выдавать, на вдову два пуда да на детей полтора.

Кто Сергея Резунова знал большим, старым, тому трудно подумать, какой он был маленьким Сережкой. Старый Сергей был мужик аккуратный, не высокий, не малый и не худощавый, не толстый, а середка на половине. Волосы на голове были русые, не курчавые, так мочалками висели, все в глаза попадали; бородка была небольшая, клином, на щеках вовсе волос не росло, и когда я его знал, то уж много седых волос было; нос был загнутой крюком, и поперек и под глазом шрам был, еще мальчиком топором разрубили; рот был небольшой, аккуратный: как засмеется, <бывало, так всем весело станет;> зубы белые, ровные. Только смеялся он не часто, нешто когда выпьет, а то больше мужик серьезной был. Засунет, бывало, персты большие за кушак: «ну что, милый человек», — такая у него поговорка была, и что ему ни скажи, всякое дело разберет и докажет.

Так кто его таким-то знал, тому трудно подумать, какой такой был Сережка-сиротка, когда его еще от земли не видать было.

А был он маленькой, белоголовый, пузатый парнишка, и повеса был, за то и много его тогда мать била. Нужда, горе, а тут еще дети. Прибьет, бывало, с горя, а потом и самой жалко.

Вот в те-то поры, когда еще его от земли не видать было, помнит он, что пришел к ним раз в избу сосед, дядя Федор. Дело было осенью, с хлебом убрались, народ дома был. Пришел дядя Федор пьяный, ввалился в избу: «Марфа, а Марфа,— кличет,— иди угощай меня, я жених пришел». А Марфа на выгоне замашки стелила. Сережка играл с ребятами на улице, увидал дядю Федора, за ним в избу пошел, через порог перешагнул, а сам руками за него ухватился,— такой еще малый был.

— Кого тебе, дядюшка?

— Где мать?

— На старой улице замашки стеле.

— Беги, покличь ее, я тебе хлебца дам.

— Не, не дашь, ты намеднись Ваську побил.

— Беги, кличь маму, постреленок,— да как замахнется на него. — О! убью, трегубое отродье! — да как закотит глаза, да к нему. Пошутить, что ли, он хотел, только Сережка не разобрал, вывернул глаза, глянул на него, да опять на четвереньках через порог! да в переулок задворками через гумно, да на выгон, только босые ножонки блестят, как задрал, а сам ревет, точно козленка режут. — Что ты, чего, сердешный,— бабка встретила, спрашивает; так только глянул на нее, еще пуще взвыл, прямо к матери: подкатился к ней клубочком, уцепился за паневу и хочет выговорить — не может, как что душит его.

Марфа глянула на него, видит — плачет.

— Кто тебя? Что не сказываешь? Кто, говорю?

— Мамушка!.. Трегубой... сказал... убить хоче... пьяный такой... к нам... нам в избу зашел... — А сам паневу не пущает. Она его отцепит, а он за другое место перехватит, как колючка какая. Рассердилась баба, ей немного уж достелить оставалось, пошла к пучку, а он на ней висит. Прибила опять. — Кто тебя, сказывай,— говорит.

172

— Дядя Федор... в из... избу пришел... — уж насилу-насилу выговорил.

Как поняла мать, не дослушавши, толкнула его от себя, бросила, одернула паневу и пошла в избу.

А дело так было. Федор Резунов прошлой осенью сына женил и на него землю принял, а в зиму свою хозяйку схоронил. Вот он и ходил к приказчику, что, мол, тяжело без бабы землю нести, да и что годов ему много, не сложат ли землю. «Я,— говорит,— и без земли вашему здоровью рад стараться. Какая плотницкая работа будет, все могу сделать». Мужик на речи ловкой был, хоть кого заговорит. Да не поддался на этот раз приказчик, говорит: «Ты еще молод, всего сорок два года, а что жены нет, так у нас невест не искать стать, вон Трегубая Марфутка-вдова, таковская по тебе, старику». Так-то дело и порешили, и Марфу призывали, и старики сказали, что дело. Вот Федор-то с утра, заместо на работу, в кабак пошел с проезжим извозчиком, а теперь сам сватать пришел. Как у них там дело было, бог их знает; Марфутка поплакала, поплакала, походила, покланялась, а конец делу был, что перед покровом обвенчали.

Как пошла от него мать, Сережка лег на брюхо и все кричал, до тех пор пока мать было видно; как зашла она за плетень, он перестал, повернулся на бок и начал обтирать слезы. Руки все замочил. Обтер об землю и опять за глаза — все лицо вымазал. Потом взял сухую былинку и стал ковырять ей по земле: выкопает ямку, да туда слез, а не достанет,— поплюет. И долго тут на выгоне лежал Сережка и думал свою думу о матери и дяде Федоре и о том, за что его дядя Федор убить хотел и за что мать прибила. Он припомнил все, что знал о матери и дяде Федоре, и все не мог ничего разобрать. Помнил он, что мать ездила в троицу к обедне, и из церкви вывела его и села у богадельни под навес с кумом, и говорила многое о Федоре, о муже, о детях. Помнит он, что кум все приговаривал одно: «Тетушка Марфа! сводные дети — грех только»,— и что мать говорила: «Что ж, коли велят». Потом помнит, что мать ходила на барский двор, пришла оттуда в слезах, и побила его за то, что он на лавке лежал, и в этот же вечер сказала ему, что вот, дай срок, Федор Резунов тебя проймет,— и тут же стала целовать его и выть.

Потом помнит, что девчонки дразнили его Резуновым пасынком, и хотя он не понимал, к чему клонило, он плакал, слушая их. А тут еще сам Федор убить хотел. Во всем был Федор, и он ненавидел его. Он стал думать, как бы ему извести Федора; убить? отравить? испортить? — Тут девчонки с хворостинами, загоняя скотину, вышли из-под горы.— «Что, али вотчим Федька побил?»— Он молчал, они потрогали его. Он схватил камень и пустил в них — девки стали прыгать и кричать. Он бранился, потом заревел. Бабы прогнали девочек. Старшая, Парашка, прошла с скотиной. «Чего ты?»— Сережка разревелся и рассказал, как хочет погубить. Парашка сказала, что испортить надо. «Пойти к дедушке Липату». Странница пришла. Они ей открылись, она научила терпеть. Мать погнала скотину загонять. Уложила спать, за нее завалился.

После покрова женили. Сережка видел, как одели мать, как она выла, как пили мужики, и его к ним перевели. Девчонка злая Резуновых, мокрая. Раз пришел домой пьяный Резунов. «Зачем обед не готов?»— «Ты не велел ждать, и мы поели».-«Ах ты, такая-сякая, трегубое отродье накормила. Известно, так вот я убью его»,— схватил топор, да на Сережку. Сережка обмер: «Батюшка, дай помолиться». Терпеть ....

2

«Али давно не таскал!»— сказал мужик с обмерзлыми сосульками на бороде и усах, входя вечером в избу и обращаясь к бабе. Он только что поскользнулся в сенях и едва удержался о притолку. «Опять налили сенцы, идолы!»— «А ты ушат починил, что ли? — сказала баба.— Ноне бабы 5 раз за водой ходили, что принесут, половина вытечет».— «Начинишься на вас, чертей. Космы повыдергаю, так не потечет». Мужик приехал из лесу не в духе: караульщик застал его накладывающим молодые дубочки, которые он срубил в господском лесу, и содрал с него на косушку. Кроме того, он поскользнулся. Баба видела, что дело плохо и лучше молчать.

Мужик молча разделся, поужинал с семьей. Сын, пришедший с господской молотьбы из села, за ужином рассказал новость. В риге сказывали — барин приехал. «О!»— сказал старик. — «Мужики гутарили, опять хочет землю отрезать. К посреднику ездил. Михайла говорит, ничего не будить». — «Какой Михайла?» — «Сидоров,— грамотный, что ли, он,— сказывал, ничего не будет, потому,— мужики свою планту не покажут, а когда царская межевка придет, тоды пущай режут,— от царя землемер все укажет, всю землю отхватют господскую...»

Старик внимательно слушал, и бабы замолкли. Василий слыл за голову. «Потому, говорить, комедатраная [?] межевка пойдет, а на эвту согласия не сделают...»

Старик радостно усмехнулся. «С весны тож приезжал,— сказал он,— как маслил, небось дураков нашел,— с чем приехал — с тем уехал...» Василий продолжал: «Михайле сказывал, барин-то старшину чаем поил,— слышь, хочет таперича всю землю в пруценту укласть. Старшина сказывал, мир очень обиждается». «Ох, господи,— сказал [старик], рыгая и крестясь,— креста-то нет на людях». И он вылез из-за стола. «Завтра

174

сходку собрать велели»,— прибавил Василий. Через 5 минут лучина затухла, и 12 душ Семеновой семьи (так звали старика) захрапели в 7-аршинной избе.

Семен жил на хуторе, поселенном лет 15 тому назад в 5 верстах от села и состоящем из 4 дворов. Барин же остановился в усадьбе, в селе. Барин несколько месяцев тому назад неожиданно получил это именье в наследство. [Он служил] по другому именью (за 100 верст от этого) посредником, и посредником, заслужившим негодование дворянства. Он приезжал в первый раз весною с тем, чтобы облагодетельствовать крестьян и доказать, что, проповедуя уступки крестьянам, он сам и на деле готов их делать,— что ему было в особенности легко, так как он был богат, никому не должен, одинок, и именье это свалилось ему с неба. Он предлагал крестьянам перейти с барщины на оброк, оброк с излишней сверх надела землей полагал навсегда ниже Положения и, для того чтобы крестьяне всегда могли заплатить оброк, предлагал оставить барщинскую работу, только оценив ее в деньги, так что при этой оценке мужик с бабой, ходя на барщину, зарабатывал весь оброк меньше чем в полгода трехдневной барщиной. Мужики отказались и с радостью проводили уезжавшего и ничего не сделавшего помещика. «Что взял? С чем приехал, с тем и уехал...»

Теперь барин приехал опять с тем, чтобы покончить дело с этим именьем, и, воспользовавшись...

3

Прежде всех вернулись в деревню плотники. Это был сборный народ: рядчик был из города, а ребята, кто дальние, кто соседние, двое было из этой же деревни.

Плотники подошли к Родькиному двору (Родивон держал чай, вино и на квартеру пускал), поклали в амбар топоры и пилы и вышли на крыльцо и на улицу. Одни только <высокой, плечистый малый> Лизун не входил в сенцы, не вытаскивал своего топора из-за кушака и не убрал своей поперешной пилы и полусаженя, а прислонил их к углу иструба. Лизун сел на низкую завалину у избы, <так что высокие колени его доходили почти до плеч>, взял в свои загорелые и поросшие волосами руки соломинку, стал ломать ее и запел песню, так складно, громко, что две старушки у соседей высунулись посмотреть, кто поет. Ребята ждали хозяина к расчету, кто хотел домой идти на праздник, кто так деньжонок попросить хотел, а кто так посчитаться только. Лизун же поутру на работе повздорил с хозяином и вовсе хотел расчета. Накануне хозяин к начальству за деньгами в город ездил, а ребят Лизуну приказал; в субботу приехал, работа не показалась ему, стал ругаться: «Ты, мол, с ребят магарыч взял, вы де мне двадцать пять рублей в день стоите, а ничего не сработали да дерево перерезали, оно мне пять рублей стоит». Все это было правда, ребята все знали, что они половину дня провели в кабаке, куда их свел Лизун.

— Коли ты рядчик, так сам смотри, а я твоей работы не испортил. Сам тебе укажу, как работать надо,— сказал Лизун. Да тут же про кашу сказал, что ребята голодные от обеда встают.

— Давай расчет; не хочу у тебя работать.

Лизун был малой молодой из Мисоедова, только второй год женат и впервой на стороне работал, а дела своего такой мастер, что хозяину указывал, и топором ли, долотом, пилой всякую работу мог сделать и потому в хозяине не нуждался. Один из плотников сел подле Лизуна. Лизун кончил песню и подмигнул.

— Так-то. Аль взаправду расчет возьмешь?

— А ты как думал,— сказал Лизун,— кланяться стану?

— Что ж, домой пойдешь?

— А что мне домой идти. Аль свет клином сошелся, что, окромя на мосту, работы нет.

— Вишь, мужик строиться хочет,— сказал он, показывая на Ермилину избу напротив, подле которой лежал изготовленный лес,— уж как просил, подряжусь, да и поставлю избу мужику, плотников найму. Я гляну, так знаю, как работу начать.

— Что и говорить,— сказал плотник. — Однако видно было, что мудрено это ему показалось, чтобы Лизун мог обнять такое дело.

Старик Ермил вместе с рядчиком подходили к Родьке.

— Вишь, кособрюхой черт,— сказал Лизун, отвернувшись, но когда мужики подошли ближе и поклонились, плотники тоже приподняли шапки, а Лизун свою новую поярковую шляпу.

Ермил рядил плотника построить ему маслобойню. Лизун проворно встал и толкнул локтем мужика; «не кончай, дядя Ермил, я дешевле возьму». Дядя Ермил оглянулся на Лизуна и на рядчика, который входил в избу. «Да ведь ты на мосту подряжен?» — «То на мосту, а теперь маслобойню построю, своих ребят мисоедовских приведу, против его дешевле возьму и как должно произведу». «Дело такое — известно,— сказал Ермил, вглядываясь в нового рядчика. Он не доверял ему, видно было. — Только не рядись, а я к тебе приду, спасибо скажешь».

— Ну что, Федюха, или деньжонок попросить хочешь? — сказал рыжий рядчик, когда Лизун, помолясь богу, подошел к столу и положил на него шляпу. Рядчик был в хорошем духе, и ему не хотелось отпустить лучшего работника. Он сидел за столом в переднем углу и, сняв обе руки

176

с стола, запустил большие персты за кушак, чтобы не мешать хозяйке, собиравшей ему самовар и соскребавшей ножом перед ним. Он думал себе: «Малый молодой — пошалил. Ну, побранил, да и будет. А такого плотника не скоро найдешь». Но Лизун сейчас сметил, что можно понатянуть хозяина. Он, не глядя в глаза хозяину, взялся за кушак, повертел его на теле.

— Что следует отдай, Кузьма Кирилыч, с Миколы пять недель и шесть ден.

— Вот вы все так-то,— сказал Кирилыч,— чем бы тебе соблюсти хозяйское дело, чтобы прибавку получить, а вы как бы похуже; ведь обидно,— прибавил он, обращаясь к Ермилу. Он все еще хотел умаслить Лизуна.

— Дело хозяйское,— отвечал Лизун. — Худо, так не надо. А на мой разум, лучше нельзя, как я работал. Как еще тебе работать? Уж я ли не мастер, я ли не старался, как для себя, так и для хозяина, так и ребятам говорил. Как работа спорится, так и работникам и хозяину весело.

— Известно, коли хозяину барышей не будет, то и работникам платить нечем. То-то глуп ты бываешь!

— Нет, брат, я не глуп, а я так умен, так умен, что поищешь.

— Мягко стелешь, жестко спать. Намеднись отъехал по дельцу в город, без себя этому молодцу приказал,— говорил рядчик, обращаясь к Ермилу, — так, веришь ли, в целый день только и добра изделали, чтобы два дуба перерезали,— я их на сваи готовил, а они на перемета разрезали.

Еще двое ребят-плотников вошли в избу, помолились образам и сели на лавку под полати, дожидаясь своей очереди. Ермил встал и вышел.

— Считайтесь, считайтесь, а я ребят проведаю, с пахоты не приехали ль.

— Молись богу за сорок,— сказал рядчик, останавливая его и подставляя руку. Лизун подмигнул.

— Видно будет, завтра праздник,— сказал Ермил и вышел.

— Так-то,— сказал рядчик, разглаживая полотенце, которое постелила хозяйка. Лизун при ребятах стал говорить иначе.

— Вот что, Кузьма Кирилыч, твое дело, известно, хозяйское, а того ты не подумал, что с меня спрашиваешь, а жалованье мне наравне с другими платишь. Разве меня с Мишкой али Петрухой сравнять? Он плотник, и я плотник. А ему не прикажешь смотреть. Что он день проработает, то я до завтрака сделаю. Платить хочешь по семь гривен на день, а тоже спрашивать хочешь. Давай десять целковых на месяц, я тебе один всю работу изделаю,— как скажешь, так и сделаю. Хошь в месяц раз наезжай — ничего не испорчу. Так-то. Давай десять целковых, а по той цене я жить не стану.

Рядчик просил Лизуна остаться подешевле, хотел его словами закидать, но Лизун его закидал еще ловчее. Рядчик сердился, и Лизун сердился еще больше. Рядчик ругнул его раз ‹сукиным сыном›, Лизун тотчас же отвечал: «Сам съешь». Наконец стали считаться. Хозяйка принесла счеты, но Лизун уже в голове расчел все по дням, и все было так точно верно. Только спор был о том, что рядчик хотел за прогул вычесть два дня. «Э! брат, Кирилыч,— говорил Лизун,— грех тебе будет, нашего брата обидеть можно. Не для заду, а для переду, придется еще поработаю у тебя». Рядчик согласился, но Лизун еще просил на водку. «Сослужу еще службу, и Лизуну спасибо скажешь, уж двугривенничек прикинь, Кирилыч. Право. Ну! ребятам, на меня глядючи, веселей у тебя жить будет». Кирилыч на двугривенный не согласился, но так как всех денег следовало 16 р. 70 к., то 30 к. он дал на водку для ровного счета. И это он сделал оттого, что Лизун так его округлил словами, что при ребятах ему хотелось показать, что он рассчитывает без прижимки. «Давай деньги». У Кирилыча была только 50 р. бумажка. Он поверил ее Лизуну, и тот, завязав ее в угол платка и положив платок в шляпу, пошел в кабак разменять.

— Что топором, что языком, куды ловок малый,— сказал рядчик хозяину, когда Лизун ушел. Другие ребята тоже стали считаться. Они не были так ловки, и с ними хозяин совсем иначе обратился; одного он вовсе обсчитал на три двугривенных, а другому вовсе не дал денег. Хоть у него зажитых было 25 рублей и нужда была крайняя.

4

Как скотина из улицы разбрелась по дворам и разместилась по клетям, каждая штука в свое место, так и народ с разных сторон, кто с пашни, кто с моста (там плотники работали), кто с поля, кто из денного, разобрался каждый в свое место.

Молодой мужик-плотник (у него на кушаке за спиной вместе был связан армяк, полусажень и топор) подошел к угловому дому, от проулка, и спросил хозяина.

— Ермил Антоныч или не бывал еще?

— Еще с утра в Засеку на покос с ребятами поехал, скоро приедут, я чай. Ты чей, родной? Кажись, ясенской? — спросила старуха. Она была вдова, сестра хозяина.

— Мы плотники с моста,— отвечал плотик. — Бабы на барщине, что ль?

— Слышь, играют,— сказала старуха.

Хоровод с песнями приближался по дороге, за оврагом краснелась толпа баб и девок. Плотник пошел за угол.

Из-под горы поднимался мужик с поля. Он сидел боком на лошади, запряженной в сохе, жеребенок-стригун бежал сзади. Мужик этот [был] Гараська, старший сын старика Капыла. Герасим с утра выехал в поле, на дальнюю пашню. У них там три осьминника было незапаханных, и отец велел ему их запахать до вечера, а коли тяжело кобыле будет, так хуть 2. Герасим выехал рано; пашня была на западе с сырцой; сошники он переладил и поперил дома и к вечеру запахал все три. Кто сам не пахал, тот не знает, как тело легко и душа весела, когда от зари до зари, один, борозда за бороздой, подвигался на пашне, и работа спорилась, и дошел до другого края, и борозда скосилась на угол, и уголок вывертел и подвязал сволока, подстелил под ж... армяк и вовремя поехал к дому, по пыли дороги бороздя за собой две черты сволоками, и по дороге домой со всех сторон попадаются мужики и бабы, и со всеми весело шутится, как знаешь, что дело сделано, на пашню ворочаться уже незачем до Ильина дни.

Герасим побалтывал ногой, обутой новым лаптем, по оглобле и пел песню. Завидев хоровод баб, он почесал голову, замолчал и усмехнулся. Хоть и женат был Герасим, а любил баб молодых. Увидав плотника, Герасим скинул поджатую ногу с спины лошади и соскочил. «А! Лизун! <черт тебя возьми, что рано с работы сошел, аль домой> курвин сын, аль расчет взял, косушку поставить хочешь! — Герасим засмеялся и треснул Лизана по спине кнутовищем,— то-то бы выпили, <умаялся целый день пахамши> с работы-то».

5

Это было в субботу в самые петровки. Уборка сена была такая, что старики не запомнят. Не сено, а чай в стога клали. Крестьянские луга почти все были убраны, оставался один Кочак. Не больше как на день миру косьбы. Господские луга тоже больше половины уже подкошены были. Дни стояли такие красные, жаркие,— что с утра по росе подкосят, к вечеру в валы греби, а на другой день хоть в стога кидай, и на небе ни тучки. А все народ, сколько мог, торопился за погоду убираться. И приказчик очень хлопотал барское убирать, с утра до ночи с бабами, красный стал, пот градом катится, рубаха расстегнута, все кричит, все с палкой около баб ходит, с тела спал. Хоть не свое, а хозяйственное дело, как возьмешься за него, так не заснешь покойно, покуда не кончишь. Не ты дело делаешь, а дело тебя за собой тянет. Бог же дал в это лето, что было что косить, и грести, и возить. На тягло возов по 6 убрали, да еще в Кочаке такая трава стояла, что на низу не пролезешь. Кроме покосов, тут же и пахота подоспела, а пахота крепка была, так что кто за погодой не успел, так сошники ломали и лошадей надсаживали на пашне.

В селе целый день было пусто, все были на работе, нешто какая баба хворая дома рубахи на пруду стирала или холсты стелила, да старики и старухи с малыми ребятами. Только на барском дворе, за прудом, народ дома был. Там, известное дело, как господа дома,— покос не покос, уборка не уборка: холопи, кучера, повара, садовники, дворовые — все одно дело делают. Дело не делай, а от дела не бегай.

Пастухи свое время не пропустят; только солнышко стало за лес закатываться, уж завиднелась пыль по большой дороге и заслышалась скотина. Скотина ходила по отаве и в неделю совсем другая стала — повеселела. Скотина в деревне все одно что часы в городе. Прогнали скотину, значит, пора и всем домой в деревню. Ребята заслышали скотину, переловили лошадей и поехали домой из денного. Бабы на барщине у выборного отпросились и с граблями за плечами пошли хороводом к дому. Мужики, кто дома на своей пашне пахал, подвязали сволоки, перевернули сохи и поехали домой. Косцы подняли армяки и кувшинчики и пошли домой, у богатых мужиков бабы покидали дров в печурку, чтоб согреть похлебку на ужин.

Кавказский пленник

I

Служил на Кавказе офицером один барин. Звали его Жилин.

Пришло ему раз письмо из дома. Пишет ему старуха мать: «Стара я уж стала, и хочется перед смертью повидать любимого сынка. Приезжай со мной проститься, похорони, а там и с богом поезжай опять на службу. А я тебе и невесту приискала: и умная, и хорошая, и именье есть. Полюбится тебе может, и женишься и совсем останешься».

Жилин и раздумался: «И в самом деле, плоха уж старуха стала, может, и не придётся увидать. Поехать; а если невеста хороша — и жениться можно».

Пошёл он к полковнику, выправил отпуск, простился с товарищами, поставил своим солдатам четыре ведра водки на прощанье и собрался ехать.

На Кавказе тогда война была. По дорогам ни днём, ни ночью не было

180

проезда. Чуть кто из русских отъедет или отойдёт от крепости, татары[121] или убьют, или уведут в горы. И было заведено, что два раза в неделю из крепости в крепость ходили провожатые солдаты. Спереди и сзади идут солдаты, а в середине едет народ.

Дело было летом. Собрались на зорьке обозы за крепость, вышли провожатые солдаты и тронулись по дороге. Жилин ехал верхом, и телега его с вещами шла в обозе.

Ехать было двадцать пять вёрст. Обоз шёл тихо: то солдаты остановятся, то в обозе колесо у кого соскочит или лошадь станет, и все стоят дожидаются.

Солнце уже и за полдни перешло, а обоз только половину дороги прошёл. Пыль, жара, солнце так и печёт, и укрыться негде. Голая степь: ни деревца, ни кустика по дороге.

Выехал Жилин вперёд, остановился и ждёт, пока подойдёт к нему обоз. Слышит, сзади на рожке заиграли — опять стоять. Жилин и подумал: «А не уехать ли одному, без солдат? Лошадь подо мной добрая, если и нападусь на татар — ускачу. Или не ездить?..»

Остановился, раздумывает. И подъезжает к нему на лошади другой офицер Костылин, с ружьём, и говорит:

— Поедем, Жилин, одни. Мочи нет, есть хочется, да и жара. На мне рубаху хоть выжми. — А Костылин — мужчина грузный, толстый, весь красный, а пот с него так и льёт. Подумал Жилин и говорит:

— А ружьё заряжено?

— Заряжено.

— Ну, так поедем. Только уговор — не разъезжаться.

И поехали они вперёд по дороге. Едут степью, разговаривают да поглядывают по сторонам. Кругом далеко видно.

Только кончилась степь, вошла дорога промеж двух гор в ущелье. Жилин и говорит:

— Надо выехать на гору поглядеть, а то тут, пожалуй, выскочат из горы, и не увидишь.

А Костылин говорит:

— Что смотреть? Поедем вперёд.

Жилин не послушал его.

— Нет, — говорит, — ты подожди внизу, а я только взгляну.

И пустил лошадь налево, на гору. Лошадь под Жилиным была охотницкая (он за неё сто рублей заплатил в табуне жеребёнком и сам выездил); как на крыльях, взнесла его на кручь. Только выскакал — глядь,

---

121. Татарами в те времена называли горцев Северного Кавказа, которые подчинялись законам мусульманской веры (религии).

а перед самым им, на десятину[122] места, стоят татары верхами. Человек тридцать. Он увидал, стал назад поворачивать; и татары его увидали, пустились к нему, сами на скаку выхватывают ружья из чехлов. Припустил Жилин под кручь во все лошадиные ноги, кричит Костылину:

— Вынимай ружьё! — а сам думает на лошадь на свою: «Матушка, вынеси, не зацепись ногой; споткнёшься — пропал. Доберусь до ружья, я и сам не дамся».

А Костылин, заместо того чтобы подождать, только увидал татар, закатился что есть духу к крепости. Плетью ожаривает лошадь то с того бока, то с другого. Только в пыли видно, как лошадь хвостом вертит.

Жилин видит — дело плохо. Ружьё уехало, с одной шашкой ничего не сделаешь. Пустил он лошадь назад, к солдатам — думал уйти. Видит — ему наперерез катят шестеро. Под ним лошадь добрая, а под теми ещё добрее, да и наперерез скачут. Стал он окорачивать, хотел назад поворотить, да уж разнеслась лошадь — не удержит, прямо на них летит. Видит — близится к нему с красной бородой татарин на сером коне. Визжит, зубы оскалил, ружьё наготове.

«Ну, — думает Жилин, — знаю вас, чертей: если живого возьмут, посадят в яму, будут плетью пороть. Не дамся же живой…»

А Жилин хоть не велик ростом, а удал был. Выхватил шашку, пустил лошадь прямо на красного татарина, думает: «Либо лошадью сомну, либо срублю шашкой».

На лошадь места не доскакал Жилин — выстрелили по нём сзади из ружей и попали в лошадь. Ударилась лошадь оземь со всего маху — навалилась Жилину на ногу.

Хотел он подняться, а уж на нём два татарина вонючие сидят, крутят ему назад руки. Рванулся он, скинул с себя татар, да ещё соскакали с коней трое на него, начали бить прикладами по голове. Помутилось у него в глазах, и зашатался. Схватили его татары, сняли с сёдел подпруги запасные, закрутили ему руки за спину, завязали татарским узлом, поволокли к седлу. Шапку с него сбили, сапоги стащили, всё обшарили — деньги, часы вынули, платье всё изорвали. Оглянулся Жилин на свою лошадь. Она, сердечная, как упала на бок, так и лежит, только бьётся ногами — до земли не достаёт; в голове дыра, а из дыры так и свищет кровь чёрная — на аршин кругом пыль смочила. Один татарин подошёл к лошади, стал седло снимать, — она всё бьётся; он вынул кинжал, прорезал ей глотку. Засвистело из горла, трепенулась — и пар вон.

Сняли татары седло, сбрую. Сел татарин с красной бородой на лошадь, а другие подсадили Жилина к нему на седло, а чтобы не упал, притянули его ремнём за пояс к татарину и повезли в горы.

[122.] Десятина — мера земли: немного более гектара.

Сидит Жилин за татарином, покачивается, тычется лицом в вонючую татарскую спину. Только и видит перед собой здоровенную татарскую спину, да шею жилистую, да бритый затылок из-под шапки синеется. Голова у Жилина разбита, кровь запеклась над глазами. И нельзя ему ни поправиться на лошади, ни кровь обтереть. Руки так закручены, что в ключице ломит.

Ехали они долго на гору, переехали вброд реку, выехали на дорогу и поехали лощиной.

Хотел Жилин примечать дорогу, куда его везут, да глаза замазаны кровью, а повернуться нельзя.

Стало смеркаться: переехали ещё речку, стали подниматься по каменной горе, запахло дымом, забрехали собаки. Приехали в аул[123]. Послезли с лошадей татары, собрались ребята татарские, окружили Жилина, пищат, радуются, стали камнями пулять в него.

Татарин отогнал ребят, снял Жилина с лошади и кликнул работника. Пришёл ногаец[124], скуластый, в одной рубахе. Рубаха оборванная, вся грудь голая. Приказал что-то ему татарин. Принёс работник колодку: два чурбака дубовых на железные кольца насажены, и в одном кольце пробойчик и замок.

Развязали Жилину руки, надели колодку и повели в сарай; толкнули его туда и заперли дверь. Жилин упал на навоз. Полежал, ощупал в темноте, где помягче, и лёг.

II

Почти всю эту ночь не спал Жилин. Ночи короткие были. Видит — в щёлке светиться стало. Встал Жилин, раскопал щёлку побольше, стал смотреть.

Видна ему из щёлки дорога — под гору идёт, направо сакля[125] татарская, два дерева подле ней. Собака чёрная лежит на пороге, коза с козлятами ходит — хвостиками подёргивают. Видит из-под горы идёт татарка молоденькая, в рубахе цветной, распоясой, в штанах и сапогах, голова кафтаном покрыта, а на голове большой кувшин жестяной с водой. Идёт, в спине подрагивает, перегибается, а за руку татарчонка ведёт бритого, в одной рубашонке. Прошла татарка в саклю с водой, вышел татарин вчерашний с красной бородой, в бешмете[126] в шёлковом, на ремне

---

123. Аул — татарская деревня. (Примечание Л. Н. Толстого).

124. Ногаец — горец, житель Дагестана.

125. Сакля — жилище кавказских горцев.

126. Бешмет — верхняя одежда

кинжал серебряный, в башмаках на босу ногу. На голове шапка высокая, баранья, чёрная, назад заломлена. Вышел, потягивается, бородку красную сам поглаживает. Постоял, велел что-то работнику и пошёл куда-то.

Проехали потом на лошадях двое ребят к водопою. У лошадей храп[127] мокрый. Выбежали ещё мальчишки бритые в одних рубашках, без порток, собрались кучкой, подошли к сараю, взяли хворостину и суют в щёлку. Жилин как ухнет на них: завизжали ребята, закатились бежать прочь — только коленки голые блестят.

А Жилину пить хочется, в горле пересохло. Думает: «Хоть бы пришли проведать». Слышит — отпирают сарай. Пришёл красный татарин, а с ним другой, поменьше ростом, черноватенький. Глаза чёрные, светлые, румяный, бородка маленькая, подстрижена; лицо весёлое, всё смеётся. Одет черноватый ещё лучше: бешмет шёлковый синий, галунчиком[128] обшит. Кинжал на поясе большой, серебряный; башмачки красные, сафьянные, тоже серебром обшиты. А на тонких башмачках другие, толстые башмаки. Шапка высокая, белого барашка.

Красный татарин вошёл, проговорил что-то, точно ругается, и стал, облокотился на притолку, кинжалом пошевеливает, как волк исподлобья косится на Жилина. А черноватый — быстрый, живой, так весь на пружинах и ходит подошёл прямо к Жилину, сел на корточки, оскаливается, потрепал его по плечу, что-то начал часто-часто по-своему лопотать, глазами подмигивает, языком прищёлкивает. Всё приговаривает:

— Корошо урус! корошо урус!

Ничего не понял Жилин и говорит:

— Пить, воды пить дайте.

Чёрный смеётся.

— Корош урус, — всё по-своему лопочет.

Жилин губами и руками показал, чтоб пить ему дали.

Чёрный понял, засмеялся, выглянул в дверь, кликнул кого-то:

— Дина!

Прибежала девочка, тоненькая, худенькая, лет тринадцати и лицом на чёрного похожа. Видно, что дочь. Тоже глаза чёрные, светлые и лицом красивая. Одета в рубаху длинную, синюю, с широкими рукавами и без пояса. На полах, на груди и на рукавах оторочено красным. На ногах штаны и башмачки, а на башмачках другие, с высокими каблуками, на шее монисто[129], всё из русских полтинников. Голова непокрытая, коса чёрная, и в косе лента, а на ленте привешены бляхи и рубль серебряный.

---

127. Храп — здесь: нижняя часть морды у лошади

128. Галунчик, галун — тесьма, нашивка золотого или серебряного цвета

129. Монисто — ожерелье из бус, монет или цветных камней.

Велел ей что-то отец. Убежала и опять пришла, принесла кувшинчик жестяной. Подала воду, сама села на корточки, вся изогнулась так, что плечи ниже колен ушли. Сидит, глаза раскрыла, глядит на Жилина, как он пьёт, — как на зверя какого.

Подал ей Жилин назад кувшин. Как она прыгнет прочь, как коза дикая. Даже отец засмеялся. Послал её ещё куда-то. Она взяла кувшин, побежала, принесла хлеба пресного на дощечке круглой и опять села, изогнулась, глаз не спускает, смотрит.

Ушли татары, заперли опять двери. Погодя немного приходит к Жилину ногаец и говорит:

— Айда, хозяин, айда!

Тоже не знает по-русски. Только понял Жилин, что велит идти куда-то.

Пошёл Жилин с колодкой, хромает, ступить нельзя, так и воротит ногу в сторону. Вышел Жилин за ногайцем. Видит — деревня татарская, домов десять и церковь ихняя, с башенкой. У одного дома стоят три лошади в сёдлах. Мальчишки держат в поводу. Выскочил из этого дома черноватый татарин, замахал рукой, чтоб к нему шёл Жилин. Сам смеётся, всё говорит что-то по-своему, и ушёл в дверь. Пришёл Жилин в дом. Горница хорошая, стены глиной гладко вымазаны. В передней стене пуховики пёстрые уложены, по бокам висят ковры дорогие; на коврах ружья, пистолеты, шашки — всё в серебре. В одной стене печка маленькая вровень с полом. Пол земляной, чистый, как ток, и весь передний угол устлан войлоками; на войлоках ковры, и на коврах пуховые подушки. И на коврах в одних башмаках сидят татары: чёрный, красный и трое гостей. За спинами у всех пуховые подушки подложены, а перед ними на круглой дощечке блины просяные, и масло коровье распущено в чашке, и пиво татарское — буза, в кувшинчике. Едят руками, и руки все в масле.

Вскочил чёрный, велел посадить Жилина к сторонке, не на ковёр, а на голый пол; залез опять на ковёр, угощает гостей блинами и бузой. Посадил работник Жилина на место, сам снял верхние башмаки, поставил у двери рядком, где и другие башмаки стояли, и сел на войлок поближе к хозяевам, смотрит, как они едят, слюни утирает.

Поели татары блины, пришла татарка в рубахе такой же, как и девка, и в штанах; голова платком покрыта. Унесла масло, блины, подала лоханку хорошую и кувшин с узким носком. Стали мыть руки татары, потом сложили руки, сели на коленки, подули во все стороны и молитвы прочли. Поговорили по-своему. Потом один из гостей-татар повернулся к Жилину, стал говорить по-русски.

— Тебя, — говорит, — взял Кази-Мугамет, — сам показывает на

красного татарина, — и отдал тебя Абдул-Мурату, — показывает на черноватого. Абдул-Мурат теперь твой хозяин.

Жилин молчит. Заговорил Абдул-Мурат и всё показывает на Жилина, и смеётся, и приговаривает:

— Солдат, урус, корошо, урус.

Переводчик говорит:

— Он тебе велит домой письмо писать, чтобы за тебя выкуп прислали. Как пришлют деньги, он тебя пустит.

Жилин подумал и говорит:

— А много ли он хочет выкупа?

Поговорили татары; переводчик и говорит:

— Три тысячи монет.

— Нет, — говорит Жилин, — я этого заплатить не могу.

Вскочил Абдул, начал руками махать, что-то говорит Жилину — всё думает, что он поймёт. Перевёл переводчик, говорит:

— Сколько же ты дашь?

Жилин подумал и говорит:

— Пятьсот рублей.

Тут татары заговорили часто, все вдруг. Начал Абдул кричать на красного, залопотал так, что слюни изо рта брызжут.

А красный только жмурится да языком пощёлкивает.

Замолчали они, переводчик говорит:

— Хозяину выкупа мало пятьсот рублей. Он сам за тебя двести рублей заплатил. Ему Кази-Мугамет был должен. Он тебя за долг взял. Три тысячи рублей, меньше нельзя пустить. А не напишешь, в яму посадят, наказывать будут плетью.

«Эх, — думает Жилин, — с ними что робеть, то хуже».

Вскочил на ноги и говорит:

— А ты ему, собаке, скажи, что, если он меня пугать хочет, так ни копейки ж не дам, да и писать не стану. Не боялся, да и не буду бояться вас, собак.

Пересказал переводчик, опять заговорили все вдруг.

Долго лопотали, вскочил чёрный, подошёл к Жилину.

— Урус, — говорит, — джигит, джигит урус!

Джигит по-ихнему значит «молодец». И сам смеётся; сказал что-то переводчику, а переводчик говорит:

— Тысячу рублей дай.

Жилин стал на своём:

— Больше пятисот рублей не дам. А убьёте — ничего не возьмёте.

Поговорили татары, послали куда-то работника, а сами то на Жилина, то на дверь поглядывают. Пришёл работник, и идёт за ним человек какой-то, высокий, толстый, босиком и ободранный; на ноге тоже колодка.

Так и ахнул Жилин — узнал Костылина. И его поймали. Посадили их рядом; стали они рассказывать друг другу, а татары молчат, смотрят.

Рассказал Жилин, как с ним дело было; Костылин рассказал, что лошадь под ним стала и ружьё осеклось и что этот самый Абдул нагнал его и взял.

Вскочил Абдул, показывает на Костылина, что-то говорит. Перевёл переводчик, что они теперь оба одного хозяина и кто прежде деньги даст, того прежде отпустят.

— Вот, — говорит Жилину, — ты всё серчаешь, а товарищ твой смирный; он написал письмо домой, пять тысяч монет пришлют. Вот его и кормить будут хорошо и обижать не будут.

Жилин и говорит:

— Товарищ как хочет, он, может, богат, а я не богат. Я, — говорит, как сказал, так и будет. Хотите — убивайте, пользы вам не будет, а больше пятисот рублей не напишу.

Помолчали. Вдруг как вскочит Абдул, достал сундучок, вынул перо, бумаги лоскут и чернила, сунул Жилину, хлопнул по плечу, показывает: «Пиши». Согласился на пятьсот рублей.

— Погоди ещё, — говорит Жилин переводчику, — скажи ты ему, чтоб он нас кормил хорошо, одел-обул, как следует, чтоб держал вместе, — нам веселее будет, и чтобы колодку снял.

Сам смотрит на хозяина и смеётся. Смеётся и хозяин. Выслушал и говорит:

— Одёжу самую лучшую дам: и черкеску, и сапоги, хоть жениться. Кормить буду, как князей. А коли хотят жить вместе, пускай живут в сарае. А колодку нельзя снять, — уйдут. На ночь только снимать буду. — Подскочил, треплет по плечу. — Твоя хорош, моя хорош!

Написал Жилин письмо, а на письме не так написал — чтобы не дошло. Сам думает: «Я уйду».

Отвели Жилина с Костылиным в сарай, принесли им туда соломы кукурузной, воды в кувшине, хлеба, две черкески старые и сапоги истрёпанные, солдатские. Видно, — с убитых солдат стащили. На ночь сняли с них колодки и заперли в сарай.

III

Жил так Жилин с товарищем месяц целый. Хозяин всё смеётся: «Твоя, Иван, хорош, — моя, Абдул, хорош». А кормил плохо — только и давал, что хлеб пресный из просяной муки, лепёшками печёный, а то и вовсе тесто непечёное.

Костылин ещё раз писал домой, всё ждал присылки денег и скучал. По целым дням сидит в сарае и считает дни, когда письмо придёт, или спит. А Жилин знал, что его письмо не дойдёт, а другого не писал.

«Где, — думает, — матери столько денег взять за меня заплатить. И то она тем больше жила, что я посылал ей. Если ей пятьсот рублей собрать, надо разориться вконец; бог даст — и сам выберусь».

А сам всё высматривает, выпытывает, как ему бежать.

Ходит по аулу, насвистывает; а то сидит, что-нибудь рукодельничает, или из глины кукол лепит, или плетёт плетёнки из прутьев. А Жилин на всякое рукоделье мастер был.

Слепил он раз куклу, с носом, с руками, с ногами и в татарской рубахе, и поставил куклу на крышу.

Пошли татарки за водой. Хозяйская дочь Динка увидала куклу, позвала татарок. Составили кувшины, смотрят, смеются. Жилин снял куклу, подаёт им. Они смеются, а не смеют взять. Оставил он куклу, ушёл в сарай и смотрит, что будет?

Подбежала Дина, оглянулась, схватила куклу и убежала.

Наутро смотрит, на зорьке Дина вышла на порог с куклой. А куклу уж лоскутками красными убрала и качает, как ребёнка, сама по-своему прибаюкивает. Вышла старуха, забранилась на неё, выхватила куклу, разбила её, услала куда-то Дину на работу.

Сделал Жилин другую куклу, ещё лучше, отдал Дине. Принесла раз Дина кувшинчик, поставила, села и смотрит на него, сама смеётся, показывает на кувшин.

«Чего она радуется?» — думает Жилин. Взял кувшин, стал пить. Думал вода, а там молоко. Выпил он молоко.

— Хорошо, — говорит.

Как взрадуется Дина!

— Хорошо, Иван, хорошо! — и вскочила, забила в ладоши, вырвала кувшинчик и убежала.

И с тех пор стала она ему каждый день крадучи молока носить. А то делают татары из козьего молока лепёшки сырные и сушат их на крышах, — так она эти лепёшки ему тайком принашивала. А то раз резал хозяин барана, — так она ему кусок баранины принесла в рукаве. Бросит и убежит.

Была раз гроза сильная, и дождь час целый, как из ведра, лил. И помутились все речки. Где брод был, там на три аршина вода пошла, камни ворочает. Повсюду ручьи текут, гул стоит по горам. Вот как прошла гроза, везде по деревне ручьи бегут. Жилин выпросил у хозяина ножик, вырезал валик, дощечки, колесо оперил, а к колесу на двух концах кукол приделал.

Принесли ему девчонки лоскутков, — одел он кукол: одна — мужик, другая — баба; утвердил их, поставил колесо на ручей. Колесо вертится, а куколки прыгают.

Собралась вся деревня: мальчишки, девчонки, бабы; и татары пришли, языком щёлкают:

— Ай, урус! Ай, Иван!

Были у Абдула часы русские, сломанные. Позвал он Жилина, показывает, языком щёлкает. Жилин говорит:

— Давай починю.

Взял, разобрал ножичком, разложил; опять сладил, отдал. Идут часы.

Обрадовался хозяин, принёс ему бешмет свой старый, весь в лохмотьях, подарил. Нечего делать — взял: и то годится покрыться ночью.

С тех пор прошла про Жилина слава, что он мастер. Стали к нему из дальних деревень приезжать: кто замок на ружье или пистолет починить принесёт, кто часы. Привёз ему хозяин снасть: и щипчики, и буравчики, и подпилочек.

Заболел раз татарин, пришли к Жилину: «Поди полечи». Жилин ничего не знает, как лечить. Пошёл, посмотрел, думает: «Авось поздоровеет сам». Ушёл в сарай, взял воды, песку, помешал. При татарах нашептал на воду, дал выпить. Выздоровел на его счастье татарин. Стал Жилин немножко понимать по-ихнему. И которые татары привыкли к нему, когда нужно, кличут: «Иван, Иван»; а которые всё как на зверя косятся.

Красный татарин не любил Жилина. Как увидит, нахмурится и прочь отвернётся, либо обругает. Был ещё у них старик. Жил он не в ауле, а приходил из-под горы. Видал его Жилин, только когда он в мечеть проходил богу молиться. Он был ростом маленький, на шапке у него белое полотенце обмотано. Бородка и усы подстрижены, белые, как пух; а лицо сморщенное и красное, как кирпич; нос крючком, как у ястреба, а глаза серые, злые и зубов нет — только два клыка. Идёт, бывало, в чалме своей, костылём подпирается, как волк озирается. Как увидит Жилина, так захрапит и отвернётся.

Пошёл раз Жилин под гору посмотреть, где живёт старик. Сошёл по дорожке, видит — садик, ограда каменная, из-за ограды черешни, шепталы и избушка с плоской крышкой. Подошёл он поближе, видит — ульи стоят плетённые из соломы, и пчёлы летают, гудят. И старик стоит на коленочках, что-то хлопочет у улья. Поднялся Жилин повыше посмотреть и загремел колодкой. Старик оглянулся — как визгнет, выхватил из-за пояса пистолет, в Жилина выпалил. Чуть успел он за камень притулиться.

Пришёл старик к хозяину жаловаться. Позвал хозяин Жилина, сам смеётся и спрашивает:

— Зачем ты к старику ходил?

— Я, — говорит, — ему худого не сделал. Я хотел посмотреть, как он живёт.

Передал хозяин. А старик злится, шипит, что-то лопочет, клыки свои выставил, махает руками на Жилина.

Жилин не понял всего, но понял, что старик велит хозяину убить русских, а не держать их в ауле. Ушёл старик.

Стал Жилин спрашивать хозяина: что это за старик? Хозяин и говорит:

— Это большой человек! Он первый джигит был, он много русских побил, богатый был. У него было три жены и восемь сынов. Все жили в одной деревне. Пришли русские, разорили деревню и семь сыновей убили. Один сын остался и передался русским. Старик поехал и сам передался русским. Пожил у них три месяца; нашёл там своего сына, сам убил его и бежал. С тех пор он бросил воевать, пошёл в Мекку[130] богу молиться, от этого у него чалма. Кто в Мекке был, тот называется хаджи и чалму надевает. Не любит он вашего брата. Он велит тебя убить; да мне нельзя убить, — я за тебя деньги заплатил; да я тебя, Иван, полюбил; я тебя не то что убить, я бы тебя и выпускать не стал, кабы слова не дал. — Смеётся, сам приговаривает по-русски: — Твоя, Иван, хорош — моя, Абдул, хорош!

IV

Прожил так Жилин месяц. Днём ходит по аулу или рукодельничает, а как ночь придёт, затихнет в ауле, так он у себя в сарае копает. Трудно было копать от камней, да он подпилком камни тёр, и прокопал он под стеной дыру, что впору пролезть. «Только бы, — думает, — мне место хорошенько узнать, в какую сторону идти. Да не сказывают никто татары».

Вот он выбрал время, как хозяин уехал; пошёл после обеда за аул, на гору — хотел оттуда место посмотреть. А когда хозяин уезжал, он приказывал малому за Жилиным ходить, с глаз его не спускать. Бежит малый за Жилиным, кричит:

— Не ходи! Отец не велел. Сейчас народ позову!

Стал его Жилин уговаривать.

— Я, — говорит, — далеко не уйду, — только на ту гору поднимусь,

---

130. Мекка — священный город у мусульман.

мне траву нужно найти — ваш народ лечить. Пойдём со мной; я с колодкой не убегу. А тебе завтра лук сделаю и стрелы.

Уговорил малого, пошли. Смотреть на гору — недалеко, а с колодкой трудно, шёл, шёл, насилу взобрался. Сел Жилин, стал место разглядывать. На полдни [На полдни — на юг, на восход — на восток, на закат — на запад] за сарай лощина, табун ходит, и аул другой в низочке виден. От аула другая гора, ещё круче; а за той горой ещё гора. Промеж гор лес синеется, а там ещё горы — всё выше и выше поднимаются. А выше всех белые, как сахар, горы стоят под снегом. И одна снеговая гора выше других шапкой стоит. На восход и на закат всё такие же горы, кое-где аулы дымятся в ущельях. «Ну, — думает, это всё ихняя сторона».

Стал смотреть в русскую сторону: под ногами речка, аул свой, садики кругом. На речке — как куклы маленькие, видно — бабы сидят, полоскают. За аулом пониже гора и через неё ещё две горы, по ним лес; а промеж двух гор синеется ровное место, и на ровном месте далеко-далеко точно дым стелется. Стал Жилин вспоминать, когда он в крепости дома жил, где солнце всходило и где заходило. Видит — там точно, в этой долине, должна быть наша крепость. Туда, промеж этих двух гор, и бежать надо.

Стало солнышко закатываться. Стали снеговые горы из белых — алые; в чёрных горах потемнело; из лощин пар поднялся, и самая та долина, где крепость наша должна быть, как в огне загорелась от заката.

Стал Жилин вглядываться — маячит что-то в долине, точно дым из труб. И так и думается ему, что это самое — крепость русская.

Уж поздно стало. Слышно — мулла прокричал[131]. Стадо гонят — коровы ревут. Малый всё зовёт: «Пойдём», а Жилину и уходить не хочется.

Вернулись они домой. «Ну, — думает Жилин, — теперь место знаю, надо бежать». Хотел он бежать в ту же ночь. Ночи были тёмные, — ущерб месяца. На беду, к вечеру вернулись татары. Бывало, приезжают они — гонят с собой скотину и приезжают весёлые. А на этот раз ничего не пригнали и привезли на седле своего убитого татарина, брата рыжего. Приехали сердитые, собрались все хоронить. Вышел и Жилин посмотреть. Завернули мёртвого в полотно, без гроба, вынесли под чинары за деревню, сложили на траву. Пришёл мулла, собрались старики, полотенцами повязали шапки, разулись, сели рядком на пятки перед мёртвым.

Спереди мулла, сзади три старика в чалмах рядком, а сзади их ещё татары. Сели, потупились и молчат. Долго молчали. Поднял голову мулла и говорил:

---

[131]. Мулла прокричал. — Утром, в полдень и вечером мулла — мусульманский священник — громкими возгласами призывает к молитве всех мусульман.

— Алла! (значит бог.) — Сказал это одно слово, и опять потупились и долго молчали; сидят, не шевелятся.

Опять поднял голову мулла:

— Алла! — и все проговорили: «Алла» — и опять замолчали. Мёртвый лежит на траве — не шелохнётся, и они сидят как мёртвые. Не шевельнётся ни один. Только слышно, на чинаре листочки от ветерка поворачиваются. Потом прочёл мулла молитву, все встали, подняли мёртвого на руки, понесли. Принесли к яме; яма вырыта не простая, а подкопана под землю, как подвал. Взяли мёртвого под мышки да под лытки [132], перегнули, спустили полегонечку, подсунули сидьма под землю, заправили ему руки на живот.

Притащил ногаец камышу зелёного, заклали камышом яму, живо засыпали землёй, сровняли, а в головы к мертвецу камень стоймя поставили. Утоптали землю, сели опять рядком перед могилкой. Долго молчали.

— Алла! Алла! Алла! — Вздохнули и встали.

Роздал рыжий денег старикам, потом встал, взял плеть, ударил себя три раза по лбу и пошёл домой.

Наутро видит Жилин — ведёт красный кобылу за деревню, и за ним трое татар идут. Вышли за деревню, снял рыжий бешмет, засучил рукава — ручищи здоровые, — вынул кинжал, поточил на бруске. Задрали татары кобыле голову кверху, подошёл рыжий, перерезал глотку, повалил кобылу и начал свежевать, кулачищами шкуру подпарывает. Пришли бабы, девки, стали мыть кишки и нутро. Разрубили потом кобылу, стащили в избу. И вся деревня собралась к рыжему поминать покойника.

Три дня ели кобылу, бузу пили — покойника поминали. Все татары дома были. На четвёртый день, видит Жилин, в обед куда-то Собираются. Привели лошадей, убрались и поехали человек десять, и красный поехал; только Абдул дома остался. Месяц только народился — ночи ещё тёмные были.

«Ну, — думает Жилин, — нынче бежать надо», — и говорит Костылину. А Костылин заробел.

— Да как же бежать, мы и дороги не знаем.

— Я знаю дорогу.

— Да и не дойдём в ночь.

— А не дойдём — в лесу переднюем. Я вот лепёшек набрал. Что ж ты будешь сидеть? Хорошо — пришлют денег, а то ведь и не соберут. А татары теперь злые, за то, что ихнего русские убили. Поговаривают — нас убить хотят.

---

[132]. Под лытки — под коленки.

Подумал, подумал Костылин.

— Ну, пойдём!

V

Полез Жилин в дыру, раскопал пошире, чтоб и Костылину пролезть; и сидят они — ждут, чтобы затихло в ауле.

Только затих народ в ауле, Жилин полез под стену, выбрался. Шепчет Костылину:

— Полезай.

Полез и Костылин, да зацепил камень ногой, загремел. А у хозяина сторожка была — пёстрая собака. И злая-презлая; звали её Уляшин. Жилин уже наперёд прикормил её. Услыхал Уляшин, забрехал и кинулся, а за ним другие собаки. Жилин чуть свистнул, кинул лепёшки кусок — Уляшин узнал, замахал хвостом и перестал брехать.

Хозяин услыхал, загайкал из сакли:

— Гайть! Гайть, Уляшин!

А Жилин за ушами почёсывает Уляшина. Молчит собака, трётся ему об ноги, хвостом махает.

Посидели они за углом. Затихло всё, только слышно — овца перхает в закуте да низом вода по камушкам шумит. Темно, звёзды высоко стоят на небе; над горой молодой месяц закраснелся, кверху рожками заходит. В лощинах туман как молоко белеется.

Поднялся Жилин, говорит товарищу:

— Ну, брат, айда!

Тронулись, только отошли, слышат — запел мулла на крыше: «Алла, Бесмилла! Ильрахман!» Значит — пойдёт народ в мечеть. Оли опять, притаившись под стенкой.

Долго сидели, дожидались, пока народ пройдёт. Опять затихло.

— Ну, с богом! — Перекрестились, пошли. Пошли через двор под кручь к речке, перешли речку, пошли лощиной. Туман густой да низом стоит, а над головой звёзды виднёшеньки. Жилин по звёздам примечает, в какую сторону идти. В тумане свежо, идти легко, только сапоги неловки, стоптались. Жилин снял свои, бросил, пошёл босиком. Подпрыгивает с камушка на камушек да на звёзды поглядывает. Стал Костылин отставать.

— Тише, — говорит, — иди; сапоги проклятые — все ноги стёрли.

— Да ты сними, легче будет.

Пошёл Костылин босиком — ещё того хуже: изрезал все ноги по камням и всё отстаёт. Жилин ему говорит:

— Ноги обдерёшь — заживут, а догонят — убьют, хуже.

Костылин ничего не говорит, идёт, покряхтывает. Шли они низом долго. Слышат — вправо собаки забрехали. Жилин остановился, осмотрелся, полез на гору, руками ощупал.

— Эх, — говорит, — ошиблись мы — вправо забрали. Тут аул чужой, я его с горы видел; назад надо да влево, в гору. Тут лес должен быть.

А Костылин говорит:

— Подожди хоть немножко, дай вздохнуть, у меня ноги в крови все.

— Э, брат, заживут; ты легче прыгай. Вот как!

И побежал Жилин назад и влево в гору, в лес.

Костылин всё отстаёт и охает. Жилин шикнет-шикнет на него, а сам всё идёт.

Поднялись на гору. Так и есть — лес. Вошли в лес, по колючкам изодрали всё платье последнее. Напали на дорожку в лесу. Идут.

— Стой! — Затопало копытами по дороге. Остановились, слушают. Потопало, как лошадь, и остановилось. Тронулись они — опять затопало. Они остановятся — и оно остановится. Подполз Жилин, смотрит на свет по дороге — стоит что-то: лошадь не лошадь, и на лошади что-то чудное, на человека не похоже. Фыркнуло — слышит. «Что за чудо!» Свистнул Жилин потихоньку, — как шаркнет с дороги в лес и затрещало по лесу, точно буря летит, сучья ломает.

Костылин так и упал со страху. А Жилин смеётся, говорит:

— Это олень. Слышишь, как рогами лес ломит. Мы его боимся, а он нас боится.

Пошли дальше. Уже высожары[133] спускаться стали, до утра недалеко. А туда ли идут, нет ли — не знают. Думается так Жилину, что по этой самой дороге его везли и что до своих вёрст десять ещё будет, а приметы верной нет, да и ночью не разберёшь. Вышли на полянку, Костылин сел и говорит:

— Как хочешь, а я не дойду: у меня ноги не идут.

Стал его Жилин уговаривать.

— Нет, — говорит, — не дойду, не могу.

Рассердился Жилин, плюнул, обругал его.

— Так я же один уйду, прощай.

Костылин вскочил, пошёл. Прошли они версты четыре. Туман в лесу ещё гуще сел, ничего не видать перед собой, и звёзды уж чуть видны.

Вдруг слышат — впереди топает лошадь. Слышно подковами за камни цепляется. Лёг Жилин на брюхо, стал по земле слушать.

— Так и есть, сюда, к нам, конный едет!

Сбежали они с дороги, сели в кусты и ждут. Жилин подполз к

---

133. Высожары — местное название одного из созвездий (группы звёзд) на небе.

дороге, смотрит — верховой татарин едет, корову гонит. Сам себе под нос мурлычет что-то. Проехал татарин. Жилин вернулся к Костылину.

— Ну, пронёс бог; вставай, пойдём.

Стал Костылин вставать и упал.

— Не могу, ей-богу, не могу; сил моих нет.

Мужчина грузный, пухлый, запотел; да как обхватило его в лесу туманом холодным, да ноги ободраны, — он и рассолодел. Стал его Жилин силой поднимать. Как закричит Костылин:

— Ой, больно!

Жилин так и обмер.

— Что кричишь? Ведь татарин близко, услышит. — А сам думает: «Он и вправду расслаб, что мне с ним делать? Бросить товарища не годится».

— Ну, — говорит, — вставай, садись на закорки — снесу, коли уж идти не можешь.

Подсадил на себя Костылина, подхватил руками под ляжки, вышел на дорогу, поволок.

— Только, — говорит, — не дави ты меня руками за глотку ради Христа. За плечи держись.

Тяжело Жилину, ноги тоже в крови и уморился. Нагнётся, подправит, подкинет, чтоб повыше сидел на нём Костылин, тащит его по дороге.

Видно, услыхал татарин, как Костылин закричал. Слышит Жилин — едет кто-то сзади, кличет по-своему. Бросился Жилин в кусты. Татарин выхватил ружьё, выпалил — не попал, завизжал по-своему и поскакал прочь по дороге.

— Ну, — говорит Жилин, — пропали, брат! Он, собака, сейчас соберёт татар за нами в погоню. Коли не уйдём версты три — пропали. — А сам думает на Костылина: «И чёрт меня дёрнул колоду эту с собой брать. Один я бы давно ушёл».

Костылин говорит:

— Иди один, за что тебе из-за меня пропадать.

— Нет, не пойду: не годится товарища бросать.

Подхватил опять на плечи, попёр. Прошёл он так с версту. Всё лес идёт, и не видать выхода. А туман уж расходиться стал, и как будто тучки заходить стали. Не видать уж звёзд. Измучился Жилин.

Пришёл, у дороги родничок, камнем обделан. Остановился, ссадил Костылина.

— Дай, — говорит, — отдохну, напьюсь. Лепёшек поедим. Должно быть, недалеко

Только прилёг он пить, слышит — затопало сзади. Опять кинулись вправо, в кусты, под кручь, и легли.

Слышат — голоса татарские; остановились татары на том самом месте, где они с дороги свернули. Поговорили, потом зауськали, как собак притравливают. Слышат — трещит что-то по кустам, прямо к ним собака чужая чья-то. Остановилась, забрехала.

Лезут и татары — тоже чужие; схватили их, посвязали, посадили на лошадей, повезли.

Проехали версты три, встречает их Абдул-хозяин с двумя татарами. Поговорил что-то с татарами, пересадили на своих лошадей, повезли назад в аул.

Абдул уж не смеётся и ни слова не говорит с ними.

Привезли на рассвете в аул, посадили на улице. Сбежались ребята. Камнями, плётками бьют их, визжат.

Собрались татары в кружок, и старик из-под горы пришёл. Стали говорить. Слышит Жилин, что судят про них, что с ними делать.

Одни говорят — надо их дальше в горы услать, а старик говорит:

— Надо убить.

Абдул спорит, говорит:

— Я за них деньги отдал. Я за них выкуп возьму.

А старик говорит:

— Ничего они не заплатят, только беды наделают. И грех русских кормить. Убить — и кончено.

Разошлись. Подошёл хозяин к Жилину, стал ему говорить.

— Если, — говорит, — мне не пришлют за вас выкуп, я через две недели вас запорю. А если затеешь опять бежать, я тебя как собаку убью. Пиши письмо, хорошенько пиши.

Принесли им бумаги, написали они письма. Набили на них колодки, отвели за мечеть. Там яма была аршин пяти — и спустили их в эту яму.

VI

Житьё им стало совсем дурное. Колодки не снимали и не выпускали на вольный свет. Кидали им туда тесто непечёное, как собакам, да в кувшине воду спускали. Вонь в яме, духота, мокрота. Костылин совсем разболелся, распух, и ломота во всём теле стала, и всё стонет или спит. И Жилин приуныл, видит дело плохо. И не знает, как выдраться.

Начал он было подкапываться, да землю некуда кидать, увидал хозяин, пригрозил убить.

Сидит он раз в яме на корточках, думает об вольном житье, и скучно ему. Вдруг прямо ему на коленки лепёшка упала, другая, и черешни посыпались. Поглядел кверху, а там Дина. Поглядела на него, посмеялась и убежала. Жилин и думает: «Не поможет ли Дина?»

Расчистил он в яме местечко, наковырял глины, стал лепить кукол. Наделал людей, лошадей, собак; думает: «Как придёт Дина, брошу ей».

Только на другой день нет Дины. А слышит Жилин — затопали лошади, проехали какие-то, и собрались татары у мечети, спорят, кричат и поминают про русских. И слышит голос старика. Хорошенько не разобрал он, и догадывается, что русские близко подошли, и боятся татары, как бы в аул не зашли, и не знают, что с пленными делать.

Поговорили и ушли. Вдруг слышит зашуршало что-то наверху. Видит — Дина присела на корточки, коленки выше головы торчат, свесилась, монисты висят, болтаются над ямой. Глазёнки так и блестят, как звёздочки. Вынула из рукава две сырные лепёшки, бросила ему. Жилин взял и говорит:

— Что давно не бывала? А я тебе игрушек наделал. На, вот! — Стал ей швырять по одной, а она головой мотает и не смотрит.

— Не надо! — говорит. Помолчала, посидела и говорит: — Иван, тебя убить хотят. — Сама себе рукой на шею показывает.

— Кто убить хочет?

— Отец, ему старики велят, а мне тебя жалко.

Жилин и говорит:

— А коли тебе меня жалко, так ты мне палку длинную принеси

Она головой мотает, что «нельзя». Он сложил руки, молится ей.

— Дина, пожалуйста. Динушка, принеси.

— Нельзя, — говорит, — увидят, все дома. — И ушла.

Вот сидит вечером Жилин и думает: «Что будет?» Всё поглядывает вверх. Звёзды видны, а месяц ещё не всходил. Мулла прокричал, затихло всё. Стал уже Жилин дремать, думает: «Побоится девка».

Вдруг на голову ему глина посыпалась, глянул кверху — шест длинный в тот край ямы тыкается. Потыкался, спускаться стал, ползёт в яму. Обрадовался Жилин, схватил рукой, спустил; шест здоровый. Он ещё прежде этот шест на хозяйской крыше видел.

Поглядел вверх: звёзды высоко в небе блестят, и над самой ямой, как у кошки, у Дины глаза в темноте светятся. Нагнулась она лицом на край ямы и шепчет:

— Иван, Иван! — А сама руками у лица всё машет, что «тише, мол».

— Что? — говорит Жилин.

— Уехали все, только двое дома.

Жилин и говорит:

— Ну, Костылин, пойдём, попытаемся последний раз; я тебя подсажу.

197

Костылин и слышать не хочет.

— Нет, — говорит, — уж мне, видно, отсюда не выйти. Куда я пойду, когда и поворотиться сил нет?

— Ну, так прощай, не поминай лихом. — Поцеловался с Костылиным.

Ухватился за шест, велел Дине держать и полез. Раза два он обрывался, колодка мешала. Поддержал его Костылин, — выбрался кое-как наверх. Дина его тянет ручонками за рубаху изо всех сил, сама смеётся. Взял Жилин шест и говорит:

— Снеси на место, Дина, а то хватятся — прибьют тебя. — Потащила она шест, а Жилин под гору пошёл. Слез под кручь, взял камень вострый, стал замок с колодки выворачивать. А замок крепкий, никак не собьёт, да и неловко. Слышит — бежит кто-то с горы, легко попрыгивает. Думает: «Верно, опять Дина». Прибежала Дина, взяла камень и говорит:

— Дай я.

Села на коленочки, начала выворачивать. Да ручонки тонкие, как прутики, ничего силы нет. Бросила камень, заплакала. Принялся опять Жилин за замок, а Дина села подле него на корточках, за плечо его держит. Оглянулся Жилин, видит, налево за горой зарево красное загорелось. Месяц встаёт. «Ну, думает, — до месяца надо лощину пройти, до леса добраться». Поднялся, бросил камень. Хоть в колодке, да надо идти.

— Прощай, — говорит, — Динушка. Век тебя помнить буду.

Ухватилась за него Дина, шарит по нём руками, ищет, куда бы лепёшки ему засунуть. Взял он лепёшки.

— Спасибо, — говорит, — умница. Кто тебе без меня кукол делать будет? И погладил её по голове.

Как заплачет Дина, закрылась руками, побежала на гору, как козочка прыгает. Только в темноте, слышно, монисты в косе по спине побрякивают.

Перекрестился Жилин, подхватил рукой замок на колодке, чтобы не бренчал, пошёл по дороге, ногу волочит, а сам всё на зарево поглядывает, где месяц встаёт. Дорогу он узнал. Прямиком идти вёрст восемь. Только бы до лесу дойти прежде, чем месяц совсем выйдет. Перешёл он речку: побелел уже свет за горой. Пошёл лощиной, идёт, сам поглядывает: не видать ещё месяца. Уж зарево посветлело и с одной стороны лощины всё светлее, светлее становится. Ползёт под гору тень, всё к нему приближается.

Идёт Жилин, всё тени держится. Он спешит, а месяц ещё скорее выбирается; уж и направо засветились макушки. Стал подходить к лесу, выбрался месяц из-за гор — бело, светло, совсем как днём. На деревах все листочки видны. Тихо, светло по горам: как вымерло всё. Только слышно, внизу речка журчит.

Дошёл до лесу — никто не попался. Выбрал Жилин местечко в лесу потемнее, сел отдыхать.

Отдохнул, лепёшку съел. Нашёл камень, принялся опять колодку сбивать. Все руки избил, а не сбил. Поднялся, пошёл по дороге. Прошёл с версту, выбился из сил — ноги ломит. Ступит шагов десять и остановится. «Нечего делать, — думает, — буду тащиться, пока сила есть. А если сесть, так и не встану. До крепости мне не дойти, а как рассветёт, лягу в лесу, переднюю, и ночью опять пойду».

Всю ночь шёл. Только попались два татарина верхами, да Жилин издалека их услышал, схоронился за дерево.

Уж стал месяц бледнеть, роса пала, близко к свету, а Жилин до края леса не дошёл. «Ну, — думает, — ещё тридцать шагов пройду, сверну в лес и сяду». Прошёл тридцать шагов, видит — лес кончается. Вышел на край — совсем светло; как на ладонке перед ним степь и крепость, и налево, близёхонько под горой, огни горят, тухнут, дым стелется, и люди у костров.

Вгляделся, видит: ружья блестят — казаки, солдаты.

Обрадовался Жилин, собрался с последними силами, пошёл под гору. А сам думает: «Избави бог тут, в чистом поле, увидит конный татарин: хоть близко, а не уйдёшь».

Только подумал — глядь: налево на бугре стоят трое татар, десятины на две. Увидали его, пустились к нему. Так сердце у него и оборвалось. Замахал руками, закричал что было духу своим:

— Братцы! Выручай! Братцы!

Услыхали наши. Выскочили казаки верховые, пустились к нему — наперерез татарам.

Казакам далеко, а татарам близко. Да уж и Жилин собрался с последней силой, подхватил рукой колодку, бежит к казакам, а сам себя не помнит, крестится и кричит:

— Братцы! Братцы! Братцы!

Казаков человек пятнадцать было.

Испугались татары — не доезжаючи стали останавливаться. И подбежал Жилин к казакам.

Окружили его казаки, спрашивают: кто он, что за человек, откуда? А Жилин сам себя не помнит, плачет и приговаривает:

— Братцы! Братцы!

Выбежали солдаты, обступили Жилина — кто ему хлеба, кто каши, кто водки; кто шинелью прикрывает, кто колодку разбивает.

Узнали его офицеры, повезли в крепость. Обрадовались солдаты, товарищи собрались к Жилину.

Рассказал Жилин, как с ним всё дело было, и говорит:

— Вот и домой съездил, женился! Нет, уж видно не судьба моя.

И остался служить на Кавказе. А Костылина только ещё через месяц выкупили за пять тысяч. Еле живого привезли.

Суратская кофейная

Была в индийском городе Сурате кофейная. И сходились туда из разных земель проезжие и иностранцы и часто беседовали.

Зашел туда раз персидский ученый-богослов. Он всю жизнь изучал сущность божества и читал и писал о том книги. Долго думал, читал и писал он о боге, зашел у него ум за разум, спуталось у него все в голове, и дошел он до того, что перестал верить в бога.

Узнал про это царь и изгнал его из персидского царства.

Так-то всю жизнь рассуждая о первой причине, запутался несчастный богослов и, вместо того, чтобы понять, что у него уже не стало разума, стал думать, что не стало больше высшего разума, управляющего миром.

Был у этого богослова раб-африканец, ходивший за ним повсюду. Когда богослов вошел в кофейную, африканец остался на дворе, за дверью, и сел на камень на припеке солнца; он сидел и отгонял от себя мух. А сам богослов лег на диван в кофейной и велел подать себе чашку опиума. Когда он выпил чашку и опиум начал расшевеливать его мозг, он обратился к своему рабу.

— Что, раб презренный,— сказал богослов,— скажи мне, как ты думаешь, есть бог или нет?

— Разумеется, есть! — сказал раб и тотчас достал из-за пояса маленького деревянного идола. — Вот,— сказал раб,— вот тот бог, который меня хранит с тех пор, как я живу на свете. Бог этот сделан из сука того самого священного дерева, которому поклоняются все в нашей стране.

Услыхали этот разговор между богословом и рабом бывшие в кофейной и удивились.

Удивительным показался им вопрос господина и еще более удивительным ответ раба.

Один брамин, слышавший слова раба, обратился к нему и сказал:

— Несчастный безумец! Разве можно думать, чтобы бог мог находиться за поясом у человека? Бог есть один — брама. И этот брама больше всего мира, потому что он сотворил весь мир. Брама есть единый, великий бог; тот бог, которому построены храмы на берегах реки Гангеса, тот бог, которому служат его единственные жрецы — брамины. Одни эти жрецы знают истинного бога. Прошло уже двадцать тысяч лет, и, сколько ни было переворотов в мире, жрецы эти остаются такими же, какими были всегда, потому что брама, единый, истинный бог, покровительствует им.

Так сказал брамин, думая убедить всех, но бывший тут же еврейский меняла возразил ему.

— Нет,— сказал он. — Храм истинного бога не в Индии!.. И бог покровительствует не касте браминов! Истинный бог есть бог не браминов, а бог Авраама, Исаака и Иакова. И покровительствует истинный бог только одному своему народу израильскому. Бог с начала мира, не переставая, любил и любит один наш народ. И если теперь и рассеян наш народ на земле, то это только испытание, а бог, как и обещал, соберет опять народ свой в Иерусалим с тем, чтобы восстановить чудо древности, Иерусалимский храм, поставить Израиля владыкой над всеми народами.

Так сказал еврей и заплакал. Он хотел продолжать речь, но бывший тут итальянец перебил его.

— Неправду вы говорите,— сказал итальянец еврею. — Вы приписываете богу несправедливость. Бог не может любить один народ больше других. Напротив, если он даже и покровительствовал прежде Израилю, то вот уже тысяча восемьсот лет прошло с тех пор, как бог разгневался и в знак своего гнева прекратил существование его и рассеял этот народ по земле, так что вера эта не только не распространяется, но только кое-где остается. Бог не оказывает предпочтения никакому народу, а призывает всех тех, которые хотят спастись, в лоно единой римско-католической церкви, вне которой нет спасения.

Так сказал итальянец. Но бывший тут протестантский пастор, побледнев, отвечал католическому миссионеру:

— Как можете вы говорить, что спасение возможно только в вашем исповедании? Знайте же, что спасены будут только те, которые, по Евангелию, будут служить богу в духе и истине по закону Иисуса.

Тогда турок, служащий в суратской таможне, который тут же сидел, куря трубку, с важным видом обратился к обоим христианам.

— Напрасно вы так уверены в истине своей римской веры,— сказал он. — Ваша вера уже около шестисот лет тому назад заменена истинною верою Магомета. И, как вы сами видите, истинная вера Магомета все больше и больше распространяется и в Европе, и в Азии, и даже в просвещенном Китае. Вы сами признаете, что евреи отвержены богом, и доказательством тому приводите то, что евреи в унижении и вера их не распространяется. Признайте же истинность веры Магомета, потому что она находится в величии и постоянно распространяется. Спасутся только верующие в последнего пророка божия, Магомета. И то только последователи Омара, а не Али, так как последователи Али — неверные.

При этих словах персидский богослов, принадлежащий к секте Али, хотел возразить. Но в кофейной в это время поднялся великий спор между всеми бывшими тут иностранцами разных вер и исповеданий. Были тут христиане абиссинские, индийские ламы, измаилиты и огнепоклонники.

Все спорили о сущности бога и о том, как нужно почитать его. Каждый утверждал, что только в его стране знают истинного бога и знают, как надо почитать его.

Все спорили, кричали. Один только бывший тут китаец, ученик Конфуция, сидел смирно в углу кофейной и не вступал в спор. Он пил чай, слушал, что говорили, но сам молчал.

Турок, заметив его среди спора, обратился к нему и сказал:

— Поддержи хоть ты меня, добрый китаец. Ты молчишь, но ты мог бы сказать кое-что в мою пользу. Я знаю, что у вас в Китае вводятся теперь разные веры. Ваши торговцы не раз говорили мне, что ваши китайцы из всех других вер считают магометанскую самой лучшей и охотно принимают ее. Поддержи же мои слова и скажи, что ты думаешь об истинном боге и его пророке.

— Да, да, скажи, что ты думаешь,— обратились к нему и другие.

Китаец, ученик Конфуция, закрыл глаза, подумал и потом, открыв их, выпростал руки из широких рукавов своей одежды, сложил их на груди и заговорил тихим и спокойным голосом.

— Господа,— сказал он,— мне кажется, что самолюбие людей более всего другого мешает их согласию в деле веры. Если вы потрудитесь меня выслушать, я объясню вам это примером.

Я выехал из Китая в Сурат на английском пароходе, обошедшем вокруг света. По пути мы пристали к восточному берегу острова Суматры, чтобы набрать воды. В полдень мы сошли на землю и сели на берегу моря в тени кокосовых пальм, недалеко от деревни жителей острова. Нас сидело несколько человек из различных земель.

Пока мы сидели, к нам подошел слепой.

Человек этот ослеп, как мы узнали после, оттого, что слишком долго и упорно смотрел на солнце. А смотрел он так долго и упорно на солнце потому, что захотел понять, что такое солнце. Он хотел это узнать, чтобы завладеть светом солнца.

Бился он долго, пускал в дело все науки, хотелось ему захватить несколько лучей солнца, поймать их и закупорить в бутылку.

Долго он бился и все смотрел на солнце и ничего не мог сделать, а сделалось с ним только то, что от солнца у него заболели глаза и он ослеп.

Тогда он сказал себе:

— Свет солнечный не жидкость, потому что если бы он был жидкостью, то можно было бы переливать его, и он колебался бы от ветра, как вода. Свет солнечный тоже не огонь, потому что, если бы это был огонь, он бы тух в воде. Свет тоже не дух, потому что он виден, и не тело, потому что нельзя им двигать. А так как свет солнечный не жидкость, не твердое, не дух, не тело, то свет солнечный — ничто.

Так он рассудил и в одно время оттого, что все смотрел на солнце и все думал о нем, потерял и зрение и разум.

Когда же он стал совсем слеп, тогда уже совершенно уверился в том, что солнца нет.

С этим слепцом подошел и его раб. Он посадил своего господина в тень кокосового дерева, поднял с земли кокосовый орех и стал из него делать ночник. Он сделал светильню из волокна кокосового, выжал из ореха масло в скорлупу и обмакнул в него светильню.

Пока раб делал свой ночник, слепой, вздохнув, сказал ему:

— Ну, что, раб, правду я тебе сказал, что нет солнца? Видишь, как темно? А говорят — солнце... Да и что такое солнце?

— А не знаю я, что такое солнце,— сказал раб. — Мне нет до него дела. А вот свет знаю. Вот я сделал ночник, мне и будет светло, и тебе могу им службу оказать, и все найти в своем шалаше.

И раб взял в руку свою скорлупу. — Вот,— говорит,— мое солнце.

Тут же сидел хромой с костылем. Он услыхал это и засмеялся.

— Ты, видно, от рожденья слеп,— сказал он слепому,— что не знаешь, что такое солнце. Я тебе скажу, что оно такое: солнце — огненный шар, и шар этот каждый день выходит из моря и каждый вечер садится в горах нашего острова; это мы все видим, и ты, бы видел, если бы был зрячий.

Рыбак, сидевший тут же, услыхал эти слова и сказал хромому:

— И видно же, что ты нигде не был дальше твоего острова. Если бы ты был не хром да поездил бы по морю, ты бы знал, что солнце садится не в горах нашего острова, а как выходит из моря, так вечером опять и садится в море. Я говорю верно, потому что каждый день вижу это своими глазами.

Услыхал это индеец.

— Удивляюсь,— сказал он,— как может умный человек говорить такие глупости. Разве можно, чтобы огненный шар спускался в воду и не потухал? Солнце вовсе не огненный шар, а солнце — божество. Божество это называется Дева. Божество это ездит на колеснице по небу вокруг золотой горы Сперувя.

Бывает, что злые змеи Рагу и Кету нападают на Дева и проглатывают его, и тогда делается темно. Но жрецы наши молятся о том, чтобы божество освободилось, и тогда оно освобождается. Только такие невежественные люди, как вы, никогда не ездившие дальше своего острова, могут воображать, что солнце светит только на их остров.

Тогда заговорил бывший тут же хозяин египетского судна.

— Нет,— сказал он,— и это неправда, солнце не божество и не ходит только вокруг Индии и ее золотой горы. Я много плавал и по Черному морю, и по берегам Аравии, был и на Мадагаскаре, и на Филиппинских островах,— солнце освещает все земли, а не одну Индию, оно не ходит кругом одной горы, но оно встает у островов Японии, и потому и острова те называются Япен, то есть на их языке — рождение солнца, и садится оно далеко, далеко на западе, за островами Англии. Я это хорошо знаю, потому что и сам видел много и слышал много от деда. А дед мой плавал до самых краев моря.

Он хотел еще говорить, но английский матрос нашего корабля перебил его.

— Нет земли, кроме Англии,— сказал он,— где бы лучше знали о том, как ходит солнце. Солнце, мы все это знаем в Англии, нигде не встает и нигде не ложится. А оно ходит беспрестанно вокруг земли. Мы это хорошо знаем, потому что сами вот только что обошли вокруг земли и нигде не натолкнулись на солнце. Везде оно так же, как здесь, утром показывается и вечером скрывается.

И англичанин взял палку, начертил на песке круг и стал толковать, как ходит солнце по небу вокруг земли. Но он не сумел растолковать хорошо и, показав на кормчего своего корабля, сказал:

— Он, впрочем, более меня учен и лучше вам все это растолкует.

Кормчий был человек разумный и слушал разговор молча, пока его не спросили. Но теперь, когда все обратились к нему, он начал говорить и сказал:

— Все вы обманываете друг друга и сами обманываетесь. Солнце не вертится вокруг земли, а земля вертится вокруг солнца и сама еще вертится, поворачивая к солнцу в продолжение двадцати четырех часов и Японию, и Филиппинские острова, и Суматру, на которой мы сидим, и Африку, и Европу, и Азию, и множество еще других земель. Солнце светит не для одной горы, не для одного острова, не для одного моря и даже не для одной земли, а для многих таких же планет, как и земля. Все это каждый из вас мог бы понять, если бы смотрел вверх на небо, а не себе под ноги и не думал бы, что солнце светит только для одного него или для одной его родины.

Так сказал мудрый кормчий, много ездивший по свету и много смотревший вверх на небо.

— Да, заблуждения и несогласия людей в вере — от самолюбия,— продолжал китаец, ученик Конфуция. — Что с солнцем, то же и с богом. Каждому человеку хочется, чтобы у него был свой особенный бог или, по крайней мере, бог его родной земли. Каждый народ хочет заключить в своем храме того, кого не может объять весь мир.

И может ли какой храм сравниться с тем, который сам бог построил для того, чтобы соединить в нем всех людей в одно исповедание и одну веру?

Все человеческие храмы сделаны по образцу этого храма — мира божия. Во всех храмах есть купели, есть своды, светильники, образа, надписи, книги законов, жертвы, алтари и жрецы. В каком же храме есть такая купель, как океан, такой свод, каков свод небесный, такие светильники, каковы солнце, луна и звезды, такие образа, каковы живые, любящие, помогающие друг другу люди? Где надписи о благости бога, столь же понятные, как те благодеяния, которые повсюду рассеяны богом для счастия людей? Где такая книга закона, столь ясная каждому, как та, которая написана в его сердце? Где жертвы, подобные тем жертвам самоотречения, которые любящие люди приносят своим ближним? И где алтарь, подобный сердцу доброго человека, на котором сам бог принимает жертву?

Чем выше будет понимать человек бога, тем лучше он будет знать его. А чем лучше будет знать он бога, тем больше будет приближаться к нему, подражать его благости, милосердию и любви к людям.

И потому пусть тот, который видит весь свет солнца, наполняющий мир, пусть тот не осуждает и не презирает того суеверного человека, который в своем идоле видит только один луч того же света, пусть не презирает и того неверующего, который ослеп и вовсе не видит света.

Так сказал китаец, ученик Конфуция, и все бывшие в кофейной замолчали и не спорили больше о том, чья вера лучше.

Франсуаза

I

3 мая 1882 года из Гавра отплыл в китайские моря трехмачтовый корабль «Богородица-Ветров». Он сдал свой груз в Китае, взял там новый груз, отвез его в Буэнос-Айрес и оттуда повез товары в Бразилию.

Переезды, повреждения, починки, затишья по нескольку месяцев, ветры, сгонявшие корабль далеко с дороги, морские приключения и несчастия задерживали его так, что он четыре года проплавал по чужим морям и только 8 мая 1886 года пристал к Марселю с грузом жестяных ящиков с американскими консервами.

Когда вышел корабль из Гавра, на нем были капитан, его помощник и четырнадцать матросов. Во время путешествия один матрос умер, четыре пропали при разных приключениях и только девять воротились во Францию. Вместо выбывших матросов на корабле наняли двух американцев, одного негра и одного шведа, которого нашли в одном кабачке в Сингапуре.

На корабле подобрали паруса и завязали на мачте крест-накрест снасти. Подошел буксирный пароход и, пыхтя, потащил его на линию кораблей. Море было тихо, у берега еле-еле плескался остаток зыби. Корабль вошел в линию, где стояли вдоль набережной бок о бок корабли из всех стран света, и большие, и малые, всяких размеров, форм и оснасток. «Богородица-Ветров» стала между итальянским бригом и английскою галеттой, которые потеснились, чтобы дать место новому товарищу.

Как только капитан разделался с таможенными и портовыми чиновниками, он отпустил половину матросов на всю ночь на берег.

Ночь была теплая, летняя. Марсель был весь освещен, на улицах пахло едой из кухонь, со всех сторон слышались говор, грохот колес и веселые крики.

Матросы с корабля «Богородица-Ветров» месяца четыре не были на суше и теперь, сойдя на берег, робко, по двое шли по городу, как чужие, отвыкшие от городов люди. Они осматривались, обнюхивая улицы, ближайшие к пристани, как будто чего-то искали. Четыре месяца они не видали женщин, и их мучала похоть. Впереди их шел Селестин Дюкло, здоровенный парень и ловкий. Он всегда водил других, когда они сходили на берег. Он умел находить хорошие места, умел и отделаться, когда надо было, и не ввязывался в драки, что частенько бывает с матросами, когда они сходят на берег; но если драка завязывалась, то он не отставал от товарищей и умел постоять за себя.

Долго матросы толкались по темным улицам, которые, как стоки, все спускались к морю и из которых несло тяжелым запахом подвалов и чуланов. Наконец Селестин выбрал один узкий переулок, в котором горели над дверями выпуклые фонари, и вошел в него. Матросы, зубоскаля и напевая, шли за ним. На матовых раскрашенных стеклах фонарей были выписаны огромные цифры. Под низкими потолками дверей сидели на соломенных стульях женщины в фартуках; они выскакивали при виде матросов и, выбегая на середину улицы, загораживали им дорогу и заманивали каждая в свой притон.

Иной раз в глубине сеней нечаянно распахивалась дверь. Из нее показывалась полураздетая девка в грубых бумажных обтянутых штанах, в коротенькой юбке и в бархатном черном нагруднике с позолоченными позументами. «Эй, красавчики, заходите!»— звала она еще издали и иногда выбегала сама, цепляясь за кого-нибудь из матросов и тащила его изо всех сил к дверям. Она впивалась в него, как паук, когда он волочит муху сильнее себя. Парень, размякший от похоти, упирался слабо, а остальные останавливались и смотрели, что будет; но Селестин Дюкло кричал: «Не здесь, не заходи; дальше!» И парень слушался его голоса и силой вырывался у девки. И матросы шли дальше, провожаемые бранью рассерженной девки. На шум вдоль всего переулка выскакивали другие, накидывались на них и хриплыми голосами нахваливали свой товар. Так они шли все дальше и дальше. Изредка попадались им навстречу то солдаты, стучавшие шпорами, то поодиночке мещанин или приказчик, пробиравшиеся в знакомое место. В других переулках светились такие же фонари, но матросы шли дальше и дальше, шагая через вонючую жижу, сочившуюся из-под домов, полных женскими телами. Но вот Дюкло остановился около одного дома получше других и повел туда своих ребят.

II

Матросы сидели в большой зале трактира. Каждый из них выбрал себе подругу и уж не расставался с ней весь вечер: такой был обычай в трактире. Три стола были сдвинуты вместе, и матросы прежде всего выпили вместе с девками, потом они поднялись и пошли с ними наверх. Долго и громко стучали толстые башмаки двадцати ног по деревянным ступенькам, пока они все ввалились через узкие двери и разбрелись по спальным комнатам. Из спальных комнат они сходили опять вниз пить, потом опять шля наверх.

Гульба шла вразвал. Все полугодовое жалованье пошло за четыре часа разгула. К одиннадцати часам они все были уже пьяны и с налитыми кровью глазами несвязно кричали, сами не зная что. У каждого на коленях сидела девка. Кто пел, кто кричал, кто стучал кулаком по столу, кто лил себе в глотку вино. Селестин Дюкло сидел среди товарищей. Верхом у него на колонке сидела крупная, толстая, краснощекая девка. Он выпил не меньше других, но не был еще совсем пьян; у него в голове бродили кое-какие мысли. Он разнежился и искал, о чем бы заговорить с своею подругой. Но мысли приходили ему и тотчас же уходили, и он никак не мог поймать их, вспомнить и высказать.

Он смеялся и говорил:

— Так, так-то... так-то... И давно уж ты здесь?

— Шесть месяцев,— отвечала девка.

Он кивнул головой, как будто одобрил ее за это.

— Ну что же, и хорошо тебе?

Она подумала.

— Привыкла,— сказала она. — Надо же как-нибудь. Все же лучше, чем в прислугах или прачках.

Он одобрительно кивнул головой, как будто и за это он одобрял ее.

— И ты не здешня?

Она покачала головой в знак того, что не здешня.

— Дальняя?

Она кивнула.

— А откуда?

Она подумала, как будто припомнила.

— Из Перпиньяна я,— проговорила она.

— Так, так,— проговорил он и замолчал.

— А ты что же, моряк? — спросила теперь она.

— Да, моряки мы.

— Что ж, далеко были?

— Да не близко. Всего насмотрелись.

— Пожалуй, и вокруг света ездили?

— Не то что раз, чуть не два раза объехали.

Она как будто раздумывала, припоминая что-то.

— Я чай, много встречали кораблей? — сказала она.

— А то как же.

— Не попадалась вам «Богородица-Ветров»? Такой корабль есть.

Он удивился, что она назвала его корабль, и вздумал пошутить.

— Как же, на прошлой неделе встретили.

— Правду, в самом деле? — спросила она и побледнела.

— Правду.

— Не врешь?

— Ей-богу,— побожился он.

— Ну, а не видал ты там Селестина Дюкло? — спросила она.

— Селестина Дюкло? — повторил он и удивился и испугался даже. Откуда могла она знать его имя?

— А его разве знаешь? — спросил он.

Видно было, что и она чего-то испугалась.

— Нет, не я, а женщина тут одна его знает.

— Какая женщина? Из этого дома?

— Нет, тут поблизости.

— Где же поблизости?

— Да недалеко.

— Кто же она такая?

— Да просто женщина, такая же, как я.

— А зачем же он ей нужен?

— Почем же я знаю. Может, землячка его.

Они пытливо смотрели прямо в глаза друг другу.

— Хотелось бы мне повидаться с этой женщиной,— сказал он.

— А зачем? Сказать что хочешь?

— Сказать...

— Что сказать?

— Сказать, что видел Селестина Дюкло.

— А ты видел Селестина Дюкло? И жив он, здоров?

— Здоров. А что?

Она замолчала, опять собираясь с мыслями, и потом тихо сказала:

— А куда же идет «Богородица-Ветров»?

— Куда? В Марсель.

— Правду?! — вскрикнула она.

— Правду.

— И ты знаешь Дюкло?

— Да ведь сказал, что знаю.

Она подумала.

— Так, так. Это хорошо,— тихонько сказала она.

— Да зачем он тебе?

— А коли увидишь его, ты ему скажи... Нет, не надо.

— Да что?

— Нет, ничего.

Он смотрел на нее и тревожился все больше и больше.

— Да ты-то знаешь его? — спросил он.

— Нет, не знаю.

— Так зачем же он тебе?

Она, не отвечая, вдруг вскочила и побежала к конторке, за которой сидела хозяйка, взяла лимон, разрезала его, надавила соку в стакан, потом налила туда воды и подала Селестину.

— На, выпей-ка,— сказала она и села, как и прежде сидела, ему на колени.

— Это зачем? — спросил он, взяв от нее стакан.

— Чтоб хмель прошел. Потом скажу. Пей.

Он выпил и утер рукавом губы.

— Ну, говори, я слушаю.

— Да ты не скажешь ему, что меня видел, не скажешь, от кого слышал то, что скажу?

209

— Ну хорошо, не скажу.

— Побожись!

Он побожился.

— Ей-богу?

— Ей-богу.

— Так ты ему скажи, что его отец умер и мать померла, брат тоже помер. Горячка была. В один месяц все трое померли.

Дюкло почувствовал, что вся кровь его стеснилась у сердца. Несколько минут просидел он молча, не зная, что сказать, потом выговорил:

— И ты верно знаешь?

— Верно.

— Кто ж тебе сказал?

Она положила руки ему на плечи и посмотрела прямо в глаза.

— Побожись, что не разболтаешь.

— Ну, побожился. Ей-богу.

— Я сестра ему.

— Франсуаза! — вскрикнул он.

Она пристально посмотрела на него и тихо-тихо пошевелила губами, почти не выпуская слов:

— Так это ты, Селестин!!

Они не шевелились, замерли, как были, смотря в глаза друг другу.

А вокруг них остальные орали пьяными голосами. Звон стаканов, стук ладонями и каблуками и пронзительный визг женщин перемешивались с гамом песен.

— Как же это так? — тихо, так тихо, что даже она едва-едва разобрала его слова, проговорил он.

Глаза ее вдруг налились слезами.

— Да так, померли. Все трое в один месяц,— продолжала она. — Что ж мне было делать? Осталась я одна. В аптеку да к доктору, за похороны троих... продала, что было вещей, расплатилась и осталась в чем была. Поступила в прислуги к барину Кашо... помнишь, хромой такой? Мне только что пятнадцать лет минуло, мне ведь и четырнадцати еще не было, когда ты-то уехал. С ним согрешила... Дура ведь наша сестра. Потом в няньки поступила к нотариусу, он тоже. Сначала взял на содержание, жила на квартире. Да недолго. Бросил он меня, я три дня не евши жила, никто не берет, и поступила вот сюда, как и прочие.

Она говорила, и слезы ручьем текли у ней из глаз, из носа, мочили щеки и вливались в рот.

— Что ж это мы наделали! — проговорил он.

— Я думала, и ты тоже умер,— сказала она сквозь слезы. — Разве это от меня,— прошептала она.

— Как же ты меня не узнала? — так же шепотом сказал он.

— Я не знаю, я не виновата,— продолжала она и еще пуще заплакала.

— Разве я мог узнать тебя? Разве ты такая была, когда я уехал? Ты-то как не узнала?

Она с отчаянием махнула рукой.

— Ах! я их столько, этих мужчин, вижу, что они мне все на одно лицо.

Сердце его сжималось так больно и так сильно, что ему хотелось кричать и реветь, как маленькому мальчику, когда его бьют.

Он поднялся, отстранил ее от себя и, схватив своими большими матросскими лапами ее голову, пристально стал вглядываться в ее лицо.

Мало-помалу он узнал в ней, наконец, ту маленькую, тоненькую и веселенькую девочку, которую он оставил дома с теми, кому она закрыла глаза.

— Да, ты Франсуаза! сестра! — проговорил он, И вдруг рыдания, тяжелые рыдания мужчины, похожие на икоту пьяницы, поднялись в его горле. Он отпустил ее голову, ударил по столу так, что стаканы опрокинулись и разлетелись вдребезги, и закричал диким голосом.

Товарищи его обратились к нему и уставились на него.

— Вишь, как надулся,— сказал один.

— Будет орать-то,— сказал другой.

— Эй! Дюкло! Что орешь? Идем опять наверх,— сказал третий, одной рукой дергая Селестина за рукав, а другой обнимая свою хохотавшую, раскрасневшуюся, с блестящими черными глазами подругу в шелковом розовом открытом лифе.

Дюкло вдруг замолк и, затаив дыхание, уставился на товарищей. Потом с тем странным и решительным выражением, с которым, бывало, вступал в драку, он, шатаясь, подошел к матросу, обнимавшему девку, и ударил рукой между им и девкой, разделяя их.

— Прочь! разве не видишь, она сестра тебе! Все они кому-нибудь да сестры. Вот и эта, сестра Франсуаза. Ха-ха-ха-ха!.. — зарыдал он рыданиями, похожими на хохот, и он зашатался, поднял руки и грянулся лицом на пол, и стал кататься по полу, колотясь о него и руками и ногами, хрипя, как умирающий.

— Надо его уложить спать,— сказал один из товарищей,— а то как бы на улице не засадили его.

И они подняли Селестина и втащили наверх в комнату Франсуазы и уложили его на ее постель.

Кто прав?

Была половина октября. К земскому начальнику в одном из черноземных уездов заехала по дороге в Петербург, где она обыкновенно проводила зиму, сестра его жены с мужем и дочерью. Они приехали в двенадцать и теперь, в третьем часу, после поданного им не в урочное время чая, ожидая обеда, сидели все порознь, мужья, жены и дети, по отдельным комнатам.

Приезд сестры был не совсем удобен для жены земского начальника только тем, что почти совпал с днем, назначенным земским начальником для псовой охоты в его лесу. Еще с ранней осени важный князь, большой охотник, державший большую охоту в том же уезде и участке, просился в места земского начальника, и нельзя было отказать, и вот нынче, в тот же день, как приехал свояк, приходила охота, и должен был приехать сам князь.

Охота пришла, но князя еще не было, и было неизвестно даже, приедет ли он или нет и если приедет, то останется ли ночевать или только проведет вечер.

Мужчины были в кабинете. Хозяин, подвижный, красивый, элегантный сложением и манерами мужчина, с густой шапкой волос, зачесанных кверху, и маленькой бородкой, ходил взволнованно по ковру кабинета из угла в угол и, не бросая папироски, горячо говорил.

Гость-свояк, пухлый, тяжелый человек с расплывающимся в кресле телом, сидел у письменного стола, поглаживая прорезной слоновый нож, и, иронически улыбаясь глазами, возражал сдержанным тоном. Между свояками не было любви, и каждый, говоря про другого, должен был удерживаться, чтобы не говорить все худое, которое так и просилось на ум. Казалось бы, делить им было нечего, и, в сущности, оба были совершенно одинакового мира, воспитания и воззрений на мир. Оба были помещики (приезжий, Владимир Иванович Спесивцев, был только более богат, чем земский начальник, Анатолий Дмитриевич Лыжин). Оба служили: приезжий — в Петербурге, в министерстве государственных имуществ, занимая место члена совета, хозяин — земским начальником в голодающей губернии. Оба были либеральны, индифферентны в религиозном отношении, оба считали необходимым соблюдать decorum[134] и не выделяться от других. Оба жили внешним образом хорошо с своими женами, оба были отцами семейств: у Владимира Ивановича было два

---

134. лат. decorum — внешнее приличие.

сына — в пажеском корпусе и правоведении — восемнадцати и тринадцати лет, и дочь Вера, шестнадцати лет, которая теперь была вместе с ними за границей и вместе с ними возвращалась; у Анатолия Дмитриевича была старшая дочь пятнадцати лет и три мальчика. Спорить им, казалось, было не о чем, а между тем надо было им делать усилия над собой, чтобы соглашаться, о каком бы предмете ни заговорили.

— Совсем нет. Я признаю в принципе,— говорил Анатолий Дмитриевич,— что выборное начало более обеспечивает общество, но тут вопрос другой, тут вопрос о том в данном случае, имею ли я право отказаться, дав возможность крепостнику-негодяю занять это место и сечь мужиков.

— Да какое же это признание выборного начала, когда вы занимаете место, заменившее выборное, и вступаете в него по назначению? — сказал Владимир Иванович.

— Законы пишу не я.

— Я, признаюсь, не могу допустить,— тихо улыбаясь, отвечал Владимир Иванович,— чтобы... — он хотел сказать: «уважающий себя человек», но замялся,— чтобы человек в наши времена мог толковать о том, например, сечь или не сечь, то есть стегать березовыми лозами по пояснице взрослых людей и отцов семейств. Есть такие дела, которые нужно не брать на себя...

— Нет, должно,— возвышая голос, сказал Анатолий Дмитриевич. Его раздражило и это умолчание, и смысл самой речи, и более всего эта манера Владимира Ивановича спокойно острить. Когда Владимир Иванович говорил о хлестании березовыми лозами, он открыл уже рот, чтобы сказать неприятное, но, вспомнив, что он хозяин и тот только что приехал, сдержался и, подойдя к столу, напряженно давил в раковине-пепельнице окурок папиросы. — Нет, должно. Не должно белоручничать. Я знаю, что должно, потому что знаю, что делаю это не для себя.

Он вспомнил в это время о жалованье, которое было очень нужно ему, и еще более рассердился и даже вошел в пафос.

— Если бы мы все отступились, то все места заняли бы разные негодяи, и погибло бы все сделанное в шестидесятых годах. Нет, Владимир Иванович, не будемте говорить лучше.

— Ну, не будемте,— спокойно улыбаясь, сказал Владимир Иванович,— это покойнее,— и положил ножик. — Какой славный этот лось у вас,— сказал он, указывая на выделанную голову.

— Да, я это убил прошлого года. — И сейчас же вспомнилось Анатолию Дмитриевичу опять неприятное, то, что Владимир Иванович ничего не понимал в охоте и смеялся над ней. В это время вошел лакей и принес конверт из земства. Анатолий Дмитриевич распечатал.

— Позовите Петра Семеновича. Да нет, я сам пойду,— сказал он, подумав о том, как приятно избавиться от tête-à-tête[135] [2] со свояком. — Извините, Владимир Иванович. — И он вышел.

Владимир Иванович, как только ушел Анатолий Дмитриевич, тотчас же перестал улыбаться глазами. Он, очевидно, делал это, только чтобы дразнить своего свояка, и стал серьезно смотреть перед собой. «А впрочем, что мне за дело? — подумал он. — Не люблю только эту важность и этот пошлый либерализм, шестидесятые годы. Il s'en soucie comme de l'an quarante[136] [3]. И куда она могла их деть?» — стал он думать о ящике сигар, которые он помнил, что он отдал жене, но которых нигде не оказалось. Вспомнил он при этом про жену, как она настояла-таки, чтобы заехать к сестре. «Она решительно стала особенно молодиться после Рима и этого дурацкого Ордини. А препротивно... Что же не зовут к обеду? Пора бы! Едва ли будет хороший обед! Россея! » И, как всегда, ему стало тяжело, как всегда бывало, когда он оставался один с собою. Он поспешно встал и взял книжку со стола. Это был календарь. Он перелистовал и стал читать некролог неизвестного ему генерала.

«Противное существо! — думал Анатолий Дмитриевич, идя по коридору. — То есть не противное. Он ничего, но мне тяжело с ним. Какой-то тон снисходительный, всезнающий. Не могу с ним. Эта самоуверенность. Надеюсь, ненадолго. Ну, да бог с ним».

— Анатоль, это ты? — окликнула его жена из двери своей комнаты, мимо которой он проходил. Он остановился. Маленькая миловидная женщина с ямочками и улыбками в глазах и губах и вьющимися вокруг головы волосами высунулась к нему.— Что ты?

Он хотел войти к ней.

— Не входи, Маня раздета.

— Что ты?

— Матреша (это экономка) приготовила им в угловой. А вдруг как князь останется ночевать? Пускай Владимир ляжет в кабинете. Маня со мной. Тогда угловую можно отдать князю.

Анатолий Дмитриевич поморщился.

— Князь не останется ночевать.

Варя, его жена, знала его отношения к свояку и знала, что поморщился он от мысли, что свояк будет в кабинете.

— Да ведь недолго. Ужасно ты нетерпим.

— Нисколько я не нетерпим,— с досадой пробурчал Анатолий Дмитриевич.— Вечно твои замечания.

135. фр. tête-à-tête — пребывание с глазу на глаз.

136. фр. Il s'en soucie comme de l'an quarante — Его это так же интересует, как прошлогодний снег.

— Отчего же я могу стесниться, а ты на две ночи не можешь уступить своего кабинета?

— Ах, да я не об этом. Я очень рад отдать кабинет. Я только... — и, не сказав, что́ он только, он пошел к секретарю.

В это время Матреша с двумя подсвечниками и чистым бельем, сопутствуемая мальчиком, несшим лохань и рукомойник, вышла из двери. Варвара Николаевна, стоявшая в дверях, остановила ее.

— Матреша! мы передумали. Не в угловой, а Марья Николаевна будет со мной рядом. А князю в угловой. Вы уже постелили?

— У меня все готово. Вы бы прежде сказали,— проворчала Матреша.

— Так пожалуйста.— И Варвара Николаевна ушла в дверь.

Матреша остановилась и долго стояла, Васька тоже стоял сзади.

— Куда ж нести, Матрена Петровна? — спросил он.

— В омут. Тьфу! — сказала Матрена Петровна и, повернувшись, топая, пошла назад по коридору, соображая, как все перекладывать и перестилать.

Маня, то есть приезжая Марья Николаевна, жена Владимира Ивановича, сидела в белой кофте, обшитой кружевами, перед зеркалом туалета сестры и расчесывала свои длинные еще, хотя и жидкие волосы.

— Так я и прошу его об одном,— продолжала она начатый разговор с младшей сестрой,— чтобы он сам вел хозяйство, если он находит, что я много расходую. Ведь это невозможно.

Варвара Николаевна ничего не сказала, но подумала, что Владимир прав, потому что она знала непрактичность и способность увлекаться своей сестры.

— Так ты и отдай ему.

— Ах! Это невозможно. Мы пробовали. Начинается такая мелочность, такое économie de bouts de chandelles...[137] и потом ни мне, ни Вере,— Вера была ее шестнадцатилетняя дочь,— невозможно за каждой мелочью ходить к нему.

— A Вера est dépensière?[138]

— Нет, не очень. Но, как все девочки, не знает цены деньгам. Просила лошадь верховую, потому что у Лили есть. А в Ницце держать лошадь, ты знаешь, что это стоит, грума, ça coûte les yeux de la tête[139].

— А что, Лили все не выходит замуж? — спросила Варвара Николаевна,— и Марья Николаевна, не замечая того, что они говорили о совсем другом, тотчас же начала рассказывать про Лили, про ее кокетство и про то, отчего она не выходит замуж. При этом Варвара Николаевна

---

137. фр. économie de bouts de chandelles... — мелочная экономия...

138. фр. est dépensière? — мотовка?

139. фр. ça coûte les yeux de la tête — это стоит чересчур дорого.

рассказала про себя, про то, что Марья Николаевна давно знала, что она совсем не хотела выходить замуж и что теперь часто говорит это Анатолю. На что Марья Николаевна заметила, что они все ужасно глупы и непоследовательны, и хотела рассказать о случае непоследовательности, но Варвара Николаевна привела свои более сильные примеры непоследовательности своего мужа.

— Да, это они все,— сказала Марья Николаевна, отыскивая рукой черепаховую шпильку. Варвара Николаевна подала ей ее и спросила, так ли всё носят волосы. Вследствие чего разговор перешел на прически.

«Ужасно frivole [140] »,— думала Варвара Николаевна, когда Марья Николаевна сняла кофту и стала надевать на туго стянутый корсет слишком, по мнению Варвары Николаевны, нарядное платье vert bouteille [141] с бархатной отделкой. «Как она молодится! — думала Варвара Николаевна.— А она на три года старше меня». Марья Николаевна видела, что Варя замечает и не одобряет ее туалета, и сама о ней подумала, что она слишком опустилась. «Эта кофточка бумазейная и не свежая. А муж ее молод». И эта филиация мыслей привела ее к тому, чтобы спросить ее о нём.

— Ну, а как Анатоль, не тяготится деревенской жизнью?

— Нет, но только этот год нынешний такая бездна дел, от этого голода. Я почти не вижу его. Это теперь особенное счастье, что вы застали его.

— Ну, а что же, правда, голод? За границей пишут ужасы, коллекты[142] делают. Мне кажется, что преувеличенно.

— Спроси у Анатоля. Он говорит, что нет. Да, я вижу, иногда приходят люди.— И Варвара Николаевна вспомнила об оборванной женщине с сумой, в разбитых лаптях, которая нынче утром встретилась ей у людской, и это воспоминание навело ее на обувь.— Я думаю, ты привезла кучу ботинок и туфель. Заграничные так хороши. Я позволяю себе эту роскошь.

— Да, я привезла много. Хочешь, я тебе уступлю? Тебе ведь впору мои?

— Не совсем — широки,— сказала Варвара Николаевна, никогда не пропускавшая без возражения попытки Марьи Николаевны утверждать, что у них ровные ноги.— Не впору, но носить могу. Что же, вещи приехали?

— Вероятно, я спрошу. Да ведь ты готова?

— Пойдем. Скоро обедать. Я думаю, ты голодна?

---

[140]. фр. frivole — легкомысленно.

[141]. фр. vert bouteille — бутылочного цвета.

[142]. сборы пожертвований (от франц. collecte).

Так беседовали старшие. Между тем в комнате рядом с детской, отведенной для Веры, шли свои разговоры между свидевшимися двоюродными. Вера, стройная, румяная, с блестящими глазами и зубами и такими же, как у тетки, вьющимися волосами, в модном, но простом платье, сидела на диване, окруженная всеми четырьмя старшими Лыжиными, и вела беседу с самой старшей девочкой, кузиной, пятнадцатилетней Сашей, которая сидела рядом с ней и не спускала с нее влюбленных глаз и не обнимала ее, очевидно, только потому, что Вере это могло не понравиться.

В таком же точно положении находился и второй — одиннадцатилетний черноглазый, поэтического вида мальчик Миша, и в еще более ошалевшем от влюбленности состоянии находился третий — толстый белокурый широкорожий бутуз Вася, с блестящими узкими серыми глазенками, ни на минуту не спускавшимися с лица и рта говорившей кузины. Только пятилетний Анатолий Анатолиевич, сидевший у Веры на коленях, очевидно не был восхищен так же, как остальные. Он был совершенно равнодушен и не понимал, из чего они так волновались. Ну, кузина, ну, Вера, ну, держит на коленях, ну, колени такие же, как у няни. Платье на груди атласное и часы. Это хорошо. Но все-таки ничего особенного, и, главное, ничего этого есть нельзя, а уже пора.

Атмосфера обожания, в которой она себя чувствовала, возбуждала Веру. Она и была из тех, которые особенно чутки и легко возбуждаются восхищением людей, да и избалована она была этим и любила это, и теперь ей было очень хорошо. Она видела, что ей восхищаются. И от этого она всей душой любила теперь этих милых детей. А дети чувствовали, что она любила их, и от этого еще больше восхищались и т. д. Круг был замкнут, и любовного электричества набиралось все больше и больше.

Вера рассказывала им про то, как в Италии она один раз отняла собаку у мальчиков, которые мучали ее.

— Как же они перестали? — спросил неожиданно Вася, широкорожий белокурый бутуз.

Вера оглянулась на него, и все оглянулись на него, и бутуз начал краснеть, краснеть. Казалось, нельзя было больше покраснеть, но кровь еще и еще приливала, и сырость начинала выступать у него на лбу и в глазах. Он сидел не шевелясь, только вжимая шею в плечи, очевидно чувствуя, что при малейшем движении он погибнет.

— Да, разумеется, Вера сказала, чтобы они перестали, они и перестали,— с несомненным убеждением того, что приказания Веры никто в мире не мог ослушаться, сказала Саша.

Вера поспешила отвести глаза от погибающего от конфуза бутуза и продолжала разговор.

— Ну, барышня, они с вами и время забыли,— сказала няня, входя. — Пожалуйте, Анатолий Анатольич. Мамаша приказали гулять.

Вошла и швейцарка за детьми. Но все дети с досадой отворачивались от швейцарки, держась за Веру, и, чтобы ни на минуту не нарушать близость с нею, только с ней пошли в сад. Швейцарка с упреком и досадой посмотрела на Веру, не только отвлекшую от нее детей, но вызывавшую даже недоброжелательность к ней.

В это время в кухне шло сильное волнение и напряженная работа.

— А кто его знал, что они приедут. Мне только нынче сказали,— говорила Матрена Петровна, облокотившись на шкап и куря папиросу.

— Какое же жаркое будет, коли сейчас убить, сейчас зажарить,— говорил повар в куртке и колпаке,— да и то нет.

— Как нет? Вот эту у бабы возьми, а своих двоих ловят.

— Ну, давай ее сюда,— сказал повар бабе, державшей курицу.

— Вы уж, Матрена Петровна, прибавьте пятачок.

— Ну давай сюда.

Повар взял курицу и нож и, отхватив ей голову, бросил ее на пол, где она начала прыгать, обливая кирпичи пола кровью.

— Что ж он своих не несет? Евдоким! — крикнул он и вышел из кухни.

Недалеко от кухни, у сиреневого куста, малый, мужик, подходил, расставив руки, к двум курицам, одной белой и другой черной, которые, подрагивая ожерельями, ходили у куста. Кухарка, держа передник, шла с одной стороны.

— Ну чего же вы? — сказал повар, и, как только он сказал это, кухарка со всех ног бросилась прямо на черную курицу. Куры поняли, что дело касается их, и пустились бежать. Малый побежал наперерез и чуть было не догнал, но, увидав его, куры прибавили шагу и, миновав его, быстро отделились от кухарки. Они пробежали сквозь сиреневый куст и подбежали к забору. Малый бежал за ними; но куры отделялись все дальше и дальше. Малый стал отставать, и тогда кухарка сменила его. Уменьшившие было ход куры, увидав кухарку, отчаянно закудахтали и опять побежали шибче, шибче, так что за ними, казалось, не поспевали крепкие серые вытянутые ноги. Кухарка гналась за ними. Они опять обежали сиреневый куст, и опять кухарка остановилась. Она не могла бежать дальше и, ухватившись за грудь, тяжело дышала. Малый тотчас же сменил ее.

— Не давай ей отдыхать, пуще всего не давай отдыхать! — кричала кухарка. Малый бежал, стуча сапогами.

— Петрович! Хоть бы вы подсобили! Петрович! — обратилась кухарка к повару, когда куры опять были подогнаны к забору.

Повар улыбнулся, но, в то время как куры загибали назад у забора, он вдруг кинулся на черную курицу, перехватил ее, загнал в угол забора и, несмотря на отчаянный крик ее и всплеск крыльев, ухватил ее и торжественно поднял.

— Вот как командуют, а вы что без толку гоняете.

Упрек повара подействовал. Кухарка и малый заложились за белой курицей и, сменяясь и не давая ей отдыхать, загнали ее опять в сиреневый куст, и там кухарка, расставив руки, поймала и ее. И эти также были зарезаны. А зарезанная прежде уже щипалась малым на столе.

— Да уж вы возьмите, Матрена Петровна, отпустите, что ль. Баранчик, право, хорош,— говорил длинный мужик в разорванном на плече и подпоясанном обрывком зипуне, который с раннего утра стоял на дворе у телеги, на которой лежал связанный баран.

Матрена Петровна бросила папироску.

— Некогда сказать ей. Все заняты с гостями. Пойду еще скажу.

— Тц, тц,— пощелкал языком мужик.— Известное дело. Кабы не нужда. Мне б что? А то корову проел! Вот последнюю проем,— говорил мужик, обращаясь к лакею, пришедшему с ведром к водяной бочке.

— А что ж, почем мука?

— Надысь была шесть гривен.

— Руб шесть гривен.

— Да уж рубль-то мы не говорим. Овцу на пуд сменяешь. А надолго ли? Семь душ.

— Да, беда. А ты откуда?

— Да мы ближние, из Телятинок.

— Так. — Лакею не хотелось идти в дом. — Это у вас, значит, охота собирается?

— Должно, у нас. Вечор по нашей деревне шли, шли, ровно полк. Этих собак, братец ты мой, как стадо. А сам бравый, золото так и горит.

— Это княжеские-то? — спросил лакей.

— А то чьи ж? Яго.

— Сам-то он где?

— Сказывали, в Покровском стал.

— Тоже к нам ожидают,— оказал лакей.

— О-о-о! — сказал мужик полуодобрительно, полуудивленно.

Лакей хотел что-то поговорить, но его кликнули, и он убежал.

Мужик дождался-таки. Барана взяли. Мужик сам зарезал его в сарае, снял с него овчину и, шлепнув ее в ящик телеги, стал дожидаться денег.

В шесть часов из кур были сделаны котлеты, баранина зажарена, и обед готов.

За столом было две четы, Вера, четверо детей, швейцарка и русский учитель, воспитанник духовной академии, живший в доме. Разговор завязался общий — о погоде, о музыке, о тете Насте, об экскурсиях в горы.

Все, кроме детей, гувернантки и учителя, участвовали в нем. Центром разговора была Вера. Она очевидно кокетничала и с детьми, и с теткой, и с дядей Анатолием Дмитриевичем, у которого губы морщились в улыбку, когда он, глядя на нее, говорил с ней, и даже с учителем, молчание которого и постоянно устремленные на нее, тоже восхищенные взгляды беспокоили ее. Ей нужно было знать, что и он покорен. И она изредка взглядывала на него, как бы поверяя, тут ли он и пойман ли так же, как другие.

Недовольна ей была только Варвара Николаевна, которая, заметив впечатление, какое она производила на ее мужа, особенно ласково улыбалась ей, чтобы скрыть свое недоброжелательство, и особенно недовольна, до ненависти, была ею швейцарка, которая осудила в ней все — от серег до произношения.

И действительно, Вера была не совсем натуральна, она сама чувствовала это, но не могла изменить того тона, в который попала, и при том подъеме духа, в котором она находилась. Она рассказывала, например, про свои экскурсии с отцом и о том, как она с ним обходилась, как с ребенком, одевала, кормила его.

— А то папа все забудет,— и т. д. Это было не совсем натурально, а было что-то «милашное», как называли ее братья, сентиментальность, но не могла удержаться.

В середине обеда вбежал с испугом лакей, объявив, что князь приехал в коляске.

— Ну, хорошо. Что ж ты, как шальной, бежишь? Проси,— с досадой сказал Анатолий Дмитриевич и пошел навстречу князю. Так же как лакею не надо было бегать, так и хозяину не надо было замечать этого.

Вошел князь, молодой, красивый человек. Ему всех представили, дали чаю. Он беседовал с дамами о погоде и охоте и поглядывал на Веру. Нельзя было этого не делать, когда она была в комнате и улыбалась. А она не только улыбалась, но смеялась с детьми своим бодрым, густым и заразительным смехом.

Через два часа, уже после обеда князя, мужик дождался денег. Он не ел с утра и, покачивая головой и вздыхая, смотрел на приготовление господского обеда. Под конец он не выдержал и попросил у кухарки хлеба.

— Кабы знать, с собой бы захватил.

— Иди похлебай,— сказала кухарка и налила ему в чашку квасу и отрезала ломоть хлеба. Поевши, он дожидал терпеливо и дождался. Вечером ему вынесли рубль восемь гривен. Он поблагодарил и, заложив соломкой окровавленную овчину, подложив под себя и отодвинув мешок, сел в телегу и потащился на своей буренькой кобыленке прямо к лавке за мукой. Князь пробыл недолго, не более часа, и, согласившись завтра съезжаться у Лисьих Переяр, распростился, особенно весело улыбаясь Вере, выражая надежду свидеться завтра и доставить ей удовольствие, и, провожаемый хозяином, вышел на крыльцо.

— Что за погода, как лето! И какая красота эти желтые листья — золото.

— Сухо только для охоты. Ну да что делать. Ждать нельзя.

Грузный кучер с задом, расширенным юбкой, проговорив: «Вперед!», тронул вожжами.

Сытая четверня вороных трехвершковых лошадей двинула, как перышко, коляску. Князь сел и уехал.

По дороге он нагнал мужика, продавшего барана. Мужик спал и не свернул лошади. Кучер присадил, взяв на время вожжи в одну руку, и ловко попал кнутом по шее мужика. Мужик встрепенулся, но не успел глаз протереть, как коляска промчалась со своим ровным топотом четверки по крепкой дороге.

— Пьяный, ваше сиятельство,— сказал кучер.

«Вот все толкуют — голод»,— подумал князь, оглядывая вершину направо от дороги, на лазу которой он станет завтра с этой хорошенькой девочкой.

На другой день состоялась охота. В семь часов Вера была уже готова и ждала Анатолия Дмитриевича, с которым она должна была ехать в тележке до места сбора охоты. Верховые лошади были уж высланы раньше. Погода была волшебная, именно волшебная. На желтых листьях, на зеленеющей траве блестел мороз. Косые лучи яркого солнца играли сквозь красно-желтые листья дубов. Воздух был свежий, бодрящий. Тележка, заложенная парой вороных кобыл, была уже подана, как Анатолий Дмитриевич на самом выезде был задержан мужиками, которые пришли по своим делам. Анатолию Дмириеричу, очевидно, было скучно это, но он остался и долго говорил с ними. Вера слушала. Дело шло о кадушке. Баба и мужик горячо спорили. Вера в амазонке, с хлыстом, волнуясь, дожидалась.

— Да ты бы напилась чаю.

— Я пила.

Наконец мужик последний отвалился. Она вспомнила, как матери ставили пиявки и как они отваливались.

Анатолий Дмитриевич сел, взял вожжи, и они поехали по глянцевитой, гладкой, с отпечатками шипов, дороге по деревне, из которой несло запахом дыма, выходившего белым столбом из каждой трубы.

Весело, весело было. Все было весело. И то, как бежали лошади, и как смотрели люди, и как взлетали грачи, повороты дороги, зеленя. Все было весело.

— Скоро ли?

— Да ведь пять верст, мы и так хорошо едем.

Но вот проехали сквозной лес, весь светящийся на косых лучах. Вот послышался визг собаки и крик охотника.

Это они. Да, вот тут. Проехали лес, завернули, и вот блестящий круг. Лошади, собаки, красные шапки, галуны. Все блестит и играет и вспыхивает на солнце. Тут же и лошадь Веры и Анатолия Дмитриевича. Но не успели еще Анатолий Дмитриевич с Верой разглядеть всю эту толпу, как на пригорке показалась коляска. Это был князь.

— Вот как съехались.

— Какой день. Сухо немного.

— Вы не устанете? — И сейчас же началась игра кокетства между князем и Верой.

Очень, очень было весело. Волка не затравили, но зайцев поймали трех и скакали. И потом сидели и завтракали. И князь лежа разрезал курицу и, держа на вилке, предложил Вере.

— Puis-je vous offrir, mademoiselle, un morceau de volaille?[143] [10] — сказал он. И это было ненатурально и глупо. И, несмотря на то, что ей было очень весело, Вера заметила это. Потом князь кормил курицею же и тоже с вилки любимую собаку. Это тоже заметила Вера, особенно потому, что у дороги стояла толпа баб и ребят, выбежавших из деревни смотреть. Бежали две бабы в коротких поневах, в лаптях и в кокошниках, махая локтями, и, добежав до дороги, вдруг стали, упершись глазами в охотников.

— Не правда ли, египетское что-то есть в них? — сказал князь, и Вера согласилась.

Было очень весело.

После завтрака охотились еще и вернулись к тому помещику, у которого стоял князь. Туда приехал и Владимир Иванович за дочерью. Он остался обедать и с неудовольствием заметил, что между князем и Верой шло ненужное, неприличное даже, flirtation [144] [11]. Уже темно, при лунном свете, поехали домой. Дорогой Владимир Иванович прямо сказал дочери, что ему не нравилось ее обращение с князем. Она тотчас же согласилась, покраснела ужасно, но согласилась.

— Я не могу, папа. Мне весело, и я не могу удержаться, но он мне вовсе не нравится.

Отец успокоился.

Когда они вернулись, к чаю приехал сосед Анатолия Дмитриевича, и

---

143. фр. Puis-je vous offrir, mademoiselle, un morceau de volaille? — Могу ли я вам предложить, мадемуазель, кусочек курицы?

144. фр. flirtation — ухаживанье.

зашел разговор о положении крестьян. Анатолий Дмитриевич рассказал то, что решено было в съезде уездном и губернском, и о том, как ему неизбежно теперь заняться подробным исследованием имущественного положения крестьян. Он сказал, что это дело требует большого внимания, потому что общество находится между Сциллой и Харибдой: не дать помощи жестоко; дать тем, которые не нуждаются в ней, значит поощрять тунеядство, праздность.

— Вот вы говорите,— обратился он к Владимиру Ивановичу,— что не надо служить. Кто же бы делал это и как бы делали это?

— Я не говорю,— отвечал Владимир Иванович. — Это дело святое, и, по-моему, мы все обязаны служить помощи народу в тяжелую годину. Я первый готов бы был посвятить себя этому делу.

— Да что надо делать? — спросила Вера, которой скучно было, что разговор шел без нее.

— Делать то, чтобы ходить по дворам, узнать условия жизни, все имущественное положение каждого двора, записать.

— Так что же, я могу. Пошлите меня.

— Да ведь вы уедете послезавтра.

— А я останусь.

— Вот прелесть-то бы,— заговорили дети.

— Папа, оставь меня с тетей Варей. Тетя, возьми меня. Я буду послушна и буду работать.

Случайно сделанное предложение это сначала, как непривычное, показалось неисполнимым, но понемногу стало получать вид возможного. Через три недели проезжает тетя Настя. Она захватит тогда Веру с собой, а пока Вера будет жить здесь, будет секретарем у дяди Анатолия, будет исполнять все его поручения.

Все это представлялось Вере большой, продолжительной partie de plaisir[145].

— Завтра охота, погода чудная, а потом будем ходить с Сашей. Ведь можно Саше? Будем записывать, будем все делать, будем вместе. Ну, просто прелесть. Ура! А вы с нами будете ходить? — обратилась она к учителю. — Не правда ли?

Учитель, разумеется, был очень рад.

Отец, либеральный Владимир Иванович, был за оставление дочери у тетки. Тетка и дядя Анатолий были за, как хозяева, да и она очень мила была, так что тетя Варя пленилась ей. Против была только Марья Николаевна, мать.

«Что-то тут странное, неестественное. Что девушке делать по

---

145. фр. partie de plaisir — увеселительной прогулкой.

мужицким хатам? И неприлично, да и ничего не сделает она. Да и к чему, главное?»

Вечером между мужем и женой, родителями Веры, были продолжительные прения об этом предмете.

— Как же ты сама говорила, что Вера легкомысленна, роскошна, нет в ней серьезности. Что же может быть лучше для девушки ее лет, как узнать жизнь, увидать, как живет народ, чтобы понять всю ту роскошь, которую она имеет. Вообще это не может произвести ничего, кроме самого доброго влияния.

Владимир Иванович пересилил, и так и решено было оставить Веру на три недели у дяди. Как решено было, Владимир Иванович с женой уехали рано утром во вторник, и в тот же день Вера с учителем и Сашей пошли в обход.

Дело было в том, что за Верой была послана няня в условленный срок, три недели, но она не приехала, написала письмо очень решительное, что она не может и не хочет оставить дело, и няня вернулась одна, рассказала, что барышня совсем расстроены, с утра до вечера с бабами, похудели и стали чесаться, нашли вошь.

Это сразило Марью Николаевну. Все делали дело как люди, и княжна Д., и баронессы П. и Р., и c'était bien vu[146], а тут вдруг это какой-то азарт, желание отличиться, выделиться. И к чему? «Варенька, сестра, всегда была шальная, так и осталась. По всему видно, что она не удерживает и совсем распустила ее»,— думала Марья Николаевна.

— Вот я и говорила,— сказала Марья Николаевна мужу, употребляя самую для него неприятную и потому чаще всего ею употребляемую форму выражения: «вот я и говорила»,— что, кроме дурного, ничего не выйдет. Я всегда чувствую. Так и вышло. Я больна, но сама поеду. Я умру. Но этого я не могу. Всегда ты с своей бабьей бесхарактерной упрямством,— говорила она, не согласуй родов от волнения. — Если уж до того дошло, что она вся в мерзости. Я выговорить-то не могу. Со мной дурно сделалось, когда я раз увидела его. Вся твоя грубая натура.

Владимир Иванович хотел вставить свое слово, полагая, что разговор уж достаточно отклонился, но еще было рано,— как в магазинном ружье, один заряд, вылетая, давал место другому.

— Да позволь,— только сказал он.

— Да я уж знаю, что когда ты говоришь, то все должны слушать и любоваться твоим красноречием. Но у меня не красноречие, а материнское сердце, которое ты измучал... измучал. Единственная дочь, которую я блюла от всякой грязи, от всего подлого, и вдруг ты ее бросаешь нарочно в самую грубую, низменную среду.

---

146. фр. c'était bien vu — к этому относились сочувственно.

— Да ведь твоя же... — сестра, он хотел сказать.

— Нет, твоя фантазия была. Все это хорошо, но когда это искренно, а все это фальшь, которую ты напустил. Если ты так жалеешь, отдай им весь урожай. Что, небось не хочешь,— говорила она, совершенно забыв о том, как она пилила его за то, что он распорядился дать по пуду на бедные дворы своей деревни.

Он хотел сказать, что он готов бы и больше сделать.

— Неправда, все притворство, либеральничанье,— продолжала она колоть его в самые больные места, как пчела в глаза. — И то, что ты дал, всем хвастаясь, ты дал, потому что я настояла.

«Боже мой, как может врать эта женщина!»— думал про себя Владимир Иванович. Наконец все заряды магазинного ружья были выпущены и новые не вложены еще, и Владимир Иванович успел сказать то, что хотел.

Беспокоиться не о чем. Что няня рассказывала, что на ней нашли три паразита, то это еще не ужасное несчастье. А что она увлеклась и перешла в крайность, то это понятно. Но беды пет. Комитет хотел посылать для раздачи помощи, он может предложить себя, его пошлют, и он привезет ее. Вот и все.

Как предложил Владимир Иванович, так и было решено, и через три дня он с поручением от комитета поехал к дочери.

В Краснове у Лужиных среди молодого поколения шла страшная работа: не столько внешняя — хождения по крестьянским деревням и избам (хотя и этой было много), сколько внутренняя: перестановка всех оценок доброго и злого.

Карма[147]

Посылаю вам переведенную мною из американского журнала «Open Court» буддийскую сказочку под заглавием «Карма». Сказочка эта очень понравилась мне и своей наивностью, и своей глубиной. Особенно хорошо в ней разъяснение той, часто с разных сторон в последнее время затемняемой истины, что избавление от зла и приобретешь блага

---

[147]. «Карма» есть буддийское верование, состоящее в том, что не только склад характера каждого человека, но и вся судьба в этой жизни есть последствие его поступков в предшествующей жизни и что добро или зло нашей будущей жизни точно так же будет зависеть от тех наших усилий избежать зла и совершения добра, которые мы сделали в этой. (Прим. Л. Н. Толстого).

добывается только своим усилием, что нет и не может быть такого приспособления, посредством которого, помимо своего личного усилия, достигалось бы свое или общее благо. Разъяснение это в особенности хорошо тем, что тут же показывается и то, что благо отдельного человека только тогда истинное благо, когда оно благо общее. Как только разбойник, вылезавший из ада, пожелал блага себе одному, так его благо перестало быть благом, и он оборвался. Сказочка эта как бы с новой стороны освещает две основные, открытые христианством, истины: о том, что жизнь только в отречении от личности — кто погубит душу, тот обретет ее,— и что благо людей только в их единении с богом и через бога между собою: «Как ты во мне и я в тебе, так и они да будут в нас едино...» Иоан. XVII, 21.

Я читал эту сказочку детям, и она нравилась им. Среди больших же после чтения ее всегда возникали разговоры о самых важных вопросах жизни. И мне кажется, что это очень хорошая рекомендация.

P. S. Письмо это для печати.

Л. Толстой.

Панду, богатый ювелир браминской касты, ехал с своим слугой в Бенарес. Догнав по пути монаха почтенного вида, который шел по тому же направлению, он подумал сам с собой: «Этот монах имеет благородный и святой вид. Общение с добрыми людьми приносит счастье; если он также идет в Бенарес, я приглашу его ехать со мной в моей колеснице». И, поклонившись монаху, он спросил его, куда он идет, и, узнав, что монах, имя которого было Нарада, идет также в Бенарес, он пригласил его в свою колесницу.

— Благодарю вас за вашу доброту,— сказал монах брамину,— я, действительно, измучен продолжительным путешествием. Не имея собственности, я не могу вознаградить вас деньгами, но может случиться, что я буду в состоянии воздать вам каким-либо духовным сокровищем из богатства знания, которое я приобрел, следуя учению Сакия Муни, блаженного великого Будды, учителя человечества.

Они поехали вместе в. колеснице, и Панду дорогою слушал с удовольствием поучительные речи Нарада. Проехав один час, они подъехали к месту, где дорога была размыта с обеих сторон и телега земледельца с сломанным колесом загораживала путь.

Девала, владетель телеги, ехал в Бенарес, чтобы продать свой рис, и торопился поспеть до зари следующего утра. Если бы он опоздал днем, покупатели риса могли уже уехать из города, скупив нужное им количество риса.

Когда ювелир увидал, что он не может продолжать путь, если телега земледельца не будет сдвинута, он рассердился и приказал Магадуте, рабу своему, сдвинуть телегу в сторону, так, чтобы колесница могла проехать. Земледелец противился, потому что воз его лежал так близко к обрыву, что мог рассыпаться, если его тронуть, но брамин не хотел слушать земледельца и приказал своему слуге сбросить воз с рисом. Магадута, необыкновенно сильный человек, находивший удовольствие в оскорблении людей, повиновался, прежде чем монах мог вступиться, и сбросил воз. Когда Панду проехал и хотел продолжать свой путь, монах выскочил из его колесницы и сказал:

— Извините меня, господин, за то, что я покидаю вас. Благодарю вас за то, что вы по своей доброте позволили мне проехать один час в вашей колеснице. Я был измучен, когда вы посадили меня, но теперь благодаря вашей любезности я отдохнул. Признав же в этом земледельце воплощение одного из ваших предков, я не могу ничем лучше вознаградить вас за вашу доброту, как тем, чтобы помочь ему в его несчастье.

Брамин взглянул с удивлением на монаха.

— Вы говорите, что этот земледелец есть воплощение одного из моих предков; этого не может быть.

— Я знаю,— отвечал монах,— что вам неизвестны те сложные и значительные связи, которые соединяют вас с судьбою этого земледельца. Но от слепого нельзя ожидать того, чтобы он видел, и потому я сожалею о том, что вы вредите сами себе, и постараюсь защитить вас от тех ран, которые вы собираетесь нанести себе.

Богатый купец не привык к тому, чтобы его укоряли; чувствуя же, что слова монаха, хотя и сказанные с большой добротой, содержали в себе язвительный упрек, он приказал слуге своему тотчас же ехать далее.

Монах поздоровался с Девалой-земледельцем и стал помогать ему в починке его телеги и в том, чтобы подобрать рассыпавшийся рис. Дело шло быстро, и Девала подумал:

«Этот монах, должно быть, святой человек,— ему как будто помогают невидимые духи. Спрошу его, чем я заслужил жестокое со мной обращение гордого брамина».

И он сказал:

— Почтенный господин! не можете ли вы сказать мне, за что я потерпел несправедливость от человека, которому я никогда не сделал ничего худого?

Монах сказал:

— Любезный друг, вы не потерпели несправедливости, но только потерпели в теперешнем существовании то, что вы совершили над этим брамином в прежней жизни. И я не ошибусь, сказавши, что даже и теперь вы бы сделали над брамином то же самое, что он сделал с вами, если бы были на его месте и имели такого же сильного слугу.

Земледелец признался, что если бы он имел власть, то не раскаялся бы, поступив с другим человеком, загородившим ему дорогу, так же, как брамин поступил с ним.

Рис был убран в воз, и монах с земледельцем приближались уже к Бенаресу, когда лошадь вдруг шарахнулась в сторону.

— Змея, змея! — воскликнул земледелец.

Но монах, пристально взглянув на предмет, испугавший лошадь, соскочил с телеги и увидел, что это был кошелек, полный золота.

«Никто, кроме богатого ювелира, не мог потерять этот кошелек»,— подумал он и, взяв кошелек, подал его земледельцу, сказав:

— Возьмите этот кошелек и, когда будете в Бенаресе, подъезжайте к гостинице, которую я укажу вам, спросите брамина Панду и отдайте кошелек. Он будет извиняться перед вами за грубость своего поступка, но вы скажите ему, что вы простили его и желаете ему успеха во всех его предприятиях, потому что, верьте мне, чем больше будут его успехи, тем лучше это будет для вас. Ваша судьба во многом зависит от его судьбы. Если бы Панду спросил у вас объяснений, то пошлите его в монастырь, где он всегда найдет меня в готовности помочь ему советом, если совет нужен ему.

Панду между тем приехал в Бенарес и встретил Малмеку, своего торгового приятеля, богатого банкира.

— Я погиб,— сказал Малмека,— и не могу делать никаких дел, если нынче же не куплю воз лучшего риса для царской кухни. Есть в Бенаресе мой враг банкир, который, узнав то, что я сделал условие с царским дворецким о том, что я доставлю ему сегодня утром воз риса, желая погубить меня, скупил весь рис в Бенаресе. Царский дворецкий не освободит меня от условия, и завтра я пропал, если Кришна не пошлет мне ангела с неба.

В то время как Малмека жаловался на свое несчастье, Панду хватился своего кошелька. Обыскав свою колесницу и не найдя его, он заподозрил своего раба Магадуту и призвал полицейских, обвинил его и, велев привязать его, жестоко мучил, чтобы вынудить от него признание. Раб кричал, страдая:

— Я невиновен, отпустите меня! Я не могу переносить этих мук! Я совершенно невинен в этом преступлении и страдаю за грехи других! О, если бы я мог выпросить прощение у того земледельца, которому я сделал зло ради моего хозяина! Мучения эти, верно, служат наказанием за мою жестокость.

В то время как полицейские еще продолжали бить раба, земледелец подъехал к гостинице и, к великому удивлению всех, подал кошелек. Раба тотчас же освободили из рук его мучителей, но, будучи недоволен своим хозяином, он убежал от него и присоединился к шайке разбойников, живших в горах. Когда же Малмека услыхал, что земледелец может продать самого лучшего рису, годного для царского стола, он тотчас же купил весь воз за тройную цену, а Панду, радуясь в сердце своем возвращению денег, тотчас же поспешил в монастырь, чтобы получить от монаха те объяснения, которые он обещал ему.

Наряда сказал:

— Я бы мог дать вам объяснение, но, зная, что вы не способны понять духовную истину, я предпочитаю молчание. Однако я дам вам общий совет: обращайтесь с каждым человеком, которого вы встретите, так же, как с самим собой, служите ему так же, как вы желали бы, чтобы вам служили. Таким образом, вы посеете семя добрых дел, и богатая жатва их не минует вас.

— О монах! дайте мне объяснение,— сказал Панду, — и мне легче будет тогда следовать вашему совету.

И монах сказал:

— Слушайте же, я дам вам ключ к тайне: если вы и не поймете ее, верьте тому, что я скажу вам. Считать себя отдельным существом есть обман, и тот, кто направляет свой ум на то, чтобы исполнять волю этого отдельного существа, следует за ложным светом, который приведет его в бездну греха. То, что мы считаем себя отдельными существами, происходит оттого, что покрывало Майи ослепляет наши глаза и мешает нам видеть неразрывную связь с нашими ближними, мешает нам проследить наше единство с душами других существ. Немногие знают эту истину. Пусть следующие слова будут вашим талисманом:

«Тот, кто вредит другим, делает зло себе.

Тот, кто помогает другим, делает добро себе.

Перестаньте считать себя отдельным существом — и вы вступите на путь истины.

Для того, чье зрение омрачено покрывалом Майи, весь мир кажется разрезанным на бесчисленные личности.

И такой человек не может понимать значения всеобъемлющей любви ко всему живому».

Панду отвечал:

— Ваши слова, почтенный господин, имеют глубокое значение, и я запомню их. Я сделал небольшое добро, которое мне ничего не стоило, для бедного монаха во время моей поездки в Бенарес, и вот как благодетельны оказались его последствия. Я много обязан вам, потому что без вас я не только потерял бы свой кошелек, но не мог бы делать в Бенаресе тех торговых дел, которые значительно увеличили мое состояние. Кроме того, ваша заботливость и прибытие воза риса содействовали благосостоянию моего друга Малмеки. Если бы все люди познали истину ваших правил, насколько лучше бы был наш мир, как уменьшилось бы зло в нем и возвысилось общее благосостояние! Я желал бы, чтобы истина Будды была понята всеми, и потому я хочу основать монастырь в моей родине Колшамби и приглашаю вас посетить меня с тем, чтобы я мог посвятить это место для братства учеников Будды.

Прошли годы, и основанный Панду монастырь Колшамби сделался местом собрания мудрых монахов и стал известным как центр просвещения для народа.

В это время соседний царь, услыхав о красоте драгоценных украшений, приготовляемых Панду, послал к нему своего казначея, чтобы заказать корону чистого золота, украшенную самыми драгоценными камнями Индии.

Когда Панду окончил эту работу, он поехал в столицу царя и, надеясь делать там торговые дела, взял с собой большой запас золота. Караван, везший его драгоценности, был охраняем вооруженными людьми, но когда он достиг гор, то разбойники, с Магадутой, ставшим атаманом их, во главе, напали на него, побили охрану и захватили все драгоценные камни и золото. Сам Панду едва спасся. Это несчастие было большим ударом для благосостояния Панду: богатство его значительно уменьшилось.

Панду был очень огорчен, но переносил свои несчастия без ропота; он думал: «Я заслужил эти потери грехами, совершенными мною в моей прежней жизни. Я в молодости был жесток с народом; и если я теперь пожинаю плоды своих дурных дел, то мне нельзя жаловаться».

Так как он стал много добрее ко всем существам, то несчастья его послужили только к очищению его сердца.

Опять прошли годы, и случилось, что Пантака, молодой монах и ученик Нарады, путешествуя в горах Колшамби, попал в руки разбойников. Так как у него не было никакой собственности, атаман разбойников крепко избил его и отпустил.

На следующее утро Пантака, идя через лес, услыхал шум битвы и, придя на этот шум, увидал много разбойников, которые с бешенством нападали на своего атамана Магадуту.

Магадута, как лев, окруженный собаками, отбивался от них и убил многих из нападавших. Но врагов его было слишком много, и под конец он был побежден и упал на землю замертво, покрытый ранами.

Как только разбойники ушли, молодой монах подошел к лежавшим, желая подать помощь раненым. Но все разбойники были уже мертвы, только в начальнике их оставалось немного жизни. Монах тотчас же направился к ручейку, бежавшему невдалеке, принес свежей воды в своем кувшине и подал умирающему.

Магадута открыл глаза и, скрипя зубами, сказал:

— Где эти неблагодарные собаки, которых я столько раз водил к победе и успеху? Без меня они скоро погибнут, как затравленные охотником шакалы.

— Не думайте о ваших товарищах и участниках вашей грешной жизни,— сказал Пантака,— но подумайте о вашей душе и воспользуйтесь в последний час той возможностью спасенья, которая представляется вам. Вот вам вода для питья, дайте я перевяжу ваши раны. Может быть, мне и удастся спасти вашу жизнь.

— Это бесполезно,— отвечал Магадута,— я приговорен; негодяи смертельно ранили меня. Неблагодарные подлецы! Они били меня теми ударами, которым я научил их.

— Вы пожинаете то, что посеяли,— продолжал монах. — Если бы вы учили своих товарищей делам добра, вы бы и получили от них добрые поступки. Но вы учили их убийству, и потому вы через свои дела убиты их рукою.

— Ваша правда,— отвечал атаман разбойников,— я заслужил свою участь, но как тяжел мой жребий тем, что я должен пожать плод всех моих дурных дел в будущих существованиях. Научите меня, святой отец, что я могу сделать, чтобы облегчить мою жизнь от грехов, которые давят меня, как скала, наваленная мне на грудь.

И Пантака сказал:

— Искорените ваши грешные желания, уничтожьте злые страсти и наполните свою душу добротою ко всем существам.

Атаман сказал:

— Я делал много зла и не делал добра. Как могу я выпутаться из той сети горя, которую я связал из злых желаний моего сердца? Моя карма повлечет меня в ад, я никогда не буду в состоянии вступить на путь спасения.

И монах сказал:

— Да, ваша карма пожнет в будущих воплощениях плоды тех семян, которые вы посеяли. Для делателя дурных дел нет избавления от последствий своих дурных поступков. Но не отчаивайтесь: всякий человек может спастись, но только с тем условием, чтобы он искоренил из себя заблуждение личности. Как пример этого, я расскажу вам историю великого разбойника Кандаты, который умер нераскаянным и вновь родился дьяволом в аду, где он мучился за свои дурные дела самыми ужасными страданиями. Он был уже в аду много лет и не мог избавиться от своего бедственного положения, когда Будда явился на земле и достиг блаженного состояния просветления. В это достопамятное время луч света попал и в ад, возбудив во всех демонах жизнь и надежду, и разбойник Кандата громко закричал: «О Будда блаженный, сжалься надо мной! Я страшно страдаю; и хотя я делал зло, я желаю теперь идти по пути

231

праведности. Но я не могу выпутаться из сети горя; помоги мне, господи, сжалься надо мной!» Закон кармы таков, что злые дела ведут к погибели.

Когда Будда услышал просьбу страдающего в аду демона, он послал к нему паука на паутине, и паук сказал: «Схватись за мою паутину и вылезай по ней из ада». Когда паук исчез из вида, Кандата схватился за паутину и стал вылезать по ней. Паутина была так крепка, что не обрывалась, и он поднимался по ней все выше и выше. Вдруг он почувствовал, что нить стала дрожать и колебаться, потому что за ним начинали лезть по паутине и другие страдальцы. Кандата испугался; он видел тонкость паутины и видел, что она растягивается от увеличившейся тяжести. Но паутина все еще держала его. Кандата перед этим смотрел только вверх, теперь же он посмотрел вниз и увидел, что за ним лезла по паутине бесчисленная толпа жителей ада. «Как может эта тонкая нить вынести тяжесть всех этих людей»,— подумал они, испугавшись, громко закричал: «Пустите паутину, она моя!» И вдруг паутина оборвалась, и Кандата упал назад в ад. Заблуждение личности еще жило в Кандате. Он не знал чудесной силы искреннего стремления вверх для того, чтобы вступить на путь праведности. Стремление это тонко, как паутина, но оно поднимет миллионы людей, и чем больше будет людей лезть по паутине, тем легче будет каждому из них. Но как только в сердце человека возникнет мысль, что паутина эта моя, что благо праведности принадлежит мне одному и что пусть никто не разделяет его со мной, то нить обрывается, и ты падаешь назад в прежнее состояние отдельной личности; отдельность же личности есть проклятие, а единение есть благословение. Что такое ад? Ад есть не что иное, как себялюбие, а нирвана есть жизнь общая...

— Дайте же мне ухватиться за паутину,— сказал умирающий атаман разбойников Магадута, когда монах кончил свой рассказ,— и я выберусь из пучины ада.

Магадута пробыл несколько минут в молчании, собираясь с мыслями, потом он продолжал:

— Выслушайте меня, я признаюсь вам. Я был слугою Панду, ювелира из Колшамби. Но после того, как он несправедливо истязал меня, я убежал от него и стал атаманом разбойников. Несколько времени тому назад я узнал от моих разведчиков, что он проезжает через горы, и я ограбил его, отнял у него большую часть его состояния. Подите теперь к нему и скажите ему, что я простил его от всего сердца за оскорбление, которое он несправедливо нанес мне, и прошу его простить меня за то, что я ограбил его. Когда я жил с ним, сердце его было жестоко как камень, и я научился от него его себялюбию. Я слышал, что он теперь стал добродушен и что на него указывают, как на образец доброты и справедливости. Я не хочу оставаться в долгу у него; поэтому скажите ему, что я сохранил золотую корону, которую он сделал для царя, и все его сокровища и спрятал их в подземелье. Только два разбойника знали это место, и теперь они оба мертвые; пусть Панду возьмет с собою вооруженных людей и придет к этому месту и возьмет назад ту собственность, которой я лишил его.

После этого Магадута рассказал, где было подземелье, и умер на руках Пантаки.

Как скоро молодой монах Пантака вернулся в Колшамби, он пошел к ювелиру и рассказал ему обо всем, что случилось в лесу.

И Панду пошел с вооруженными людьми к подземелью и взял из него все сокровища, которые атаман спрятал в нем. И они с почестью похоронили атамана и его убитых товарищей, и Пантака над могилой, рассуждая о словах Будды, сказал следующее:

«Личность делает зло, личность же и страдает от него.

Личность воздерживается от зла, и личность очищается.

Чистота и нечистота принадлежат личности: никто не может очистить другого.

Человек сам должен сделать усилие; Будды только проповедники».

«Наша карма,— сказал еще монах Пантака,— не есть произведение Шивары, или Брамы, или Индры, или какого-нибудь из богов,— наша карма есть последствие наших поступков.

Моя деятельность есть утроба, которая носит меня, есть наследство, которое достается мне, есть проклятие .моих злых дел и благословение моей праведности. Моя деятельность есть единственное средство моего спасения».

Панду привез назад в Колшамби все свои сокровища, и, с умеренностью пользуясь своим столь неожиданно возвращенным богатством, он спокойно и счастливо прожил свою остальную жизнь, и когда он умирал, уже в преклонных летах, и все его сыновья, дочери и внуки собрались около него, он сказал им:

— Милые дети, не осуждайте других в своих неудачах. Ищите причины ваших бед в самих себе. И если вы не ослеплены тщеславием, вы найдете ее, а найдя ее, вы сумеете избавиться от зла. Лекарство от ваших бед в вас самих. Пусть ваш умственный взор никогда не покрывается покровом Майи... Помните те слова, которые были талисманом моей жизни:

«Тот, кто делает больно другому, делает зло себе.

Тот, кто помогает другому, помогает себе.

Пусть исчезнет обман личности — и вы вступите на путь праведности».

Сон молодого царя

Молодой царь только что вступил на царство. Пять недель он не переставая работал так, как работают цари, выслушивая доклады, подписывая бумаги, принимая послов и представляющихся сановников и делая смотры войскам. И он устал и, как измученный в жару путешественник жаждет воды и отдохновения, жаждал хоть одного дня без представлений, речей, смотров, хоть нескольких часов свободы и простой человеческой жизни, которые он мог бы прожить для себя с молодой красавицей, умной женой, с которой он обвенчался только месяц тому назад.

Был рождественский сочельник. Молодой царь к этому вечеру устроил себе полный отдых. Накануне этого дня он до поздней ночи работал над бумагами, оставленными ему министрами, утром присутствовал на молебствии и военном празднике, до обеда принимал являвшихся к нему и потом еще слушал доклады министров и утвердил много важных дел. С министром финансов он утвердил изменение пошлины на заграничные товары, которое должно было дать прибавление многих миллионов дохода, утвердил продажу от казны вина в нескольких частях государства и постановление о праве продажи вина в больших базарных селах, что тоже должно увеличить главный доход государства — с вина, утвердил и новый золотой заем, нужный для конверсии. С министром юстиции он утвердил докладывавшееся ему сложное дело о наследстве баронов Шатен-Шнидеров и правила о применении 1836-й статьи уголовного закона, о наказании бродяг. С министром внутренних дел утвердил циркуляр о взыскании недоимок, подписал указ о мерах пресечения сектантства и о продолжении охраны в тех губерниях, в которых она была введена. С военным министром решил назначение нового корпусного командира и о призыве новобранцев, о взыскании за нарушение дисциплины. И только к обеду освободился. Но свобода не была полная, потому что обедало несколько сановников, с которыми надо было говорить не то, что хотелось, а то, что требовалось.

Наконец скучный обед кончился, все разъехались. Молодая царица пошла в свои комнаты снять то платье, в котором она обедала, и хотела тотчас же прийти к нему.

Пройдя мимо вытянувшихся камер-лакеев в свою комнату, сбросив тяжелый мундир и надев куртку, молодой царь почувствовал не только радость освобождения, но какое-то особенное умиление от сознания свободы и жизни, счастливой, здоровой, молодой жизни и молодой любви. Он вскочил с ногами на оттоманку, оперся головой на руку и стал смотреть на матовое стекло лампы, и вдруг он почувствовал то, что не испытывал с детства,— радость засыпанья и непреодолимую сонливость. «Сейчас придет жена, а я засну. Не надо спать»,— подумал он и вместе опустил руку с локтя, подставил ладонь под щеку, голова улеглась в теплую ладонь, поправился, и стало так хорошо, хорошо, что только одного он желал: чтобы что-нибудь не нарушило его состояния. И с ним случилось то, что случается каждый день со всеми нами,— то, что он заснул, сам не зная, как и когда, то есть независимо от своей воли перешел от одного сознания в другое, не желая его и не жалея того, из которого он вышел. Он заснул крепким — мертвым сном.

Долго ли он спал, он не помнит, но вдруг тихое покачивание руки, державшей его за плечо, разбудило его. «Она — милая,— подумал он. — Как стыдно, что я заснул».

Но это была не она. Перед открытыми его и щурящимися от света глазами стояла не она, та милая красавица, которую он ждал увидать, а он. Кто был этот он, он не знал, но его не удивило нисколько присутствие этого никогда не виданного им лица. Ему казалось, что он давно знает его, и мало того, что знает,— любит его, верит ему так же, как самому себе. Он ждал любимую жену, и вместо нее пришел к нему никогда не виденный человек, и молодой царь не только не испугался, не огорчился, но принял это как что-то естественное и должное.

— Пойдем,— шепотом, без всякого звука голоса сказал пришедший.

— Да, да, пойдем,— сказал молодой царь, не зная куда, но зная, что он должен, не может не покоряться требованию пришедшего.

— Как же мы пойдем? — спросил молодой царь.

— А вот так.

И пришедший наложил свою руку на голову царя, к царь почувствовал, что он мгновенно потерял сознание.

Долго ли, коротко ли он был в этом положении, царь не мог сообразить, но когда он очнулся, он увидал себя: в открытом поле на широком рубеже. С одной стороны, с правой, тянулись картофельные поля с выбранной и сложенной в кучи, почерневшей от морозов ботвой вперемежку с озимой зеленью пшеницы, вдали виднелась деревенька, покрытая черепицами, налево были озимые-поля и жнивье. Все было пусто, только по черте виднелась далеко впереди черная фигура человека с винтовкой за спиной и собачкой у ног. Там же, где увидал себя молодой царь, рядом с ним, сидел, у его ног почти, молодой русский солдат с зеленым околышем и тоже с винтовкой; за плечами и загибал бумажный крючок, готовясь сыпать в него табак. Солдат, очевидно, не видал ни царя, ни его спутника и не слыхал их. Когда царь над самым солдатом спросил: «Где мы?» и спутник ответил: «На прусской границе»,— солдат даже не оглянулся.

Но вдруг раздался выстрел далеко впереди, солдат вскочил и, увидав двух бегущих согнувшихся человек, поспешно засунул свой табак в карман и побежал за беглецами. «Стой, убью»,— закричал солдат. Бегущие оглянулись на бегу и что-то крикнули — очевидно, ругательство или насмешку. «А, проклятый»,— крикнул солдат, остановился, выставил немного ногу вперед, приложился, поднял правую руку, что-то быстро сделал с прицелом, опять приложился, повел по бегущему и, очевидно, выстрелил, хотя и не слышно было звука. «Верно, бездымный порох» — подумал царь и, взглянув на бегущего, увидал, что он быстрее засеменил ногами, больше и больше стал нагибаться, совсем упал на четвереньки, пополз и остановился. Бежавший товарищ и бывший впереди его вернулся назад, подбежал к упавшему, что-то сделал над ним и побежал дальше.

— Что это? — спросил царь.

— Это пограничная стража соблюдает закон о пошлинах. Человек этот убит для того, чтобы не было ущерба доходу государства.

— Разве он убит?

Спутник опять прикоснулся к голове царя, опять он потерял сознание и когда очнулся, то увидал себя в небольшой комнате — это был пост,— где на полу лежал труп человека с седеющей редкой бородой, горбатым носом и очень выпуклыми, закрытыми веками глазами, руки у него были раскинуты, ноги босые, с толстым, грязным большим пальцем, ступни под прямым углом торчали кверху. В боку человека была рана, и вся суконная рваная куртка и синяя рубаха были залиты засохшей, почерневшей, только кое-где краснеющей кровью. Женщина, увязанная платком так, что почти не видно было ее лица, стояла у стены, неподвижно смотрела на горбатый нос, на торчащие ступни и выпуклые яблоки глаз и разномерно после довольно долгих промежутков втягивала в себя воздух, сопли и слезы и опять замирала. Девочка тринадцати лет, красоточка, стояла, открыв ротик и выпучив глаза, рядом с матерью. Мальчишка лет шести, держась за юбку матери, не спуская глаз, смотрел на мертвого отца.

Из соседней двери вышли чиновник, офицер, доктор и писец с бумагами. За ними шел солдат, тот, который убил. Он вошел бойко вслед за начальством, но как только он увидал мертвеца, он вдруг побледнел, щеки его задергались и он опустил голову и замер. Когда же чиновник спросил его, тот ли это человек, который бежал через границу и в которого он стрелял, он не мог ответить. Его зубы зашлепали, подбородок запрыгал. «Так то-то-чно»,— проговорил он и так и не мог сказать, как хотел: так точно, ваше высокоблагородие.

Чиновники переглянулись между собою и стали что-то записывать.

— А вот благодетельные действия того же положения:

В нелепо-роскощной комнате сидели за вином два человека: один

236

старый, седой, другой молодой еврей. Молодой держал пачку денег и торговался. Он покупал контрабандный товар.

— Ведь вам недорого стало,— сказал он, улыбаясь.

— Да, а риск...

— Да, это ужасно,— сказал молодой царь,— но что же делать? Ведь это необходимо.

Спутник ничего не ответил и опять только сказал: «Пойдем»,— и опять наложил руку.

Когда он очнулся, он был в каком-то доме в небольшой комнатке, освещенной лампой с абажуром. За столом сидела женщина и шила, мальчик лет восьми, с ногами на кресле, повалившись на стол, рисовал, студент читал вслух. В комнату шумно вошли отец и дочь.

— Вот ты подписал указ о продаже вина,— сказал спутник.

— Ну что? — спросила жена.

— Едва ли он останется жив.

— Да что же?

— Опоили вином.

— Да не может быть! — вскрикнул сын. — Ваньку Морошкина, да ведь ему девять лет.

— Что же ты сделал? — спросила жена мужа.

— Сделал, что можно было: дал рвотное, поставил горчичники. Все признаки белой горячки.

— Да в доме-то все, все пьяные, одна Анисья еще кое-как держится, тоже пьяна, но не совсем,— сказала дочь.

— Что же твое общество трезвости? — сказал студент сестре.

— Да что же можно сделать, когда их со всех сторон спаивают. Папа хотел закрыть кабак,— оказывается, что нельзя по закону. Но мало того, когда я убеждала Василья Ермилина, что стыдно держать кабак, спаивать народ, он мне отвечал, и, очевидно, с гордостью, что срезал меня при народе: «А как же патент дается с орлом от государя императора. Коли бы плохое дело было, не было бы на то царского указа».

— Ужасно. Вся деревня третий день пьяна. И это праздник. Страшно подумать. Доказано, что вино никогда не полезно, всегда вредно, доказано, что это яд, доказано, что 0,99 преступлений совершаются от пьянства, доказано, что в странах, где прекращено пьянство, как в Швеции, у нас в Финляндии, тотчас поднялась и нравственность и благосостояние и что все это можно сделать нравственным влиянием. И у нас та сила, которая имеет высшее влияние, правительство, царь, чиновники, распространяют пьянство, главный доход получают с пьянства народа, сами пьют. Пьют тосты за здоровье. «Пью за здоровье полка!» и т. п. Попы, архиереи пьют.

Спутник опять притронулся рукой до молодого царя, и опять он забылся и, когда проснулся, увидал себя в избе. С красным лицом и налитыми кровью глазами с опущенными зрачками сорокалетний мужик бешено молотил руками по лицу старика. Старик закрывался одной рукой, другой же, вцепившись за бороду, не выпускал ее.

— Ты отца бить.

— А мне все одно в Сибирь, убью.

Женщины выли. В избу вломилось пьяное начальство и разняло отца с сыном. У сына была вырвана борода, у отца сломана рука. В сенях пьяная девка отдавалась пьяному старому мужику.

— Это звери,— сказал молодой царь.

— Нет, это дети.

Опять прикосновение руки, и опять молодой царь очнулся еще в новом месте. Место это была камера мирового судьи. Мировой судья — жирный, плешивый человек, с висящим двойным подбородком, в цепи, только что встал и читал громким голосом свое решение. Толпа мужиков стояла за решеткой. Оборванная женщина сидела на лавочке и не встала. Сторож толкнул ее.

— Заснула. Встань.

Женщина встала.

— По указу его императорского величества,— читал мировой свое решение. Дело было в том, что эта самая женщина, проходя мимо гумна помещика, унесла полснопа овса. Мировой судья приговорил ее к двум месяцам тюрьмы. Тут же сидел тот самый помещик, у которого был украден овес. Когда судья объявил перерыв, помещик подошел к судье и пожал ему руку. Судья что-то поговорил с ним. Следующее дело было дело о самоваре... Потом о порубке.

В окружном суде шло дело о крестьянах, отогнавших станового.

Опять забвение и пробуждение в деревне, голодные, холодные ребята корчемщицы и любовник, у порубщика, и надрывная работа жены мужика, отпихнувшего станового.

Опять новая картина: в Сибири в остроге секут плетьми бродягу.

Вот следствие прямое распоряжений по министерству юстиции.

Опять забвение, и новая картина. Еврейская семья часовщика за то, что он беден, выгоняется. Жиденята ревут. Исаак не может переварить, что рядом оставляют. Полицеймейстер берет взятку, берет и губернатор тонкую взятку.

Вот собирают подати. Продажа в деревне коровы. Взятки эти же исправника с фабриканта, который не платит.

А вот волостной суд и исполнение суда — розги.

— Илья Васильевич, нельзя ли избавить?

— Нет.

Заплакал.

238

— Христос терпел и нам велел.

Штундистов разгоняют. Не венчают и не хоронят лютеранина. А вот распоряжение проезда царского. На грязи, холоду, без пищи сидят и ругаются. А вот распоряжение по учреждениям императрицы Марии: разврат воспитательных домов. А вот памятник церковного воровства. А вот усиленная охрана. Обыск, женщины. Высылка, пересыльный замок. А вот виселица за убийство приказчика. А вот следствия военных распоряжений. Несут мундир и смеются. Набор. Берут последних кормильцев и оставляют миллионерам для прокормления родителей их сыновей. Университетских, учителей, музыкантов освобождают, а даровитых, поэтичных берут.

А вот солдатки с их распутством, а вот солдаты с их распутством и разносом сифилиса.

И вот он бежит. И вот его судят. Судят за то, что ударил офицера, оскорбившего его мать. Казнят. А этих судят за то, что не стреляли. А бежавшего — в дисциплинарный, и там секут насмерть. А вот этого за ничто секут и сыплят солью — и он умирает. А вот деньги солдатские,— пить, распутничать, карты и гордость...

А вот общий уровень благосостояния народа: заморыши дети, вырождающиеся племена, жилье с животными, непрестанная тупая работа, покорность и уныние.

И вот они, министры, губернаторы,— только корыстолюбие, честолюбие, тщеславие и желание приобрести важность и запугать.

— Да где ж люди?

— А вот они где.

Вот в ссылках одинокие, замершие или озлобленные. Вот на каторге, где секут женщин. Келья одиночная,— заключенная в Шлиссельбурге, сходящая с ума. Вот другая женщина, девушка с регулами, во власти солдат.

— И их много?

— Десятки тысяч лучших людей. Один здесь, другие загублены ложным, убийственным воспитанием, желание сделать из них таких людей, каких нам надо. Тех не делают, а какие бы они были — портят. Как если бы из ростков ржи мы бы хотели сделать ростки гречихи, мы разрывали бы перо и губили бы рожь, и не получали бы гречихи. И так гибнет вся надежда мира, все молодое подрастающее поколение. Но горе тому, кто соблазнит единого из малых сих, горе за одного, и на твоей совести, твоим именем соблазняют миллионы их, соблазняют всех тех, над которыми ты имеешь власть.

— Но что же мне делать? — с отчаянием вскрикнул царь. — Ведь я не хочу никого мучать, сечь, развращать, убивать,— я хочу добра всем людям; если я себе хочу счастья, то я не меньше счастья желаю всем людям. И неужели я ответствен за все то, что делается моим именем. Что же мне делать? Как мне избавиться от этой ответственности? Что мне делать? Не может быть, чтобы я был ответствен за все это. Если бы я чувствовал себя ответственным за 1/100, я сейчас же застрелился [бы], потому что так жить нельзя. Чем я могу прекратить все это зло? Оно связано с существованием государства. А я стою во главе его. Как мне быть? Убить себя? Или уйти? Но тогда я не исполню своей обязанности. Боже мой, боже мой, помоги мне.

И он заплакал и проснулся в слезах.

«Как хорошо, что это было во сне»,— было первою его мыслью. Но когда он стал вспоминать все, что он видел, и стал проверять это с действительностью, он увидал, что вопрос, возникший в нем во сне, оставался наяву тем же важным и столь же неразрешенным вопросом. В первый раз молодой царь почувствовал всю ответственность, которая лежала на нем, и ужаснулся перед нею.

И он перестал уже думать о молодой царице и о радости предстоящего вечера, а весь был поглощен неразрешимым представившимся ему вопросом: как быть?

В беспокойстве он встал и вышел в соседнюю комнату. Там старый придворный, сотрудник и друг его покойного отца, стоял посредине комнаты, разговаривая с молодой царицей, шедшей к своему мужу. Молодой царь остановился с ними и рассказал, обращаясь преимущественно к старому придворному, то, что он видел во сне, и свои сомнения.

— Все это очень хорошо и доказывает только несравненную высоту вашей души,— сказал старый придворный.— Простите меня, я буду говорить прямо: вы слишком хороши, чтобы быть царем, и вы преувеличиваете свою ответственность. Во-первых, все не совсем так, как вы себе представляете, народ не беден, а благоденствует, а кто беден, тот сам виноват. Наказаны виновные, а если есть неизбежные ошибки, то это, как удар грома,— случай или воля бога. И ответственность на вас только одна та, чтобы исполнять мужественно свое дело и держать ту власть, которая дана вам. Вы хотите добра вашим подданным, и бог видит это, а то, что есть невольные ошибки, на это есть молитва, и бог будет руководить и простит вас. А главное то, что и прощать нечего, потому что людей с такими необычайными достоинствами, как вы и ваш родитель, не было и не будет. И потому от вас мы просим одного: живите и отвечайте на нашу беспредельную преданность и любовь своими милостями, и все, кроме негодяев, не заслуживающих счастья, будут счастливы.

— А ты как думаешь? — спросил молодой царь жену.

— Я думаю не так,— сказала молодая умная женщина, воспитанная в

240

свободной стране. — Я рада этому твоему сну, я думаю так же, как и ты, что ответственность, лежащая на тебе, ужасна. Я часто мучалась этим. И мне кажется, что средство снять с себя хотя не всю, но ту, которая непосильна тебе, ответственность есть очень легкое. Надо передать большую часть власти, которую ты не в силах прилагать, народу, его представителям, и оставить себе только ту высшую власть, которая дает общее направление делам.

Не успела договорить своей речи царица, как старый придворный поторопился горячо возражать ей, и начался учтивый, но горячий спор.

Молодой царь сначала слушал их, но потом перестал слышать то, что они говорили, и внимал только одному голосу того самого спутника, в его сне, который внятно заговорил теперь в его сердце.

— Ты не только царь,— говорил этот голос,— ты гораздо больше царя, ты человек, то есть существо, нынче пришедшее в этот мир и завтра могущее исчезнуть. Кроме тех обязанностей твоих царских, о которых вот они говорят теперь, у тебя есть более прямые и ничем не могущие быть отмененными обязанности человеческие, обязанности не царя перед подданными (это случайная обязанность), а обязанности вечные, обязанность человека перед богом, обязанность перед своей душой, спасением ее и служением богу, установлением в мире его царства... Ты не можешь действовать по тому, что было и что будет, а только по тому, что ты должен делать.

И он проснулся. Жена будила его.

Какой из тех трех путей избрал молодой царь, будет рассказано через пятьдесят лет.

После бала

— Вот вы говорите, что человек не может сам по себе понять, что хорошо, что дурно, что все дело в среде, что среда заедает. А я думаю, что все дело в случае. Я вот про себя скажу.

Так заговорил всеми уважаемый Иван Васильевич после разговора, шедшего между нами, о том, что для личного совершенствования необходимо прежде изменить условия, среди которых живут люди. Никто, собственно, не говорил, что нельзя самому понять, что хорошо, что дурно, но у Ивана Васильевича была такая манера отвечать на свои собственные, возникающие вследствие разговора мысли и по случаю этих мыслей рассказывать эпизоды из своей жизни. Часто он совершенно забывал повод, по которому он рассказывал, увлекаясь рассказом, тем более что рассказывал он очень искренно и правдиво.

Так он сделал и теперь.

— Я про себя скажу. Вся моя жизнь сложилась так, а не иначе, не от среды, а совсем от другого.

— От чего же? — спросили мы.

— Да это длинная история. Чтобы понять, надо много рассказывать.

— Вот вы и расскажите.

Иван Васильевич задумался, покачал головой.

— Да, — сказал он. — Вся жизнь переменилась от одной ночи, или скорее утра.

— Да что же было?

— А было то, что был я сильно влюблен. Влюблялся я много раз, но это была самая моя сильная любовь. Дело прошлое; у нее уже дочери замужем. Это была Б..., да, Варенька Б..., — Иван Васильевич назвал фамилию. — Она и в пятьдесят лет была замечательная красавица. Но в молодости, восемнадцати лет, была прелестна: высокая, стройная, грациозная и величественная, именно величественная. Держалась она всегда необыкновенно прямо, как будто не могла иначе, откинув немного назад голову, и это давало ей, с ее красотой и высоким ростом, несмотря на ее худобу, даже костлявость, какой-то царственный вид, который отпугивал бы от нее, если бы не ласковая, всегда веселая улыбка и рта, и прелестных блестящих глаз, и всего ее милого, молодого существа.

— Каково Иван Васильевич расписывает.

— Да как ни расписывай, расписать нельзя так, чтобы вы поняли, какая она была. Но не в том дело: то, что я хочу рассказать, было в сороковых годах. Был я в то время студентом в провинциальном университете. Не знаю, хорошо ли это, или дурно, но не было у нас в то время в нашем университете никаких кружков, никаких теорий, а были мы просто молоды и жили, как свойственно молодости: учились и веселились. Был я очень веселый и бойкий малый, да еще и богатый. Был у меня иноходец лихой, катался с гор с барышнями (коньки еще не были в моде), кутил с товарищами (в то время мы ничего, кроме шампанского, не пили; не было денег — ничего не пили, но не пили, как теперь, водку). Главное же мое удовольствие составляли вечера и балы. Танцевал я хорошо и был не безобразен.

— Ну, нечего скромничать, — перебила его одна из собеседниц. — Мы ведь знаем ваш еще дагерротипный портрет. Не то, что не безобразен, а вы были красавец.

— Красавец так красавец, да не в том дело. А дело в том, что во время этой моей самой сильной любви к ней был я в последний день масленицы на бале у губернского предводителя, добродушного старичка, богачахлебосола и камергера. Принимала такая же добродушная, как и он, жена его в бархатном пюсовом платье, в брильянтовой фероньерке на голове и с открытыми старыми, пухлыми, белыми плечами и грудью, как портреты Елизаветы Петровны. Бал был чудесный: зала прекрасная, с хорами, музыканты — знаменитые в то время крепостные помещика-любителя, буфет великолепный и разливанное море шампанского. Хоть я и охотник был до шампанского, но не пил, потому что без вина был пьян любовью, но зато танцевал до упаду, танцевал и кадрили, и вальсы, и польки, разумеется, насколько возможно было, всё с Варенькой. Она была в белом платье с розовым поясом и в белых лайковых перчатках, немного не доходивших до худых, острых локтей, и в белых атласных башмачках. Мазурку отбили у меня: препротивный инженер Анисимов — я до сих пор не могу простить это ему — пригласил ее, только что она вошла, а я заезжал к парикмахеру и за перчатками и опоздал. Так что мазурку я танцевал не с ней, а с одной немочкой, за которой я немножко ухаживал прежде. Но, боюсь, в этот вечер был очень неучтив с ней, не говорил с ней, не смотрел на нее, а видел только высокую, стройную фигуру в белом платье с розовым поясом, ее сияющее, заурумянившееся с ямочками лицо и ласковые, милые глаза. Не я один, все смотрели на нее и любовались ею, любовались и мужчины и женщины, несмотря на то, что она затмила их всех. Нельзя было не любоваться.

По закону, так сказать, мазурку я танцевал не с нею, но в действительности танцевал я почти все время с ней. Она, не смущаясь, через всю залу шла прямо ко мне, и я вскакивал, не дожидаясь приглашения, и она улыбкой благодарила меня за мою догадливость. Когда нас подводили к ней и она не угадывала моего качества, она, подавая руку не мне, пожимала худыми плечами, и, в знак сожаления и утешения, улыбалась мне. Когда делали фигуры мазурки вальсом, я подолгу вальсировал с нею, и она, часто дыша, улыбалась и говорила мне: «Encore»[148].

И я вальсировал еще и еще и не чувствовал своего тела.

— Ну, как же не чувствовали, я думаю, очень чувствовали, когда обнимали ее за талию, не только свое, но и ее тело, — сказал один из гостей.

Иван Васильевич вдруг покраснел и сердито закричал почти:

— Да, вот это вы, нынешняя молодежь. Вы, кроме тела, ничего не видите. В наше время было не так. Чем сильнее я был влюблен, тем бестелеснее становилась для меня она. Вы теперь видите ноги, щиколки и еще что-то, вы раздеваете женщин, в которых влюблены, для меня же, как

---

148. фр. Encore — Ещё.

говорил Alphonse Karr[149] , — хороший был писатель, — на предмете моей любви были всегда бронзовые одежды. Мы не то что раздевали, а старались прикрыть наготу, как добрый сын Ноя. Ну, да вы не поймете...

— Не слушайте его. Дальше что? — сказал один из нас.

— Да. Так вот танцевал я больше с нею и не видал, как прошло время. Музыканты уж с каким-то отчаянием усталости, знаете, как бывает в конце бала, подхватывали всё тот же мотив мазурки, из гостиных поднялись уже от карточных столов папаши и мамаши, ожидая ужина, лакеи чаще забегали, пронося что-то. Был третий час. Надо было пользоваться последними минутами. Я еще раз выбрал ее, и мы в сотый раз прошли вдоль залы.

— Так после ужина кадриль моя? — сказал я ей, отводя ее к ее месту.

— Разумеется, если меня не увезут, — сказала она, улыбаясь.

— Я не дам, — сказал я.

— Дайте же веер, — сказала она.

— Жалко отдавать, — сказал я, подавая ей белый дешевенький веер.

— Так вот вам, чтоб вы не жалели, — сказала она, оторвала перышко от веера и дала мне.

Я взял перышко и только взглядом мог выразить весь свой восторг и благодарность. Я был не только весел и доволен, я был счастлив, блажен, я был добр, я был не я, а какое-то неземное существо, не знающее зла и способное на одно добро. Я спрятал перышко в перчатку и стоял, не в силах отойти от нее.

— Смотрите, папа просят танцевать, — сказала она мне, указывая на высокую статную фигуру ее отца, полковника с серебряными эполетами, стоявшего в дверях с хозяйкой и другими дамами.

— Варенька, подите сюда, — услышали мы громкий голос хозяйки в брильянтовой фероньерке и с елисаветинскими плечами.

Варенька подошла к двери, и я за ней.

— Уговорите, ma chère[150], отца пройтись с вами. Ну, пожалуйста, Петр Владиславич, — обратилась хозяйка к полковнику.

Отец Вареньки был очень красивый, статный, высокий и свежий старик. Лицо у него было очень румяное, с белыми à la Nicolas I[151] подвитыми усами, белыми же, подведенными к усам бакенбардами и с зачесанными вперед височками, и та же ласковая, радостная улыбка, как и у дочери, была в его блестящих глазах и губах. Сложен он был прекрасно, с широкой, небогато украшенной орденами, выпячивающейся по-военному грудью, с сильными плечами и длинными, стройными ногами.

---

149. фр. Alphonse Karr — Альфонс Карр.

150. фр. ma chère — дорогая.

151. фр. à la Nicolas I — как у Николая I.

Он был воинский начальник типа старого служаки николаевской выправки.

Когда мы подошли к дверям, полковник отказывался, говоря, что он разучился танцевать, но все-таки, улыбаясь, закинув на левую сторону руку, вынул шпагу из портупеи, отдал ее услужливому молодому человеку и, натянув замшевую перчатку на правую руку, — «надо всё по закону», — улыбаясь, сказал он, взял руку дочери и стал в четверть оборота, выжидая такт.

Дождавшись начала мазурочного мотива, он бойко топнул одной ногой, выкинул другую, и высокая, грузная фигура его то тихо и плавно, то шумно и бурно, с топотом подошв и ноги об ногу, задвигалась вокруг залы. Грациозная фигура Вареньки плыла около него, незаметно, вовремя укорачивая или удлиняя шаги своих маленьких белых атласных ножек. Вся зала следила за каждым движением пары. Я же не только любовался, но с восторженным умилением смотрел на них. Особенно умилили меня его сапоги, обтянутые штрипками, — хорошие опойковые сапоги, но не модные, с острыми, а старинные, с четвероугольными носками и без каблуков. Очевидно, сапоги были построены батальонным сапожником. «Чтобы вывозить и одевать любимую дочь, он не покупает модных сапог, а носит домодельные», — думал я, и эти четвероугольные носки сапог особенно умиляли меня. Видно было, что он когда-то танцевал прекрасно, но теперь был грузен, и ноги уже не были достаточно упруги для всех тех красивых и быстрых па, которые он старался выделывать. Но он все-таки ловко прошел два круга. Когда же он, быстро расставив ноги, опять соединил их и, хотя и несколько тяжело, упал на одно колено, а она, улыбаясь и поправляя юбку, которую он зацепил, плавно прошла вокруг него, все громко зааплодировали. С некоторым усилием приподнявшись, он нежно, мило обхватил дочь руками за уши и, поцеловав в лоб, подвел ее ко мне, думая, что я танцую с ней. Я сказал, что не я ее кавалер.

— Ну, все равно, пройдитесь теперь вы с ней, — сказал он, ласково улыбаясь и вдевая шпагу в портупею.

Как бывает, что вслед за одной вылившейся из бутылки каплей содержимое ее выливается большими струями, так и в моей душе любовь к Вареньке освободила всю скрытую в моей душе способность любви. Я обнимал в то время весь мир своей любовью. Я любил и хозяйку в фероньерке, с ее елисаветинским бюстом, и ее мужа, и ее гостей, и ее лакеев, и даже дувшегося на меня инженера Анисимова. К отцу же ее, с его домашними сапогами и ласковой, похожей на нее, улыбкой, я испытывал в то время какое-то восторженно-нежное чувство.

Мазурка кончилась, хозяева просили гостей к ужину, но полковник Б. отказался, сказав, что ему надо завтра рано вставать, и простился с хозяевами. Я было испугался, что и ее увезут, но она осталась с матерью.

После ужина я танцевал с нею обещанную кадриль, и, несмотря на то, что был, казалось, бесконечно счастлив, счастье мое все росло и росло. Мы ничего не говорили о любви. Я не спрашивал ни ее, ни себя даже о том, любит ли она меня. Мне достаточно было того, что я любил ее. И я боялся только одного, чтобы что-нибудь не испортило моего счастья.

Когда я приехал домой, разделся и подумал о сне, я увидал, что это совершенно невозможно. У меня в руке было перышко от ее веера и целая ее перчатка, которую она дала мне, уезжая, когда садилась в карету и я подсаживал ее мать и потом ее. Я смотрел на эти вещи и, не закрывая глаз, видел ее перед собой то в ту минуту, когда она, выбирая из двух кавалеров, угадывает мое качество, и слышу ее милый голос, когда она говорит: «Гордость? да?» — и радостно подает мне руку, или когда за ужином пригубливает бокал шампанского и исподлобья смотрит на меня ласкающими глазами. Но больше всего я вижу ее в паре с отцом, когда она плавно двигается около него и с гордостью и радостью и за себя и за него взглядывает на любующихся зрителей. И я невольно соединяю его и ее в одном нежном, умиленном чувстве.

Жили мы тогда одни с покойным братом. Брат и вообще не любил света и не ездил на балы, теперь же готовился к кандидатскому экзамену и вел самую правильную жизнь. Он спал. Я посмотрел на его уткнутую в подушку и закрытую до половины фланелевым одеялом голову, и мне стало любовно жалко его, жалко за то, что он не знал и не разделял того счастья, которое я испытывал. Крепостной наш лакей Петруша встретил меня со свечой и хотел помочь мне раздеваться, но я отпустил его. Вид его заспанного лица с спутанными волосами показался мне умилительно трогательным. Стараясь не шуметь, я на цыпочках прошел в свою комнату и сел на постель. Нет, я был слишком счастлив, я не мог спать. Притом мне жарко было в натопленных комнатах, и я, не снимая мундира, потихоньку вышел в переднюю, надел шинель, отворил наружную дверь и вышел на улицу.

С бала я уехал в пятом часу, пока доехал домой, посидел дома, прошло еще часа два, так что, когда я вышел, уже было светло. Была самая масленичная погода, был туман, насыщенный водою снег таял на дорогах, и со всех крыш капало. Жили Б. тогда на конце города, подле большого поля, на одном конце которого было гулянье, а на другом — девический институт. Я прошел наш пустынный переулок и вышел на большую улицу, где стали встречаться и пешеходы и ломовые с дровами на санях, достававших полозьями до мостовой. И лошади, равномерно покачивающие под глянцевитыми дугами мокрыми головами, и покрытые рогожками извозчики, шлепавшие в огромных сапогах подле возов, и дома улицы, казавшиеся в тумане очень высокими, все было мне особенно мило и значительно.

246

Когда я вышел на поле, где был их дом, я увидал в конце его, по направлению гулянья, что-то большое, черное и услыхал доносившиеся оттуда звуки флейты и барабана. В душе у меня все время пело и изредка слышался мотив мазурки. Но это была какая-то, другая, жесткая, нехорошая музыка.

«Что это такое?» — подумал я и по проезженной посередине поля, скользкой дороге пошел по направлению звуков. Пройдя шагов сто, я из-за тумана стал различать много черных людей. Очевидно, солдаты. «Верно, ученье», — подумал я и вместе с кузнецом в засаленном полушубке и фартуке, несшим что-то и шедшим передо мной, подошел ближе. Солдаты в черных мундирах стояли двумя рядами друг против друга, держа ружья к ноге, и не двигались. Позади их стояли барабанщик и флейтщик и не переставая повторяли всё ту же неприятную, визгливую мелодию.

— Что это они делают? — спросил я у кузнеца, остановившегося рядом со мною.

— Татарина гоняют за побег, — сердито сказал кузнец, взглядывая в дальний конец рядов.

Я стал смотреть туда же и увидал посреди рядов что-то страшное, приближающееся ко мне. Приближающееся ко мне был оголенный по пояс человек, привязанный к ружьям двух солдат, которые вели его. Рядом с ним шел высокий военный в шинели и фуражке, фигура которого показалась мне знакомой. Дергаясь всем телом, шлепая ногами по талому снегу, наказываемый, под сыпавшимися с обеих сторон на него ударами, подвигался ко мне, то опрокидываясь назад — и тогда унтер-офицеры, ведшие его за ружья, толкали его вперед, то падая наперед — и тогда унтер-офицеры, удерживая его от падения, тянули его назад. И не отставая от него, шел твердой, подрагивающей походкой высокий военный. Это был ее отец, с своим румяным лицом и белыми усами и бакенбардами.

При каждом ударе наказываемый, как бы удивляясь, поворачивал сморщенное от страдания лицо в ту сторону, с которой падал удар, и, оскаливая белые зубы, повторял какие-то одни и те же слова. Только когда он был совсем близко, я расслышал эти слова. Он не говорил, а всхлипывал: «Братцы, помилосердуйте. Братцы, помилосердуйте». Но братцы не милосердовали, и, когда шествие совсем поравнялось со мною, я видел, как стоявший против меня солдат решительно выступил шаг вперед и, со свистом взмахнув палкой, сильно шлепнул ею по спине татарина. Татарин дернулся вперед, но унтер-офицеры удержали его, и такой же удар упал на него с другой стороны, и опять с этой, и опять с той. Полковник шел подле и, поглядывая то себе под ноги, то на наказываемого, втягивал в себя воздух, раздувая щеки, и медленно выпускал его через оттопыренную губу. Когда шествие миновало то место, где я стоял, я мельком увидал между рядов спину наказываемого. Это было что-то такое пестрое, мокрое, красное, неестественное, что я не поверил, чтобы это было тело человека.

— О господи, — проговорил подле меня кузнец.

Шествие стало удаляться, все так же падали с двух сторон удары на спотыкающегося, корчившегося человека, и все так же били барабаны и свистела флейта, и все так же твердым шагом двигалась высокая, статная фигура полковника рядом с наказываемым. Вдруг полковник остановился и быстро приблизился к одному из солдат.

— Я тебе помажу, — услыхал я его гневный голос, — Будешь мазать? Будешь?

И я видел, как он своей сильной рукой в замшевой перчатке бил по лицу испуганного малорослого, слабосильного солдата за то, что он недостаточно сильно опустил свою палку на красную спину татарина.

— Подать свежих шпицрутенов! — крикнул он, оглядываясь, и увидал меня. Делая вид, что он не знает меня, он, грозно и злобно нахмурившись, поспешно отвернулся. Мне было до такой степени стыдно, что, не зная, куда смотреть, как будто я был уличен в самом постыдном поступке, я опустил глаза и поторопился уйти домой. Всю дорогу в ушах у меня то била барабанная дробь и свистела флейта, то слышались слова: «Братцы, помилосердуйте», то я слышал самоуверенный, гневный голос полковника, кричащего: «Будешь мазать? Будешь?» А между тем на сердце была почти физическая, доходившая до тошноты, тоска, такая, что я несколько раз останавливался, и мне казалось, что вот-вот меня вырвет всем тем ужасом, который вошел в меня от этого зрелища. Не помню, как я добрался домой и лег. Но только стал засыпать, услыхал и увидал опять все и вскочил.

«Очевидно, он что-то знает такое, чего я не знаю, — думал я про полковника. — Если бы я знал то, что он знает, я бы понимал и то, что я видел, и это не мучило бы меня». Но сколько я ни думал, я не мог понять того, что знает полковник, и заснул только к вечеру, и то после того, как пошел к приятелю и напился с ним совсем пьян.

Что ж, вы думаете, что я тогда решил, что то, что я видел, было — дурное дело? Ничуть. «Если это делалось с такой уверенностью и признавалось всеми необходимым, то, стало быть, они знали что-то такое, чего я не знал», — думал я и старался узнать это. Но сколько ни старался — и потом не мог узнать этого. А не узнав, не мог поступить в военную службу, как хотел прежде, и не только не служил в военной, но нигде не служил и никуда, как видите, не годился.

— Ну, это мы знаем, как вы никуда не годились, — сказал один из нас. — Скажите лучше: сколько бы людей никуда не годились, кабы вас не было.

— Ну, это уж совсем глупости, — с искренней досадой сказал Иван Васильевич.

— Ну, а любовь что? — спросили мы.

— Любовь? Любовь с этого дня пошла на убыль. Когда она, как это часто бывало с ней, с улыбкой на лице, задумывалась, я сейчас же вспоминал полковника на площади, и мне становилось как-то неловко и неприятно, и я стал реже видаться с ней. И любовь так и сошла на нет. Так вот какие бывают дела и от чего переменяется и направляется вся жизнь человека. А вы говорите... — закончил он.

Прыжок

Один корабль обошел вокруг света и возвращался домой. Была тихая погода, весь народ был на палубе. Посреди народа вертелась большая обезьяна и забавляла всех. Обезьяна эта корчилась, прыгала, делала смешные рожи, передразнивала людей, и видно было — она знала, что ею забавляются, и оттого еще больше расходилась.

Она подпрыгнула к 12-летнему мальчику, сыну капитана корабля, сорвала с его головы шляпу, надела и живо взобралась на мачту. Все засмеялись, а мальчик остался без шляпы и сам не знал, смеяться ли ему, или плакать.

Обезьяна села на первой перекладине мачты, сняла шляпу и стала зубами и лапами рвать ее. Она как будто дразнила мальчика, показывала на него и делала ему рожи. Мальчик погрозил ей и крикнул на нее, но она еще злее рвала шляпу. Матросы громче стали смеяться, а мальчик покраснел, скинул куртку и бросился за обезьяной на мачту. В одну минуту он взобрался по веревке на первую перекладину; но обезьяна еще ловчее и быстрее его, в ту самую минуту, как он думал схватить шляпу, взобралась еще выше.

— Так не уйдешь же ты от меня! — закричал мальчик и полез выше. Обезьяна опять подманила его, полезла

еще выше, но мальчика уже разобрал задор, и он не отставал. Так обезьяна и мальчик в одну минуту добрались до самого верха. На самом верху обезьяна вытянулась во всю длину и, зацепившись задней рукой[152] за веревку, повесила шляпу на край последней перекладины, а сама взобралась на макушку мачты и оттуда корчилась, показывала зубы и

---

152. У обезьян 4 руки. (Примеч. Л. Н. Толстого).

радовалась. От мачты до конца перекладины, где висела шляпа, было аршина два, так что достать ее нельзя было иначе, как выпустить из рук веревку и мачту.

Но мальчик очень раззадорился. Он бросил мачту и ступил на перекладину. На палубе все смотрели и смеялись тому, что выделывали обезьяна и капитанский сын; но как увидали, что он пустил веревку и ступил на перекладину, покачивая руками, все замерли от страха.

Стоило ему только оступиться — и он бы вдребезги разбился о палубу. Да если б даже он и не оступился, а дошел до края перекладины и взял шляпу, то трудно было ему повернуться и дойти назад до мачты. Все молча смотрели на него и ждали, что будет.

Вдруг в народе кто-то ахнул от страха. Мальчик от этого крика опомнился, глянул вниз и зашатался.

В это время капитан корабля, отец мальчика, вышел из каюты. Он нес ружье, чтобы стрелять чаек[153]. Он увидал сына на мачте, и тотчас же прицелился в сына и закричал: «В воду! прыгай сейчас в воду! застрелю!» Мальчик шатался, но не понимал. «Прыгай или застрелю!.. Раз, два...» и как только отец крикнул: «три» — мальчик размахнулся головой вниз и прыгнул.

Точно пушечное ядро, шлепнуло тело мальчика в море, и не успели волны закрыть его, как уже 20 молодцов матросов спрыгнули с корабля в море. Секунд через 40 — они долги показались всем — вынырнуло тело мальчика. Его схватили и вытащили на корабль. Через несколько минут у него изо рта и из носа полилась вода, и он стал дышать.

Когда капитан увидал это, он вдруг закричал, как будто его что-то душило, и убежал к себе в каюту, чтоб никто не видал, как он плачет.

Алеша Горшок

Алешка был меньшой брат. Прозвали его Горшком за то, что мать послала его снести горшок молока дьяконице, а он споткнулся и разбил горшок. Мать побила его, а ребята стали дразнить его «Горшком». Алешка Горшок — так и пошло ему прозвище.

Алешка был малый худощавый, лопоухий (уши торчали, как крылья), и нос был большой. Ребята дразнили: «У Алешки нос, как кобель на бугре». В деревне была школа, но грамота не далась Алеше, да и некогда

---

153. Морские птицы. (Примеч. Л. Н. Толстого).

было учиться. Старший брат жил у купца в городе, и Алешка сызмальства стал помогать отцу. Ему было шесть лет, уж он с девчонкой-сестрой овец и корову стерег на выгоне, а еще подрос, стал лошадей стеречь и в денном и в ночном. С двенадцати лет уж он пахал и возил. Силы не было, а ухватка была. Всегда он был весел. Ребята смеялись над ним; он молчал либо смеялся. Если отец ругал, он молчал и слушал. И как только переставали его ругать, он улыбался и брался за то дело, которое было перед ним.

Алеше было девятнадцать лет, когда брата его взяли в солдаты. И отец поставил Алешу на место брата к купцу в дворники. Алеше дали сапоги братнины старые, шапку отцовскую и поддевку и повезли в город. Алеша не мог нарадоваться на свою одежду, но купец остался недоволен видом Алеши.

— Я думал, и точно человека заместо Семена поставишь, — сказал купец, оглянув Алешу. — А ты мне какого сопляка привел. На что он годится?

— Он все может — и запрячь, и съездить куда, и работать лютой; он только на вид как плетень. А то он жилист.

— Ну уж, видно, погляжу.

— А пуще всего — безответный. Работать завистливый.

— Что с тобой делать. Оставь.

И Алеша стал жить у купца.

Семья у купца была небольшая: хозяйка, старуха мать, старший сын женатый, простого воспитания, с отцом в деле был, и другой сын — ученый, кончил в гимназии и был в университете, да оттуда выгнали, и он жил дома, да еще дочь — девушка гимназистка.

Сначала Алешка не понравился — очень уж он был мужиковат, и одет плохо, и обхожденья не было, всем говорил «ты», но скоро привыкли к нему. Служил он еще лучше брата. Точно был безответный, на все дела его посылали, и все он делал охотно и скоро, без останова переходя от одного дела к другому. И как дома, так и у купца на Алешу наваливались все работы. Чем больше он делал, тем больше все на него наваливали дела. Хозяйка, и хозяйская мать, и хозяйская дочь, и хозяйский сын, и приказчик, и кухарка, все то туда, то сюда посылали его, то то, то это заставляли делать. Только и слышно было «Сбегай, брат», или: «Алеша, ты это устрой. — Ты что ж это, Алешка, забыл, что ль? — Смотри, не забудь, Алеша». И Алеша бегал, устраивал, и смотрел, и не забывал, и все успевал, и все улыбался.

Сапоги братнины он скоро разбил, и хозяин разбранил его за то, что он ходил с махрами на сапогах и голыми пальцами, и велел купить ему новые сапоги на базаре. Сапоги были новые, и Алеша радовался на них, но ноги у него были всё старые, и они к вечеру ныли у него от беготни, и он сердился на них. Алеша боялся, как бы отец, когда приедет за него получить деньги, не обиделся бы за то, что купец за сапоги вычтет из жалованья.

Вставал Алеша зимой до света, колол дров, потом выметал двор, задавал корм корове, лошади, поил их. Потом топил печи, чистил сапоги, одежу хозяевам, ставил самовары, чистил их, потом либо приказчик звал его вытаскивать товар, либо кухарка приказывала ему месить тесто, чистить кастрюли. Потом посылали его в город, то с запиской, то за хозяйской дочерью в гимназию, то за деревянным маслом для старушки. «Где ты пропадаешь, проклятый», — говорил ему то тот, то другой. «Что вам самим ходить — Алеша сбегает. Алешка! А Алешка!» И Алеша бегал.

Завтракал он на ходу, а обедать редко поспевал со всеми. Кухарка ругала его за то, что он не со всеми ходит, но все-таки жалела его и оставляла ему горячего и к обеду и к ужину. Особенно много работы бывало к праздникам и во время праздников. И Алеша радовался праздникам особенно потому, что на праздники ему давали на чай хоть и мало, собиралось копеек шестьдесят, но все-таки это были его деньги. Он мог истратить их, как хотел. Жалованья же своего он и в глаза не видал. Отец приезжал, брал у купца и только выговаривал Алешке, что он сапоги скоро растрепал.

Когда он собрал два рубля этих денег «начайных», то купил, по совету кухарки, красную вязаную куртку, и когда надел, то не мог уж свести губы от удовольствия.

Говорил Алеша мало, и когда говорил, то всегда отрывисто и коротко. И когда ему что приказывали сделать или спрашивали, может ли он сделать то и то, то он всегда без малейшего колебания говорил: «Это все можно», — и сейчас же бросался делать и делал.

Молитв он никаких не знал; как его мать учила, он забыл, а все-таки молился и утром и вечером — молился руками, крестясь.

Так прожил Алеша полтора года, и тут, во второй половине второго года, случилось с ним самое необыкновенное в его жизни событие. Событие это состояло в том, что он, к удивлению своему, узнал, что, кроме тех отношений между людьми, которые происходят от нужды друг в друге, есть еще отношения совсем особенные: не то чтобы нужно было человеку вычистить сапоги, или снести покупку, или запрячь лошадь, а то, что человек так, ни зачем нужен другому человеку, нужно ему послужить, его приласкать, и что он, Алеша, тот самый человек. Узнал он через кухарку Устинью. Устюша была сирота, молодая, такая же работящая, как и Алеша. Она стала жалеть Алешу, и Алеша в первый раз почувствовал, что он, сам он, не его услуги, а он сам нужен другому человеку. Когда мать жалела его, он не замечал этого, ему казалось, что это так и должно быть, что это все равно, как он сам себя жалеет. Но тут

252

вдруг он увидал, что Устинья совсем чужая, а жалеет его, оставляет ему в горшке каши с маслом и, когда он ест, подпершись подбородком на засученную руку, смотрит на него. И он взглянет на нее, и она засмеется, и он засмеется.

Это было так ново и странно, что сначала испугало Алешу. Он почувствовал, что это помешает ему служить, как он служил. Но все-таки он был рад и, когда смотрел свои штаны, заштопанные Устиньей, покачивал головой и улыбался. Часто за работой или на ходу он вспоминал Устинью и говорил: «Ай да Устинья!» Устинья помогала ему, где могла, и он помогал ей. Она рассказала ему свою судьбу, как она осиротела, как ее тетка взяла, как отдали в город, как купеческий сын ее на глупость подговаривал и как она его осадила. Она любила говорить, а ему приятно было ее слушать. Он слыхал, что в городах часто бывает: какие мужики в работниках — женятся на кухарках. И один раз она спросила его, скоро ли его женят. Он сказал, что не знает и что ему неохота в деревне брать.

— Что ж, кого приглядел? — сказала она.

— Да я бы тебя взял. Пойдешь, что ли?

— Вишь, горшок, горшок, а как изловчился сказать, — сказала она, ударив его ручником по спине. — Отчего же не пойти?

На масленице старик приехал в город за деньгами. Купцова жена узнала, что Алексей задумал жениться на Устинье, и ей не понравилось это. «Забеременеет, с ребенком куда она годится». Она сказала мужу.

Хозяин отдал деньги Алексееву отцу.

— Что ж, хорошо живет мой-то? — сказал мужик. — Я говорил — безответный.

— Безответный-то безответный, да глупости задумал. Жениться вздумал на кухарке. А я женатых держать не стану. Нам это не подходяще.

— Дурак, дурак, а что вздумал, — сказал отец. — Ты не думай. Я прикажу ему, чтоб он это бросил.

Придя в кухню, отец сел, дожидаясь сына, за стол. Алеша бегал по делам и, запыхавшись, вернулся.

— Я думал, ты путный. А ты что задумал? — сказал отец.

— Да я ничего.

— Как ничего. Жениться захотел. Я женю, когда время подойдет, и женю на ком надо, а не на шлюхе городской.

Отец много говорил. Алеша стоял и вздыхал. Когда отец кончил, Алеша улыбнулся.

— Что ж, это и оставить можно.

— То-то.

Когда отец ушел и он остался один с Устиньей, он сказал ей (она стояла за дверью и слушала, когда отец говорил с сыном):

— Дело наше не того, не вышло. Слышала? Рассерчал, не велит.

Она заплакала молча в фартук. Алеша щелкнул языком.

— Как не послушаешь-то. Видно, бросать надо. Вечером, когда купчиха позвала его закрыть ставни, она сказала ему:

— Что ж, послушал отца, бросил глупости свои?

— Видно, что бросил, — сказал Алеша, засмеялся и тут же заплакал.

С тех пор Алеша не говорил больше с Устиньей об женитьбе и жил по-старому.

Потом приказчик послал его счищать снег с крыши. Он полез на крышу, счистил весь, стал отдирать примерзлый снег у желобов, ноги покатились, и он упал с лопатой. На беду упал он не в снег, а на крытый железом выход. Устинья подбежала к нему и хозяйская дочь.

— Ушибся, Алеша?

— Вот еще, ушибся. Ничево.

Он хотел встать, но не мог и стал улыбаться. Его снесли в дворницкую. Пришел фельдшер. Осмотрел его и спросил, где больно.

— Больно везде, да это ничево. Только что хозяин обидится. Надо батюшке послать слух.

Пролежал Алеша двое суток, на третьи послали за попом.

— Что же, али помирать будешь? — спросила Устинья.

— А то что ж? Разве всё и жить будем? Когда-нибудь надо, — быстро, как всегда, проговорил Алеша. — Спасибо, Устюша, что жалела меня. Вот оно и лучше, что не велели жениться, а то бы ни к чему было. Теперь все по-хорошему.

Молился он с попом только руками и сердцем. А в сердце у него было то, что как здесь хорошо, коли слушаешь и не обижаешь, так и там хорошо будет.

Говорил он мало. Только просил пить и все чему-то удивлялся.

Удивился чему-то, потянулся и помер.

Бедные люди

В рыбачьей хижине сидит у огня Жанна, жена рыбака, и чинит старый парус. На дворе свистит и воет ветер и, плескаясь и разбиваясь о берег, гудят волны... На дворе темно и холодно, на море буря, но в рыбачьей хижине тепло и уютно. Земляной пол чисто выметен; в печи не потух еще огонь; на полке блестит посуда. На кровати с опущенным белым пологом спят пятеро детей под завывание бурного моря. Мужрыбак с утра вышел на своей лодке в море и не возвращался еще. Слышит рыбачка гул волн и рев ветра. Жутко Жанне.

Старые деревянные часы с хриплым боем пробили десять, одиннадцать... Мужа все нет. Жанна задумывается. Муж не жалеет себя, в холод и бурю ловит рыбу, Она сидит с утра до вечера за работой. И что же? Еле-еле кормятся. А у ребяток все нет обуви, и летом и зимой бегают босиком; и хлеб едят не пшеничный, — хорошо и то, что хватает ржаного. Только и приправы к еде, что рыба. «Ну, да слава богу, дети здоровы. Нечего жаловаться, — думает Жанна и опять прислушивается к буре. — Где-то он теперь? Сохрани его, господи, спаси и помилуй!»— говорит она и крестится.

Спать еще рано. Жанна встает, накидывает на голову толстый платок, зажигает фонарь и выходит на улицу посмотреть, не тише ли стало море, не светает ли, и горит ли лампа на маяке, и не видать ли лодки мужа. Но на море ничего не видно. Ветер рвет с нее платок и чем-то оторванным стучит в дверь соседней избушки, и Жанна вспоминает о том, что она еще с вечера хотела зайти проведать больную соседку. «Некому и приглядеть за ней», — подумала Жанна и постучала в дверь. Прислушалась... Никто не отвечает.

«Плохое вдовье дело, — думает Жанна, стоя у порога. — Хоть и немного детей — двое, а все одной обдумать надо. А тут еще болезнь! Эх, плохое вдовье дело. Зайду проведаю».

Жанна постучала еще и еще. Никто не отвечал.

— Эй, соседка! — крикнула Жанна. «Уж не случилось ли что», — подумала она и толкнула дверь.

В избушке было сыро и холодно. Жанна подняла фонарь, чтобы оглядеть, где больная. И первое, что ей бросилось в глаза, — это постель прямо против двери, и на постели она, соседка, лежит на спине так тихо и неподвижно, как лежат только мертвые. Жанна поднесла Фонарь еще ближе. Да, это она. Голова закинута назад; на холодном, посиневшем лице спокойствие смерти. Бледная мертвая рука, будто потянувшаяся за чем-то, упала и свесилась с соломы. И тут же, недалеко от мертвой матери, двое маленьких детей, кудрявых и толстощеких, прикрытых старым платьем, спят, скорчившись и прижавшись друг к другу белокурыми головками. Видно, мать, умирая, еще успела закутать им ножки старым платком и накрыть их своим платьем. Дыхание их ровно и спокойно, они спят сладко и крепко.

Жанна снимает колыбельку с детьми и, закутав их платком, несет домой. Сердце ее сильно бьется; она сама не знает, как и зачем она сделала это, но она знает, что не могла не сделать то, что сделала.

Дома она кладет непроснувшихся детей на кровать с своими детьми и торопливо задергивает полог. Она бледна и взволнованна. Точно мучит ее совесть. «Что-то скажет он?.. — сама с собой говорит она. — Шутка ли, пятеро своих ребятишек — мало еще ему было с ними заботы... Это он?.. Нет, нет еще!.. И зачем было брать!.. Прибьет он меня! Да и поделом, я и стою того. Вот он! Нет!.. Ну, тем лучше!»

Дверь скрипнула, будто кто вошел. Жанна вздрогнула и приподнялась со стула.

«Нет. Опять никого! Господи, и зачем я это сделала?.. Как ему теперь в глаза взгляну?..» И Жанна задумывается и долго сидит молча у кровати.

Дождь перестал; рассвело, но ветер гудит, и море ревет по-прежнему.

Вдруг дверь распахнулась, в комнату ворвалась струя свежего морского воздуха, и высокий смуглый рыбак, волоча за собой мокрые разорванные сети, входит в горницу со словами:

— Вот и я, Жанна!

— Ах, это ты! — говорит Жанна и останавливается, не смея поднять на него глаза.

— Ну, уж ночка! Страх!

— Да, да, погода была ужасная! Ну, а как ловля?

— Дрянь, совсем дрянь! Ничего не поймал. Только сети разорвал. Плохо, плохо!.. Да, я тебе скажу, и погодка ж была! Кажется, такой ночи и не запомню. Какая там ловля! Слава богу, что жив домой добрался... Ну, а ты что тут без меня делала?

Рыбак втащил сети в комнату и сел у печки.

— Я? — сказала Жанна, бледнея. — Да что ж я... Сидела шила... Ветер так завывал, что страшно становилось. Боялась за тебя.

— Да, да, — пробормотал муж, — погода чертовски скверная! Да что поделаешь!

Оба помолчали.

— А знаешь, — сказала Жанна, — соседка-то Симон умерла.

— Ну?

— И не знаю когда; верно, еще вчера. Да, тяжело ей было умирать. Да и за детей-то, должно быть, как сердце болело! Ведь двое детей — крошки... Один еще не говорит, а другой чуть начинает ползать...

Жанна замолчала. Рыбак нахмурился; лицо его сделалось серьезно, озабоченно.

— Ну, дела! — проговорил он, почесывая в затылке. — Ну, да что станешь делать! Придется взять, а то проснутся, каково им с покойницей? Ну, да что уж, как-нибудь перебьемся! Ступай же скорей!

Но Жанна не двигалась с места.

— Что ж ты? Не хочешь? Что с тобой, Жанна?

— Вот они, — сказала Жанна и отдернула полог.

Корней Васильев

I

Корнею Васильеву было пятьдесят четыре года, когда он в последний раз приезжал в деревню. В густых курчавых волосах у него не было еще ни одного седого волоса, и только в черной бороде у скул пробивалась седина. Лицо у него было гладкое, румяное, загривок широкий и крепкий, и все сильное тело обложилось жиром от сытой городской жизни.

Он двадцать лет тому назад отбыл военную службу и вернулся со службы с деньгами. Сначала он завел лавку, потом оставил лавку и стал торговать скотиной. Ездил в Черкасы за «товаром» (скотиной) и пригонял в Москву.

В селе Гаях, в его каменном, крытом железом доме, жила старуха мать, жена с двумя детьми (девочка и мальчик), еще сирота племянник, немой пятнадцатилетний малый, и работник. Корней был два раза женат. Первая жена его была слабая, больная женщина и умерла без детей, и он, уже немолодым вдовцом, женился второй раз на здоровой, красивой девушке, дочери бедной вдовы из соседней деревни. Дети были от второй жены.

Корней так выгодно продал последний «товар» в Москве, что у него собралось около трех тысяч денег. Узнав от земляка, что недалеко от его села выгодно продается у разорившегося помещика роща, он вздумал заняться еще и лесом. Он знал это дело и еще до службы жил помощником приказчика у купца в роще.

На железнодорожной станции, с которой сворачивали в Гаи, Корней встретил земляка, гаевского кривого Кузьму. Кузьма к каждому поезду выезжал из Гаев за седоками на своей парочке плохоньких косматых лошаденок. Кузьма был беден и оттого не любил всех богатых, а особенно богача Корнея, которого он знал Корнюшкой.

Корней, в полушубке и тулупе, с чемоданчиком в руке, вышел на крыльцо станции и, выпятив брюхо, остановился, отдуваясь и оглядываясь. Было утро. Погода была тихая, пасмурная, с легким морозцем.

— Что ж, не нашел седоков, дядя Кузьма? — сказал он. — Свезешь, что ли?

— Что ж, давай рублевку. Свезу.

— Ну и семь гривен довольно.

— Брюхо наел, а тридцать копеек у бедного человека оттянуть хочешь.

257

— Ну, ладно, давай, что ль, — сказал Корней. И, уложив в маленькие санки чемодан и узел, он широко уселся на заднем месте.

Кузьма остался на козлах.

— Ладно. Трогай.

Выехали из ухабов у станции на гладкую дорожку.

— Ну, а что, как у вас, не у нас, а у вас на деревне? — спросил Корней.

— Да хорошего мало.

— А что так? Моя старуха жива?

— Старуха-то жива. Надысь в церкви была. Старуха твоя жива. Жива и молодая хозяйка твоя. Что ей делается. Работника нового взяла.

И Кузьма засмеялся как-то чудно, как показалось Корнею.

— Какого работника? А Петра что?

— Петра заболел. Взяла Евстигнея Белого из Каменки, — сказал Кузьма, — из своей деревни, значит.

— Вот как? — сказал Корней.

Еще когда Корней сватал Марфу, в народе что-то бабы болтали про Евстигнея.

— Так-то, Корней Васильич, — сказал Кузьма. — Очень уж бабы нынче волю забрали.

— Что и говорить! — промолвил Корней. — А стара твоя сивая стала, — прибавил он, желая прекратить разговор.

— Я и сам не молод. По хозяину, — проговорил Кузьма в ответ на слова Корнея, постегивая космого, кривоногого мерина.

На полдороге был постоялый двор. Корней велел остановить и вошел в дом. Кузьма приворотил лошадь к пустому корыту и оправлял шлею, не глядя на Корнея и ожидая, что он позовет его.

— Заходи, что ль, дядя Кузьма, — сказал Корней, выходя на крыльцо, — выпьешь стаканчик.

— Ну что ж, — отвечал Кузьма, делая вид, что не торопится.

Корней потребовал бутылку водки и поднес Кузьме. Кузьма, не евши с утра, тотчас же захмелел. И как только захмелел, стал шепотом, пригибаясь к Корнею, рассказывать ему, что говорили в деревне. А говорили, что Марфа, его жена, взяла в работники своего прежнего полюбовника и живет с ним.

— Мне что ж. Мне тебя жалко, — говорил пьяный Кузьма. — Только нехорошо, народ смеется. Видно, греха не боится. Ну, да погоди же ты, говорю. Дай срок, сам приедет. Так-то, брат, Корней Васильич.

Корней молча слушал то, что говорил Кузьма, и густые брови все ниже и ниже спускались над блестящими черными, как уголь, глазами.

— Что ж, поить будешь? — сказал он только, когда бутылка была выпита. — А нет, так и едем.

Он расплатился с хозяином и вышел на улицу.

Домой он приехал сумерками. Первый встретил его тот самый Евстигней Белый, про которого он не мог не думать всю дорогу. Корней поздоровался с ним. Увидав худощавое белобрысое лицо заторопившегося Евстигнея, Корней только недоуменно покачал головой. «Наврал, старый пес, — подумал он на слова Кузьмы. — А кто их знает. Да уж я дознаюсь».

Кузьма стоял у лошади и подмигивал своим одним глазом на Евстигнея.

— У нас, значит, живешь? — спросил Корней.

— Что ж, надо где-нибудь работать, — отвечал Евстигней.

— Топлена горница-то?

— А то как же? Матвевна тама, — отвечал Евстигней.

Корней поднялся на крыльцо. Марфа, услыхав голоса, вышла в сени и, увидав мужа, вспыхнула и торопливо и особенно ласково поздоровалась с ним.

— А мы с матушкой уж и ждать перестали, — сказала она и вслед за Корнеем вошла в горницу.

— Ну что, как живете без меня?

— Живем всё по-старому, — сказала она и, подхватив на руки двухлетнюю дочку, которая тянула ее за юбку и просила молока, большими решительными шагами вошла в сени.

Корнеева мать с такими же черными глазами, как у Корнея, с трудом волоча ноги в валенках, вошла в горницу.

— Спасибо, проведать приехал, — сказала она, покачивая трясущейся головой.

Корней рассказал матери, по какому делу заехал, и, вспомнив про Кузьму, пошел вынести ему деньги. Только он отворил дверь в сени, как прямо перед собой он увидал у двери на двор Марфу и Евстигнея. Они близко стояли друг от друга, и она говорила что-то. Увидав Корнея, Евстигней шмыгнул во двор, а Марфа подошла к самовару, поправляя гудевшую над ним трубу.

Корней молча прошел мимо ее согнутой спины и, взяв узел, позвал Кузьму пить чай в большую избу. Перед чаем Корней роздал московские гостинцы домашним: матери шерстяной платок, Федьке книжку с картинками, немому племяннику жилетку и жене ситец на платье.

За чаем Корней сидел насупившись и молчал. Только изредка неохотно улыбался, глядя на немого, который забавлял всех своей радостью. Он не мог нарадоваться на жилетку. Он укладывал и развертывал ее, надевал ее и целовал свою руку, глядя на Корнея, и улыбался.

После чая и ужина Корней тотчас же ушел в горницу, где спал с

Марфой и маленькой дочкой. Марфа оставалась в большой избе убирать посуду. Корней сидел один у стола, облокотившись на руку, и ждал. Злоба на жену все больше и больше ворочалась в нем. Он достал со стены счеты, вынул из кармана записную книжку и, чтобы развлечь мысли, стал считать. Он считал, поглядывая на дверь и прислушиваясь к голосам в большой избе.

Несколько раз он слышал, как отворялась дверь в избу и кто-то выходил в сени, но это все была не она. Наконец послышались ее шаги, дернулась дверь, отлипла, и она, румяная, красивая, в красном платке, вошла с девочкой на руках.

— Небось с дороги-то уморился, — сказала она, улыбаясь, как будто не замечая его угрюмого вида.

Корней глянул на нее и стал опять считать, хотя считать уж нечего было.

— Уж не рано, — сказала она и, спустив с рук девочку, прошла за перегородку.

Он слышал, как она убирала постель и укладывала спать дочку.

«Люди смеются, — вспомнил он слова Кузьмы. — Погоди же ты...» — подумал он, с трудом переводя дыхание, и медленным движением встал, положил обгрызок карандаша в жилетный карман, повесил счеты на гвоздь, снял пиджак и подошел к двери перегородки. Она стояла лицом к иконам и молилась. Он остановился, ожидая. Она долго крестилась, кланялась и шепотом говорила молитвы. Ему казалось, что она давно перечитала все молитвы и нарочно по нескольку раз повторяет их. Но вот она положила земной поклон, выпрямилась, прошептала в себя какие-то молитвенные слова и повернулась к нему лицом.

— А Агашка-то уж спит, — сказала она, указывая на девочку, и, улыбаясь, села на заскрипевшую кровать.

— Евстигней давно здесь? — сказал Корней, входя в дверь.

Она спокойным движением перекинула одну толстую косу через плечо на грудь и начала быстрыми пальцами расплетать ее. Она прямо смотрела на него, и глаза ее смеялись.

— Евстигней-то? А кто его знает, — недели две али три.

— Ты живешь с ним? — проговорил Корней.

Она выпустила из рук косу, но тотчас же поймала опять свои жесткие густые волосы и опять стала плести.

— Чего не выдумают. Живу с Евстигнеем? — сказала она, особенно звучно произнося слово Евстигней. — Выдумают же! Тебе кто сказал?

— Говори: правда, нет ли? — сказал Корней и сжал в кулаки засунутые в карманы могучие руки.

— Будет болтать пустое. Снять сапоги-то?

— Я тебя спрашиваю, — повторил он.

— Ишь добро какое. На Евстигнея польстилась, — сказала она. — И кто только наврал тебе?

— Что ты с ним в сенях говорила?

— Что говорила. Говорила, на бочку обруч набить надо. Да ты что ко мне пристал?

— Я тебе велю: говори правду. Убью, сволочь поганая.

Он схватил ее за косу.

Она выдернула у него из руки косу; лицо ее скосилось от боли.

— Только на то тебя и взять, что драться... Что я от тебя хорошего видела? От такого житья не знаю, что сделаешь.

— Что сделаешь? — проговорил он, надвигаясь на нее.

— За что полкосы выдрал? Во, так шмотами и лезут. Что пристал. И правда, что...

Она не договорила. Он схватил ее за руку, сдернул с кровати и стал бить по голове, по бокам, по груди. Чем больше он бил, тем больше разгоралась в нем злоба. Она кричала, защищалась, хотела уйти, но он не пускал ее. Девочка проснулась и бросилась к матери.

— Мамка, — ревела она.

Корней ухватил девочку за руку, оторвал от матери и, как котенка, бросил в угол. Девочка визгнула, и несколько секунд ее не слышно было.

— Разбойник! Ребенка убил, — кричала Марфа и хотела подняться к дочери.

Но он опять схватил ее и так ударил в грудь, что она упала навзничь и тоже перестала кричать. Только девочка кричала отчаянно, не переводя духа.

Старуха, без платка, с растрепанными седыми волосами, с трясущейся головой, шатаясь, вошла в каморку и, не глядя ни на Корнея, ни на Марфу, подошла к внучке, заливавшейся отчаянными слезами, и подняла ее.

Корней стоял, тяжело дыша и оглядываясь, как будто спросонья, не понимая, где он и кто тут с ним.

Марфа подняла голову и, стоная, вытирала окровавленное лицо рубахой.

— Злодей постылый! — проговорила она. — И живу с Евстигнеем и жила. На, убей до смерти. И Агашка не твоя дочь; с ним прижила, — быстро выговорила она и закрыла локтем лицо, ожидая удара.

Но Корней как будто ничего не понимал и только сопел и оглядывался.

— Ты глянь, что с девчонкой сделал: руку вышиб, — сказала старуха, показывая ему вывернутую висящую ручку не переставая заливавшейся криками девочки. Корней повернулся и молча вышел в сени и на крыльцо.

На дворе было все так же морозно и пасмурно. Снежинки инея падали ему на горевшие щеки и лоб. Он сел на приступки и ел горстями снег, собирая его на перилах. Из-за дверей слышно было, как стонала Марфа и жалостно плакала девочка; потом отворилась дверь в сени, и он слышал, как мать с девочкой вышла из горницы и прошла через сени в большую избу. Он встал и вошел в горницу. Завернутая лампа горела малым светом на столе. Из-за перегородки слышались усилившиеся, как только он вошел, стоны Марфы. Он молча оделся, достал из-под лавки чемодан, уложил в него свои вещи и завязал его веревкой.

— За что убил меня? За что? Что я тебе сделала? — заговорила Марфа жалостным голосом. Корней, не отвечая, поднял чемодан и понес к двери. — Каторжник. Разбойник! Погоди ж ты. Али на тебя суда нет? — совсем другим голосом злобно проговорила она.

Корней, не отвечая, толкнул дверь ногой и так сильно захлопнул ее, что задрожали стены.

Войдя в большую избу, Корней разбудил немого и велел ему запрягать лошадь. Немой, не сразу проснувшись, удивленно-вопросительно поглядывал на дядю и обеими руками расчесывал голову. Поняв, наконец, что от него требовали, он вскочил, надел валенки, рваный полушубок, взял фонарь и пошел на двор.

Уж было совсем светло, когда Корней выехал с немым в маленьких пошевнях за ворота и поехал назад по той же дороге, по которой с вечера приехал с Кузьмою.

Он приехал на станцию за пять минут до отхода поезда. Немой видел, как он брал билет, как взял чемодан и как сел в вагон, кивнув ему головой, и как вагон укатился из вида.

У Марфы, кроме побоев на лице, были сломаны два ребра и разбита голова. Но сильная, здоровая молодая женщина справилась через полгода, так что не осталось никаких следов побоев. Девочка же навек осталась полукалекой. У ней были переломлены две кости руки, и рука осталась кривая.

Про Корнея же с тех пор, как он ушел, никто ничего не знал. Не знали, жив ли он, или умер.

II

Прошло семнадцать лет. Была глухая осень. Солнце ходило низко, и в четвертом часу вечера уж смеркалось. Андреевское стадо возвращалось в деревню. Пастух, отслужив срок, до заговенья ушел, и гоняли скотину очередные бабы и ребята.

Стадо только что вышло с овсяного жнивья на грязную, испещренную раздвоенно-копытными следами черноземную, взрытую колеями большую грунтовую дорогу и с непрестающим мычанием и блеянием подвигалось к деревне. По дороге впереди стада шел в потемневшем от дождя, заплатанном зипуне, в большой шапке, с кожаным мешком за сутуловатой спиной высокий старик с седой бородой и курчавыми седыми волосами; только одни густые брови были у него черные. Он шел, тяжело двигая по грязи мокрыми и разбившимися грубыми хохлацкими сапогами и через шаг равномерно подпираясь дубовой клюкой. Когда стадо догнало его, он, опершись на клюку, остановился. Гнавшая стадо молодайка, покрывшись с головой дерюжкой, в подтыканной юбке и мужских сапогах, перебегала быстрыми ногами то на ту, то на другую сторону дороги, подгоняя отстающих овец и свиней. Поравнявшись с стариком, она остановилась, оглядывая его.

— Здорово, дедушка, — сказала она звучным, нежным, молодым голосом.

— Здорово, умница, — проговорил старик.

— Что ж, ночевать, что ль?

— Да видно так. Уморился, — хрипло проговорил старик.

— А ты, дед, к десятскому не ходи, — ласково проговорила молодайка. — Иди прямо к нам, — третья изба с краю. Странных людей свекровь так пущает.

— Третья изба. Зиновеева, значит? — сказал старик, как-то значительно поводя черными бровями.

— А ты разве знаешь?

— Бывал.

— Ты чего, Федюшка, слюни распустил, — хромая-то вовсе отстала, — крикнула молодайка, указывая на ковылявшую позади стада трехногую овцу, и, взмахнув правой рукой хворостиной и как-то странно, снизу, кривой левой рукой перехватив дерюжку на голове, побежала назад за отставшей хромой мокрой черной овцой.

Старик был Корней. А молодайка была та самая Агашка, которой он выломал руку семнадцать лет тому назад. Она была выдана в Андреевну, в богатую семью, за четыре версты от Гаев.

III

Корней Васильев из сильного, богатого, гордого человека стал тем, что он был теперь: старым побирушкой, у которого ничего не было, кроме изношенной одежи на теле, солдатского билета и двух рубах в сумке. Вся эта перемена сделалась так понемногу, что он не мог бы сказать, когда это началось и когда сделалось. Одно, что он знал, в чем был твердо уверен, это то, что виною его несчастия была его злодейка жена. Ему странно и больно было вспоминать то, что он был прежде. И когда он вспоминал про это, он с ненавистью вспоминал про ту, кого он считал причиной всего того дурного, что он испытал в эти семнадцать лет.

В ту ночь, когда он избил жену, он поехал к помещику, где продавалась роща. Рощи не довелось купить. Она была уже куплена, и он вернулся в Москву и там запил. Он и прежде пивал, но теперь пьянствовал без просыпу две недели, и когда опомнился, уехал на низ за скотиной. Покупка была неудачная, и он понес убыток. Он поехал в другой раз. И вторая покупка не задалась. И через год у него из трех тысяч осталось двадцать пять рублей и пришлось наниматься к хозяевам. Он и прежде пил, а теперь стал выпивать чаще и чаще.

Сначала он прожил год приказчиком у скотопромышленника, но дорогой запил, и купец расчел его. Потом он нашел по знакомству место торговца вином, но и тут прожил недолго. Запутался в расчетах, и ему отказали. Домой ехать и стыдно было, и злоба брала. «Проживут и без меня. Может, и мальчишка-то не мой», — думал он.

Все шло хуже и хуже. Без вина он не мог жить. Стал наниматься уж не в приказчики, а в погонщики к скотине, потом и в эту должность не стали брать.

Чем хуже ему становилось, тем больше он обвинял ее, и тем больше разгоралась его злоба на нее.

В последний раз Корней нанялся в погонщики к скотине к незнакомому хозяину. Скотина заболела. Корней не был виноват, но хозяин рассердился и рассчитал и приказчика и его. Наниматься некуда было, и Корней решил идти странствовать. Состроил себе сапоги хорошие, сумку, взял чаю, сахару, денег восемь рублей и пошел в Киев. В Киеве ему не понравилось, и он пошел на Кавказ, в Новый Афон. Не доходя Нового Афона, его захватила лихорадка. Он вдруг ослабел. Денег оставалось рубль семьдесят копеек, знакомых никого не было, и он решил идти домой к сыну. «Может, она и померла теперь, злодейка моя, — думал он. — А жива, так хоть перед смертью выскажу ей все, чтоб знала она, мерзавка, что со мной сделала», — думал он и пошел к дому.

Лихорадка трепала его через день. Он слабел все больше и больше, так что не мог уходить больше десяти, пятнадцати верст в день. Не доходя двухсот верст до дому деньги все вышли, и он шел уж Христовым именем и ночевал по отводу десятского. «Радуйся, до чего довела меня!» — думал он про жену, и, по старой привычке, старые и слабые руки сжимались в кулаки. Но бить некого было, да и силы в кулаках уже не было.

Две недели шел он эти двести верст и, совсем больной и слабый,

264

добрел до того места, в четырех верстах от дома, где встретился, не узнав ее и не быв узнан, с той Агашкой, которая считалась, но не была его дочерью и которой он выломал руку.

IV

Он сделал, как сказала ему Агафья. Дойдя до Зиновеева двора, он попросился ночевать. Его пустили.

Войдя в избу, он, как и всегда делал, перекрестился на иконы и поздоровался с хозяевами.

— Застыл, дед! Иди, иди на печь, — сказала сморщенная веселая старушка хозяйка, убиравшаяся у стола.

Муж Агафьи, моложавый мужик, сидел на лавке у стола и заправлял лампу.

— И мокрый же ты, дед! — сказал он. — Да что станешь делать. Сушись!

Корней разделся, разулся, повесил против печки онучи и влез на печь.

В избу вошла и Агафья с кувшином. Она уже успела пригнать стадо и убраться с скотиной.

— А не бывал старик странный? — спросила она. — Я велела к нам заходить.

— А вон он, — сказал хозяин, указывая на печь, где, потирая мохнатые костлявые ноги, сидел Корней.

К чаю хозяева кликнули и Корнея. Он слез и сел на краю лавки. Ему подали чашку и кусок сахара.

Разговор шел про погоду, про уборку. Не дается в руки хлеб. У помещиков проросли копны в поле. Только начнут возить — опять дождь. Мужички свезли. А у господ так ду́ром преет. А мыша в снопах — страсть.

Корней рассказал, что он видел по дороге целое поле полно копен. Молодайка налила ему пятую чашку жидкого, чуть желтого чаю и подала.

— Ничего. Пей, дедушка, на здоровье, — сказала она на его отказ.

— Что ж это рука у тебя неисправная? — спросил он у нее, осторожно принимая от нее полную чашку и пошевеливая бровями.

— С мальства еще сломали, — сказала говорливая свекровь. — Это ее отец нашу Агашку убить хотел.

— С чего ж это? — спросил Корней. И, глядя на лицо молодайки, ему вспомнился вдруг Евстигней Белый с его голубыми глазами, и рука, державшая чашку, так задрожала, что он разлил половину чая, пока донес ее до стола.

— А такой был в Гаях у нас человек, отец ей, Корней Васильевым звали. Богатей был. Так возгордился на жену. Ее избил и ее вот испортил.

Корней молчал, взглядывая из-под не переставая шевелившихся черных бровей то на хозяина, то на Агашу.

— За что же? — спросил он, откусывая сахар.

— Кто их знает. Про нашу сестру всякое сболтнут, а ты отвечай, — говорила старуха. — Из-за работника что-то у них вышло. Работник малый хороший был из нашей деревни. Он и помер у них в доме.

— Помер? — переспросил Корней и откашлялся.

— Давно помер... У них мы и взяли молодайку. Жили хорошо. Первые на селе были. Пока жив был хозяин.

— А он что же? — спросил Корней.

— Тоже помер, должно. С того раза пропал. Лет пятнадцать будет.

— Больше, никак, мне мамушка сказывала, меня она только кормить бросила.

— Что ж, ты на него не обижаешься на то, что он руку... — начал было Корней и вдруг захлюпал.

— Разве он чужой — отец ведь. Что ж, еще пей с холоду-то. Налить, что ль?

Корней не отвечал и, всхлипывая, плакал.

— Чего ж ты?

— Ничего, так, спаси Христос.

И Корней дрожащими руками ухватился за столбик и за полати и полез большими худыми ногами на печь.

— Вишь ты, — сказала старушка сыну, подмигивая на старика.

V

На другой день Корней поднялся раньше всех. Он слез с печи, размял высохшие подвертки; с трудом обул заскорузлые сапоги и надел мешок.

— Что ж, дед, позавтракал бы? — сказала старуха.

— Спаси бог. Пойду.

— Так вот возьми хоть лепешек вчерашних. Я тебе в мешок положу.

Корней поблагодарил и простился.

— Заходи, когда назад пойдешь, живы будем...

На дворе был тяжелый осенний туман, закрывающий все. Но Корней хорошо знал дорогу, знал всякий спуск и подъем, и всякий куст, и все ветлы по дороге, и леса направо и налево, хотя за семнадцать лет одни срубили и из старых стали молодыми, а другие из молодых стали старыми.

Деревня Гаи была все та же, только построились с краю новые дома, каких не было прежде. И из деревянных домов стали кирпичные. Его каменный дом был такой же, только постарел. Крыша была давно не крашена, и на угле выбитые были кирпичи, и крыльцо покривилось.

В то время как он подходил к своему прежнему дому, из скрипучих ворот вышла матка с жеребенком, старый мерин чалый и третьяк. Старый чалый был весь в ту матку, которую Корней за год до своего ухода привел с ярмонки.

«Должно, это тот самый, что у нее тогда в брюхе был. Та же вислозадина и та же широкая грудь и косматые ноги», — подумал он.

Лошадей гнал поить черноглазый мальчишка в новых лапотках. «Должно, внук, Федькин сын значит, в него черноглазый», — подумал Корней.

Мальчик посмотрел на незнакомого старика и побежал за заигравшим по грязи стригуном. За мальчиком бежала собака, такая же черная, как прежний Волчок.

«Неужели Волчок?» — подумал он. И вспомнил, что тому было бы двадцать лет.

Он подошел к крыльцу и с трудом взошел на те ступеньки, на которых он тогда сидел, глотая снег с перил, и отворил дверь в сени.

— Чего лезешь не спросясь, — окликнул его женский голос из избы. Он узнал ее голос. И вот она сама, сухая, жилистая, морщинистая старуха, высунулась из двери. Корней ждал той молодой красивой Марфы, которая оскорбила его. Он ненавидел ее и хотел укорить, и вдруг вместо нее перед ним была какая-то старуха. — Милостыни — так под окном проси, — пронзительным, скрипучим голосом проговорила она.

— Я не милостыни, — сказал Корней.

— Так чего же ты? Чего еще?

Она вдруг остановилась. И он по лицу ее увидал, что она узнала его.

— Мало ли вас шляется. Ступай, ступай. С богом. Корней привалился спиной к стене и, упираясь на клюку, пристально смотрел на нее и с удивлением чувствовал, что у него не было в душе той злобы на нее, которую он столько лет носил в себе, но какая-то умиленная слабость вдруг овладела им.

— Марфа! Помирать будем.

— Ступай, ступай с богом, — быстро и злобно говорила она.

— Больше ничего не скажешь?

— Нечего мне говорить, — сказала она. — Ступай с богом. Ступай, ступай. Много вас, чертей, дармоедов, шляется.

Она быстрыми шагами вернулась в избу и захлопнула дверь.

— Чего ж ругать-то, — послышался мужской голос, и в дверь вошел с топором за поясом черноватый мужик, такой же, как был Корней сорок лет тому назад, только поменьше и похудее, но с такими же черными блестящими глазами.

Это был тот самый Федька, которому он семнадцать лет тому назад подарил книжку с картинками. Это он упрекнул мать за то, что она не пожалела нищего. С ним вместе вошел, и тоже с топором за поясом, немой племянник. Теперь это был взрослый, с редкой бородкой, морщинистий, жилистый человек, с длинной шеей, решительным и внимательно пронизывающим взглядом. Оба мужика только позавтракали и шли в лес.

— Сейчас, дедка, — сказал Федор и указал немому сначала на старика, а потом на горницу и показал рукою, как режут хлеб.

Федор вышел на улицу, а немой вернулся в избу. Корней все стоял, опустив голову, прислонившись к стене и опираясь на клюку. Он чувствовал большую слабость и с трудом удерживал рыдания. Немой вышел из избы с большим пахучим ломтем свежего черного хлеба и, перекрестившись, подал Корнею. Когда Корней, приняв хлеб, тоже перекрестился, немой обратился к двери в избу, провел двумя руками по лицу и начал делать вид, что плюет. Он выражал этим неодобрение тетке. Вдруг он замер и, разинув рот, уставился на Корнея, как будто узнавая. Корней не мог больше удерживать слезы и, вытирая глаза, нос и седую бороду полою кафтана, отвернулся от немого и вышел на крыльцо. Он испытывал какое-то особенное, умиленное, восторженное чувство смирения, унижения перед людьми, перед нею, перед сыном, перед всеми людьми, и чувство это и радостно и больно раздирало его душу.

Марфа смотрела из окна и спокойно вздохнула только тогда, когда увидала, что старик скрылся за углом дома.

Когда Марфа уверилась, что старик ушел, она села за стан и стала ткать. Она ударила раз десяток бердом, но руки не шли, она остановилась и стала думать и вспоминать, каким она сейчас видела Корнея, — она знала, что это был он — тот самый, который убивал ее и прежде любил ее, и ей было страшно за то, что она сейчас сделала. Не то она сделала, что надо было. А как же надо было обойтись с ним? Ведь он не сказал, что он Корней и что он домой пришел.

И она опять взялась за челнок и продолжала ткать до самого вечера.

VI

Корней с трудом добрел к вечеру до Андреевки и опять попросился ночевать к Зиновеевым. Его приняли.

— Что ж, дед, не пошел дальше?

— Не пошел. Ослаб. Видно, назад пойду. Ночевать пустите?

— Место не пролежишь. Иди сушись.

Всю ночь Корнея трепала лихорадка. Перед утром он забылся, а когда проснулся, домашние все разошлись по своим делам, и в избе оставалась одна Агафья.

Он лежал на хорах на сухом кафтане, который подостлала ему старуха. Агафья вынимала хлебы из печи.

— Умница, — позвал он ее слабым голосом, — подойди ко мне.

— Сейчас, дед, — отвечала она, высаживая хлебы. — Напиться, что ль? Кваску?

Он не отвечал.

Высадив последний хлеб, она подошла к нему с ковшиком кваса. Он не поворотился к ней и не стал пить, а как лежал кверху лицом, так и стал говорить, не поворачиваясь.

— Гаша, — сказал он тихим голосом, — время мое доспело. Я помирать хочу. Так вот ты прости меня Христа ради.

— Бог простит. Что ж, ты мне худого не делал...

Он помолчал.

— А еще вот что: сходи ты, умница, к матери, скажи ей... странник, мол, скажи... вчерашний странник, скажи...

Он стал всхлипывать.

— А ты разве был у наших?

— Был. Скажи, странник вчерашний... странник, скажи... — опять он остановился от рыданий и, наконец, собравшись с силами, договорил: — попрощаться к ней приходил, — сказал он и стал шарить у себя около груди.

— Скажу, дед, скажу. А ты чего ищешь? — сказала Агафья.

Старик, не отвечая, сморщившись от усилия, достал своей худой волосатой рукой бумагу из-за пазухи и подал ей.

— А это вот отдай, кто спросит. Билет мой солдатский. Слава богу, развязались все грехи, — и лицо его сложилось в торжественное выражение. Брови поднялись, глаза уставились в потолок, и он затих.

— Свечку, — проговорил он, не шевеля губами.

Агафья поняла. Достала от икон обгоревшую восковую свечку, зажгла и подала ему. Он прихватил ее большим пальцем.

Агафья отошла убрать в сундучок его билет, и когда подошла к нему, свеча валилась у него из руки, и остановившиеся глаза уже не видели, и грудь не дышала. Агафья перекрестилась, задула свечу, достала полотенце чистое и закрыла его лицо.

Во всю ночь эту Марфа не могла заснуть и все думала о Корнее. Наутро она надела зипун, накрылась платком и пошла узнавать, где вчерашний старик. Очень скоро она узнала, что старик в Андреевке.

Марфа взяла из плетня палку и пошла в Андреевку. Чем дальше она шла, тем все страшнее и страшнее ей становилось. «Попрощаемся с ним, возьмем домой, грех развяжем. Пускай хоть помрет дома при сыне», — думала она.

Когда Марфа стала подходить к дочернему двору, она увидала большую толпу народа у избы. Одни стояли в сенях, другие под окнами. Все уж знали, что тот самый знаменитый богач Корней Васильев, который двадцать лет тому назад гремел по округе, бедным странником помер в доме дочери. Изба тоже была полна народа. Бабы перешептывались, вздыхали и охали.

Когда Марфа вошла в избу и народ расступился, пропуская ее, она под святыми увидала обмытое, убранное, прикрытое полотном мертвое тело, над которым грамотный Филипп Кононыч, подражая дьячкам, читал нараспев славянские слова псалтыря.

Ни простить, ни просить прощенья уже нельзя было. А по строгому, прекрасному, старому лицу Корнея нельзя было понять, прощает ли он, или еще гневается.

Ягоды

Стояли жаркие, безветренные июньские дни. Лист в лесу сочен, густ и зелен, только кое-где срываются пожелтевшие березовые и липовые листы. Кусты шиповника осыпаны душистыми цветами, в лесных лугах сплошной медовый клевер, рожь густая, рослая, темнеет и волнуется, до половины налилась, в низах перекликаются коростели, в овсах и ржах то хрипят, то щелкают перепела, соловей в лесу только изредка сделает колено и замолкнет, сухой жар печет. По дорогам лежит неподвижно на палец сухая пыль и поднимается густым облаком, уносимым то вправо, то влево случайным слабым дуновением.

Крестьяне доделывают постройки, возят навоз, скотина голодает на высохшем пару, ожидая отавы. Коровы и телята зыкаются с поднятыми крючковато хвостами, бегают от пастухов со стойла. Ребята стерегут лошадей по дорогам и обрезам. Бабы таскают из леса мешки травы, девки и девочки вперегонку друг с другом ползают между кустов по срубленному лесу, собирают ягоды и носят продавать дачникам.

Дачники, в разукрашенных, архитектурно вычурных домиках, лениво гуляют под зонтиками, в легких, чистых, дорогих одеждах по усыпанным песком дорожкам или сидят в тени дерев, беседок, у крашеных столиков и, томясь от жары, пьют чай или прохладительные напитки.

У великолепной дачи Николая Семеныча, с башней, верандой, балкончиком, галереями — все свеженькое, новенькое, чистенькое — стоит ямская с бубенцами тройка в коляске, привезшая из города за пятнадцать «взад-назад», как говорит ямщик, петербургского барина.

Барин этот — известный либеральный деятель, участвовавший во всех комитетах, комиссиях, подношениях, хитро составленных, как будто верноподданнических, а в сущности самых либеральных адресов. Он приехал из города, в котором он, как всегда, страшно занятой человек, пробудет только сутки, к своему другу, товарищу детства и почти единомышленнику.

Они немного только расходятся в способах применения конституционных начал. Петербуржец — больше европеец, с маленьким пристрастием даже к социализму, получает очень большое жалованье по местам, которые он занимает. Николай же Семеныч — чисто русский человек, православный, с оттенком славянофильства, владеет многими тысячами десятин земли.

Они пообедали в саду обедом из пяти кушаний, но от жару почти ничего не ели, так что труды сорокарублевого повара и его помощников, особенно усердно работавших для гостя, пропали почти даром. Покушали только ботвинью ледяную с свежей белорыбицей и разноцветное мороженое в красивой форме и разукрашенное разными сахарными волосами и бисквитами. Обедали гость, либеральный врач, учитель детей — студент, отчаянный социал-демократ, революционер, которого Николай Семеныч умел держать в узде, Мари — жена Николая Семеныча, и трое детей, из которых меньшой только приходил к пирожному.

Обед был немножко натянут, потому что Мари, сама очень нервная женщина, была озабочена расстройством желудка Гоги, — так (как и водится у порядочных людей) назывался меньшой мальчик Николай, — и еще оттого, что, как только начинался политический разговор между гостем и Николаем Семенычем, отчаянный студент, желая показать, что он ни перед кем не стесняется высказывать свои убеждения, врывался в разговор, и гость замолкал, Николай же Семеныч утишал революционера.

Обедали в семь часов. После обеда приятели сидели на веранде, прохлаждаясь холодным нарзаном с легким белым вином, и беседовали.

Разногласие их прежде всего выразилось в вопросе о том, какие должны быть выборы, двухстепенные или одностепенные, и они горячо начали было спорить, когда их позвали к чаю в защищенную сетками от мух столовую. За чаем шел общий разговор с Мари, которую разговор этот не мог занимать, так как она вся была поглощена мыслью о признаках расстройства желудка Гоги. Разговор шел о живописи, и Мари доказывала,

271

что в декадентской живописи есть un je ne sais quoi[154], которое нельзя отрицать. Она в эту минуту вовсе не думала о декадентской живописи, но говорила то, что говорила много раз. Гостю уже совсем это было не нужно, но он слыхал, что говорят против декадентства, и говорил все это так похоже, что никто бы не догадался о том, что ему не было никакого дела до декадентства или недекадентства. Николай же Семеныч, глядя на жену, чувствовал, что она чем-то недовольна и что будет, пожалуй, какая-нибудь неприятность — кроме того, ему очень скучно было слушать то, что она говорила и что он слышал, ему казалось, больше чем сто раз.

Зажгли дорогие бронзовые лампы и фонари на дворе, детей уложили спать, подвергнув больного Гогу лечебным операциям.

Гость с Николаем Семенычем и доктором вышли на веранду. Лакей подал свечи с колпаками и еще нарзану, и начался около двенадцати часов уж настоящий, оживленный разговор о том, какие должны были быть приняты государственные меры в настоящее, важное для России время. Оба не переставая курили, разговаривая.

Снаружи, за воротами дачи побрякивали бубенчиками ямщицкие лошади, стоявшие без корма, и то зевал, то храпел тоже без корма сидевший в коляске старик ямщик, двадцать лет живший у одного хозяина и все свое жалованье, за исключением рублей трех или пяти, которые он пропивал, отсылавший домой брату. Когда уж с разных дач стали перекликаться петухи, и особенно один громкий, тонкий в соседней даче, ямщик усомнился, не забыли ли его, сошел с коляски и вошел в дачу. Он видел, что его седок сидел и пил что-то и в промежутках громко говорил. Он забоялся и пошел отыскивать лакея. Лакей в ливрейном пиджачке сидя спал в передней. Ямщик разбудил его. Лакей, бывший дворовый, кормивший своей службой (служба была выгодная — пятнадцать рублей жалованья и от господ на чай в год рублей иногда до ста) свою большую семью — пять девок и два мальчика, вскочил и, оправившись и отряхнувшись, пошел к господам сказать, что ямщик беспокоится, просит отпустить.

Когда лакей вошел, спор был в самом разгаре. Подошедший к ним доктор участвовал в нем.

— Не могу я допустить, — говорил гость, — чтобы русский народ должен бы был идти по каким-то иным путям развития. Прежде всего нужна свобода — свобода политическая — та свобода, как это всем известно, наибольшая свобода, при соблюдении наибольших прав других людей.

Гость чувствовал, что он запутался и что-то не так говорит, но в горячке спора он не мог хорошенько вспомнить, как надо говорить.

---

154. фр. un je ne sais quoi — что-то такое.

— Это так, — отвечал Николай Семеныч, не слушая гостя и только желая высказать свою мысль, которая ему особенно нравилась. — Это так, но достигается это другим путем — не большинством голосов, а всеобщим согласием. Посмотрите на решения мира.

— Ах, этот мир.

— Нельзя отрицать, — сказал доктор, — что у славянских народов есть свой особенный взгляд. Например, польское право veto. Я не утверждаю, чтобы это было лучше.

— Позвольте, я доскажу всю мою мысль, — начал Николай Семеныч. — Русский народ имеет особенные свойства. Свойства эти...

Но пришедший с заспанными глазами в своей ливрее Иван перервал его:

— Ямщик беспокоится...

— Скажите ему (петербургский гость всем лакеям говорил «вы» и гордился этим), что я поеду скоро. И за лишнее заплачу.

— Слушаю-с.

Иван ушел, и Николай Семеныч мог досказать всю свою мысль. Но и гость и доктор слышали ее двадцать раз (или по крайней мере им так казалось) и стали опровергать ее, особенно гость, примерами истории. Он отлично знал историю.

Доктор был на стороне гостя и любовался его эрудицией и был рад случаю знакомства с ним.

Разговор так затянулся, что стало светло за лесом на другой стороне дороги и соловей проснулся, но собеседники всё курили и разговаривали, разговаривали и курили.

Может быть, разговор продолжался бы еще, но из двери вышла горничная.

Горничная эта была сирота, которая, чтобы кормиться, должна была поступить в услужение. Сначала она жила у купцов, где приказчик соблазнил ее и она родила. Ребенок ее умер, она поступила к чиновнику, где сын гимназист не давал ей покоя, потом поступила помощницей горничной к Николаю Семенычу и считала себя счастливой, что ее не преследовали более своей похотью господа и платили исправно жалованье. Она вошла доложить, что барыня зовут доктора и Николая Семеныча.

«Ну, — подумал Николай Семеныч, — верно, с Гогой что-нибудь».

— А что? — спросил он.

— Николай Николаевич что-то нездоровы, — сказала горничная. Николай Николаевич, «они» — это был одержимый поносом объевшийся Гога.

— Ну и пора, — сказал гость, — смотрите, как светло. Как мы

засиделись, — сказал он, улыбаясь, как бы хваля себя и своих собеседников за то, что они так долго и много говорили, и простился.

Иван долго бегал усталыми ногами за шляпой и зонтиком гостя, которые сам гость засунул в самые неподходящие места. Иван надеялся получить на чай, но гость, всегда щедрый и никак не пожалевший бы дать ему рубль, увлеченный разговором, совсем забыл про это и вспомнил только дорогой, что он ничего не дал лакею. «Ну, нечего делать».

Ямщик влез на козлы, подобрал вожжи, сел бочком и тронул. Бубенчики звенели. Петербуржец, покачиваясь на мягких рессорах, ехал и думал об ограниченности и предвзятости мыслей своего приятеля.

То же самое думал Николай Семеныч, не сразу пошедший к жене. «Ужасна эта петербургская ограниченная узость. Не могут они выйти из этого», — думал он.

К жене же он медлил входить, потому что от этого свидания теперь не ожидал ничего хорошего. Дело все было в ягодах. Мальчики вчера принесли ягоду. Николай Семеныч купил, не торговавшись, две тарелки не совсем спелых ягод. Дети прибежали, прося себе, начали есть прямо с тарелок. Мари еще не выходила. И когда вышла и узнала, что Гоге дано было ягод, ужасно рассердилась, так как у него желудок уже был расстроен. Она стала упрекать мужа, он ее. И вышел неприятный разговор, почти ссора. К вечеру, точно, Гога нехорошо сходил. Николай Семеныч думал, что этим кончится, но призыв доктора обозначал, что дело приняло дурной оборот.

Когда он вошел к жене, она, в пестром шелковом халате, который ей очень нравился, но о котором она теперь не думала, стояла в детской с доктором над горшком и светила ему туда текущей свечкой.

Доктор с внимательным видом, в пенсне, смотрел туда, палочкой ворочая вонючее содержимое.

— Да, — сказал он значительно.

— Всё эти проклятые ягоды.

— Ну отчего же ягоды, — робко сказал Николай Семеныч.

— Отчего ягоды? Ты вот накормил его, а я ночь не сплю, и ребенок умрет...

— Ну, не умрет, — улыбаясь, сказал доктор, — маленький прием висмута и осторожность. Дадим сейчас.

— Он заснул, — сказала Мари.

— Ну, лучше не тревожить, завтра я зайду.

— Пожалуйста.

Доктор ушел, Николай Семеныч остался один и еще долго не мог успокоить жену. Когда он заснул, было уж совсем светло.

В соседней деревне в это самое время возвращались из ночного

274

мужики и ребята. Некоторые были на одной, у некоторых были лошади в поводу и позади бежали стригуны и двухлетки.

Тараска Резунов, малый лет двенадцати, в полушубке, но босой, в картузе, на пегой кобыле с мерином в поводу и таким же пегим, как мать, стригуном, обогнал всех и поскакал в гору к деревне. Черная собака весело бежала впереди лошадей, оглядываясь на них. Пегий сытый стригун сзади взбрыкивал своими белыми в чулках ногами то в ту, то в другую сторону. Тараска подъехал к избе, слез, привязал лошадей у ворот и вошел в сени.

— Эй вы, заспалися! — закричал он на сестер и брата, спавших в сенях на дерюжке.

Мать, спавшая рядом с ними, встала уже доить корову.

Ольгушка вскочила, оправляя обеими руками взлохмаченные длинные белесые волосы, Федька же, спавший с ней, все еще лежал, уткнувшись головой в шубу, и только потирал заскорузлой пяткой высунувшуюся из-под кафтана стройную детскую ножку.

Ребята с вечера собирались за ягодами, и Тараска обещал разбудить сестру и малого, как только вернется из ночного.

Он так и сделал. В ночном, сидя под кустом, он падал от сна; теперь же разгулялся и решил не ложиться спать, а идти с девками за ягодами. Мать дала ему кружку молока. Ломоть хлеба он сам отрезал себе и уселся за стол на высокой лавке и стал есть.

Когда он в одной рубашке и портках, быстрыми шагами прокладывая отчетливые следы босых ног по пыли, пошел по дороге, по которой лежали уже несколько таких же, одних побольше, других поменьше, босых следов с четко отпечатанными пальчиками, девки уже красными и белыми пятнышками виднелись далеко впереди на темной зелени рощи. (Они с вечера приготовили себе горшочек и кружечку и, не завтракая и не запасшись хлебом, перекрестились раза два на передний угол и побежали на улицу.) Тараска догнал их за большим лесом, только что они свернули с дороги.

Роса лежала на траве, на кустах, даже на нижних ветвях и кустов и дерев, и голые ножонки девочек тотчас намокли и сначала захолодели, а потом разогрелись, ступая то по мягкой траве, то по неровностям сухой земли. Ягодное место было по сведенному лесу. Девчонки вошли прежде в прошлогоднюю вырубку. Молодая поросль только что поднималась, и между сочных молодых кустов выдавались места с невысокой травой, в которой зрели и прятались розовато-белые еще и кое-где красные ягоды.

Девчонки, перегнувшись вдвое, ягодку за ягодкой выбирали своими маленькими загорелыми ручонками и клали какую похуже в рот, какую получше в кружку.

— Ольгушка! сюда иди. Тут бяда сколько.

— Ну? Вре! Ау! — перекликались они, далеко не расходясь, когда заходили за кусты.

Тараска ушел от них дальше за овраг в прежде, за год, срубленный лес, на котором молодая поросль, особенно ореховая и кленовая, была выше человеческого роста. Трава была сочнее и гуще, и когда попадались места с земляникой, ягоды были крупнее и сочнее под защитой травы.

— Грушка!

— Аась!

— А как волк?

— Ну что ж волк? Ты что ж пужаешь. А я небось не боюсь, — говорила Грушка, и, забывшись, она, думая о волке, клала ягоду за ягодой, и самые лучшие не в кружку, а в рот.

— А Тараска-то наш ушел за овраг. Тарас-ка-а!

— Я-о! — отвечал Тараска из-за оврага. — Идите сюда.

— А и то пойдем, тама больше.

И девчата полезли вниз в овраг, держась за кусты, а из оврага отвертками на другую сторону, и тут, на припоре солнца, сразу напали на полянку с мелкой травой, сплошь усыпанную ягодами. Обе молчали и не переставая работали и руками и губами.

Вдруг что-то шарахнулось и среди тишины с страшным, как им показалось, грохотом затрещало по траве и кустам.

Грушка упала от страха и рассыпала до половины кружки набранные ягоды.

— Мамушка! — завизжала она и заплакала.

— Заяц это, заяц! Тараска! Заяц. Вон он, — кричала Ольгушка, указывая на серо-бурую спинку с ушами, мелькавшую между кустов. — Ты чего? — обратилась Ольгушка к Грушке, когда заяц скрылся.

— Я думала, волк, — отвечала Грушка и вдруг тотчас же после ужаса и слез отчаяния расхохоталась.

— Вот дура-то.

— Страсть испугалась! — говорила Грушка, заливаясь звонким, как колокольчик, хохотом.

Подобрали ягоды и пошли дальше. Солнце уже взошло и светлыми яркими пятнами и тенями расцветило зелень и блестело в каплях росы, о которую вымокли девчонки теперь по самый пояс.

Девчата были уже почти на конце леса, всё уходя дальше и дальше, в надежде, что что дальше, то больше будет ягод, когда в разных местах послышались звонкие ауканья девок и баб, вышедших позднее и также собиравших ягоды.

В завтрак кружка и горшочек были уже наполовину полны, когда девчата сошлись с теткой Акулиной, тоже вышедшей по ягоды. За теткой

276

Акулиной ковылял на толстых кривых ножонках крошечный толстопузый мальчик в одной рубашонке и без шапки.

— Увязался со мной, — сказала Акулина девчатам, взяв мальчика на руки. — И оставить не с кем.

— А мы сейчас зайца здорового выпугнули. Как затрещи-ит — жуть...

— Вишь ты! — сказала Акулина и спустила опять с рук малого.

Переговорившись так, девочки разошлись с Акулиной и продолжали свое дело.

— Знать, посидим таперича, — сказала Ольгушка, садясь под густую тень орехового куста. — Уморилася. Эх, хлебушка не взяли, поесть бы теперь.

— И мне хочется, — сказала Грушка.

— Что это тетка Акулина кричит больно чего-то? Чуешь? Ау, тетка Акулина!

— Ольгушка-а! — отозвалась Акулина.

— Чаго!

— Малый не с вами? — кричала Акулина из-за отвершка.

— Нету.

Но вот зашелестели кусты, и из-за отвертка показалась сама тетка Акулина с подобранной выше колен юбкой, с кошелкой на руке.

— Малого не видали?

— Нету.

— Вот грех какой! Мишка-а-а!

— Мишка-а-а!

Никто не отзывался.

— Ох, горюшко, заплутается он. В большой лес забредет.

Ольгушка вскочила и пошла с Грушкой искать в одну сторону, тетка Акулина в другую. Не переставая звонкими голосами кликали Мишку, но никто не откликался.

— Уморилась, — говорила Грушка, отставая, но Ольгушка не переставая аукала и шла то вправо, то влево, поглядывая по сторонам.

Акулинин голос отчаянный слышался далеко к большому лесу. Ольгушка уже хотела бросить искать и идти домой, когда в одном сочном кусте, около пня липовой молодой поросли, она услыхала упорный и сердитый, отчаянный писк какой-то птицы, вероятно, с птенцами, чем-то недовольной. Птица, очевидно, чего-то боялась и на что-то сердилась. Ольгушка оглянулась на куст, обросший густой и высокой с белыми цветами травой, и под самым им увидала синенькую, не похожую ни на какие лесные травы кучку. Она остановилась, пригляделась. Это был Мишка. И его-то боялась и на него сердилась птица.

Мишка лежал на толстом брюхе, подложив ручонки под голову и вытянув пухлые кривые ножонки, и сладко спал.

Ольгушка покликала мать и, разбудивши малого, дала ему ягод.

И долго потом Ольгушка всем, кого встречала, и дома матери, и отцу, и соседям рассказывала, как она искала и как нашла Акулининова малого.

Солнце уж совсем вышло из-за леса и жарко пекло землю и все, что было на ней.

— Ольгушка! Купаться, — пригласили Ольгу сошедшиеся с ней девочки. И все большим хороводом пошли с песнями к реке. Барахтаясь, визжа и болтая ногами, девчата не заметили, как с запада заходила черная низкая туча, как солнце стало скрываться и открываться и как запахло цветами и березовым листом и стало погромыхивать. Не успели девки одеться, как полил дождь и измочил их до нитки.

В прилипших к телу и потемневших рубашонках девчонки прибежали домой, поели и понесли на поле, где отец перепахивал картофель, обедать.

Когда они вернулись и пообедали, рубашонки уж высохли. Перебрав землянику и уложив ее в чашки, они понесли ее на дачу к Николаю Семенычу, где хорошо платили; но на этот раз им отказали.

Мари, сидевшая под зонтиком в большом кресле и томившаяся от жара, увидав девочек с ягодами, замахала на них веером.

— Не надо, не надо.

Но Валя, старший, двенадцатилетний мальчик, отдыхавший от переутомления классической гимназии и игравший в крокет с соседями, увидав ягоды, подбежал к Ольгушке и спросил:

— Сколько?

Она сказала:

— Тридцать копеек.

— Много, — сказал он. Он потому сказал «много», что так всегда говорили большие. — Подожди, только зайди за угол, — сказал он и побежал к няне.

Ольгушка с Грушкой между тем любовались на зеркальный шар, в котором виднелись какие-то маленькие дома, леса, сады. И этот шар и многое другое было для них не удивительно, потому что они ожидали всего самого чудесного от таинственного и непонятного для них мира людей-господ.

Валя побежал к няне и стал просить у нее тридцать копеек. Няня сказала, что довольно двадцать, и достала ему из сундучка деньги. И он, обходя отца, который только что встал после вчерашней тяжелой ночи, курил и читал газеты, отдал двугривенный девочкам и, пересыпав ягоды в тарелку, напустился на них.

Вернувшись домой, Ольгушка развязала зубами узелок в платке, в котором был завязан двугривенный, и отдала его матери. Мать спрятала деньги и собрала белье на речку.

Тараска же, с завтрака пропахивавший с отцом картофель, спал в это время в тени густого темного дуба, тут же сидел и отец его, поглядывая на спутанную отпряженную лошадь, которая паслась на рубеже чужой земли и всякую минуту могла зайти в овсы или чужие луга.

Все в семье Николая Семеныча было нынче так, как обыкновенно. Все было исправно. Завтрак из трех блюд был готов, мухи давно ели его, но никто не шел, потому что никому не хотелось есть.

Николай Семеныч был доволен справедливостью своих суждений, которая выяснялась из того, что он прочел нынче в газетах. Мари была спокойна, потому что Гога сходил хорошо. Доктор был доволен тем, что предложенные им средства принесли пользу. Валя был доволен тем, что съел целую тарелку земляники.

За что?

I

В 1830 году весною к пану Ячевскому в его родовое имение Рожанку приехал единственный сын его умершего друга молодой Иосиф Мигурский. Ячевский был шестидесятипятилетний широколобый, широкоплечий, широкогрудый старик с длинными белыми усами на кирпично-красном лице, патриот времен второго раздела Польши. Он юношей вместе с Мигурским-отцом служил под знаменами Костюшки и всеми силами своей патриотической души ненавидел апокалипсическую, как он называл ее, блудницу Екатерину II и изменника, мерзкого ее любовника Понятовского, и так же верил в восстановление Речи Посполитой, как верил ночью, что к утру опять взойдет солнце. В 12-м году он командовал полком в войсках Наполеона, которого он обожал. Погибель Наполеона огорчила его, но он не отчаивался в восстановлении хотя и искалеченного, но все-таки царства Польского. Открытие сейма в Варшаве Александром I оживило его надежды, но Священный Союз, реакция во всей Европе, самодурство Константина отдаляло осуществление заветного желания. С 25-го года Ячевский поселился в деревне и безвыездно жил в своей Рожанке, занимая время хозяйством, охотой и чтением газет и писем, посредством которых он все-таки горячо следил за политическими событиями в своем отечестве. Он был женат вторым браком на бедной красивой шляхтенке, и брак этот был несчастлив. Он не любил и не уважал этой своей второй жены, тяготился ею, дурно, грубо обращался с нею, как будто вымещая на ней свою

279

ошибку второго брака. Детей от второй жены не было. От первой же жены было две дочери: старшая, Ванда, величавая красавица, знавшая цену своей красоты и скучавшая в деревне, и меньшая, Альбина, любимица отца, живая, костлявая девочка, с вьющимися белокурыми волосами и широко, как у отца, расставленными большими блестящими голубыми глазами.

Альбине было пятнадцать лет, когда приехал Иосиф Мигурский. Мигурский и прежде, студентом, бывал у Ячевских в Вильно, где они жили по зимам, и ухаживал за Вандой, теперь же в первый раз уже вполне взрослым, свободным человеком приехал к ним в деревню. Приезд молодого Мигурского был приятен всем жителям Рожанки. Старику Иозё Мигурский был приятен тем, что напоминал ему друга, его отца, в то время, как они оба были молоды, и еще тем, что с жаром и самыми розовыми надеждами рассказывал о революционном брожении не только в Польше, но и за границей, откуда он только что приехал. Пани Ячевской Мигурский был приятен тем, что при гостях старик Ячевский сдерживался и не бранил ее за все, как обыкновенно. Ванде он был приятен потому, что она была уверена, что Мигурский приехал для нее и намеревается ей сделать предложение; она готовилась дать ему согласие, но намеревалась, как она сама с собой говорила: lui tenir la dragée haute[155]. Альбина была рада тому, что все были рады. Не одна Ванда была уверена в том, что Мигурский приехал с намерением сделать ей предложение. Это думали все в доме — от старика Ячевского до няни Лудвики, хотя никто и не говорил этого.

И это была правда. Мигурский приехал с этим намерением, но, пробыв неделю, он, чем-то смущенный и расстроенный, уехал, не сделав предложения. Все были удивлены этим неожиданным отъездом, и никто, кроме Альбины, не понимал его причины. Альбина знала, что причиной этого странного отъезда была она. Во все время пребывания его в Рожанке она замечала, что Мигурский был особенно возбужден и весел только с нею. Он обращался с ней, как с ребенком, шутил с ней, дразнил ее, но она женским чутьем чуяла, что в этом обращении его с нею было не отношение взрослого к ребенку, а мужчины к женщине. Она видела это в том любующемся взгляде и ласковой улыбке, с которыми он встречал ее, когда она входила в комнату, и провожал, когда она выходила. Она не отдавала себе ясного отчета о том, что такое это было, но это его отношение к ней веселило ее, и она невольно старалась делать то, что нравилось ему. Нравилось же ему все, что она бы ни делала. И потому она в его присутствии с особенным возбуждением делала все, что делала. Ему нравилось, как она наперегонки бегала с прекрасным хортым (борзая

155.   фр. lui tenir la dragée haute — помучить его, чтобы он это оценил.

собака), прыгавшим на нее и лизавшим ее в раскрасневшееся сияющее лицо; нравилось, как она при малейшем поводе заливалась заразительно звонким смехом; нравилось, как она, продолжая весело смеяться глазами, принимала серьезный вид при скучной проповеди ксендза; нравилось, как с необыкновенной верностью и комизмом представляла то старую няню, то пьяного соседа, то его самого, Мигурского, мгновенно переходя от изображения одного к изображению другого. Нравилась, главное, ее восторженная жизнерадостность, точно как будто она только что сейчас узнала вполне всю прелесть жизни и спешила воспользоваться ею. Ему нравилась эта особенная ее жизнерадостность, а жизнерадостность эта возбуждалась и усиливалась именно тем, что она знала, что эта жизнерадостность восхищает его. И потому одна Альбина знала, отчего Мигурский, приехавший, чтобы сделать предложение Ванде, уехал, не сделав его. Хотя она никому не решилась бы сказать этого, не говорила этого ясно и сама себе, она в глубине души знала, что он хотел полюбить сестру и полюбил ее, Альбину. Альбина очень удивлялась этому, считая себя вполне ничтожной в сравнении с умной, образованной, красавицей Вандой, но не могла не знать, что это так, и не могла не радоваться этому, потому что сама всеми силами своей души полюбила Мигурского, полюбила так, как любят только в первый раз и только один раз в жизни.

II

В конце лета газеты принесли известие о парижской революции. Вслед за этим стали приходить известия о готовящихся беспорядках в Варшаве. Ячевский с страхом и надеждой ожидал с каждой почтой известия об убийстве Константина и начале революции. Наконец в ноябре получились в Рожанке сначала весть о нападении на бельведер, о бегстве Константина Павловича, потом о том, что сейм объявил династию Романовых лишенной польского престола, что Хлопицкий объявлен диктатором и польский народ опять свободен. Восстание не дошло еще до Рожанки, но все обитатели ее следили за ходом его, ожидали его у себя и готовились к нему. Старик Ячевский переписывался с старым знакомым, одним из главарей восстания, принимал таинственных евреев-факторов, не по хозяйственным, а по революционным делам, и готовился присоединиться к восстанию, когда настанет время. Пани Ячевская не только как всегда, но еще более, чем всегда, заботилась о материальных удобствах мужа и, как всегда, этим самым все больше и больше раздражала его. Ванда отослала свои брильянты подруге в Варшаву, с тем чтобы вырученные деньги отдать в революционный комитет. Альбина интересовалась только тем, что делает Мигурский. Через отца она знала, что он поступил в отряд Дверницкого, и старалась узнать все то, что касалось этого отряда. Мигурский писал два раза: один раз извещал о том, что он поступил в войско, другой раз, в половине февраля, писал восторженное письмо о победе поляков при Сточеке, где взяли шесть русских орудий и пленных. «Zwycięstwo Polakòw i klęska Moskali! Wiwat!» [156] — заканчивал он письмо. Альбина была в восторге. Она рассматривала карту, рассчитывала, где и когда должны быть окончательно побеждены москали, и бледнела, и дрожала, когда отец медленно распечатывал привезенные с почты пакеты. Один раз мачеха, зайдя в ее комнату, застала ее перед зеркалом в панталонах и конфедератке. Альбина готовилась в мужском платье бежать из дома, чтобы присоединиться к польскому войску. Мачеха сказала отцу. Отец призвал дочь к себе и, скрывая свое сочувствие ей, даже восхищение перед ней, сделал ей строгий выговор, требуя, чтобы она выбросила из головы глупые мысли об участии в войне. «У женщины есть другое дело: любить и утешать тех, которые жертвуют собой за отчизну», — сказал он ей. Теперь она нужна ему, составляя его радость и утешение, а придет время, она так же нужна будет мужу. Он знал, чем подействовать на нее. Он намекнул ей на то, что он одинок и несчастен, и поцеловал ее. Она прижалась к нему лицом, скрывая слезы, которые все-таки намочили рукав его халата, и обещала ему ничего не предпринимать без его согласия.

III

Только люди, испытавшие то, что испытали поляки после раздела Польши и подчинения одной части ее власти ненавистных немцев, другой — власти еще более ненавистных москалей, могут понять тот восторг, который испытывали поляки в 30-м и 31-м году, когда после прежних несчастных попыток освобождения новая надежда освобождения казалась осуществимою. Но надежда эта продолжалась недолго. Силы были слишком несоразмерны, и революция опять была задавлена. Опять бессмысленно повинующиеся десятки тысяч русских людей были пригнаны в Польшу и под начальством то Дибича, то Паскевича и высшего распорядителя — Николая I, сами не зная, зачем

---

[156]. польск. Zwycięstwo Polakòw i klęska Moskali! Wiwat! — Да здравствуют поляки, погибель москалям! Ура!

они делают это, пропитав землю кровью своей и своих братьев поляков, задавили их и отдали опять во власть слабых и ничтожных людей, не желающих ни свободы, ни подавления поляков, а только одного: удовлетворения своего корыстолюбия и ребяческого тщеславия.

Варшава была взята, отдельные отряды разбиты. Сотни, тысячи людей были расстреляны, забиты палками, сосланы. В числе сосланных был и молодой Мигурский. Имение его было конфисковано, а сам он определен солдатом в линейный батальон в Уральск.

Ячевские жили зиму 1832 года в Вильно для здоровья старика, после 31-го года страдавшего болезнью сердца. Здесь пришло к ним письмо от Мигурского из крепости. Он писал, что, как ни тяжело для него было то, что он перенес и что предстоит ему, он рад тому, что ему пришлось пострадать за отчизну, что он не отчаивается в том святом деле, за которое он отдал часть своей жизни и готов отдать остаток ее, и что если бы завтра явилась новая возможность, он поступил бы так же. Читая письмо вслух, старик зарыдал на этом месте и долго не мог продолжать. В остальной части письма, которую вслух прочла Ванда, Мигурский писал, что, какие бы ни были его планы и мечты в тот последний его приезд, который останется вечно самой светлой точкой во всей его жизни, он теперь и не может и не хочет говорить про них.

Ванда и Альбина поняли каждая по-своему значение этих слов, но никому не объяснили того, как они поняли их. В конце письма Мигурский посылал приветствия всем и, между прочим, с тем же игривым тоном, с которым он обращался с Альбиной во время своего приезда, обращался к ней и в письме, спрашивая ее, так же ли она быстро бегает, перегоняя хортых, и так ли хорошо передразнивает всех. Он желал здоровья старику, успеха в хозяйственных делах матери, достойного мужа Ванде и продолжения той же жизнерадостности Альбине.

IV

Здоровье старика Ячевского шло все хуже и хуже, и в 1833 году вся семья переехала за границу. Ванда встретила в Бадене богатого польского эмигранта и вышла за него замуж. Болезнь старика быстро ухудшалась, и в начале 1833 года он умер за границей на руках Альбины. Жену он не допускал ходить за собой и до последней минуты не мог простить ей той ошибки, которую он сделал, женившись на ней. Пани Ячевская вернулась с Альбиной в деревню. Главный интерес жизни Альбины был Мигурский. В ее глазах это был величайший герой и мученик, служению которому она решила посвятить свою жизнь. Еще до отъезда за границу она начала переписываться с ним, сначала по поручению отца, потом от себя. После смерти отца она, вернувшись в Россию, продолжала переписываться с ним и, когда ей минуло восемнадцать лет, объявила мачехе, что она решила ехать в Уральск к Мигурскому, с тем чтобы выйти там за него замуж. Мачеха стала упрекать Мигурского за то, что он эгоистически хочет облегчить свое тяжелое положение тем, чтобы, увлекши богатую девушку, заставить ее разделить его несчастье. Альбина рассердилась и объявила мачехе, что только она одна может приписывать такие подлые мысли человеку, пожертвовавшему всем для своего народа, что Мигурский, напротив, отказывался от той помощи, которую она предлагала ему, и что она бесповоротно решила ехать к нему и выйти за него замуж, если он только захочет дать ей это счастье, Альбина была совершеннолетняя, и деньги у нее были, — те триста тысяч злотых, которые покойник дядя оставил двум племянницам. Так что ничего не могло задержать ее.

В ноябре 1833 года Альбина простилась с домашними, как на смерть, со слезами провожавшими ее в дальний, неведомый край варварской Московии, села с старой преданной няней Лудвикой, которую она брала с собой, в отцовский, вновь исправленный для дальней дороги возок и пустилась в дальнюю дорогу.

V

Мигурский жил не в казармах, а на своей отдельной квартире. Николай Павлович требовал, чтобы разжалованные поляки не только несли всю тяжесть суровой солдатской жизни, но и терпели все те унижения, которым подвергались в это время рядовые солдаты; но большинство тех простых людей, которые должны были исполнять эти его распоряжения, понимали всю тяжесть положения этих разжалованных и, несмотря на опасность неисполнения его воли, где могли, не исполняли ее. Полуграмотный, выслужившийся из солдат командир того батальона, в который был зачислен Мигурский, понимал положение бывшего богатого, образованного молодого человека, лишившегося всего, жалел его и уважал и делал ему всякого рода послабления. И Мигурский не мог не оценить добродушия подполковника с белыми бакенбардами на одутловатом солдатском лице и, чтобы отплатить ему, согласился учить его сыновей, готовящихся в корпус, математике и французскому языку.

Жизнь Мигурского в Уральске, тянувшаяся уже седьмой месяц, была не только однообразная, унылая и скучная, но и тяжелая. Знакомств, кроме батальонного командира, с которым он старался держаться как можно дальше, у него был только один сосланный поляк, малообразованный и пронырливый, неприятный человек, занимавшийся здесь торговлей рыбой. Главная же тяжесть жизни Мигурского состояла в том, что ему трудно было привыкать к нужде. Средств у него после конфискации его имения не было никаких, и он перебивался продажей золотых вещей, которые у него остались.

Единственная и большая радость его жизни после его ссылки была переписка с Альбиной, поэтическое, милое представление о которой со времени посещения его Рожанки осталось у него в душе и становилось теперь в изгнании все прекраснее и прекраснее. В одном из первых писем своих она, между прочим, спрашивала его, что значат слова его давнишнего письма: «какие бы ни были мои желания и мечты». Он отвечал ей, что теперь он может признаться ей, что мечты его были о том, чтобы назвать ее своей женой. Она ответила ему, что любит его. Он ответил, что лучше бы она не писала этого, потому что ему ужасно думать о том, что могло бы быть и теперь невозможно. Она ответила, что это не только возможно, но что это непременно будет. Он отвечал ей, что не может принять ее жертвы, что в теперешнем положении его это невозможно. Вскоре после этого своего письма он получил повестку на две тысячи злотых. По штемпелю конверта и почерку он узнал, что это было прислано от Альбины, и вспомнил, что в одном из первых писем он в шуточном тоне описывал ей то удовольствие, которое он испытывает теперь, уроками зарабатывая все, что ему нужно, — денег на чай, табак и даже книги. Переложив деньги в другой конверт, он отослал их назад с письмом, в котором он просил ее не портить их святых отношений деньгами. У него всего было довольно, писал он, и он вполне счастлив, зная, что имеет такого друга, как она. На этом остановилась их переписка.

В ноябре Мигурский сидел у подполковника, давая урок мальчикам, когда послышался звук приближающегося почтового колокольца и заскрипели по морозному снегу полозья саней и остановились у подъезда. Дети вскочили, чтобы узнать, кто приехал. Мигурский остался в комнате, глядя на дверь и ожидая возвращения детей, но в дверь вошла сама подполковница.

— А к вам, пан, какие-то барыни приехали, вас спрашивают, — сказала она. — Должно, с вашей стороны, похоже — полячки.

Если бы Мигурского спросили: считает ли он возможным приезд к нему Альбины, он бы сказал, что это немыслимо; в глубине же души он ждал ее. Кровь прилила ему к сердцу, и он, задыхаясь, выбежал в переднюю. В передней развязывала платок на голове толстая рябая женщина. Другая женщина входила в дверь квартиры полковника. Услыхав за собой шаги, она оглянулась. Из-под капора сияли жизнерадостные, широко расставленные, блестящие голубые глаза с заиндевевшими ресницами Альбины. Он остолбенел и не знал, как встретить ее, как здороваться. «Юзё!» — вскрикнула она, назвав его так, как называл его отец и как сама с собой она называла его, обхватила руками его шею, прильнула к его лицу своим зардевшимся холодным лицом и засмеялась и заплакала.

Узнав, кто такая Альбина и зачем она приехала, добрая полковница приняла ее и поместила до свадьбы у себя.

VI

Добродушный подполковник выхлопотал разрешение высшего начальства. Из Оренбурга выписали ксендза и обвенчали Мигурских. Жена батальонного командира была посаженой матерью, один из учеников нес образ, а Бржозовский, сосланный поляк, был шафером.

Альбина, как ни странно это может казаться, страстно любила своего мужа, но совсем не знала его. Она теперь только знакомилась с ним. Само собой разумеется, что она нашла в живом человеке с плотью и кровью много такого обыденного и непоэтического, чего не было в том образе, который она носила и растила в своем воображении; но зато, именно потому, что это был человек с плотью и кровью, она нашла в нем много такого простого, хорошего, чего не было в том отвлеченном образе. Она слышала от знакомых и друзей про его храбрость на войне и знала про его мужество при потере состояния и свободы и представляла себе его героем, всегда живущим возвышенной героической жизнью; в действительности же, с своей необыкновенной физической силой и храбростью, он оказался кротким, смирным ягненком, самым простым человеком, с добродушными шутками, с той самой детской улыбкой чувственного рта, окруженного белокурой бородкой и усами, которая прельстила ее еще в Рожанке, и с неугасимой трубкой, которая была ей особенно тяжела во время беременности.

Мигурский тоже только теперь узнал Альбину, и в Альбине в первый раз узнал женщину. По тем женщинам, которых он знал до женитьбы, он не мог знать женщин. И то, что он узнал в Альбине, как в женщине вообще, удивило его и скорее могло бы разочаровать его в женщине вообще, если бы он не чувствовал к Альбине, как к Альбине, особенно нежного и благодарного чувства. К Альбине, как к женщине вообще, он чувствовал ласковое, несколько ироническое снисхождение, к Альбине же, как к Альбине, не только нежную любовь, но и восхищение, и сознание неоплатного долга за ее жертву, давшую ему незаслуженное счастье.

Мигурские были счастливы тем, что, направив всю силу своей любви друг на друга, они испытывали среди чужих людей чувство двух заблудившихся зимой, замерзающих и отогревающих друг друга. Радостной жизни Мигурских содействовало и участие в их жизни рабски, самоотверженно преданной своей панюсе, добродушно-ворчливой, комической, влюбляющейся во всех мужчин, няни Лудвики. Мигурские были счастливы и детьми. Через год родился мальчик. Через полтора года — девочка. Мальчик был повторением матери: те же глаза и та же резвость и грация. Девочка была здоровый красивый зверок.

Несчастливы же Мигурские были удалением от родины и, главное, тяжестью своего непривычно униженного положения. Особенно страдала за это унижение Альбина. Он, ее Юзё, герой, идеал человека, должен был вытягиваться перед всяким офицером, делать ружейные приемы, ходить в караул и безропотно повиноваться.

Кроме того, известия из Польши получались самые печальные. Почти все близкие родные, друзья были или сосланы, или, лишившись всего, бежали за границу. Для самих же Мигурских не предвиделось какого-либо конца этому положению. Все попытки ходатайствовать о прощении или хотя бы об улучшении положения, о производстве в офицеры, не достигали цели. Николай Павлович делал смотры, парады, учения, ходил по маскарадам, заигрывал с масками, скакал без надобности по России из Чугуева в Новороссийск, Петербург и Москву, пугая парод и загоняя лошадей, и когда какой-нибудь смельчак решался просить смягчения участи ссыльных декабристов или поляков, страдавших из-за той самой любви к отечеству, которая им же восхвалялась, он, выпячивая грудь, останавливал на чем попало свои оловянные глаза и говорил: «Пускай служат. Рано». Как будто он знал, когда будет не рано, а когда будет время. И все приближенные: генералы, камергеры и их жены, кормившиеся около него, умилялись перед необычайной прозорливостью и мудростью этого великого человека.

В общем, все-таки в жизни Мигурских было больше счастья, чем несчастья.

Так прожили они пять лет. Но вдруг обрушилось на них неожиданное, страшное горе. Заболела сначала девочка, через два дня заболел мальчик: горел три дня и, без помощи врачей (никого нельзя было найти), на четвертый день умер. Через два дня после него умерла и девочка.

Альбина не утопилась в Урале только потому, что не могла без ужаса представить себе положения мужа при известии об ее самоубийстве. Но жить ей было трудно. Всегда прежде деятельная и заботливая, она теперь, предоставив все свои заботы Лудвике, сидела часами без дела, молча глядя на то, что попадалось под глаза, а то вдруг вскакивала и убегала в свою каморку и там, не отвечая на утешения мужа и Лудвики, тихо плакала, только качая головой, прося их уйти и оставить ее одну. Летом она уходила на могилу детей и там сидела, раздирая себе сердце воспоминаниями о том, что было и что могло бы быть. Особенно мучила ее мысль о том, что дети могли бы остаться живы, если бы они жили в городе, где могла бы быть подана медицинская помощь. «За что? За что? — думала она. — И Юзё и я — мы ничего ни от кого не хотим, кроме того, чтоб ему жить так, как он родился и жили его деды и прадеды, а мне только — чтобы жить с ним, любить его, любить моих крошек, воспитывать их. И вдруг его мучают, ссылают, а у меня отнимают то, что мне дороже света. Зачем? За что?» — задавала она этот вопрос людям и богу. И не могла представить себе возможности какого-нибудь ответа.

А без этого ответа не было жизни. И жизнь ее остановилась. Бедная жизнь в изгнании, которую она прежде умела украшать своим женским вкусом и изяществом, стала теперь невыносима не только ей, но и Мигурскому, страдавшему за нее и не знавшему, чем помочь ей.

VII

В это самое тяжелое для Мигурских время прибыл в Уральск поляк Росоловский, замешанный в грандиозном плане возмущения и побега, устроенного в то время в Сибири сосланным ксендзом Сироцинским.

Росоловский, так же как и Мигурский, так же как и тысячи людей, наказанных ссылкою в Сибирь за то, что они хотели быть тем, чем родились, — поляками, был замешан в этом деле, наказан за это розгами и отдан в солдаты в тот же батальон, где был Мигурский. Росоловский, бывший учитель математики, был длинный, сутуловатый, худой человек с впалыми щеками и нахмуренным лбом.

В первый же вечер своего пребывания Росоловский, сидя за чаем у Мигурских, стал, естественно, рассказывать своим медленным, спокойным басом про то дело, за которое он так жестоко пострадал. Дело состояло в том, что Сироцинский организовал по всей Сибири тайное общество, цель которого состояла в том, чтобы, с помощью поляков, зачисленных в казачьи и линейные полки, взбунтовать солдат и каторжных, поднять поселенцев, захватить в Омске артиллерию и всех освободить.

— Да разве это было возможно? — спросил Мигурский.

— Очень возможно, все было готово, — сказал Росоловский, мрачно хмурясь, я медленно, спокойно рассказал весь план освобождения и все принятые меры для успеха дела и, в случае неуспеха, для спасения заговорщиков. Успех был верный, если бы не изменили два злодея.

Сироцинский, по словам Росоловского, был человек гениальный и великой душевной силы. Он и умер героем и мучеником. И Росоловский ровным, спокойным басом стал рассказывать подробности казни, на которой он, по приказанию начальства, должен был присутствовать вместе со всеми судившимися по этому; делу.

— Два батальона солдат стояли в два ряда, длинной улицей, у каждого солдата в руке была гибкая палка такой высочайше утвержденной толщины, чтобы три только могли входить в дуло ружья. Первым повели доктора Шакальского. Два солдата вели его, а те, который были с палками, били его по оголенной спине, когда он равнялся с ними. Я видел это только тогда, когда он подходил к тому месту, где я стоял. То я слышал только дробь барабана, но потом, когда становился слышен свист палок и звук ударов по телу, я знал, что он подходит. И я видел, как его тянули за ружья солдаты, и он шел, вздрагивая и поворачивая голову то в ту, то в другую сторону. И раз, когда его проводили мимо нас, я слышал, как русский врач говорил солдатам: «Не бейте больно, пожалейте». Но они всё били; когда его провели мимо меня второй раз, он уже не шел сам, а его тащили. Страшно было смотреть на его спину. Я зажмурился. Он упал, и его унесли. Потом повели второго. Потом третьего, потом четвертого. Все падали, всех уносили — одних замертво, других еле живыми, и мы всё должны были стоять и смотреть. Продолжалось это шесть часов — от раннего утра и до двух часов пополудни. Последнего повели самого Сироцинского. Я давно не видал его и не узнал бы, так он постарел. Все в морщинах бритое лицо его было бледно-зеленоватое. Тело обнаженное было худое, желтое, ребра торчали над втянутым животом. Он шел так же, как и все, при каждом ударе вздрагивая и вздергивая голову, но не стонал и громко читал молитву: Miserere mei Deus secundam magnam misericordiam tuam[157].

— Я сам слышал, — быстро прохрипел Росоловский и, закрыв рот, засопел носом.

Лудвика, сидевшая у окна, рыдала, закрыв лицо платком.

— И охота вам расписывать! Звери — звери и есть! — вскрикнул Мигурский и, бросив трубку, вскочил со стула и быстрыми шагами ушел в темную спальню. Альбина сидела как окаменевшая, уставив глаза в темный угол.

---

[157]. лат. Miserere mei Deus secundam magnam misericordiam tuam — Помилуй мя, боже, по велией милости твоей.

VIII

На другой день Мигурский, придя домой с ученья, был удивлен видом жены, которая, как в старину, легкими шагами, с сияющим лицом встретила его и повела в спальню.

— Ну, Юзё, слушай.

— Слушаю. Что?

— Я всю ночь думала о том, что рассказал Росоловский. И я решилась: я не могу жить так, не могу жить тут. Не могу! Я умру, но не останусь здесь.

— Да что же делать?

— Бежать.

— Бежать? Как?

— Я все обдумала. Слушай.

И она рассказала ему тот план, который она придумала сегодня ночью. План был такой: он, Мигурский, уйдет из дома вечером и оставит на берегу Урала свою шинель и на шинели письмо, в котором напишет, что лишает себя жизни. Поймут, что он утопился. Будут искать тело, будут посылать бумаги. А он спрячется. Она так спрячет его, что никто не найдет. Можно будет прожить так хоть месяц. А когда все уляжется, они убегут.

Затея ее в первую минуту показалась Мигурскому неисполнимой, но к концу дня, когда она с такой страстью и уверенностью убеждала его, он стал соглашаться с нею. Кроме того, он был склонен согласиться еще и потому, что наказание за неудавшийся побег, такое же наказание, как то, про которое рассказывал Росоловский, падало на него, Мигурского, успех же освобождал ее, а он видел, как после смерти детей тяжела ей была жизнь здесь.

Росоловский и Лудвика были посвящены в замысел, и после долгих совещаний, изменений, поправок план побега был выработан. Сначала хотели сделать так, чтобы Мигурский, после того как он будет признан утонувшим, бежал бы один, пешком. Альбина же выедет в экипаже и в условленном месте встретит его. Такой был первый план. Но потом, когда Росоловский рассказал про все неудавшиеся попытки побегов последних пяти лет в Сибири (за все время убежал и спасся только один счастливец), Альбина предложила другой план, тот, чтобы Юзё, спрятанный в экипаже, ехал с нею и Лудвикой до Саратова. В Саратове же ему, переодетому, идти вниз по берегу Волги и в условленном месте сесть в лодку, которую она наймет в Саратове и в которой поплывет вместе с Альбиной и Лудвикой вниз по Волге до Астрахани и через Каспийское море в Персию. План был этот одобрен всеми и главным устроителем

Росоловским, но представлялась трудность устройства такого помещения в экипаже, которое не обратило бы на себя внимания начальства, а между тем могло бы вместить в себя человека. Когда же Альбина после поездки на могилу детей сказала Росоловскому, как ей больно оставлять прах детей на чужой стороне, он, подумав, сказал:

— Просите начальство о разрешении взять с собой гробы детей, вам разрешат.

— Нет, я не хочу, не хочу этого! — сказала Альбина.

— Просите. В этом всё. Мы не возьмем гробов, а для них сделаем большой ящик и в ящик положим Юзефа.

В первую минуту Альбина отвергла это предложение, так ей неприятно было связывать обман с воспоминанием о детях, но когда Мигурский весело одобрил этот проект, она согласилась.

Так что окончательный план выработался такой: Мигурский сделает все то, что должно убедить начальство, что он утопился. Когда смерть его будет признана, Альбина подаст прошение о том, чтобы ей после смерти мужа разрешено было вернуться на родину и взять с собой и прах детей. Когда же ей дадут и это разрешение, будет сделано подобие того, что могилы раскопаны и гробы взяты, но гробы оставят на месте, а вместо детских гробов в приготовленном для этого ящике поместится Мигурский. Ящик поставят в тарантас и так доедут до Саратова. От Саратова они сядут на лодку. В лодке Юзе выйдет из ящика, и они поплывут до Каспийского моря, А там Персия или Турция и — свобода.

IX

Прежде всего Мигурские купили тарантас под предлогом отправления Лудвики на родину. Потом началось устройство в тарантасе такого ящика, в котором, не задохнувшись, можно бы было, хотя и скорчившись, лежать и из которого можно бы было скоро и незаметно выходить и опять влезать. Втроем, Альбина, Росоловский и сам Мигурский, придумывали и прилаживали ящик. В особенности важна была помощь Росоловского, который был хороший столяр. Ящик был сделан так, что, утвержденный на дрожины позади кузова, он плотно приходился к кузову, и стенка, приходившаяся к кузову, отваливалась так, что человек, вынув стенку, мог лежать частью в ящике, частью на дне тарантаса. Кроме того в ящике были провернуты дыры для воздуха, и сверху и с боков ящик должен был быть покрыт рогожей и увязан веревками. Входить и выходить из него можно было через тарантас, в котором было сделано сиденье.

Когда тарантас и ящик были готовы, еще до исчезновения мужа, Альбина, чтобы приготовить начальство, пошла к полковнику и заявила, что муж ее впал в меланхолию и покушался на самоубийство и она боится за него и просит на время отпустить его. Способность ее к драматическому искусству пригодилась ей. Выражаемые ею беспокойство и страх за мужа были так естественны, что полковник был тронут и обещал сделать все, что может. После этого Мигурский сочинил письмо, которое должно было быть найдено за обшлагом его шинели на берегу Урала, и в условленный день, вечером, он пошел к Уралу, дождался темноты, положил на берегу одежду, шинель с письмом и тайно вернулся домой. На чердаке, запиравшемся замком, было приготовлено для него место. Ночью Альбина послала Лудвику к полковнику заявить о муже, что он, выйдя из дома двадцать часов назад, не возвращался. Утром ей принесли письмо мужа, и она с выражением сильного отчаяния, в слезах, отнесла его полковнику.

Через неделю Альбина подала прошение об отъезде на родину. Горе, выражаемое Мигурской, поражало всех, видевших ее. Все жалели несчастную мать и жену. Когда отъезд ее был разрешен, она подала другое прошение — о позволении откопать трупы детей и взять их с собою. Начальство подивилось на эту сентиментальность, но разрешало и это.

На другой день после получения и этого разрешения вечером Росоловский с Альбиной и Лудвикой в наемной телеге с ящиком, в который должны были быть вложены гробы детей, приехали на кладбище, к могиле детей. Альбина, опустившись на колени у могил детей, помолилась и скоро встала и, нахмурившись, обращаясь к Росоловскому, сказала:

— Делайте то, что надо, а я не могу, — и отошла в сторону.

Росоловский с Лудвикой сдвинули надгробный камень и вскопали лопатой верхние части могилы так, что могила имела вид раскопанный. Когда все было сделано, они кликнули Альбину и с ящиком, наполненным землей, вернулись домой.

Наступил назначенный день отъезда. Росоловский радовался успеху доведенного почти до конца предприятия, Лудвика напекла на дорогу печений и пирожков и, приговаривая свою любимую поговорку: «Jak mamę kocham», говорила, что у ней сердце разрывается от страха и радости. Мигурский радовался и своему освобождению с чердака, на котором он просидел больше месяца, и больше всего — оживлению и жизнерадостности Альбины. Она как будто забыла все прежнее горе и все опасности и, как в девичье время, прибегая к нему на чердак, сияла восторженной радостью.

В три часа утра пришел казак провожать, и привел казак-ямщик

292

тройку лошадей. Альбина с Лудвикой и собачкой сели в тарантас на подушки, покрытые ковром. Казак и ямщик сели на козлы. Мигурский, одетый в крестьянское платье, лежал в кузове тарантаса.

Выехали из города, и добрая тройка понесла тарантас по гладкой, как камень, убитой дороге между бесконечной, непаханой, поросшей прошлогодним серебристым ковылем степью.

X

Сердце замирало в груди Альбины от надежды и восторга. Желая поделиться своими чувствами, она изредка, чуть улыбаясь, указывала Лудвике головой то на широкую спину казака, сидевшего на козлах, то на дно тарантаса. Лудвика с значительным видом неподвижно смотрела перед собой и только чуть-чуть морщила губы. День был ясный. Со всех сторон расстилалась безграничная пустынная степь, блестящая серебристым ковылем на косых лучах утреннего солнца. Только то с той, то с другой стороны жесткой дороги, по которой, как по асфальту, гулко звучали некованые быстрые ноги башкирских коней, виднелись бугорки насыпанной земли сусликов; на заду сидел сторожевой зверок и, предупреждая об опасности, пронзительно свистел и скрывался в нору. Редко встречались проезжие: обоз казаков с пшеницей или конные башкиры, с которыми казак бойко перекидывался татарскими словами. На всех станциях лошади были свежие, сытые, и полтинники на водку, которые давала Альбина, делали то, что ямщики гнали, как они говорили, по-фельдъегерски — вскачь всю дорогу.

На первой же станции, в то время как прежний ямщик увел, а новый не приводил еще лошадей и казак вошел во двор, Альбина, перегнувшись, спросила мужа, как он себя чувствует, не нужно ли ему чего.

— Превосходно, покойно. Ничего не нужно. Легко пролежу хоть двое суток.

К вечеру приехали в большое село Дергачи. Для того чтобы муж мог расправить члены и освежиться, Альбина остановилась не на почтовом, а на постоялом дворе и тотчас же, дав деньги казаку, послала его купить ей яиц и молока. Тарантас стоял под навесом, на дворе было темно, и, поставив Лудвику караулить казака, Альбина выпустила мужа, накормила его, и до возвращения казака он опять влез в свое потаенное место. Послали опять за лошадьми и поехали дальше. Альбина чувствовала все больший и больший подъем духа и не могла удержать своего восторга и веселости. Говорить ей было больше не с кем, как с Лудвикой, казаком и Трезоркой, и она забавлялась ими.

Лудвика, несмотря на свою некрасивость, при всяком отношении с мужчиной тотчас же подозревавшая в этом мужчине любовные на нее виды, подозревала теперь это самое по отношению к здоровенному добродушному казаку-уральцу с необыкновенно ясными и добрыми голубыми глазами, который провожал их и который был особенно приятен обеим женщинам своей простотою и добродушной ласковостью. Кроме Трезорки, на которого Альбина грозилась, не позволяя ему нюхать под сидением, она теперь забавлялась Лудвикой и ее комическим кокетством с не подозревающим приписываемые ему намерения, добродушно улыбающимся на все, что ему говорили, казаком. Альбина, возбужденная и опасностью, и начинающим осуществляться успехом дела, и чудной погодой, и степным воздухом, испытывала давно не испытанное ею чувство детского восторга и веселья. Мигурский слышал ее веселый говор и тоже, несмотря на скрываемую им физическую тяжесть своего положения (особенно жарко ему было, и жажда его мучила), забывая о себе, радовался на ее радость.

К вечеру второго дня стало виднеться что-то в тумане. Это был Саратов и Волга. Казак своими степными глазами видел и Волгу, и мачты и указывал их Лудвике. Лудвика говорила, что видела тоже. Но Альбина ничего не могла разобрать, И только нарочно громко, чтобы слышал муж, говорила:

— Саратов, Волга, — как будто разговаривая с Трезором, рассказывала мужу Альбина все то, что она видела.

XI

Не въезжая в Саратов, Альбина остановилась на левой стороне Волги, в слободе Покровской, против самого города. Здесь она надеялась в продолжение ночи успеть переговорить с мужем и даже вывести его из ящика. Но казак во всю короткую весеннюю ночь не отходил от тарантаса и сидел подле него в стоявшей под навесом пустой телеге. Лудвика, по распоряжению Альбины, сидела в тарантасе и, будучи вполне уверена, что казак ради нее не отходит от тарантаса, мигала, смеялась и закрывала свое рябое лицо платком. Но Альбина не видела уж в этом ничего веселого и все больше и больше тревожилась, не понимая, для чего казак так неотлучно держался около тарантаса.

Несколько раз в короткую майскую ночь с зарей, сливающейся с зарей, Альбина выходила из горницы постоялого двора мимо вонючей галереи на заднее крыльцо. Казак все еще не спал и, спустив ноги, сидел на стоявшей подле тарантаса пустой телеге. Только перед рассветом, когда петухи уже проснулись и перекликались со двора на двор, Альбина, сойдя вниз, нашла время переговорить с мужем. Казак храпел, развалившись в телеге. Она осторожно подошла к тарантасу и толкнула ящик.

— Юзё! — Ответа не было. — Юзё, Юзё! — с испугом, громче проговорила она.

— Что ты, милая, что? — сонным голосом проговорил Мигурский из ящика.

— Что ты не отвечал?

— Спал, — проговорил он, и она по звуку голоса узнала, что он улыбался. — Что же, выходить? — спросил он.

— Нельзя, казак тут, — и, сказав это, она взглянула на казака, спящего в телеге.

И удивительное дело, казак храпел, но глаза его, добрые голубые глаза, были открыты. Он смотрел на нее и, только встретившись с ней взглядом, закрыл глаза.

«Показалось это мне или точно он не спал? — спросила себя Альбина. — Верно, показалось», — подумала она и опять обратилась к мужу.

— Потерпи еще немного, — сказала она. — Поесть хочешь?

— Нет. Курить хочу.

Альбина опять взглянула на казака. Он спал. «Да, это показалось мне», — подумала она.

— Я теперь поеду к губернатору.

— Ну, час добрый...

И Альбина, достав из чемодана платье, пошла в горницу одеваться.

Переодевшись в свое лучшее вдовье платье, Альбина переехала Волгу. На набережной она взяла извозчика и поехала к губернатору. Губернатор принял ее. Хорошенькая, мило улыбающаяся вдова-полька, прекрасно говорящая по-французски, очень понравилась молодящемуся старику губернатору. Он все разрешил ей и просил ее приехать еще завтра к нему, чтобы получить от него приказ к городничему в Царицын. Радуясь и успеху своего ходатайства, и тому действию ее привлекательности, которое она видела в манере губернатора, Альбина, счастливая и полная надежд, возвращалась под гору по немощеной улице на долгушке к пристани. Солнце взошло уже выше леса и косыми лучами играло на рябящей воде огромного разлива. Справа и слева по горе виднелись, как белые облака, облитые пахучим цветом яблони. Лес мачт виднелся у берега, и паруса белели по играющему на солнце, рябящему от ветерка разливу. На пристани, разговорившись с извозчиком, Альбина спросила, можно ли нанять лодку до Астрахани, и десятки шумливых, веселых лодочников предложили ей свои услуги и лодки. Она сговорилась с одним из лодочников, больше других понравившимся ей, и пошла смотреть его лодку-косовушку, стоявшую в тесноте других лодок у пристани. На лодке была устанавливающаяся небольшая мачта с парусом, так что можно было идти ветром. В случае безветрия были весла и два здоровые, веселые бурлака-гребцы, сидевшие на солнце в лодке. Веселый, добродушный лоцман советовал не оставлять тарантас, а, сняв с него колеса, поставить на лодку. «Как раз уставится, и вам покойней сидеть будет. Даст бог погодку, дней в пяток до Астрахани добежим».

Альбина сторговалась с лодочником и велела ему прийти в Покровскую слободу, на Логинов постоялый двор, чтобы посмотреть тарантас и получить задаток. Все удалось лучше, чем она ожидала. В самом восторженно-счастливом состоянии Альбина переехала Волгу и, разочтясь с извозчиком, направилась к постоялому двору.

XII

Казак Данило Лифанов был из Стрелецкого Умета на Общем Сырту. Ему было тридцать четыре года, и он отслуживал последний месяц своего срока казацкой службы. У него в семье был старик, девяностолетний дед, помнящий еще Пугачева, два брата, сноха старшего брата, за старую веру сосланного в каторгу в Сибирь, жена, две дочери и два сына. Отец его был убит на войне с французами. Он был старшим в доме. У них во дворе было шестнадцать коней, два цабана быков и было распахано и засеяно пшеницей своей вольной земли пятнадцать сотейников. Он, Данило, служил в Оренбурге, в Казани и теперь кончал срок. Он твердо держался старой веры, не курил, не пил и не ел из одной посуды с мирскими и также строго держался присяги. Во всех своих делах он был медлительно-твердо обстоятелен и на то, что ему поручено было делать от начальства, употреблял все свое внимание и не забывал ни на минуту, пока не исполнил всего, как он понимал, своего назначения. Теперь ему велено было проводить до Саратова двух полячек с гробами так, чтобы над ними дорогой ничего худого не сделали, чтобы они ехали смирно, никаких шалостей не делали, и в Саратове честь честью сдать их начальству. Так он и доставил их до Саратова и с собачонкой, и со всеми с гробами ихними. Бабы были смирные, ласковые, хотя и полячки, а ничего худого не делали. Но тут, в Покровской слободе, ввечеру, он, проходя мимо тарантаса, увидал, что собачонка вспрыгнула в тарантас и там стала визжать и хвостом махать, и из-под сидения тарантаса ему показался чей-то голос. Одна из полячек, старая, увидав собачку в тарантасе, испугалась чего-то, схватила собачонку и унесла.

«Что-то тут есть», — подумал казак и стал примечать. Когда молодая полячка вышла ночью к тарантасу, он притворился, что спит, и явственно услыхал мужской голос из ящика. Рано утром он пошел в полицию и заявил о том, что полячки, какие ему поручены, не добром едут, а вместо мертвых везут какого-то живого человека в ящике.

Когда Альбина в своем восторженно-веселом настроении, уверенная в том, что теперь все кончено и они через несколько дней будут свободны, подошла к постоялому двору, она с удивлением увидала у ворот щегольскую пару с пристяжкой на отлете и двух казаков. В воротах толпился народ, заглядывая во двор.

Она была так полна надежды и энергии, что ей и в голову не пришла мысль о том, что эта пара и толпившийся народ имеют отношение к ней. Она вошла во двор и, в одно и то же время взглянув под тот навес, где стоял ее тарантас, увидала, что народ толпится именно около ее тарантаса, и в то же мгновение услыхала отчаянный лай Трезорки. Случилось то самое ужасное, что только могло случиться. Перед тарантасом, блестя своим чистым мундиром, с сияющими на солнце пуговицами и полупогонами и лаковыми сапогами, стоял осанистый, с черными бакенбардами человек и говорил что-то громко, хриплым повелительным голосом. Перед ним, между двумя солдатами, в крестьянском наряде, с сеном в спутанных волосах, стоял ее Юзё и, как бы недоумевая о том, что вокруг него делалось, поднимал и опускал свои могучие плечи. Трезорка, не зная того, что он был причиной всего несчастья, ощетинившись, бесполезно озлобленно лаял на полицмейстера. Увидав Альбину, Мигурский вздрогнул, хотел подойти к ней, но солдаты удержали его.

— Ничего, Альбина, ничего! — проговорил Мигурский, улыбаясь своей кроткой улыбкой.

— А вот и барынька сама! — проговорил полицмейстер. — Пожалуйте сюда. Гробы ваших младенцев? А? — сказал он, подмигивая на Мигурского.

Альбина не отвечала и только, схватившись за грудь, раскрыв рот, с ужасом смотрела на мужа.

Как это бывает в предсмертные и вообще решительные в жизни минуты, она в одно мгновение перечувствовала и передумала бездну чувств и мыслей и вместе с тем не понимала еще, но верила своему несчастью. Первое чувство было знакомое ей давно — чувство оскорбленной гордости при виде ее героя-мужа, униженного перед теми грубыми, дикими людьми, которые держали его теперь в своей власти. «Как смеют они держать его, этого лучшего из всех людей, в своей власти?» Другое чувство, одновременно с этим охватившее ее, было сознание совершившегося несчастия. Сознание же несчастия вызвало в ней воспоминание о главном несчастье ее жизни, о смерти детей. И сейчас же возник вопрос: за что? за что отняты дети? Вопрос же: за что отняты дети? вызвал вопрос: за что теперь гибнет, мучается любимый, лучший из людей, ее муж? И тут же она вспомнила о том, какое ждет его позорное наказание, и то, что она, она одна виновата в этом.

— Кто он вам? Муж он вам? — повторил полицмейстер.

— За что, за что? — вскрикнула она и, закатившись истерическим хохотом, упала на снятый теперь с козел и стоявший у тарантаса ящик. Вся трясущаяся от рыданий, с залитым слезами лицом Лудвика подошла к ней.

— Паненка, милая паненка! Як бога кохам, ничего не будет, ничего, — говорила она, бессмысленно водя по ней руками.

На Мигурского надели наручники и повели со двора. Увидав это, Альбина побежала за ним.

— Прости, прости меня, — говорила она. — Все я! Я одна виновата.

— Там разберут, кто виноват. И до вас дело дойдет, — сказал полицмейстер и рукою отстранил ее.

Мигурского повели к переправе, и Альбина, сама не зная, зачем она делала это, шла за ним и не слушала уговаривающую ее Лудвику.

Казак Данило Лифанов во все это время стоял у колес тарантаса и мрачно взглядывал то на полицмейстера, то на Альбину, то себе на ноги.

Когда Мигурского увели, оставшийся один Трезорка, махая хвостиком, стал ласкаться к нему. Он привык к нему во время дороги. Казак вдруг отслонился от тарантаса, сорвал с себя шапку, швырнул ее изо всех сил наземь, откинул ногой от себя Трезорку и пошел в харчевню. В харчевне он потребовал водки и пил день и ночь, пропил все, что было у него и на нем, и только на другую ночь, проснувшись в канаве, перестал думать о мучившем его вопросе: хорошо ли он сделал, донеся начальству о полячкином муже в ящике?

Мигурского судили и приговорили за побег к прогнанию сквозь тысячу палок. Его родные и Ванда, имевшая связи в Петербурге, выхлопотали ему смягчение наказания, и его сослали на вечное поселение в Сибирь. Альбина поехала за ним.

Николай же Павлович радовался тому, что задавил гидру революции не только в Польше, но и во всей Европе, и гордился тем, что он не нарушил заветов русского самодержавия и для блага русского народа удержал Польшу во власти России. И люди в звездах и золоченых мундирах так восхваляли его за это, что он искренно верил, что он великий человек и что жизнь его была великим благом для человечества и особенно для русских людей, на развращение и одурение которых были бессознательно направлены все его силы.

298

Божеское и человеческое

I

Это было в 70-х годах в России, в самый разгар борьбы революционеров с правительством.

Генерал-губернатор Южного края, здоровый немец с опущенными книзу усами, холодным взглядом и безвыразительным лицом, в военном сюртуке, с белым крестом на шее, сидел вечером в кабинете за столом с четырьмя свечами в зеленых абажурах и пересматривал и подписывал бумаги, оставленные ему правителем дел. «Генерал-адъютант такой-то», — выводил он с длинным росчерком и откладывал.

В числе бумаг был и приговор к смертной казни через повешение кандидата Новороссийского университета Анатолия Светлогуба за участие в заговоре, имеющем целью низвержение существующего правительства. Генерал, особенно нахмурившись, подписал и эту. Белыми, сморщенными от старости и мыла, выхоленными пальцами он аккуратно сравнял края листов и отложил в сторону. Следующая бумага касалась назначения сумм на перевозку провианта. Он внимательно читал эту бумагу, думая о том, верно или неверно высчитаны суммы, как вдруг ему вспомнился его разговор с своим помощником о деле Светлогуба. Генерал полагал, что найденный у Светлогуба динамит еще не доказывает его преступного намерения. Помощник же его настаивал на том, что, кроме динамита, было много улик, доказывающих то, что Светлогуб был главой шайки. И, вспомнив это, генерал задумался, и под его сюртуком с ватой на груди и крепкими, как картон, лацканами неровно забилось сердце, и он стал так тяжело дышать, что большой белый крест, предмет его радости и гордости, зашевелился на его груди. Можно еще воротить правителя дел и если не отменить, то отложить приговор.

«Воротить? Не воротить?»

Сердце еще неровнее забилось. Он позвонил. Скорым неслышным шагом вошел курьер.

— Иван Матвеевич уехал?

— Никак нет-с, ваше высокопревосходительство, в канцелярию изволили пройти.

Сердце генерала то останавливалось, то давало быстрые толчки. Он вспомнил предупреждение слушавшего на днях его сердце врача.

«Главное, — сказал врач, — как только почувствуете, что есть сердце, кончайте занятия, развлекайтесь. Хуже всего — волнения. Ни в коем случае не допускайте себя до этого».

— Прикажете позвать?

— Нет, не надо, — сказал генерал. «Да, — сказал он сам себе, — нерешительность хуже всего волнует. Подписано — и кончено. Ein jeder macht sich seia Bett und muss d'rauf schlafen[158] , — сказал он сам себе любимую пословицу. — Да и это меня не касается. Я исполнитель высшей воли и должен стоять выше таких соображений», — прибавил он, сдвигая брови, чтобы вызвать в себе жестокость, которой не было в его сердце.

И тут же ему вспомнилось его последнее свидание с государем, как государь, сделав строгое лицо и устремив на него свой стеклянный взгляд, сказал: «Надеюсь на тебя: как ты не жалел себя на войне, ты так же решительно будешь поступать в борьбе с красными — не дашь ни обмануть, ни испугать себя. Прощай!» И государь, обняв его, подставил ему свое плечо для поцелуя. Генерал вспомнил это и то, как он ответил государю: «Одно мое желание — отдать жизнь на служение своему государю и отечеству».

И, вспомнив чувство подобострастного умиления, которое он испытал перед сознанием своей самоотверженной преданности своему государю, он отогнал от себя смутившую его на мгновение мысль, подписал остальные бумаги и еще раз позвонил.

— Чай подан? — спросил он.

— Сейчас подают, ваше высокопревосходительство.

— Хорошо, ступай.

Генерал глубоко вздохнул и, потирая рукой место, где было сердце, тяжелой походкой вышел в большую пустую залу и по свеженатертому паркету залы в гостиную, из которой слышались голоса.

У жены генерала были гости: губернатор с женой, старая княжна, большая патриотка, и гвардейский офицер, жених последней, незамужней дочери генерала.

Жена генерала, сухая, с холодным лицом и тонкими губами, сидя за низким столиком, на котором стоял чайный прибор с серебряным чайником на конфорке, фальшиво-грустным тоном рассказывала толстой молодящейся даме, жене губернатора, о своем беспокойстве за здоровье мужа.

— Всякий день новые и новые донесения открывают заговоры и всякие ужасные вещи... И это все ложится на Базиля, он должен все решать.

— Ах, не говорите! — сказала княжна. — Je deviens féroce quand je pense à cette maudite engeance[159] .

---

[158]. нем. Ein jeder macht sich seia Bett und muss d'rauf schlafen — Как постелешь, так и поспишь.

[159]. фр. Je deviens féroce quand je pense à cette maudite engeance — Я свирепею, когда думаю об этой проклятой породе.

— Да, да, ужасно! Верите ли, он работает двенадцать часов в сутки, и с его слабым сердцем. Я прямо боюсь...

Она не договорила, увидав входящего мужа.

— Да, вы непременно послушайте его. Барбини — удивительный тенор, — сказала она, приятно улыбаясь губернаторше, о вновь приехавшем певце так натурально, как будто они только об этом и говорили.

Дочь генерала, миловидная полная девушка, сидела с женихом в дальнем углу гостиной, за китайскими ширмочками. Она встала и вместе с женихом подошла к отцу.

— Каково, мы и не видались нынче! — сказал генерал, целуя дочь и пожимая руку ее жениху.

Поздоровавшись с гостями, генерал подсел к столику и разговорился с губернатором о последних новостях.

— Нет, нет, о делах не разговаривать, запрещено! — перебила речь губернатора жена генерала. — А вот кстати и Копьев; он нам что-нибудь веселое расскажет. Здравствуйте, Копьев.

И Копьев, известный весельчак и остряк, действительно рассказал последний анекдот, который рассмешил всех.

II

— Да нет, этого не может быть, не может, не может! Пустите меня! — кричала, взвизгивая, мать Светлогуба, вырываясь из рук учителя гимназии — товарища сына, и доктора, которые старались удержать ее.

Мать Светлогуба была не старая, миловидная женщина, с седеющими локонами и звездой морщинки от глаз. Учитель, товарищ Светлогуба, узнав о том, что смертный приговор подписан, хотел осторожно подготовить ее к страшному известию, но только что он начал говорить про ее сына, она по тону его голоса, по робости взгляда угадала, что случилось то, чего она боялась.

Это происходило в небольшом номере лучшей гостиницы города.

— Да что вы меня держите, пустите меня! — кричала она, вырываясь от доктора, старого друга их семьи, который одной рукой держал ее за худой локоть, другой ставил на овальный стол перед диваном скляночку капель. Она рада была, что ее держат, потому что чувствовала, что ей надо что-то предпринять, — а что — она не знала и боялась себя.

— Успокойтесь. Вот, выпейте валерьяновых капель, — говорил доктор, подавая в рюмке мутную жидкость.

Она вдруг затихла и почти сложилась вдвое, склонив голову на впалую грудь, и, закрыв глаза, опустилась на диван.

И ей вспомнилось, как сын ее три месяца тому назад прощался с ней с таинственным и грустным лицом. Потом вспомнила она восьмилетнего мальчика в бархатной курточке, с голыми ножками и длинными вьющимися колечками белокурых волос.

«И его, его, этого самого мальчика... сделают с ним это!»

Она вскочила, оттолкнула стол и вырвалась из рук доктора. Дойдя до двери, она опять упала на кресло.

— А они говорят — бог есть! Какой он бог, если он позволяет это! Черт его возьми, этого бога! — кричала она, то рыдая, то закатываясь истерическим хохотом. — Повесят, повесят того, кто бросил все, всю карьеру, все состояние отдал другим, народу, все отдал, — говорила она, всегда прежде упрекавшая сына за это, теперь же выставлявшая перед собой заслугу его самоотречения. — И его, его, с ним сделают это! А вы говорите, что есть бог! — вскрикнула она.

— Да я ничего не говорю, я только прошу вас выпить капли.

— Ничего не хочу. Ха-ха-ха! — хохотала и рыдала она, упиваясь своим отчаянием.

К ночи она так измучилась, что не могла уже ни говорить, ни плакать, а только смотрела перед собой остановившимся, сумасшедшим взглядом. Доктор вспрыснул ей морфий, и она заснула.

Сон был без сновидений, но пробуждение было еще ужаснее. Ужаснее всего было то, что люди могли быть так жестоки, не только эти ужасные генералы с бритыми щеками и жандармы, но все, все: коридорная девушка, с спокойным лицом приходившая убирать комнату, и соседи в номере, которые весело встречались и о чем-то смеялись, как будто ничего не было.

III

Светлогуб второй месяц сидел в одиночном заключении и за это время пережил многое.

С детства Светлогуб бессознательно чувствовал неправду своего исключительного положения богатого человека, и, хотя старался заглушить в себе это сознание, ему часто, когда он встречался с нуждой народа, а иногда просто, когда самому было особенно хорошо и радостно, становилось совестно за тех людей — крестьян, стариков, женщин, детей, которые рождались, росли и умирали, не только не зная всех тех радостей, которыми он пользовался, не ценя их, но и не выходили из напряженного труда и нужды. Когда он кончил университет, чтобы освободиться от этого сознания своей неправоты, завел школу у себя в деревне, образцовую школу, лавку потребительного товарищества и приют для бездольных стариков и старух. Но, странное дело, ему, занимаясь этими делами, еще гораздо более было совестно перед народом, чем когда он ужинал с товарищами или заводил дорогую верховую лошадь. Он чувствовал, что все это было не то, и хуже, чем не то: тут было что-то дурное, нравственно нечистое.

В одном из таких состояний разочарования в своей деревенской деятельности он приехал в Киев и встретился с одним из наиболее близких товарищей по университету. Товарищ этот три года после этой встречи был расстрелян во рву киевской крепости.

Товарищ этот, горячий, увлекающийся и с огромными дарованиями человек, привлек его к участию в обществе, цель которого состояла в просвещении народа, вызове в нем сознания его прав и образования в нем объединенных кружков, стремящихся к освобождению себя от власти землевладельцев и правительства. Беседы с этим человеком и его друзьями как бы привели в ясное сознание все то, что до тех пор смутно чувствовалось Светлогубом. Он понял теперь, что ему надо было делать. Не прерывая сношений с новыми товарищами, он уехал в деревню и начал там совсем новую деятельность. Он сам стал школьным учителем, устроил классы для взрослых, читал им книги и брошюры, объяснял крестьянам их положение; кроме того, он издавал нелегальные народные книги и брошюры и отдавал все, что мог, не отнимая у матери, на устройство таких же центров по другим деревням.

С первых же шагов этой новой деятельности Светлогуб встретил два неожиданных препятствия: одно в том, что большинство людей народа не только было равнодушно к его проповедям, но почти презрительно смотрело на него. (Понимали его и сочувствовали ему только исключительные личности и часто люди сомнительной нравственности.) Другое препятствие было со стороны правительства. Школа была запрещена ему, и у него и у близких ему людей были сделаны обыски и отобраны книги и бумаги.

Светлогуб мало обратил внимания на первое препятствие — равнодушие народа, так как был слишком возмущен вторым препятствием: притеснениями правительства, бессмысленными и оскорбительными. То же испытывали и его товарищи в своей деятельности и в других местах, и чувство раздражения против правительства, взаимно разжигаемое, дошло до того, что большая часть этого кружка решила силою бороться с правительством.

Главою этого кружка был некто Меженецкий — человек, как его

считали все, непоколебимой силы воли, непобедимой логичности и весь преданный делу революции.

Светлогуб подчинился влиянию этого человека и с той же энергией, с которой он прежде работал в народе, отдался террористической деятельности.

Деятельность эта была опасна, но эта-то опасность более всего и привлекала Светлогуба.

Он говорил себе: «Победа или мученичество, а если и мученичество, то мученичество это та же победа, но только в будущем». И огонь, загоревшийся в нем, не только не потухал в продолжение семи лет его революционной деятельности, а все более и более разгорался, поддерживаемый любовью и уважением тех людей, среди которых он вращался.

Тому, что он отдал почти все свое состояние — состояние, перешедшее ему от отца, — на это дело, он не приписывал никакой важности, не приписывал и тем трудам и той нужде, которые он переносил часто в этой деятельности. Одно только огорчало его: это то горе, которое он доставлял этой деятельностью своей матери и той девушке, ее воспитаннице, которая жила с его матерью и любила его.

В последнее время мало любимый им и неприятный товарищ, террорист, преследуемый полицией, просил его спрятать у себя динамит. Светлогуб без колебания согласился именно потому, что не любил этого товарища, и на следующий день в квартире Светлогуба сделан был обыск и найден динамит. На все вопросы о том, как, откуда он приобрел динамит, Светлогуб отказался отвечать.

И вот то мученичество, которое он ожидал, началось для него. В последнее время, когда столько друзей его было казнено, заключено, сослано, когда пострадало столько женщин, Светлогуб почти желал мученичества. И в первые минуты ареста и допросов он чувствовал особенное возбуждение, почти радость.

Он испытывал это чувство, когда его раздевали, обыскивали и когда ввели в тюрьму и заперли за ним железную дверь. Но когда прошел день, другой, третий, прошла неделя, другая, третья в грязной, сырой, наполненной насекомыми камере и в одиночестве и невольной праздности, прерываемой только перестукиваниями с товарищами заключенными, передававшими всё недобрые и нерадостные вести, да изредка допросами холодных, враждебных людей, старавшихся выпытывать от него обвинения товарищей, нравственные силы его вместе о физическими постоянно ослабевали, и он только тосковал и желал, как он говорил себе, какого-нибудь конца этого мучительного положения. Тоска его увеличилась еще тем, что он усомнился в своих силах. На второй месяц своего заточения он стал заставать себя на мысли сказать

304

всю правду, только бы быть освобожденным. Он ужасался на свою слабость, но не находил уже в себе прежних сил и ненавидел, презирал себя и тосковал еще больше.

Самое же ужасное было то, что ему в заточении так жалко стало тех молодых сил и радостей, которыми он так легко жертвовал, пока был на воле, и которые ему теперь казались так обаятельны, что он раскаивался в том, что считал хорошим, раскаивался иногда во всей своей деятельности. Ему приходили мысли о том, как счастливо, хорошо он мог бы жить на свободе — в деревне, на воле, за границей, среди любимых и любящих друзей. Жениться на ней, а может быть и на другой, и жить с ней простой, радостной, светлой жизнью.

IV

В один из мучительно однообразных дней заключения второго месяца смотритель при обычном обходе передал Светлогубу маленькую книжку с золоченым крестом на коричневом переплете, сказав, что тюрьму посетила губернаторша и оставила Евангелия, которые разрешено передать заключенным. Светлогуб поблагодарил и слегка улыбнулся, кладя книжку на привинченный к стене столик.

Когда смотритель ушел, Светлогуб переговорился стуками с соседями о том, что был смотритель и ничего не сказал нового, а только принес Евангелие, и сосед ответил, что и ему тоже.

После обеда Светлогуб раскрыл склеившуюся от сырости листами книжонку и стал читать. Светлогуб никогда еще, как книгу, не читал Евангелия. Все, что он знал о ней, было то, что в гимназии проходил законоучитель и что нараспев читали в церкви попы и дьяконы.

«Глава первая. Родословие Иисуса Христа, сына Давидова, сына Авраамова, Исаак родил Иакова, Иаков родил Иуду... — читал он. — Зоровавель родил Авиуда», — продолжал он читать. Все это было то самое, чего он ожидал: какая-то запутанная, ни на что не нужная бессмыслица. Если бы это было не в тюрьме, он не мог бы дочесть одной страницы, а тут он продолжал читать для процесса чтения. «Как гоголевский Петрушка», — подумал он про себя. Он прочел первую главу о рождении девой и о пророчестве, состоящем в том, что нарекут рожденному имя Эммануил, означающее «с нами бог». «И в чем же тут пророчество?» — подумал он и продолжал читать. Он прочел и вторую главу — о ходячей звезде, и третью — об Иоанне, питающемся стрекозами, и четвертую — о каком-то дьяволе, предлагавшем Христу гимнастическое упражнение с крыши. Так все это казалось ему неинтересно, что, несмотря на скуку тюрьмы, он уже хотел закрыть книгу и начать обычное свое вечернее занятие — ловлю блох в снятой рубашке, как вдруг вспомнил, что на экзамене пятого класса гимназии он забыл одну из заповедей блаженства и розоволицый, кудрявый батюшка вдруг рассердился и поставил ему двойку. Он не мог вспомнить, какая была эта заповедь, и прочел блаженства. «Блаженны изгнанные за правду, ибо их есть царство небесное», — прочел он. «Это, пожалуй, и к нам относится», — подумал он. «Блаженны вы, когда будут поносить и гнать вас. Радуйтесь и веселитесь: так гнали и пророков, бывших прежде вас». «Вы — соль земли. Если соль потеряет силу, то чем сделаешь ее соленою? Она уже ни к чему не годна, как разве выбросить ее вон на попрание людям».

«Это совсем уж к нам относится», — подумал он и продолжал читать дальше. Прочтя всю пятую главу, он задумался: «Не сердитесь, не прелюбодействуйте, терпите зло, любите врагов».

«Да, если бы все так жили, — думал он, — и не нужно бы и революции». Читая дальше, он все больше и больше вникал в смысл тех мест книги, которые были вполне понятны. И чем дальше он читал, тем все больше и больше приходил к мысли, что в этой книге сказано что-то особенно важное. И важное, и простое, и трогательное, такое, чего он никогда не слыхал прежде, но что как будто было давно знакомо ему.

«Ко всем же сказал: если кто хочет идти за мной, отвергнись себя и возьми крест свой и следуй за мной. Ибо кто хочет душу свою сберечь, тот потеряет ее, а кто потеряет свою душу ради меня, тот сбережет ее. Ибо что пользы человеку приобресть весь мир, а себя самого погубить или повредить себе».

— Да, да, это самое! — вдруг вскрикнул он со слезами на глазах. — Это самое я и хотел делать. Да, хотел этого самого: именно, отдать душу свою; не сберечь, а отдать. В этом радость, в этом жизнь. «Многое я делал для людей, для славы людской, — думал он, — не славы толпы, а славы доброго мнения тех, кого я уважал и любил: Наташи, Дмитрия Шеломова, — и тогда были сомнения, было тревожно. Хорошо мне было только тогда, когда я делал только потому, что этого требовала душа, когда хотел отдать себя, всего отдать...»

С этого дня Светлогуб большую часть времени стал проводить за чтением и обдумыванием того, что было сказано в этой книге. Чтение это вызвало в нем не только умиленное состояние, которое выносило его из тех условий, в которых он находился, но и такую работу мысли, которой он прежде никогда не сознавал в себе. Он думал о том, почему люди, все люди не живут так, как сказано в этой книге. «Ведь жить так хорошо не одному, а всем. Только живи так — и не будет горя, нужды, будет одно блаженство. Только бы кончилось это, только бы быть мне опять на свободе, — думал он иногда, — выпустят же они меня когда-нибудь или сошлют в каторгу. Все равно, везде можно жить так. И буду жить так. Это можно и надо жить так; не жить так — безумие».

V

В один из тех дней, когда он находился в таком радостном, возбужденном состоянии, в камеру к нему вошел в необычное время смотритель и спросил, хорошо ли ему, и не желает ли он чего. Светлогуб удивился, не понимая, что означает эта перемена, и попросил папирос, ожидая отказа. Но смотритель сказал, что он сейчас пришлет; и действительно, сторож принес ему пачку папирос и спички.

«Должно быть, кто-нибудь походатайствовал за меня», — подумал Светлогуб и, закурив папиросу, стал ходить взад и вперед по камере, обдумывая значение этой перемены.

На другой день его повели в суд. В помещении суда, где он уже бывал несколько раз, его не стали допрашивать. Но один из судей, не глядя на него, встал с своего кресла, встали и другие, и, держа в руках бумагу, стал читать громким, ненатурально невыразительным голосом.

Светлогуб слушал и смотрел на лица судей. Все они не смотрели на него и с значительными, унылыми лицами слушали.

В бумаге было сказано, что Анатолий Светлогуб за доказанное участие в революционной деятельности, имеющей целью ниспровержение, в более близком или далеком будущем, существующего правительства, приговаривается к лишению всех прав и к смертной казни через повешение.

Светлогуб слышал и понимал значение слов, произносимых офицером. Он заметил нелепость слов: в более близком или далеком будущем и лишения прав человека, приговоренного к смерти, но совершенно не понимал того значения, которое имело для него то, что было прочитано.

Только долго после того, как ему сказали, что он может идти и он вышел с жандармом на улицу, он начал понимать то, что ему было объявлено.

«Тут что-то не то, не то... Тут какая-то бессмыслица. Этого не может быть», — говорил он себе, сидя в карете, которая везла его назад в тюрьму.

Он чувствовал в себе такую силу жизни, что не мог представить себе смерти: не мог соединить сознания своего «я» с смертью, с отсутствием «я».

Вернувшись назад в свою тюрьму, Светлогуб сел на койку и, закрыв глаза, старался живо представить себе то, что его ожидает, и никак не мог этого сделать. Он никак не мог представить себе того, чтобы его не было, не мог представить себе и того, чтобы люди могли желать убить его.

«Меня, молодого, доброго, счастливого, любимого столькими людьми, — думал он, — он вспомнил о любви к себе матери, Наташи, друзей, — меня убьют, повесят! Кто, зачем сделает это? И потом, что же будет, когда меня не будет? Не может быть», — говорил он себе.

Пришел смотритель. Светлогуб не слыхал его входа.

— Кто это? Что вы? — проговорил Светлогуб, не узнавая смотрителя. — Ах да, это вы! Когда же это будет? — спросил он.

— Не могу знать, — сказал смотритель и, постояв молча несколько секунд, вдруг вкрадчивым, нежным голосом проговорил: — Тут наш батюшка желал бы... напут... желал бы видеть вас...

— Мне не надо, не надо, ничего не надо! Уйдите! — вскрикнул Светлогуб.

— Не нужно ли вам написать кому-нибудь? Это можно, — сказал смотритель.

— Да, да, пришлите. Я напишу. Смотритель ушел.

«Стало быть, утром, — думал Светлогуб.— Они всегда так делают. Завтра утром меня не будет... Нет, этого не может быть, это сон».

Но пришел сторож, настоящий, знакомый сторож, и принес два пера, чернильницу, пачку почтовой бумаги и синеватых конвертов и поставил табуретку к столу. Все это было настоящее и не сон.

«Надо не думать, не думать. Да, да, писать. Напишу маме», — подумал Светлогуб, сел на табуретку и тотчас же начал писать.

«Милая, родная! — написал он и заплакал. — Прости меня, прости за все горе, которое я причинил тебе. Заблуждался я или нет, но я не мог иначе. Об одном прошу, прости меня». — «Да это я уже написал, — подумал он. — Ну, да все равно, теперь некогда переписывать».— «Не тужи обо мне, — писал он дальше. — Немного раньше, немного позже... разве не все равно? Я не боюсь и не раскаиваюсь в том, что делал. Я не мог иначе. Только ты прости меня. И не сердись на них — ни на тех, с которыми я работал, ни на тех, которые казнят меня. Ни те, ни другие не могли иначе: прости им, они не знают, что творят. Я не смею о себе повторять эти слова, но они у меня в душе и поднимают и успокоивают меня. Прости, целую твои милые сморщенные, старые руки! — Две слезы одна за другой капнули на бумагу и расплылись на ней. — Я плачу, но не от горя или страха, а от умиления перед самой торжественной минутой моей жизни и оттого, что люблю тебя. Друзей моих не упрекай, а люби. Особенно Прохорова, именно за то, что он был причиной моей смерти. Это так радостно любить того, кто не то что виноват, но которого можно упрекать, ненавидеть. Полюбить такого человека — врага — такое счастье. Наташе скажи, что ее любовь была моим утешением и радостью. Я не понимал этого ясно, но в глубине души сознавал. Мне было легче жить, зная, что она есть и любит меня. Ну, сказал все. Прощай!»

Он перечел письмо и, в конце его прочтя имя Прохорова, вдруг вспомнил, что письмо могут прочесть, наверное прочтут, и это погубит Прохорова.

— Боже мой, что я наделал! — вдруг вскрикнул он и, разорвав письмо на длинные полосы, стал старательно сжигать их на лампе.

Он сел писать с отчаянием, а теперь чувствовал себя спокойным, почти радостным.

Он взял другой лист и тотчас же стал писать. Мысли одна за другой толпились в его голове.

«Милая, голубушка мама! — писал он, и опять глаза его затуманились слезами, и ему надо было вытирать их рукавом халата, чтобы видеть то, что он пишет. — Как я не знал себя, не знал всю силу той любви к тебе и благодарности, которая всегда жила в моем сердце! Теперь я знаю и чувствую, и когда вспоминаю наши размолвки, мои недобрые слова, сказанные тебе, мне больно и стыдно и почти непонятно. Прости же меня и вспоминай только то хорошее, если что было такого во мне.

Смерти я не боюсь. По правде сказать, не понимаю ее, не верю в нее. Ведь если есть смерть, уничтожение, то разве не все равно умереть тридцатью годами или минутами раньше или позже? Если же нет смерти, то уж совсем все равно, раньше или позже».

«Но что я философствую, — подумал он, — надо сказать то, что было в том письме, — что-то хорошее в конце.— Да». — «Друзей моих не упрекай, а люби, и особенно того, кто был причиной невольной моей смерти. Наташу поцелуй за меня и скажи ей, что я любил ее всегда».

Он сложил письмо, запечатал и сел на кровать, положив руки на колена и глотая слезы.

Он все не верил, что должен умереть. Несколько раз он, опять задавая себе вопрос, не спит ли он, тщетно старался проснуться. И эта мысль навела его на другую: о том, что и вся жизнь в этом мире не есть ли сон, пробуждение от которого будет смерть. А если это так, то сознание жизни в этом мире не есть ли только пробуждение от сна предшествующей жизни, подробности которой и я не помню? Так что жизнь здесь не начало, а только новая форма жизни. Умру и перейду в новую форму. Мысль эта понравилась ему; но когда он хотел опереться на нее, он почувствовал, что эта мысль, да и всякая мысль, какая бы ни была, не может дать бесстрашие перед смертью. Наконец он устал думать. Мозг больше не работал. Он закрыл глаза и долго сидел так, не думая.

«Как же? Что же будет? — опять вспомнил он. — Ничего? Нет, не ничего. А что же?».

И ему вдруг совершенно ясно стало, что на эти вопросы для живого человека нет и не может быть ответа.

«Так зачем же я спрашиваю себя об этом? Зачем? Да, зачем? Не надо спрашивать, надо жить так, как я жил сейчас, когда писал это письмо. Ведь мы все приговорены давно, всегда, и живем. Живем хорошо, радостно, когда... любим. Да, когда любим. Вот я писал письмо, любил, и мне было хорошо. Так и надо жить. И можно жить везде и всегда, и на воле, и в тюрьме, и нынче, и завтра, и до самого конца».

Ему хотелось сейчас же ласково, любовно поговорить с кем-нибудь. Он постучал в дверь, и когда часовой заглянул к нему, он спросил его, который час и скоро ли он будет сменяться, но часовой ничего не ответил ему. Тогда он попросил позвать смотрителя. Смотритель пришел, спрашивая, что ему нужно.

— Вот я написал письмо матери, отдайте, пожалуйста, — сказал он, и слезы выступили ему на глаза при воспоминании о матери.

Смотритель взял письмо и, обещая передать его, хотел уходить, но Светлогуб остановил его.

— Послушайте, вы добрый. Зачем вы служите в этой тяжелой должности? — сказал он, ласково трогая его за рукав.

Смотритель неестественно жалостно улыбнулся и, опустив глаза, сказал:

— Надо же жить.

— А вы оставьте эту должность. Ведь всегда можно устроиться. Вы такой добрый. Может быть, я бы мог...

Смотритель вдруг всхлипнул, быстро повернулся и вышел, хлопнув дверью.

Волнение смотрителя еще больше умилило Светлогуба, и, удерживая радостные слезы, он стал ходить от стены до стены, не испытывая теперь уже никакого страха, а только умиленное состояние, поднимавшее его выше мира.

Тот самый вопрос, что будет с ним после смерти, на который он так старался и не мог ответить, казался разрешенным для него и не каким-либо положительным, рассудочным ответом, а сознанием той истинной жизни, которая была в нем.

И он вспомнил слова Евангелия: «Истинно, истинно говорю вам, если пшеничное зерно, падши на землю, не умрет, то останется одно, а если умрет, то принесет много плода». «Вот и я упадаю в землю. Да, истинно, истинно», — думал он.

«Заснуть бы, — вдруг подумал он, — чтобы не ослабеть потом». Он лег на койку, закрыл глаза и тотчас же заснул.

Он проснулся в шесть часов утра, весь под впечатлением светлого, веселого сновидения. Он видел во сне, что он с какой-то маленькой белокурой девочкой лазает по развесистым деревьям, осыпанным спелыми черными черешнями, и собирает в большой медный таз. Черешни не попадают в таз и сыплются на землю, и какие-то странные животные, вроде кошек, ловят черешни и подбрасывают кверху и опять ловят. И, глядя на это, девочка заливается, хохочет так заразительно, что и Светлогуб тоже весело смеется во сне, сам не зная чему. Вдруг медный таз выскальзывает из рук девочки, Светлогуб хочет поймать его, но не успевает, и таз с медным грохотом, толкаясь о сучья, падает на землю. И он просыпается, улыбаясь и слушая продолжающийся грохот таза. Грохот этот есть звук отворяемых железных запоров в коридоре. Слышны шаги по коридору и бряканье ружей. Он вдруг вспоминает все. «Ах, если бы заснуть опять!» — думает Светлогуб, но заснуть уже нельзя. Шаги подошли к его двери. Он слышит, как ключ ищет замка и как, отворяясь, скрипит дверь.

Вошли жандармский офицер, смотритель и конвой.

«Смерть? Ну, так что же? Уйду. Да, это хорошо. Все хорошо», — думает Светлогуб, чувствуя, как возвращается к нему то умиленно-торжественное состояние, в котором он был вчера.

VI

В той же тюрьме, где содержался Светлогуб, содержался и старик раскольник, беспоповец, усомнившийся в своих руководителях и искавший истинную веру. Он отрицал не только никонианскую церковь, но и правительство со времени Петра, которого считал антихристом, царскую власть называл «табачной державой» и смело высказывал то, что думал, обличая попов и чиновников, за что и был судим и содержим в остроге и пересылаем из одной тюрьмы в другую. То, что он не на воле, а в тюрьме, что над ним ругались смотрители, что на него надевали кандалы, что над ним издевались сотоварищи узники, что все они, так же как и начальство, отреклись от бога и ругались друг над другом и оскверняли всячески в себе образ божий, — все это не занимало его, все это он видел везде в миру, когда был на воле. Все это, он знал, происходило оттого, что люди потеряли истинную веру и все разбрелись, как слепые щенята от матери. А между тем он знал, что истинная вера есть. Знал он это потому, что чувствовал эту веру в своем сердце. И он искал эту веру везде. Больше всего он надеялся найти ее в откровении Иоанна.

«Неправедный пусть еще делает неправду; нечистый пусть еще

сквернится; праведный да творит правду еще, и святой да освящается еще. Се гряду скоро, и возмездие мое со мною, чтобы воздать каждому по делам его». И он постоянно читал эту таинственную книгу и всякую минуту ждал «грядущего», который не только воздаст каждому по делам его, но и откроет всю божескую истину людям.

В утро казни Светлогуба он услыхал барабаны и, влезши на окно, увидал через решетку, как подвезли колесницу и как вышел из тюрьмы юноша с светлыми очами и вьющимися кудрями и, улыбаясь, взошел на колесницу. В небольшой белой руке юноши была книга. Юноша прижимал к сердцу книгу, — раскольник узнал, что это было Евангелие, — и, кивая в окна заключенным, улыбаясь, переглянулся с ним. Лошади тронулись, и колесница с сидевшим в ней светлым, как ангел, юношей, окруженная стражниками, громыхая по камням, выехала за ворота.

Раскольник слез с окна, сел на свою койку и задумался. «Этот познал истину, — думал он. — Антихристовы слуги затем и задавят его веревкой, чтоб не открыл никому».

VII

Было пасмурное осеннее утро. Солнца не видно было. С моря дул влажный теплый ветер.

Свежий воздух, вид домов, города, лошадей, людей, смотревших на него, — все это развлекало Светлогуба. Сидя на скамейке колесницы, спиною к кучеру, он невольно вглядывался в лица конвоирующих его солдат и встречавшихся жителей.

Выл ранний час утра, улицы, по которым его везли, были почти пусты, и встречались только рабочие. Обрызганные известкой каменщики в фартуках, поспешно шедшие ему навстречу, остановились и вернулись назад, равняясь с колесницей. Один из них что-то сказал, махнул рукой, и все они повернулись и пошли назад к своему делу; извозчики-ломовики, везущие гремящие полосы железа, своротив своих крупных лошадей, чтобы дать дорогу колеснице, остановились и с недоумевающим любопытством смотрели на него. Один из них снял шапку и перекрестился. Кухарка в белом фартуке и чепчике, с корзинкой в руке, вышла из ворот, но, увидав колесницу, быстро вернулась во двор и выбежала оттуда с другой женщиной, и обе, не переводя дыхания, широко раскрытыми глазами проводили колесницу до тех пор, пока могли видеть ее. Какой-то растерзанно одетый, небритый седоватый человек что-то, очевидно неодобрительное, с энергическими жестами внушал дворнику, указывая на Светлогуба. Два мальчика рысью догнали колесницу и с повернутыми головами, не глядя перед собой, шагали рядом с ней по тротуару. Один, постарше, шел быстрыми шагами; другой, маленький, без шапки, держась за старшего и испуганно глядя на колесницу, короткими ножонками с трудом, спотыкаясь, поспевал за старшим. Встретившись с ним глазами, Светлогуб кивнул ему головой. Этот жест страшного человека, везомого на колеснице, так смутил мальчика, что он, выпучив глаза и раскрыв рот, собрался плакать. Тогда Светлогуб, поцеловав свою руку, ласково улыбнулся ему. И мальчик вдруг неожиданно ответил милой, доброй улыбкой.

Во все время переезда сознание того, что ожидает его, не нарушало спокойно-торжественного настроения Светлогуба.

Только когда колесница подъехала к виселице и его свели с нее и он увидал столбы с перекладиной и слегка качавшейся на ней от ветра веревкой, он почувствовал как будто физический удар в сердце. Ему вдруг стало тошно. Но это продолжалось недолго. Вокруг помоста он увидал черные ряды солдат с ружьями. Впереди солдат ходили офицеры. И как только его стали сводить с колесницы, раздался неожиданный, заставивший его вздрогнуть треск барабанной дроби. Позади рядов солдат Светлогуб увидал коляски господ и дам, очевидно приехавших смотреть на зрелище. Вид всего этого в первую минуту удивил Светлогуба, но тотчас же он вспомнил себя, какой он был до тюрьмы, и ему стало жалко того, что люди эти не знают, что́ он знал теперь. «Но они узнают. Я умру, но истина не умрет. Они будут знать. И как все — уж не я, а, все они могли бы быть и будут счастливыми».

Его ввели на помост, и вслед за ним вошел офицер. Барабаны замолкли, и офицер прочел ненатуральным голосом, особенно слабо звучавшим среди широкого поля и после треска барабанов, тот глупый смертный приговор, который ему читали на суде: о лишении прав того, кого убивают, и о близком и далеком будущем. «Зачем, зачем они делают все это? — думал Светлогуб. — Как жалко, что они еще не знают и что я уже не могу передать им всего, но они узнают. Все узнают».

К Светлогубу подошел худощавый, с длинными редкими волосами священник в лиловой рясе, с одним небольшим золоченым крестом на груди и с другим большим серебряным крестом, который он держал в слабой, белой, жилистой, худой руке, выступавшей из черно-бархатного обшлага.

— Милосердный господь, — начал он, перекладывая крест из левой руки в правую и поднося его к Светлогубу.

Светлогуб вздрогнул и отстранился. Он чуть было не сказал недоброго слова священнику, участвующему в совершаемом над ним деле и говорящему о милосердии, но, вспомнив слова Евангелия: «Не знают, что творят», сделал усилие и робко проговорил:

— Извините, мне не надо этого. Пожалуйста, простите меня, но мне, право, не надо! Благодарю вас.

Он протянул священнику руку. Священник переложил опять крест в левую руку и, пожав руку Светлогуба, стараясь не смотреть ему в лицо, спустился с помоста. Барабаны опять затрещали, заглушая все другие звуки. Вслед за священником, колебля доски помоста, быстрыми шагами подошел к Светлогубу среднего возраста человек с покатыми плечами и мускулистыми руками, в пиджаке сверх русской рубахи. Человек этот, быстро оглянув Светлогуба, совсем близко подошел к нему и, обдав его неприятным запахом вина и пота, схватил его цепкими пальцами за руки выше кисти и, сжав их так, что стало больно, загнул их ему за спину и туго завязал. Завязав руки, палач на минуту остановился, как бы соображая и взглядывая то на Светлогуба, то на какие-то вещи, которые он принес с собой и положил на помосте, то на висевшую на перекладине веревку. Сообразив то, что ему нужно было, он подошел к веревке, что-то сделал с ней, подвинул Светлогуба вперед ближе к веревке и обрыву помоста.

Как при объявлении смертного приговора Светлогуб не мог понять всего значения того, что объявлялось ему, так и теперь он не мог обнять всего значения предстоящей минуты и с удивлением смотрел на палача, поспешно, ловко и озабоченно исполняющего свое ужасное дело. Лицо палача было самое обыкновенное лицо русского рабочего человека, не злое, но сосредоточенное, какое бывает у людей, старающихся как можно точнее исполнить нужное и сложное дело.

— Еще сюда вот подвинься... или подвиньтесь... — проговорил хриплым голосом палач, толкая его к виселице. Светлогуб подвинулся.

«Господи, помоги, помилуй меня!» — проговорил он.

Светлогуб не верил в бога и даже часто смеялся над людьми, верящими в бога. Он и теперь не верил в бога, не верил потому, что не мог не только словами выразить, но мыслью обнять его. Но то, что он разумел теперь под тем, к кому обращался, — он знал это, — было нечто самое реальное из всего того, что он знал. Знал и то, что обращение это было нужно и важно. Знал это потому, что обращение это тотчас успокоило, укрепило его.

Он подвинулся к виселице и, невольно окинув взглядом ряды солдат и пестрых зрителей, еще раз подумал! «Зачем, зачем они делают это?» И ему стало жалко и их и себя, и слезы выступили ему на глаза.

— И не жалко тебе меня? — сказал он, уловив взгляд бойких серых глаз палача.

Палач на минуту остановился. Лицо его вдруг сделалось злое.

— Ну вас! Разговаривать! — проборомотал он и быстро нагнулся к полу, где лежала его поддевка и какое-то полотно, и, ловким движением обеих рук сзади обняв Светлогуба, накинул ему на голову холстинный мешок и поспешно обдернул его до половины спины и груди.

«В руки твои предаю дух мой», — вспомнил Светлогуб слова Евангелия.

Дух его не противился смерти, но сильное, молодое тело не принимало ее, не покорялось и хотело бороться.

Он хотел крикнуть, рвануться, но в то же мгновение почувствовал толчок, потерю точки опоры, животный ужас задыханья, шум в голове и исчезновение всего.

Тело Светлогуба, качаясь, повисло на веревке. Два раза поднялись и опустились плечи.

Подождав минуты две, палач, мрачно хмурясь, положил руки на плечи трупу и сильным движением потянул его. Все движения трупа прекратились, кроме медленного покачивания висевшей в мешке куклы с неестественно выпяченной вперед головой и вытянутыми в арестантских чулках ногами.

Сходя с помоста, палач объявил начальнику, что труп можно снять с петли и похоронить.

Через час труп был снят с виселицы и отвезен на неосвященное кладбище.

Палач исполнил то, что хотел и что взялся исполнить. Но исполнение это было нелегко. Слова Светлогуба: «И не жалко тебе меня» — не выходили у него из головы. Он был убийца, каторжник, и звание палача давало ему относительную свободу и роскошь жизни, но с этого дня он отказался впредь исполнять взятую на себя обязанность и в ту же неделю пропил не только все деньги, полученные за казнь, но и всю свою относительно богатую одежду, и дошел до того, что был посажен в карцер, а из карцера переведен в больницу.

VIII

Один из главарей революционеров террористической партии, Игнатий Меженецкий, тот самый, который увлек Светлогуба в террористическую деятельность, пересылался из губернии, где его взяли, в Петербург. В той же тюрьме сидел и старик раскольник, видевший казнь Светлогуба. Его пересылали в Сибирь. Он все так же думал о том, как и где бы ему узнать, в чем истинная вера, и иногда вспоминал про того светлого юношу, который, идя на смерть, радостно улыбался.

Узнав, что в одной с ним тюрьме сидит товарищ этого юноши,

человек одной с ним веры, раскольник обрадовался и упросил вахтера, чтобы он свел его к другу Светлогуба.

Меженецкий, несмотря на все строгости тюремной дисциплины, не переставал сноситься с людьми своей партии и ждал каждый день известия о том подкопе, который им же был выдуман и придуман для взрыва на воздух царского поезда. Теперь, вспоминая некоторые упущенные им подробности, он придумывал средства передать их своим единомышленникам. Когда вахтер пришел в его камеру и осторожно, тихо сказал ему, что один арестант хочет видеться с ним, он обрадовался, надеясь, что это свидание даст ему возможность сообщения с своей партией.

— Кто он? — спросил он.

— Из крестьян.

— Что ж ему нужно?

— Об вере говорить хочет. Меженецкий улыбнулся.

— Ну, что же, пошлите его, — сказал он. «Они, раскольники, тоже ненавидят правительство. Может быть, и пригодится», — подумал он.

Вахтер ушел и через несколько минут, отворив дверь, впустил в камеру сухого, невысокого старика, с густыми волосами и редкой седеющей козлиной бородкой, с добрыми, усталыми голубыми глазами.

— Что вам надо? — спросил Меженецкий.

Старик вскинул на него глазами и, поспешно опустив их, подал небольшую, энергическую, сухую руку.

— Что вам надо? — повторил Меженецкий.

— Слово до тебя есть.

— Какое слово?

— Об вере.

— О какой вере?

— Сказывают, ты одной веры с тем вьюношем, что в Одесте антихристовы слуги задавили веревкой.

— Каким юношей?

— А в Одесте по осени задавили.

— Верно, Светлогуб?

— Он самый. Друг он тебе? — старик при каждом вопросе пытливо взглядывал своими добрыми глазами в лицо Меженецкого и тотчас опять опускал их.

— Да, близкий был мне человек.

— И веры одной?

— Должно быть, одной, — улыбаясь, сказал Меженецкий.

— Об этом самом и слово мое к тебе.

— Что же, собственно, вам нужно?

— Веру вашу познать.

— Веру нашу... Ну, садитесь, — сказал Меженецкий, пожимая плечами. — Вера наша вот в чем. Верим мы в то, что есть люди, которые забрали силу и мучают и обманывают народ, и что надо не жалеть себя, бороться с этими людьми, чтобы избавить от них народ, который они эксплуатируют, — по привычке сказал Меженецкий, — мучают, — поправился он. — И вот их-то надо уничтожить. Они убивают, и их надо убивать до тех пор, пока они не опомнятся.

Старик раскольник вздыхал, не поднимая глаз.

— Вера наша в том, чтобы не жалеть себя, свергнуть деспотическое правительство и установить свободное, выборное, народное.

Старик тяжело вздохнул, встал, расправил полы халата, опустился на колени и лег к ногам Меженецкого, стукнувшись лбом о грязные доски пола.

— Зачем вы кланяетесь?

— Не оманывай ты меня, открой, в чем вера ваша, — сказал старик, не вставая и не поднимая головы.

— Я сказал, в чем наша вера. Да вы встаньте, а то я и говорить не буду.

Старик поднялся.

— В том и вера того юноши была? — сказал он, стоя перед Меженецким и изредка взглядывая ему в лицо своими добрыми глазами и тотчас же опять опуская их.

— В том самом и была, за то его и повесили. А меня вот за ту же веру теперь в Петропавловку везут.

Старик поклонился в пояс и молча вышел из камеры.

«Нет, не в том вера того юноши, — думал он. — Тот юнош знал истинную веру, а этот либо хвастался, что он одной с ним веры, либо не хочет открыть... Что же, буду добиваться. И здесь и в Сибири. Везде бог, везде люди. На дороге стал, о дороге спрашивай», — думал старик и опять взял Новый завет, который сам собой раскрывался на Откровении, и, надев очки, сел у окна и стал читать его.

IX

Прошло еще семь лет. Меженецкий отбыл одиночное заключение в Петропавловской крепости и пересылался на каторгу.

Он много перенес за эти семь лет, но направление его мыслей не изменилось, и энергия не ослабела. При допросах, перед заключением в крепость, он удивлял следователей и судей своей твердостью и презрительным отношением к тем людям, во власти которых он находился. В глубине души он страдал оттого, что был пойман и не мог докончить начатого дела, но не показывал этого: как только он приходил в соприкосновение с людьми, в нем поднималась энергия злобы. На вопросы, которые ему делали, он молчал и только тогда говорил, когда был случай уязвить допрашивающих — жандармского офицера или прокурора.

Когда ему сказали обычную фразу: «Вы можете облегчить свое положение искренним признанием», он презрительно улыбнулся и, помолчав, сказал:

— Если вы думаете выгодой или страхом заставить меня выдать товарищей, то су́дите по себе. Неужели вы думаете, что, делая то дело, за которое вы меня судите, я не готовился к самому худшему? Так вы ничем не удивить, ни испугать меня не можете. Делать со мной можете, что хотите, а говорить я не буду.

И ему приятно было видеть, как они смущенно переглянулись между собой.

Когда его в Петропавловской крепости поместили в маленькую, с темным стеклом в высоком окне, сырую камеру, он понял, что это не на месяцы, а на годы, — и на него нашел ужас. Ужасна была эта благоустроенная мертвая тишина и сознание того, что он не один, а что тут, за этими непроницаемыми стенами, сидят такие же узники, приговоренные на десять, двадцать лет, убивающиеся, и вешаемые, и сходящие с ума, и медленно умирающие чахоткой. Тут и женщины и мужчины, и друзья, может быть... «Пройдут годы, и ты так же сойдешь с ума, повесишься или умрешь, и не узнают про тебя», — думал он.

И в душе его поднималась злоба на всех людей и в особенности на тех, которые были причиной его заключения. Злоба эта требовала присутствия предметов злобы, требовала движения, шума. А тут мертвая тишина, мягкие шаги молчаливых, не отвечающих на вопросы людей, звуки отпираемых, запираемых дверей, в обычные часы пища, посещение молчаливых людей и сквозь тусклые стекла свет от поднимающегося солнца, темнота и та же тишина, те же мягкие шаги, и одни и те же звуки. Так нынче, завтра... И злоба, не находя себе выхода, разъедала его сердце.

Пробовал он стучать, но ему не отвечали, и стук его вызывал только опять те же мягкие шаги и ровный голос человека, угрожавшего карцером.

Единственное время отдыха и облегчения было время сна. Но зато ужасно было пробуждение. Во сне он всегда видел себя на свободе и большей частью увлекающимся такими делами, которые он считал несогласными с революционной деятельностью. То он играл на какой-то странной скрипке, то ухаживал за девицами, то катался в лодке, то ходил

318

на охоту, то за какое-то странное научное открытие был провозглашен доктором иностранного университета и говорил благодарственную речь за обедом. Сны эти были так ярки, а действительность так скучна и однообразна, что воспоминания мало отличались от действительности.

Тяжело было в сновидениях только то, что большей частью он просыпался в тот момент, когда вот-вот должно было совершиться то, к чему он стремился, чего желал. Вдруг толчок сердца — и вся радостная обстановка исчезала; оставалось мучительное, неудовлетворенное желание, опять эта с разводами сырости серая стена, освещенная лампочкой, и под телом жесткая койка с примятым на один бок сенником.

Сон был лучшим временем. Но чем дольше продолжалось заключение, тем меньше он спал. Как величайшего счастья он ждал сна, желал его, и чем больше желал, тем больше разгуливался. И стоило ему задать себе вопрос: «Засыпаю ли я?» — и проходила вся сонливость.

Беганье, прыганье по своей клетке не помогало. От усиленного движения только делалась слабость и еще большее возбуждение нервов, делалась головная боль в темени, и стоило только закрыть глаза, чтобы на темном с блестками фоне стали выступать рожи лохматые, плешивые, большеротые, криворотые, одна страшнее другой. Рожи гримасничали самыми ужасными гримасами. Потом рожи стали являться уже при открытых глазах, и не только рожи, но целые фигуры, стали говорить и плясать. Становилось страшно, он вскакивал, бился головой о стену и кричал. Форточка в двери отворялась.

— Кричать не полагается, — говорил спокойный, ровный голос.

— Позовите смотрителя! — кричал Меженецкий. Ему ничего не отвечали, и форточка закрывалась.

И такое отчаяние охватывало Меженецкого, что он одного желал — смерти.

Один раз в таком состоянии он решил лишить себя жизни. В камере был душник, на котором можно было утвердить веревку с петлею и, став на койку, повеситься. Но не было веревки. Он стал разрывать простыню на узкие полосы, но полос этих оказалось мало. Тогда он решил заморить себя голодом и не ел два дня, но на третий день ослабел, и припадок галлюцинаций повторился с ним с особенной силой. Когда принесли ему пищу, он лежал на полу без чувств, с открытыми глазами.

Пришел доктор, положил его на койку, дал ему брому и морфину, и он заснул.

Когда на другой день он проснулся, доктор стоял над ним и покачивал головой. И вдруг Меженецкого охватило знакомое ему прежде бодрящее чувство злобы, которого он давно уже не испытывал.

— Как вам не стыдно, — сказал он доктору в то время, как тот, наклонив голову, считал его пульс, — служить здесь! Зачем вы меня лечите, чтобы опять мучить? Ведь это все равно как присутствовать при сечении и разрешать повторить операцию.

— Потрудитесь на спинку лечь, — сказал невозмутимо доктор, не глядя на него и доставая инструмент для оскультации из бокового кармана.

— Те залечивали раны, чтобы догнать остальные пять тысяч палок. К черту, к дьяволу! — вдруг закричал он, скидывая ноги с койки.— Убирайтесь, издохну без вас!

— Нехорошо, молодой человек, на грубости есть у нас свои ответы.

— К черту, к черту!

И Меженецкий был так страшен, что доктор поспешил уйти.

X

Произошло ли это от приемов лекарств, или он пережил кризис, или поднявшаяся злоба на доктора вылечила его, но с этой поры он взял себя в руки и начал совсем другую жизнь.

«Вечно держать меня здесь они не могут и не станут, — думал он. — Освободят же когда-нибудь. Может быть, — что всего вероятнее, — изменится режим (наши продолжают работать), и потому надо беречь жизнь, чтобы выйти сильным, здоровым и быть в состоянии продолжать работу».

Он долго обдумывал наилучший для этой цели образ жизни и придумал так: ложился он в девять часов и заставлял себя лежать — спать или не спать, все равно — до пяти часов утра. В пять часов он вставал, убирался, умывался, делал гимнастику и потом, как он себе говорил, шел по делам. И в воображении он шел по Петербургу, с Невского на Надеждинскую, стараясь представлять себе все то, что могло встретиться ему на этом переходе: вывески, дома, городовые, встречающиеся экипажи и пешеходы. В Надеждинской он входил в дом своего знакомого и сотрудника, и там они, вместе с пришедшими товарищами, обсуждали предстоящее предприятие. Шли прения, споры. Меженецкий говорил и за себя и за других. Иногда он говорил вслух, так что часовой в окошечко делал ему замечания, но Меженецкий не обращал на него никакого внимания и продолжал свой воображаемый петербургский день. Пробыв часа два у приятеля, он возвращался домой и обедал, сначала в воображении, а потом в действительности, тем обедом, который ему приносили, и ел всегда умеренно. Потом он, в воображении, сидел дома и занимался то историей, математикой и иногда, по воскресеньям, литературой. Занятие историей состояло в том, что он, избрав какую-нибудь эпоху и народ, вспоминал факты и хронологию. Занятие математикой состояло в том, что он делал наизусть выкладки и геометрические задачи. (Он особенно любил это занятие.) По воскресеньям он вспоминал Пушкина, Гоголя, Шекспира и сам сочинял.

Перед сном он еще делал маленькую экскурсию, в воображении ведя с товарищами, мужчинами и женщинами, шуточные, веселые, иногда серьезные разговоры, иногда бывшие прежде, иногда вновь выдумываемые. И так шло дело до ночи. Перед сном он для упражнения делал в действительности две тысячи шагов в своей клетке и ложился на свою койку и большей частью засыпал.

На другой день было то же. Иногда он ехал на юг и подговаривал народ, начинал бунт и вместе с народом прогонял помещиков, раздавал землю крестьянам. Все это, однако, он воображал себе не вдруг, а постепенно, со всеми подробностями. В воображении его революционная партия везде торжествовала, правительственная власть слабела и была вынуждена созвать собор. Царская фамилия и все угнетатели народа исчезали, и устанавливалась республика, и он, Меженецкий, избирался президентом. Иногда он слишком скоро доходил до этого, и тогда начинал опять сначала и достигал цели другим способом.

Так он жил год, два, три, иногда отступая от этого строгого порядка жизни, но большей частью возвращаясь к нему. Управляя своим воображением, он освободился от непроизвольных галлюцинаций. Только изредка на него находили припадки бессонницы и видения, рожи, и тогда он глядел на отдушник и соображал, как он укрепит веревку, как сделает петлю и повесится. Но припадки эти продолжались недолго. Он преодолевал их.

Так прожил он почти семь лет. Когда срок его заключения кончился и его повезли на каторгу, он был вполне свеж, здоров и в полном обладании своих душевных сил.

XI

Везли его, как особенно важного преступника, одного, не давая ему сообщаться с другими. И только в красноярской тюрьме ему в первый раз удалось войти в общение с другими политическими преступниками, тоже ссылавшимися на каторгу; их было шесть человек — две женщины и четверо мужчин. Это были всё молодые люди нового склада, незнакомого Меженецкому. Это были революционеры следующего за ним поколения, его наследники, и потому они особенно интересовали его. Меженецкий ожидал встретить в них людей, идущих по его стопам и потому долженствующих высоко оценить все то, что было сделано их предшественниками, особенно им, Меженецким. Он готовился ласково и снисходительно обойтись с ними. Но, к неприятному удивлению его, эта молодежь не только не считала его своим предшественником и учителем, но обращалась с ним как бы снисходительно, обходя и извиняя его устарелые взгляды. По мнению их, этих новых революционеров, все то, что делал Меженецкий и его друзья, все попытки возмущения крестьян и, главное, террор и все убийства: губернатора Кропоткина, Мезенцова и самого Александра II — все это был ряд ошибок. Все это привело только к реакции, торжествовавшей при Александре III и вернувшей общество назад, почти к крепостному праву. Путь освобождения народа, по мнению новых, был совсем иной.

В продолжение двух дней и почти двух ночей не переставали споры между Меженецким и его новыми знакомыми. Особенно один, руководитель всех, Роман, как его все звали только по имени, мучительно огорчал Меженецкого непоколебимой уверенностью в своей правоте и снисходительным, даже насмешливым отрицанием всей прошедшей деятельности Меженецкого и его товарищей.

Народ, по понятию Романа, грубая толпа, «быдло», и с народом, стоящим на той степени развития, на которой он стоит теперь, ничего сделать нельзя. Все попытки поднять русское сельское население — это все равно, что пытаться зажечь камень или лед. Нужно воспитать народ, нужно приучить его к солидарности, и это может сделать только большая промышленность и выросшая на ней социалистическая организация народа. Земля не только не нужна народу, но она-то и делает его консерватором и рабом. Не только у нас, но и в Европе. И он на память приводил мнения авторитетов и статистические цифры. Народ надо освободить от земли. И чем скорее это сделается, тем лучше. Чем больше их идут на фабрики, и чем больше забирают в руки землю капиталисты, и чем больше угнетают их, тем лучше. Уничтожиться деспотизм, а главное капитализм, может только солидарностью людей народа, а солидарность эта может быть достигнута только союзами, корпорациями рабочих, то есть только тогда, когда народные массы перестанут быть земельными собственниками и станут пролетариями.

Меженецкий спорил и горячился. Особенно раздражала его одна из женщин, недурная волосатая брюнетка с очень блестящими глазами, которая, сидя на окне и как будто не принимая прямого участия в разговоре, изредка вставляла словечки, подтверждавшие доводы Романа, или только презрительно посмеивалась на слова Меженецкого.

— Разве можно переделать весь земледельческий народ в фабричный? — говорил Меженецкий.

— Отчего же нельзя? — возражал Роман. — Это общий экономический закон.

— Почему мы знаем, что закон это всеобщий? — говорил Меженецкий.

— Прочтите Каутского, — презрительно улыбаясь, вставила брюнетка.

— Если и допустить, — говорил Меженецкий, — (я не допускаю этого) что народ переделается в пролетариев, то почему вы думаете, что он сложится в ту, вперед предназначенную ему вами форму?

— Потому что это научно обосновано, — вставляла брюнетка, поворачиваясь от окна.

Когда же речь зашла о форме деятельности, которая нужна для достижения цели, разногласие стало еще больше. Роман и его друзья стояли на том, что нужно подготавливать армию рабочих, содействовать переходу крестьян в фабричных и пропагандировать социализм среди рабочих. И не только не бороться открыто с правительством, а пользоваться им для достижения своих целей. Меженецкий же говорил, что надо прямо бороться с правительством, терроризировать его, что правительство и сильнее и хитрее вас. «Не вы обманете правительство, а оно вас. Мы и пропагандировали народ и боролись с правительством».

— И как много сделали! — иронически проговорила брюнетка.

— Да, я думаю, что прямая борьба с правительством — неправильная трата сил, — сказал Роман.

— Первое марта трата сил! — закричал Меженецкий. — Мы жертвовали собой, жизнями, а вы спокойно сидите по домам, наслаждаясь жизнью, и только проповедуете.

— Не очень-то наслаждаемся жизнью, — спокойно сказал Роман, оглядываясь на своих товарищей, и победоносно расхохотался своим незаразительным, но громким, отчетливым, самоуверенным смехом.

Брюнетка, покачивая головой, презрительно улыбалась.

— Не очень-то наслаждаемся жизнью, — сказал Роман. — А если и сидим здесь, то обязаны этим реакции, а реакция — произведение именно первого марта.

Меженецкий замолчал. Он чувствовал, что задыхается от злобы, и вышел в коридор.

XII

Стараясь успокоиться, Меженецкий стал ходить взад и вперед по коридору. Двери камер до вечерней переклички были открыты. Высокий белокурый арестант, с лицом, добродушие которого не нарушалось до половины выбритой головой, подошел к Меженецкому.

— Арестантик тут, в нашей камере, увидал ваше степенство, — позови, говорит, его ко мне.

— Какой арестант?

— «Табачная держава», так ему прозвище. Старичок он, из раскольников. Позови, говорит, ко мне того человека. Про ваше степенство, значит.

— Где же он?

— Во тут, в нашей камере. Покличь, говорит, того барина.

Меженецкий вошел с арестантом в небольшую камеру с нарами, на которых сидели и лежали арестанты.

На голых досках, под серым халатом, на краю нар, лежал тот самый старик раскольник, который семь лет тому назад приходил к Меженецкому расспрашивать о Светлогубе. Лицо старика, бледное, все ссохлось и сморщилось, волоса все были такие же густые, редкая бородка была совсем седая и торчала кверху. Глаза голубые, добрые и внимательные. Он лежал навзничь и, очевидно, был в жару: на мослаках щек был болезненный румянец.

Меженецкий подошел к нему.

— Что вам? — спросил он.

Старик с трудом поднялся на локоть и подал трясущуюся сухую небольшую руку. Он, собираясь говорить, как бы раскачиваясь, стал тяжело дышать и, с трудом переводя дыханье, тихо заговорил:

— Не открыл ты мне тогда, — бог с тобой, а я всем открываю.

— Что же открываете?

— Про агнца... про агнца открываю... тот юнош с агнцем был. А сказано: агнец победит я, всех победит... И кто с ним, те избраннии и вернии.

— Я не понимаю, — сказал Меженецкий.

— А ты понимай в духе. Цари область приимут со зверем. А агнец победит я.

— Какие цари? — сказал Меженецкий.

— И цари седмь суть: пять их пало и един остался, другий еще не прииде, не пришел, значит. И егда приидет, мало ему есть... значит, конец ему придет... понял?

Меженецкий покачивал головой, думая, что старик бредит и слова его бессмысленны. Так же думали и арестанты, товарищи по камере. Тот бритый арестант, который звал Меженецкого, подошел к нему и, слегка толкнув его локтем и обратив на себя внимание, подмигнул на старика.

— Всё болтает, всё болтает, табачная держава наша, — сказал он. — А что, и сам не знает.

Так думали, глядя на старика, и Меженецкий и его сотоварищи по камере. Старик же хорошо знал, что говорил, и то, что он говорил, имело для него ясный и глубокий смысл. Смысл был тот, что злу недолго остается царствовать, что агнец добром и смирением побеждает всех, что агнец утрет всякую слезу, и не будет ни плача, ни болезни, ни смерти. И он чувствовал, что это уже совершается, совершается во всем мире, потому что это совершается в просветленной близостью к смерти душе его.

— Ей гряди скоро! Аминь. Ей гряди, господи Иисусе! — проговорил он и слегка значительно и, как показалось Меженецкому, сумасшедше улыбнулся.

XIII

«Вот он, представитель народа, — подумал Меженецкий, выходя от старика. — Это лучший из них. И какой мрак! Они (он разумел Романа с его друзьями) говорят: с таким народом, каков он теперь, ничего нельзя сделать».

Меженецкий одно время работал свою революционную работу среди народа и знал всю, как он выражался, «инертность» русского крестьянина; сходился и с солдатами на службе и отставными и знал их тупую веру в присягу, в необходимость повиновения и невозможность рассуждением подействовать на них. Он знал все это, но никогда не делал из этого знания того вывода, который неизбежно вытекал из него. Разговор с новыми революционерами расстроил, раздражил его.

«Они говорят, что все то, что делали мы, что делали Халтурин, Кибальчич, Перовская, что все это было ненужно, даже вредно, что это-то и вызвало реакцию Александра III, что благодаря им народ убежден, что вся революционная деятельность идет от помещиков, убивших царя за то, что он отнял у них крепостных. Какой вздор! Какое непонимание и какая дерзость думать так!» — думал он, продолжая ходить по коридору.

Все камеры были закрыты, исключая одной той, в которой были новые революционеры. Подходя к ней, Меженецкий услышал смех ненавистной ему брюнетки и трескучий, решительный голос Романа. Они, очевидно, говорили про него. Меженецкий остановился слушать, Роман говорил:

— Не понимая экономических законов, они не отдавали себе отчета в том, что делали. И большая доля тут была...

Меженецкий не мог и не хотел дослушать, чего тут была большая доля, но ему и не нужно было знать этого. Один тон голоса этого человека показывал то полное презрение, которое испытывали эти люди к нему, к Меженецкому, герою революции, погубившему двенадцать лет жизни для этой цели.

И в душе Меженецкого поднялась такая страшная злоба, какой он еще никогда не испытывал. Зло на всех, на всё, на весь этот бессмысленный мир, в котором могли жить только люди, подобные животным, как этот старик с своим агнцем, и такие же полуживотные палачи и тюремщики, эти наглые, самоуверенные, мертворожденные доктринеры.

Вошел дежурный вахтер и увел политических женщин на женскую половину. Меженецкий отошел в дальний конец коридора, чтобы не встречаться с ними. Вернувшись, вахтер запер дверь новых политических и предложил Меженецкому войти к себе. Меженецкий машинально послушался, но попросил не запирать своей двери.

Вернувшись в свою камеру, Меженецкий лег на койку, лицом к стене.

«Неужели в самом деле так понапрасну погублены все силы: энергия, сила воли, гениальность (он никогда никого не считал выше себя по душевным качествам) погублены задаром!» Он вспомнил недавно, уже по дороге в Сибирь, полученное им письмо от матери Светлогуба, упрекавшей его по-женски, глупо, как он думал, за то, что он погубил ее сына, увлекши в террористическую партию. Получив письмо, он только презрительно улыбнулся: что могла понимать эта глупая женщина о тех целях, которые стояли перед ним и Светлогубом. Но теперь, вспомнив письмо и милую, доверчивую, горячую личность Светлогуба, он задумался сначала о нем, а потом и о себе. Неужели вся жизнь была ошибка? Он закрыл глаза и хотел заснуть, но вдруг с ужасом почувствовал, что возвратилось то состояние, которое он испытывал первый месяц в Петропавловской крепости. Опять боль в темени, опять рожи, большеротые, мохнатые, ужасные, на темном фоне с звездочками, и опять фигуры, представляющиеся открытым глазам. Новое было то, что какой-то уголовный, в серых штанах, с бритой головой, качался над ним. И опять, по связи идей, он стал искать отдушника, на котором можно бы было утвердить веревку.

Невыносимая злоба, требующая проявления, жгла сердце Меженецкого. Он не мог сидеть на месте, не мог успокоиться, не мог отогнать своих мыслей.

«Как? — стал он уж задавать себе вопрос. — Разрезать артерию? Не сумею. Повеситься? Разумеется, самое простое».

Он вспомнил о веревке, которой была перевязана вязанка дров,

326

лежащая в коридоре. «Стать на дрова или на табуретку. В коридоре ходит вахтер. Но он заснет или выйдет. Надо выждать и тогда унести к себе веревку и утвердить на отдушнике».

Стоя у своей двери, Меженецкий слушал шаги вахтера в коридоре и изредка, когда вахтер уходил в дальний конец, выглядывал в отверстие двери. Вахтер все не уходил и все не засыпал. Меженецкий жадно прислушивался к звукам его шагов и ожидал.

В это время в той камере, где был больной старик, среди темноты, чуть освещаемой коптящей лампой, среди сонных ночных звуков дыханья, ворчанья, кряхтенья, храпа, кашля, происходило величайшее в мире дело. Старик раскольник умирал, и духовному взору его открылось все то, чего он так страстно искал и желал в продолжение всей своей жизни. Среди ослепительного света он видел агнца в виде светлого юноши, и великое множество людей из всех народов стояло перед ним в белых одеждах, и все радовались, и зла уже больше не было на земле. Все это совершилось, старик знал это, и в его душе и во всем мире, и он чувствовал великую радость и успокоение.

Для людей же, бывших в камере, было то, что старик громко хрипел предсмертным хрипом, и сосед его проснулся и разбудил других; и когда хрип кончился и старик затих и похолодел, товарищи его по камере стали стучать в дверь.

Вахтер отпер дверь и вошел к арестантам. Минут через десять два арестанта вынесли мертвое тело и понесли его вниз в мертвецкую. Вахтер вышел за ними и запер дверь за собою. Коридор остался пустой.

«Запирай, запирай, — подумал Меженецкий, следивший из своей двери за всем, что делалось, — не помешаешь мне уйти от всего этого нелепого ужаса».

Меженецкий не испытывал уже теперь того внутреннего ужаса, который до этого томил его. Он весь был поглощен одной мыслью: как бы что-нибудь не помешало ему исполнить свое намерение.

С трепещущим сердцем он подошел к вязанке дров, развязал веревку, вытянул ее из-под дров и, оглядываясь на дверь, понес к себе в камеру. В камере он влез на табуретку и накинул веревку на отдушник. Связав оба конца веревки, он перетянул узел и из двойной веревки сделал петлю. Петля была слишком низко. Он вновь перевязал веревку, опять сделал петлю, примерил на шею и, беспокойно прислушиваясь и оглядываясь на дверь, влез на табуретку, всунул голову в петлю, оправил ее и, оттолкнув табуретку, повис...

Только при утреннем обходе вахтер увидал Меженецкого, стоявшего на согнутых в коленях ногах подле лежавшей на боку табуретки. Его вынули из петли. Прибежал смотритель и, узнав, что Роман был врач, позвал его, чтобы оказать помощь удавленнику.

Были употреблены все обычные приемы для оживления, но Меженецкий не ожил.

Тело Меженецкого снесли в мертвецкую и положили на нары рядом с телом старика раскольника.

Что я видел во сне

— Она как дочь не существует для меня; пойми, не существует, но не могу же я оставить ее на шее чужих людей. Сделаю так, чтобы она могла жить, как она хочет, но знать ее я не могу. Да, да. Никогда в голову не могло прийти что-нибудь подобное... Ужасно, ужасно!

Он пожал плечами, встряхнул головой и поднял глаза кверху. Говорил это шестидесятилетний князь Михаил Иванович Ш. своему младшему брату, князю Петру Ивановичу, пятидесятишестилетнему губернскому предводителю в центральном губернском городе.

Разговор происходил в губернском городе, куда приехал старший петербургский брат, узнав, что бежавшая из его дома год назад тому дочь поселилась с ребенком в этом самом городе.

Князь Михаил Иванович был красивый, бело-седой, свежий высокий старик с гордым и привлекательным лицом и приемами. Семья его состояла из раздражительной, часто ссорившейся с ним из-за всяких пустяков, вульгарной жены, сына не совсем удачного, мота и кутилы, но вполне «порядочного», как понимал отец, человека, и двух дочерей, из которых одна, старшая, хорошо вышла замуж и жила в Петербурге, и меньшая любимая дочь Лиза, та самая, которая почти год тому назад исчезла из дома и только теперь нашлась с ребенком в дальнем губернском городе.

Князь Петр Иванович хотел спросить брата; как, при каких условиях ушла Лиза, кто мог быть отцом ребенка, но не мог решиться спросить. Еще сегодня утром, когда жена Петра Ивановича стала выражать сочувствие деверю, князь Петр Иванович видел, какое страдание выразилось на лице брата и как он старательно скрыл то страдание под выражением неприступной гордости и стал расспрашивать невестку о цене ее квартиры. За завтраком, при всех семейных и гостях, он, как всегда, был ядовито и остроумно насмешлив. Со всеми, кроме детей, с которыми он был как-то почтительно ласков, он со всеми был неприступно надменен. И притом был так естествен, что все как будто признавали за ним право быть надменным.

Вечером брат составил ему партию в винт. Когда он ушел в приготовленную ему комнату, он только что взялся вынимать фальшивые зубы, как в дверь слегка постучались двумя ударами.

— Кто там?

— C'est moi, Michel[160].

Князь Михаил Иванович узнал голос невестки, поморщился, вставил назад зубы и проговорил про себя: «Чего ей нужно», и громко:

— Entrez[161].

Невестка была тихое, кроткое существо, безропотно покорявшаяся мужу, но чудачка, как ее называли (некоторые считали ее даже дурочкой), хотя и хорошенькая, всегда растрепанная, неряшливо, небрежно одетая, всегда рассеянная и с самыми странными, неподходящими к предводительше, неаристократическими мыслями, которые она вдруг выражала к удивлению всех, и знакомых и мужа.

— Vous pouvez me renvoyer, mais je ne m'en irai pas, je vous le dis d'avance[162], — начала она свою речь с свойственной ей нелогичностью.

— Dieu preserve[163], — отвечал деверь, с своей обычной, несколько преувеличенной учтивостью подвигая ей кресло. — Ça ne vous dérange pas?[164] — сказал он, вынимая папиросу.

— Вот что, Мишель, я не буду говорить ничего неприятного, я только хотела сказать об Лизаньке.

Михаил Иваныч вздохнул, очевидно от боли, но тотчас же справился и, улыбаясь усталой улыбкой, сказал:

— Разговор с тобой может быть для меня об одном предмете, именно о том, о котором ты хочешь говорить, — сказал он, не глядя на нее и, очевидно, избегая даже названия предмета разговора.

Но толстенькая, кругленькая, миловидная невестка не смутилась и, тем же добрым, умоляющим взглядом своих голубых глаз продолжая смотреть на Михаила Ивановича, сказала, так же, и еще более, чем он, тяжело вздыхая:

— Мишель, mon bon ami[165], пожалейте ее. — Она, как всегда говоря с деверем, сбивалась на «вы». — Ведь она человек.

— Я никогда не сомневался в этом, — с неприятной улыбкой отвечал Михаил Иванович.

---

160. фр. C'est moi, Michel — Это я, Мишель.

161. фр. Entrez — Войдите.

162. фр. Vous pouvez me renvoyer, mais je ne m'en irai pas, je vous le dis d'avance — Вы можете меня прогнать, но я не уйду, говорю это вам заранее.

163. фр. Dieu preserve — Боже сохрани.

164. фр. Ça ne vous dérange pas? — Вас это не обеспокоит?.

165. фр. mon bon ami — друг мой.

— Она дочь.

— Была. Да. Но, милая Алин, к чему эти разговоры?

— Мишель, милый, повидайте ее. Я хотела сказать вам только то, что тот, кто виноват во всем...

Князь Михаил Иванович вспыхнул, лицо его стало страшно.

— Ради бога, не будем говорить. Довольно я перестрадал. Теперь ничего нет для меня, кроме желания поставить ее в такое положение, чтобы она никому не была в тягость, чтобы ей не нужно было входить ни в какие сношения со мной, чтобы она могла жить своей отдельной жизнью и мы с семьей своей жизнью, не зная ее. Я не могу иначе.

— Мишель, все «я». Ведь она тоже «я».

— Это несомненно, но, милая Алин, пожалуйста, оставим это. Мне слишком тяжело.

Александра Дмитриевна помолчала, покачала головой.

— И Маша (жена Михаила Ивановича) так же смотрит?

— Совершенно так же.

Александра Дмитриевна пощелкала языком.

— Brisons là-dessus. Et bonne nuit[166], — сказал он.

Но Александра Дмитриевна не уходила. Она помолчала.

— Петя мне говорил, что вы хотите оставить деньги той женщине, у которой она живет. Вы знаете адрес?

— Знаю.

— Так не делайте это через нас, а съездите сами. Вы только посмотрите, как она живет. Если вы не захотите видеть ее, то наверное не увидите. Его там нет, никого нет.

Михаил Иванович вздрогнул всем телом.

— Ах, за что, за что вы меня мучаете? Это негостеприимно.

Александра Дмитриевна встала и с слезами в голосе, умиляясь сама над собой, проговорила:

— Она такая жалкая и такая хорошая.

Он встал и стоял, дожидаясь, пока она кончит. Она протянула ему руку.

— Мишель, это нехорошо, — сказала она и вышла. Долго после нее ходил Михаил Иванович по ковру комнаты, превращенной для него в спальню, и морщился, и вздрагивал, и вскрикивал: «Ох, ох!», и, услыхав себя, пугался и замолкал.

Мучала его оскорбленная гордость. Его дочь, его, выросшего в доме своей матери, знаменитой Авдотьи Борисовны, принимавшей посещения императриц, его, знакомство с которым считалось за великую честь, его,

---

166. фр. Brisons là-dessus. Et bonne nuit — Оставим это. И покойной ночи.

проведшего свою жизнь рыцарем без страха и упрека... То, что у него был побочный сын от француженки, которого он устроил за границей, не уменьшало в нем его высокого мнения о себе. И вот его дочь, для которой он не только сделал все, что может и должен сделать отец: дал прекрасное воспитание, дал ей возможность выбирать себе партию в высшем и лучшем русском обществе, но не только та дочь, которой он дал все то, чего только может желать девушка, но которую он прямо любил, которой любовался, гордился, эта дочь опозорила его, сделала с ним то, что он не может смотреть в глаза людям, что ему стыдно всех.

И он вспоминал те времена, когда он не только относился к ней как к своей дочери, к члену его семьи, но когда он нежно любил ее, радовался на нее, гордился ею. Он вспоминал ее, какою она была, когда ей было восемь, девять лет: умненькая, все понимающая, живая, быстрая, грациозная девочка с черными блестящими глазами и распущенными русыми волосами на костлявой своей спинке. Вспоминал он, как она вскакивала к нему на колени, и обнимала за шею, и щекотала его, заливаясь хохотом, и, несмотря на его крик, не переставала, и потом целовала в рот, в глаза, в щеки. Он был враг всякой экспансивности, но эта экспансивность умиляла его, и он иногда отдавался ей и вспоминал теперь, как было приятно ласкать ее.

И это-то когда-то милое существо могло сделаться тем, что оно стало теперь, — существом, про которое он не мог думать без отвращения.

Он вспоминал теперь тоже то время, когда она становилась женщиной, и то особенное чувство страха и оскорбления, которое он испытывал к ней, когда замечал, что мужчины смотрят на нее как на женщину. Он вспоминал об этом своем ревнивом отношении к дочери, когда она с кокетливым чувством, зная, что она хороша, приходила к нему в бальном платье, и когда он видал ее на балах. Он боялся нечистых взглядов на нее, а она не только не понимала этого, но радовалась этому. «Да, — думал он, — какое суеверие чистота женщин. Напротив, они не знают стыда, у них нет стыда».

Он вспомнил, как она, непонятно для него почему, отказала двум очень хорошим женихам и как, продолжая ездить в свет, все больше и больше увлекалась не кем-нибудь, но увлекалась своим успехом. Но успех этот не мог продолжаться долго. Прошли год, два, три. Все пригляделись к ней. Она была красива, но уже не первой молодости, стала как бы обычным аксессуаром балов. Михаил Иванович вспоминал, как он видел, что она засидится, и желал для нее одного — выдать поскорее замуж, хоть не так хорошо, как можно было прежде, но хоть как-нибудь прилично. Но она как-то особенно вызывающе-гордо держала себя, ему казалось, и, вспоминая это, еще более злое чувство поднялось в нем против нее.

Отказала стольким порядочным людям, чтобы потом этот ужас! «О, ох! — опять застонал он, и, остановившись, закурил папиросу, и хотел думать о другом, как он перешлет ей деньги, не допустив ее до себя, но опять встало воспоминание о том, как она уже недавно — ей было уже больше двадцати лет — затеяла какой-то роман с четырнадцатилетним мальчиком, пажем, гостившим у них в деревне, как она довела мальчика до сумасшествия, как он разливался-плакал, и как она серьезно, холодно и даже грубо отвечала отцу, когда он, чтобы прекратить этот глупый роман, велел мальчику уехать; и как с тех пор у него и прежде довольно холодные отношения к дочери стали совсем холодными и с ее стороны. Она как будто считала себя чем-то оскорбленной.

«А как я был прав, — думал он теперь. — Это бесстыдная и недобрая натура».

И вот опять последнее ужасное воспоминание письма из Москвы, в котором она писала, что она не может вернуться домой, что она несчастная, погибшая женщина, просит простить и забыть ее, и ужасные воспоминания о разговорах с женой и догадках, цинических догадках, перешедших, наконец, в достоверность, что несчастие случилось в Финляндии, куда ее отпустили гостить к тетке, и что виновник его ничтожный студент-швед, пустой, дрянной человек и женатый.

Все это он вспоминал теперь и ходил, ходил взад и вперед по ковру комнаты, вспоминая и прежнюю свою любовь к ней, гордость за нее, и ужасаясь на это непонятное для него падение и ненавидя ее за ту боль, которую она ему сделала. Он вспоминал то, что говорила ему невестка, и старался представить себе, как бы он мог простить ее, но стоило ему только вспомнить «его», и ужас, отвращение, оскорбленная гордость наполняли его сердце. И он вскрикивал: «Ох, ох», — и старался думать о другом.

«Нет, это невозможно. Отдам Пете деньги, чтобы он давал ей ежемесячно. А у меня нет, нет дочери...»

И он попал опять на прежнюю колею того странного, смешанного чувства, которое не переставая мучало его; чувства умиления перед воспоминанием о его любви к ней и чувства мучительной злобы за то, что она могла сделать ему так больно.

II

Лиза в этот один последний год пережила без всякого сравнения больше, чем она пережила во все прежние двадцать пять лет. В этот год ей вдруг открылась вся пустота ее прежней жизни: ясна стала вся низменность, вся гадость той жизни, которую она вела в своем богатом петербургском обществе и доме, где она вместе со всеми играла животной жизнью, касаясь только верхов ее, пользуясь всеми прелестями ее, но не спускаясь до глубины ее. Хорошо было год, два, три, но когда это: вечера, балы, концерты, ужины, бальные платья, прически, выставляющие красоту тела, молодые и не молодые ухаживатели, все одинакие, все что-то как будто знающие, имеющие как будто право всем пользоваться и надо всем смеяться, когда летние месяцы на дачах с такой же природой, тоже только дающей верхи приятности жизни, когда и музыка и чтение, тоже такие же — только задирающие вопросы жизни, но не разрешающие их, — когда все это продолжалось семь, восемь лет, не только не обещая никакой перемены, но, напротив, все больше и больше теряя прелести, она пришла в отчаяние, и на нее стало находить состояние отчаяния, желания смерти. Подруги направляли ее на деятельность благотворительности. Она увидала, с одной стороны, нищету, настоящую, отталкивающую, и притворную, еще более жалкую и отталкивающую, и увидала страшную холодность дам-патронесс, приезжающих на своих тысячных экипажах и в тысячных нарядах, и ей становилось все тяжелее и тяжелее. Хотелось чего-нибудь настоящего, хотелось жизни, а не игры с ней, не снимания пенок. И не было никакой. Лучшее из ее воспоминаний была любовь к кадету Коко, как его звали. То было хорошее, честное, прямое, но ничего подобного теперь не было и не могло быть. Она все больше и больше тосковала и в этом тоскливом положении поехала к тетке в Финляндию. Новая обстановка, новая природа, новые люди, какие-то особенные, показались ей особенно привлекательны.

Как и когда это началось, она не могла дать себе отчета. У тетки гостил швед. Он говорил о своих работах, о своем народе, о новом шведском романе, и она сама не знает, как и когда началось это страшное заражение взглядами и улыбками, смысл которых нельзя было выразить словами, но которые имели значение, как ей казалось, превосходящее всякие слова. Эти взгляды и улыбки открывали друг другу их души, не только их души, но какие-то общие всему человечеству, великие и самые важные тайны. Всякое сказанное ими слово получало от этих улыбок величайшее и блаженнейшее значение. Такое же значение получала музыка, когда они слушали ее вместе или пели дуэты. Такое же значение получали слова читаемых вслух книг. Иногда они спорили, каждый отстаивал свое мнение, но стоило им встретиться глазами и блеснуть улыбке, и спор оставался где-то внизу, а они поднимались над ним в какой-то возвышенной, доступной только им области.

Как это сделалось, как, когда из-за этих взглядов и улыбок выступил дьявол, в одно и то же время схвативший их, она не могла бы сказать, но когда она почувствовала страх перед дьяволом, невидимые нити, связывающие их, были уж так переплетены, что она чувствовала свое бессилие вырваться из них и всю надежду возлагала уже на него, на его благородство. Она надеялась, что он не воспользуется своей силою, но и смутно не желала этого.

Бессилие ее в борьбе усиливалось еще тем, что ей не за что было держаться. Жизнь ее светская, с своей поверхностностью и фальшью, опротивела ей. Мать свою она не любила, отец, как ей казалось, оттолкнул ее от себя, и ей страстно хотелось не игры с жизнью, а самой жизни, и в любви, в совершенной женской любви к мужчине, она предчувствовала эту жизнь. И страстная, здоровая натура влекла ее туда же. И эта жизнь представлялась ей в нем, в его высокой, сильной фигуре, в его белокурой голове и белых поднятых усах, из-под которых сияла притягивающая, всемогущая улыбка. В этом она видела обещание чего-то самого лучшего, что есть на свете. И вот улыбки и взгляды, надежды и обещания чего-то невозможно прекрасного привели к тому, к чему они должны были привести, но чего она боялась и чего смутно, бессознательно ожидала. И вдруг все прекрасное, духовное, радостное, полнее надежд на будущее, вдруг все стало отвратительным, животным и не только печальным, но отчаянным.

Она смотрела в глаза ему, старалась улыбаться, старалась притвориться, что она не боится ничего, что это так и должно быть, но она в глубине души знала, что теперь все пропало, что в нем нет того, чего она искала, что было в ней, что было в Коко. Она сказала ему, что он должен написать теперь ее отцу, прося ее руки. Он сказал, что сделает это. Потом, при втором свидании, сказал, что не может сделать этого сейчас. В глазах его было что-то робкое, неясное, и она еще больше усумнилась в нем. На другой день он прислал ей письмо, в котором объявил, что он женат, что жена давно оставила его, что он погиб теперь в ее глазах, что он виноват, умоляет ее о прощении.

Она позвала его и на словах сказала ему, что она любит его и, все равно, женат он был или нет, чувствует себя навеки связанной с ним и не оставит его.

В следующее свидание он сказал, что у него ничего нет, что родители его бедные и что он может предложить ей только самую бедную жизнь. Она сказала, что ей ничего не нужно и что она сейчас же готова ехать с ним, куда он хочет.

Он отговаривал ее, советовал подождать. Она согласилась. Но жизнь с скрыванием от домашних, с случайными свиданиями и тайной перепиской была ей мучительна, и она настаивала на отъезде и бегстве.

Когда она переехала в Петербург, он писал ей, обещая приехать, потом перестал писать и исчез. Она попыталась жить по-прежнему, но не могла. Она стала болеть. Ее лечили, но положение ее становилось хуже и хуже. Когда же она убедилась, что ей нельзя будет скрыть то, что она хотела скрыть, она решила убить себя. Но как сделать это так, чтобы смерть казалась естественной? Она хотела убить себя, ей казалось, что она окончательно решила это, и достала яду, всыпала его в рюмку и готова была выпить. Она и выпила бы его, если бы в это время не вбежал к ней пятилетний племянник, сын сестры, показывая ей подаренную бабушкой игрушку. Она остановилась, приласкала мальчика и вдруг расплакалась. Ей пришла мысль, что она могла бы быть матерью, если бы он не был женат, и мысль о материнстве в первый раз заставила ее вернуться в себя, думать не о том, что подумают и скажут о ней другие, а о своей, настоящей своей жизни. Убить себя ради мнения других людей казалось легко, но убить себя для себя было невозможно. Она вылила яд и перестала думать о самоубийстве, а стала жить сама в себе, и жизнь эта была мучительна, но была жизнь, она не хотела и не могла расстаться с нею. Она стала молиться, чего она давно уже не делала, но это не облегчало: она страдала не за себя, а за страдания отца, которые она понимала, и жалела его, но знала, что страдания эти будут, и она виной их. Несколько месяцев так шла ее жизнь, и вдруг с ней случилось событие, никому незаметное, даже ей почти незаметное, но такое, которое уже совсем перевернуло ее жизнь. Она вдруг, сидя за работой, — она вязала одеяло, — почувствовала странное ощущение движения... в себе.

— Да нет, не может быть. — Она замерла с крючком и одеялом в руках. И вдруг опять то же удивительное колебание. Неужели это он или она? И она, забыв про все, про его гадость и ложь, про раздражительность матери, про горе отца, просияла улыбкой, но не той гнусной улыбкой, которой она отвечала на такие же улыбки его, а светлой, чистой, радостной улыбкой.

Она ужасалась теперь мысли, что она могла думать убить его вместе с собой, и теперь все свои мысли направила на то, как уйти из дома, куда и где сделаться матерью, несчастной, жалкой матерью, но все-таки матерью. И она все это придумала и устроила, и ушла и поселилась в далеком губернском городе, где никто бы не мог найти ее и где она думала быть вдали от своих, и где, на ее беду, был назначен губернатором брат ее отца, чего она никак не ожидала.

Она жила у акушерки Марьи Ивановны уже четвертый месяц и, узнав о том, что дядя в том же городе, собиралась уехать куда-нибудь дальше.

III

Михаил Иванович проснулся рано и в это же утро, войдя в кабинет брата, отдал ему приготовленный чек на деньги, которые он оставлял брату, прося его помесячно выдавать их дочери, и спросил, когда отходит в Петербург курьерский. Поезд отходил в семь часов вечера, так что Михаил Иванович мог успеть пообедать ранним обедом до отъезда. Напившись кофе с невесткой, которая ничего не говорила больше о том, что так было тяжело ему, а только робко взглядывала на него, он, по своей обыкновенной гигиенической привычке, пошел сделать обычную прогулку.

Александра Дмитриевна проводила его до передней.

— Вы пройдите, Мишель, в городской сад, там прекрасно ходить и от всего близко, — сказала она, жалостно глядя ему в сердитое лицо.

Михаил Иванович послушался ее совета и пошел в городской сад, откуда было все близко, и с досадой думал о глупости, упорстве и бессердечности женщин. «Ей не жалко меня, — думал он о невестке. — Она и понять не может моих страданий. А она? — он подумал о дочери. — Она знает, что это для меня, какая это мука. Какой ужасный удар в конце жизни, которую укоротит, наверное, она же. Ну, да и лучше конец, чем эти мучения. И все это pour les beaux yeux d'un chenapan»[167] .— «О-о-о», — громко простонал он, и такое чувство ненависти и злобы поднялось в нем при мысли о всем том, что теперь будут говорить в городе, когда все узнают (наверно, все уже знают), такое чувство злобы поднялось в нем против нее, что захотелось все сказать ей, дать ей понять все значение того, что она сделала. «Они не понимают».

«Оттуда всё близко», — подумал он и, достав записную книжку, прочел ее адрес: «Кухонная улица, дом Абрамова, Вера Ивановна Селиверстова». Она жила под этим именем. Он подошел к выходу и кликнул извозчика.

— Вам кого, господин? — спросила его Марья Ивановна, акушерка, когда он вошел на узкую площадку крутой вонючей лестницы.

— Госпожа Селиверстова здесь?

— Вера Ивановна? Здесь, пожалуйте. Она вышедши, в лавочку пошла, должно, сейчас придет.

Михаил Иванович вошел за толстой Марьей Ивановной в маленькую гостиную, и его, как ножом, резнул, как ему показалось, отвратительный, злой крик ребенка из соседней комнатки.

Марья Ивановна извинилась, ушла в комнатку, и слышно было, как успокаивала ребенка. Ребенок затих, и она вышла.

---

[167]. фр. pour les beaux yeux d'un chenapan — ради прекрасных глаз негодяя.

— Это ее ребеночек. Она сейчас придет. Вы кто ж будете?

— Я знакомый, да я лучше после приду, — сказал Михаил Иванович, готовясь уйти. Так мучительно ему было готовиться к встрече с ней и так невозможно казалось какое бы то ни было объяснение.

Он только повернулся и хотел уйти, как по лестнице послышались легкие, быстрые шаги, и он узнал голос Лизы.

— Марья Ивановна! что, не кричал без меня... А я...

И она вдруг увидала отца. Кулек, который она держала в руке, выпал у нее из рук.

— Папа?! — вскрикнула она и, вся бледная и трясущаяся всем телом, остановилась в дверях.

Он смотрел на нее и не двигался с места. Она похудела, глаза стали больше, нос завострился, руки тонкие, костлявые. И не знал, что сказать и что сделать. Он забыл теперь все то, что думал о своем сраме, и ему только жалко, жалко было ее, жалко и за ее худобу, и за ее плохую, простую одежду, и, главное, за жалкое лицо ее с умоляющими о чем-то, устремленными на него глазами.

— Папа, прости, — сказала она, подвигаясь к нему.

— Меня, — проговорил он, — меня прости, — и он захлюпал, как ребенок, целуя ее лицо, руки и обливая их слезами.

Жалость к ней открыла ему самого себя. И увидав себя, какой он был действительно, он понял, как он виноват перед ней, виноват за свою гордость, холодность, даже злобу к ней. И он рад был тому, что виноват, что ему нечего прощать, а самому нужно прощение.

Она повела его в свою комнату, рассказала ему, как она живет, но не показывала ему ребенка и ничего не говорила о прошедшем, зная, что это было бы мучительно для него. Он сказал ей, что ей надо устроиться иначе.

— Да, если бы в деревне, — сказала она.

— Мы всё обдумаем это, — сказал он.

Вдруг за дверью сначала запищал, а потом закричал ребенок. Она открыла широко глаза и, не спуская их с отца, замерла в нерешительности.

— Что ж, тебе кормить надо, — сказал Михаил Иванович, шевеля бровями от явного внутреннего усилия.

Она поднялась, и ей вдруг пришла безумная мысль показать тому, кого она так давно любила, того, кого она теперь любила больше всего на свете. Но, прежде чем сказать то, что хотела, она взглянула в лицо отца. Рассердится он или нет?

Лицо отца выражало не сердитость, но одно страдание.

— Да иди, иди, — сказал он. — Слава богу. Да, я завтра приду опять, и мы решим. Прощай, голубушка. Да, прощай. — И опять ему трудно было удержать поднявшийся комок в горле.

Когда Михаил Иванович вернулся к брату, Александра Дмитриевна тотчас же спросила его:

— Ну что?

— Да ничего.

— Видели? — спросила она, по лицу его догадываясь, что что-то случилось.

— Да, — скороговоркой проговорил он и вдруг заплакал. — Да, и глуп и стар стал, — сказал он, успокоившись.

— Нет, умен, очень умен.

Михаил Иванович простил дочь, совсем простил, и ради прощенья победил в себе весь страх перед славой людской. Он устроил дочь у сестры Александры Дмитриевны, жившей в деревне, и видался с дочерью и любил ее не только по-прежнему, но еще больше, чем прежде, и часто приезжал к ней и гостил у нее. Но ребенка он избегал видеть и не мог победить в себе чувства отвращения, омерзения к нему. И это было источником страданий дочери.

Отец Василий

I

Была осень. И еще не рассветало, когда к небольшому, крытому соломой дому в две связи священника Василья Давыдыча, гремя по замерзшим колчужкам, подъехала телега. Из телеги вышел мужик в кафтане с поднятым воротником и шапке и, завернув лошадь, стал стучаться кнутовищем в окно одной из связей, там, где, он знал, живут работница и кухарка.

— Кто тут?

— К батюшке.

— Чего надо?

— К боли.

— Да ты чей будешь?

— Из Воздрема.

Работник засветил огонь, вышел в сени и на двор и впустил мужика в ворота.

Из горницы в кацавейке, платке и валенках вышла матушка, толстая, приземистая женщина, и заговорила сердитым, хриплым голосом:

— Это еще кого нелегкая принесла?

— За батюшкой приехал.

338

— А вы чего дрыхнете. И печь не затапливали.

— Разве время?

— Я бы не говорила, коли не время.

Воздремский мужик вошел в людскую избу, перекрестился на иконы, поклонился матушке и сел у двери на лавке.

Жена его долго мучалась в родах, родила мертвого и теперь сама помирала.

Мужик сидел и, глядя на то, что делалось в избе, думал о том, как он повезет попа: прямо, или через Косое, как он сюда ехал, или в объезд. «Уж очень плохо под селом. Ручей замерз, а не держит. Насилу выбрался». Вошел работник и, свалив вязанку березовых дров у печи, попросил мужика наколоть лучину из сухого полена. Мужик разделся и стал работать.

Священник проснулся, как он всегда просыпался, веселый и бодрый. Еще лежа на постели, перекрестился и прочел свою любимую молитву «Царю небесный» и несколько раз проговорил: «Господи помилуй». Потом, спустив ноги, обулся, умылся, расчесал длинные волосы, надел старый подрясник и стал перед иконами на молитву. В середине чтения «Отче наш», на словах «и остави нам долги наши, яко же и мы оставляем должником нашим», он остановился и вспомнил отца дьякона, который вчера, в пьяном виде, встретив его, бормотал, но так, что было слышно: «Фарисеи, лицемеры». Слова «фарисеи, лицемеры» особенно обидели Василия Давыдовича именно потому, что он считал себя подверженным всяким порокам, но только не лицемерию. И он был сердит на дьяконя. «Да, оставляем, — проговорил он в душе, — бог с ним», и продолжал дальше. При словах «не введи нас во искушение» он вспомнил, как вчера после домашней всенощной, которую он служил у богатого помещика Молчанова, ему было приятно пить чай с ромом.

II

Помолившись, он посмотрелся в кривящее лицо зеркальце, расправил на обе стороны растущие вокруг уже большой лысины расчесанные белокурые волосы, с удовольствием взглянул на свое широкое, доброе, с редкой бородкой, моложавое, несмотря на его 42 года, лицо и вышел в зальцо, в которое матушка только что поспешно, с трудом вносила готовящийся уйти самовар.

— Что же ты сама. А Фекла?

— Что же сама? — передразнила матушка. — А то кому ж?

— Что же рано так?

— Приехали за тобой из Воздрема к боли. Женщина умирает.

— Давно?

— Да еще даве.

— Что ж вы меня не разбудили.

Отец Василий напился постного чаю (была пятница), взял дары, надел шубу, шапку и вышел твердой походкой в сенцы. Воздремский мужик ждал его в сенях.

— Здорово, Митрий, — сказал отец Василий и, поддерживая рукав, перекрестил мужика и дал поцеловать свою небольшую, твердую руку с коротко обстриженными ногтями и вышел на крыльцо.

Солнце взошло, но его не видно было из-за низко нависших туч. Мужик вывел из ворот телегу и подал к крыльцу. Василий Давыдыч легко поднялся с чеки заднего колеса на телегу и сел на обернутое дерюжкой сено на сиденье. Митрий сел рядом, тронул утробистую, лопоухую кобылу, и телега загремела по замерзшим колчам. Попархивал снежок.

III

Семейство Василья Давыдовича Можайского состояло из жены, ее матери, старой попадьи, и трех детей: двух сыновей и дочери. Старший сын кончал курс в семинарии и готовился в студенты, второй, любимец матери, меньшой, пятнадцатилетний Алеша, был еще в духовном училище, дочь Лёня, шестнадцати лет, жила дома, плохо помогала матери и тяготилась своей жизнью. Сам Можайский в свое время учился в семинарии так хорошо, что, окончив курс в 1840-м году одним из первых, готовился в академию и мечтал и о профессорстве и об архиерействе. Но мать его, вдова дьячка, с одним сыном-пьяницей и тремя дочерьми, была в великой нужде. И то решение, которое он тогда принял, незаметно дало направление жертвы и самоотречения всей его жизни. Чтобы не огорчать старуху-мать, он решил бросить мечты об академии и поступить в сельские священники. Он сделал это из любви к матери, но сам себе он совсем не так объяснял свой поступок: он объяснял себе его своей ленью и нелюбовью к науке.

Место священника было в небольшом селе и получалось при условии женитьбы на дочери прежнего священника. Место было небогатое, и прежний священник был беден, и бедно было семейство из вдовы и двух дочерей. Та Анночка, с которой было связано получение места, была некрасивая, но очень бойкая девица и в истинном смысле слова пленила Василья Давыдовича, заставила его без размышления жениться на себе.

Василий Можайский женился и стал отцом Василием, сначала с

340

короткими, а потом с длинными волосами, и счастливо прожил с своей женой Анной Тихоновной двадцать два года и теперь, несмотря на короткое романическое увлечение Анны Тихоновны студентом, сыном прежнего дьякона, все так же был добр к ней, как и прежде, как будто еще нежнее любил ее за то недоброе чувство, которое он имел к ней во время ее увлечения. Увлечение это было для него поводом такого же чувства самоотречения и забвения себя, вследствие которого он отказался от академии, и дало ему такую же незаметную внутреннюю, тихую радость.

IV

Сначала поп и мужик ехали молча. Да и дорога по жилью была такая колчеватая, что, несмотря на то, что ехали шагом, телегу бросало из стороны в сторону, и поп то и дело съезжал с сиденья и поправлялся и запахивался.

Только когда выехали за село и, переехав через перекоп, мужик поехал лугом, поп заговорил.

— Что ж, или очень плоха хозяйка-то? — спросил он.

— Не чаем живой быть, — неохотно ответил мужик.

— Божью власть не руками склась. Божья воля, — сказал поп. — Что же делать? Терпеть надоть.

Мужик поднял голову и взглянул в лицо попа. Он, видно, хотел сказать что-то сердитое. Но, увидав ласково смотревшее на него лицо, смягчился, мотнул головой и только проговорил:

— Божья воля-то воля. Да уж дюже трудно, батюшка. Один ведь. Что с ребятами станешь делать.

— А ты не впадай духом, бог поднимет.

Мужик не отвечал и только обругал кобылу, перешедшую с рыси на шаг, и задергал вожжами.

Въехали в лес, где разъезженная во все стороны дорога была везде одинаково дурна. И долго ехали молча, выглядывая места, где лучше проехать. Только когда выехали на дорогу, шедшую яркими, уклочившимися зеленями, поп опять заговорил.

— Хороши зеленя, — сказал он.

— Ничего, — сказал мужик и больше не отвечал на заговариванья попа.

В ранний завтрак подъехали к двору больной.

Баба была еще жива. Страдания кончились, и она, бессильная поворотиться, лежала на кровати и только движением глаз проявляла присутствие жизни. Она призывающе смотрела на священника, и только

341

на священника. Старуха стояла подле нее. Дети были на печке. Старшая, десяти лет, в одной рубашонке, простоволосая, стояла у столба, точно большая, подпершись правой рукой, поддерживаемой левой, молча смотрела на мать.

Поп подошел к больной, прочел молитвы, дал причастие, перекрестил ее и помолился на иконы.

Старуха подошла к умирающей, поглядела на нее, покачала головой и накрыла полотном лицо умирающей. От умирающей она подошла к попу и подала ему в руку монетку. Он знал, что это был пятак, и взял его.

Хозяин вошел в избу.

— Кончилась? — спросил он.

— Кончается, — сказала старуха.

Услыхав это, девочка завыла, что-то приговаривая. Заревели в три голоса и дети на печке.

Мужик перекрестился, подошел к жене и, открыв полотно, посмотрел на нее. Бескровное лицо было спокойно и неподвижно. Мужик постоял над умершей минуты две, потом осторожно накрыл лицо опять полотном и, опять перекрестившись несколько раз, повернулся к попу и сказал:

— Что ж, ехать, что ль?

— Что ж, поедем.

— Ладно. Попоить кобылу надо.

И мужик вышел из избы.

Старуха причитала и голосила, поминая о сиротах без родимой матушки, о том, что некому накормить, одеть их, что как пташечки выпали из гнездышка, так и детушки без родимой матушки. И за каждым стихом причитанья она с шумом втягивала в себя воздух и, слушая себя, все больше и больше расходилась. Поп слушал, и ему становилось грустно и жалко детей и хотелось что-нибудь сделать для них. Он нащупал кошелек в кармане подрясника и вспомнил, что у него остался в кошельке полтинник, полученный вчера за всенощную у Молчанова. Он не успел передать его жене, как он делал со всеми деньгами, и, не думая о последствиях, достал полтинник и, указав старухе, положил его на окно.

Хозяин вошел раздетый и сказал, что попросил кума свезть батюшку, а сам пойдет разживаться тесу на домовище.

V

Кум Митрия, везший домой Василья Давыдовича, был бородатый,

рыжий здоровенный мужик, общительный и веселый. Он по случаю проводов сына уже выпил и был в особенно веселом расположении духа.

— Митюхина кобыла вовсе стала, — сказал он.— Что ж человеку не пособить. Пожалеть надо. Верно я говорю?— Но, ты, милок, — крикнул он на гнедого меринка с круто подвязанным хвостом, настегивая его.

— А ты полегче, — сказал Василий Давыдович, трясясь по колчам дороги.

— Что ж, можно и полегче. Что ж, померла?

— Да, кончилась, — сказал поп.

Рыжему хотелось и пожалеть, хотелось и посмеяться.

— Что ж, бабу взял, девку даст, — сказал он, поддаваясь голосу веселья.

— Нет, жалко сердечного, — сказал поп.

— Как не жалко. Беднота. Один. Пришел, говорит, свези попа, моя кобыла стала. Что ж, пожалеть надо. Так я говорю, батюшка?

— А ты, я вижу, уже выпил. А? Это напрасно, Федор. Нынче будни.

— Разве я на чужие? Я на свои. Сына провожал. Прости, батюшка, Христа ради.

— Мне что прощать? Я только к тому, что лучше не пить.

— Известно, лучше, да как же быть? Кабы я какой-нибудь, а то ведь живем, слава богу. Перед людьми нельзя. А я Митрия жалею. Как не жалеть! Летось у него же мерина увел какой-то. Тоже народ нынче стал.

И Федор стал рассказывать длинную историю, как с ярмарки лошадей угнали, как одну зарезали на шкуру, а другую перехватили мужики.

— И уж били, так били, — с удовольствием рассказывал Федор.

— Что ж бить-то, зачем?

— А что ж его, гладить, что ли?

В таких разговорах доехали до дома Василья Давыдовича.

Василий Давыдович надеялся отдохнуть, но на его несчастье без него была получена бумага от благочинного и письмо от сына. Бумага от благочинного была неважная, но письмо сына вызвало семейную бурю, усиленную еще тем, что попадья потребовала от него деньги за вчерашнюю всенощную, а полтинника не было. Потеря этого полтинника только усилила гнев жены, но главная причина гнева было письмо сына и невозможность исполнить его желание, невозможность, причину которой попадья видела в беззаботности своего мужа.

Сила детства

— Убить!.. Застрелить!.. Сейчас застрелить мерзавца!.. Убить!.. Горло перерезать убийце!.. Убить, убить! — кричали мужские, женские голоса толпы.

Огромная толпа народа вела по улице связанного человека. Человек этот, высокий, прямой, шёл твердым шагом, высоко поднимая голову. На красивом, мужественном лице его было выражение презрения и злобы к окружающим его людям.

Это был один из тех людей, которые в войне народа против власти воюют на стороне власти. Его схватили теперь и вели на казнь.

«Что же делать! Не всегда сила на нашей стороне. Что же делать? Теперь их власть. Умереть так умереть, видно, так надо», — думал этот человек и, пожимая плечами, холодно улыбнулся на крики, которые продолжались в толпе.

— Это городовой, он ещё утром стрелял по нас! — кричали в толпе.

Но толпа не останавливалась, и его вели дальше. Когда же пришли на ту улицу, где по мостовой лежали вчерашние неубранные ещё тела убитых войсками, толпа освирепела.

— Нечего оттягивать! Сейчас тут и застрелить негодяя, куда ещё водить его? — кричали люди.

Пленный хмурился и только выше поднимал голову. Он, казалось, ненавидел толпу ещё более, чем толпа ненавидела его.

— Перебить всех! Шпионов! Царей! Попов! И этих мерзавцев! Убить, убить сейчас! — взвизгивали женские голоса.

Но руководители толпы решили довести его до площади и там разделаться с ним.

До площади уже было недалеко, когда в минуту затишья в задних рядах толпы послышался плачущий детский голосок.

— Батя! Батя! — всхлипывая, кричал шестилетний мальчик, втискиваясь в толпу, чтобы добраться до пленного. — Батя! Что они с тобой делают? Постой, постой, возьми меня, возьми!..

Крики остановились в той стороне толпы, с которой шёл ребёнок, и толпа, расступаясь перед ним, как перед силой, пропускала ребёнка всё ближе и ближе к отцу.

— А какой миленький! — сказала одна женщина.

— Тебе кого? — сказала другая, нагибаясь к мальчику.

— Батю! Пустите меня к бате! — пищал мальчик.

— Тебе сколько лет, мальчик?

— Что вы с батей хотите делать? — отвечал мальчик.

— Иди домой, мальчик, иди к матери, — сказал мальчику один из мужчин.

Пленный уже слышал голос мальчика и слышал, что говорили ему. Лицо его стало ещё мрачнее.

— У него нет матери! — крикнул он на слова того, кто отсылал ребёнка к матери.

Все ближе и ближе протискиваясь в толпе, мальчик добрался до отца и полез к нему на руки.

В толпе кричали все то же: «Убить! Повесить! Застрелить мерзавца!»

— Зачем ты из дома ушёл? — сказал отец мальчику.

— Что они с тобой хотят делать? — говорил мальчик.

— Ты вот что сделай, — сказал отец.

— Ну?

— Знаешь Катюшу?

— Соседку? Как не знать.

— Так вот, пойди к ней и там побудь. А я… я приду.

— Без тебя не пойду, — сказал мальчик и заплакал.

— Отчего не пойдёшь?

— Они прибьют тебя.

— Нет же, они ничего, они так.

И пленный спустил с рук мальчика и подошёл к тому человеку, который распоряжался в толпе.

— Послушайте, — сказал он, — убивайте меня, как и где хотите, но только не при нем, — он показал на мальчика. — Развяжите меня на две минуты и держите за руку, а я скажу ему, что мы с вами гуляем, что вы мне приятель, и он уйдёт. А тогда… тогда убивайте, как хотите.

Руководитель согласился.

Тогда пленный взял опять мальчика на руки и сказал:

— Будь умник, пойди к Кате.

— А ты что же?

— А ты видишь, я гуляю вот с этим приятелем, мы пройдем ещё немного, а ты иди, а я приду. Иди же, будь умник.

Мальчик уставился на отца, нагнул головку на одну сторону, потом на другую и задумался.

— Иди, милый, я приду.

— Придёшь?

И ребёнок послушался. Одна женщина вывела его из толпы.

Когда ребёнок скрылся, пленный сказал:

— Теперь я готов, убивайте меня.

И тут случилось что-то совсем непонятное, неожиданное. Какой-то один и тот же дух проснулся во всех этих за минуту жестоких, безжалостных, ненавидящих людях, и одна женщина сказала:

— А знаете что. Пустить бы его.

— И то, бог с ним, — сказал ещё кто-то. — Отпустить.

— Отпустить, отпустить! — загремела толпа.

И гордый, безжалостный человек, за минуту ненавидевший толпу, зарыдал, закрыл лицо руками и, как виноватый, выбежал из толпы, и никто не остановил его.

Разговор с прохожим

Вышел рано. На душе хорошо, радостно. Чудное утро, солнце только вышло из-за деревьев, роса блестит и на траве, и на деревьях. Все мило, и все милы. Так хорошо, что умирать не хочется. Точно, не хочется умирать. Пожил бы еще в этом мире, с такой красотой вокруг и радостью на душе. Ну, да это не мое дело, а хозяина...

Подхожу к деревне; против первого дома, на дороге, ко мне боком, стоит не двигается человек. Очевидно, ждет чего-то или кого-то, ждет так, как умеют ждать только рабочие люди, — без нетерпения, без досады. Подхожу ближе — крестьянин, бородатый, косматый, с проседью, здоровенный, простое рабочее лицо. Курит не цигарку бумажную, а трубочку. Поздоровались.

— Где тут Алексей, старик, живет? — спрашиваю.

— Не знаю, милый, мы нездешние.

Не я нездешний, а мы нездешние. Одного русского человека почти никогда нет (нечто когда он делает что-нибудь плохое, тогда — я). А то семья — мы, артель — мы, обчество — мы.

— Нездешние? Откуда же?

— Калуцкие мы.

Я показал на трубку.

— А сколько в год прокуришь? Рубля три, я чай?

— Три? Не управишься еще на три.

— А что бы бросить?

— Как ее бросишь, привычка.

— Я тоже курил, бросил; как хорошо, легко.

— Известное дело. Да скучно без ней.

— А брось, и скуки не будет. Ведь хорошего в ней мало.

— Что же хорошего.

— Не хорошо, так и делать не надо. На тебя глядя, и другой станет. А пуще всего молодые ребята, Скажут; вот старый курит, а нам и бог велел.

346

— Так-то так.

— И сын станет, на тебя глядя.

— Известное дело, и сын тоже...

— Так брось.

— Бросил бы, да скучно без ней, едят ее мухи. От скуки больше. Станет скучно, сейчас за нее. Вся беда — скучно. Так скучно другой раз... скучно, скучно, — протянул он.

— А от скуки лучше о душе подумать.

Он вскинул на меня глазами, лицо его вдруг стало совсем другое, внимательное, серьезное, не такое, как прежде, добродушно-шутливое, бойкое, краснобайное.

— Об душе подумать, об душе, значит? — проговорил он, пытливо глядя мне в глаза.

— Да, о душе подумаешь и все глупости оставишь. Лицо его ласково просияло.

— Верно это, старичок. Верно ты говоришь. Об душе первое дело. Первое дело об душе. (Он помолчал.) Спасибо, старичок. Верно это. (Он указал на трубку.) Это что, одни пустяки, о душе первое дело, — повторил он. — Верно ты говоришь. — И лицо его стало еще добрее и серьезнее.

Я хотел продолжать разговор, но к горлу что-то подступило (я очень слаб стал на слезы), не мог больше говорить, простился с ним и с радостным, умиленным чувством, глотая слезы, отошел.

Да как же не радоваться, живя среди такого народа, как же не ждать всего, самого прекрасного от такого народа?

Песни на деревне

Голоса и гармония были слышны точно рядом, но за туманом никого не было видно. Был будний день, и потому песни поутру сначала удивили меня.

«Да это, верно, рекрутов провожают», — вспомнил я бывший на днях разговор о том, что пятеро назначено из нашей деревни, и пошел по направлению к невольно притягивающей к себе веселой песне. Когда я подходил к песенникам, песня и гармония затихли. Песенники, то есть провожаемые ребята, вошли в каменную двухсвязную избу, к отцу одного из призываемых. Против дверей стояла небольшая кучка баб, девушек, детей. Пока я расспрашивал у баб, чьи да чьи ребята идут и зачем они зашли в избу, из двери вышли сопровождаемые матерями и сестрами и сами молодые ребята. Их было пятеро: четверо холостых, один женатый. Деревня наша под городом, и почти все призывные работали в городе и были одеты по-городски, очевидно в самые лучшие одежды: пиджаки, новые картузы, высокие щегольские сапоги. Естественно, больше других бросался в глаза невысокий, хорошо сложенный парень, с милым, веселым, выразительным лицом, с чуть пробивающимися усиками и бородкой и блестящими карими глазами. Как только он вышел, он тотчас же взялся за большую дорогую гармонику, висевшую у него через плечо, и, поклонившись мне, тотчас же, быстро перебирая клавиши, заиграл веселую «барыню» и, в самый раз такта, бойко, отрывисто шагая, тронулся вдоль улицы.

Рядом с ним шел тоже невысокий, коренастый белокурый малый. Он бойко поглядывал по сторонам и лихо подхватывал второй голос, когда запевало выводил первый. Это был женатый. Эти двое шли впереди. Остальные же трое, так же хорошо одетые, шли позади их и ничем особенным не выделялись, разве только тем, что один из них был высок ростом.

Я шел с толпой за парнями. Песни всё были веселые, и во время шествия не было никаких выражений горя. Но как только подошли к следующему двору, в котором должно было также быть угощение, и остановились, так началось вытье женщин. Трудно было разобрать, что они причитали. Слышны были только отдельные слова: смеретушка... отца матери... родиму сторонушку... И после каждого стиха голосящая, втягивая в себя воздух, заливалась сначала протяжными стонами, а потом закатывалась истерическим хохотом. Это были матери, сестры уходивших. Кроме голошения родственниц, слышны были уговоры посторонних. «Да будет, Матрена, я чай, уморилась», — услыхал я слова одной женщины, уговаривавшей голосящую.

Парни вошли в избу, я остался на улице, разговаривая с знакомым крестьянином Васильем Ореховым, бывшим моим школьником. Сын его был один из пятерых, тот самый женатый парень, который шел, подпевая подголоском.

— Что же? жалко? — сказал я.

— Что же делать? Жалей не жалей, служить надо.

И он рассказал мне все свое хозяйственное положение. У него было три сына: один был дома, другой был этот уходящий в солдаты, третий жил, так же как и второй, в людях и хорошо подавал в дом. Этот же уходящий, очевидно, был плохой подавальщик. «Жена городская, к нашему делу не годится. Отрезанный ломоть. Только бы сам себя кормил. Жалко-то жалко. А что же поделаешь».

Пока мы говорили, парни вышли из дома на улицу, и опять началось голошение, взвизги, хохот, уговоры. Постояв у двора минут пять, тронулись дальше, и опять гармоника и песни. Нельзя было не дивиться на энергию, бодрость игрока, как он верно отбивал темп, как притопывал, останавливаясь, как замолкал и потом в самый раз подхватывал развеселым голосом, поглядывая кругом своими ласковыми карими глазами. У него, очевидно, было настоящее и большое музыкальное дарование. Я смотрел на него, и когда мы встречались с ним глазами, — так по крайней мере мне казалось, — он как будто смущался и, двинув бровью, отворачивался и еще бойчее заливался. Когда подошли к пятому, последнему, двору и ребята вошли в дом, я вошел за ними. Парней, всех пятерых, усадили за убранный скатертью стол. На столе были хлеб и вино. Хозяин, тот самый, с которым я говорил и который провожал женатого сына, наливал и подносил. Ребята почти ничего не пили, отпивали не больше четверти стаканчика, а то только пригубливали и отдавали. Хозяйка резала ковригу и подавала закусывать. Хозяин подливал стаканчики и обносил. В то время как я смотрел на парней, с печи, подле самого того места, где я сидел, слезла женщина в самой показавшейся мне неожиданной и странной одежде. На женщине было светло-зеленое, кажется шелковое, платье с модными украшениями, на ногах были ботинки с высокими каблуками, белокурые волосы были причесаны по-модному, и в ушах были большие золотые серьги-кольца. Лицо женщины было не грустное и не веселое, но как будто обиженное. Она сошла на пол, бойко постукивая своими, с высокими каблучками, новыми ботинками, не глядя на ребят, вышла в сени. Все в этой женщине: и ее одеяние, и ее обиженное лицо, и в особенности серьги — все было так чуждо всему окружающему, что я никак не мог понять, кто она могла быть и зачем попала на печку в избу Василья. Я спросил у сидевшей рядом со мною женщины, кто она.

— Сноха Васильева. Из горничных она, — отвечали мне.

Хозяин стал наливать в третий раз, но парни отказались от угощения, встали, помолились, поблагодарили хозяев и вышли на улицу. На улице тотчас же опять заголосили. Первая заголосила вышедшая за парнями очень старая, сгорбленная женщина. Она так особенно жалостно голосила, так закатывалась, что бабы не переставая уговаривали ее и подхватывали под локти воющую, закатывающуюся и падающую вперед старуху.

— Кто это? — спросил я.

— Да бабка его. Василью мать, значит.

Как только старуха истерически захохотала и повалилась на руки поддерживающим ее бабам, шествие тронулось дальше, и опять залились гармония и веселые голоса.

На выходе из деревни подъехали телеги, чтобы везти призывных до волости, и все остановились. Воя и плача больше не было. Гармонщик же все больше и больше расходился. Он, согнув голову набок и установившись на одной ноге и вывернув другую, постукивал ею, руки же выводили частые, красивые фьеритуры, и, как раз, где надо было, подхватывал песню его бойкий, высокий, веселый голос и приятный подголосок Васильева сына. И старые, и молодые, и в особенности окружавшие толпу ребята, и я в том числе, — все мы, не спуская глаз, смотрели на певца, любуясь им.

— И ловок же, бестия! — сказал кто-то из мужиков.

— Горе плачет, горе песенки поет.

В это время к песеннику подошел энергическим, большим шагом тот из провожаемых парней, который был особенно высокого роста. Нагнувшись к гармонисту, он что-то сказал ему.

«Какой молодчина, — подумал я. — Этого уже верно зачислят куда-нибудь в гвардию». Я не знал, чей он, из какого двора.

— Чей этот? — спросил я, указывая на молодцеватого парня, у невысокого старичка, подходившего ко мне.

Старичок, сняв шапку, поклонился мне, но он не расслышал мой вопрос.

— Чего говорите?

В первую минуту я не узнал его, но как только он заговорил, я тотчас же вспомнил работящего, хорошего мужика, который, как часто бывает, как бы на подбор, подпадал под одно несчастье после другого: то лошадей двух увели, то сгорел, то жена померла. Не узнал я его в первую минуту потому, что, давно не видав его, помнил Прокофия красно-рыжим и среднего роста человеком, теперь же он был не рыжий, а седой и совсем маленький.

— Ах, это ты, Прокофий, — сказал я. — Я спрашиваю: чей этот молодец, вот что подходил к Александру?

— Этот? — повторил Прокофий, указывая движением головы на высокого парня. Он качнул головой и прошамкал какое-то слово, я не разобрал что.

— Я говорю: чей малый? — переспросил я и оглянулся на Прокофия.

Лицо Прокофия сморщилось, скулы задрожали.

— Мой это, — проговорил он и, отвернувшись от меня и закрывая лицо рукою, захлюпал, как ребенок.

И только теперь, после этих двух слов Прокофия: «мой это», я не одним рассудком, но всем существом своим почувствовал весь ужас того, что происходило передо мною в это памятное мне туманное утро. Все то разрозненное, непонятное, странное, что я видел, — все вдруг получило для меня простое, ясное и ужасное значение. Мне стало мучительно стыдно за то, что я смотрел на это, как на

350

интересное зрелище. Я остановился и с сознанием совершенного дурного поступка вернулся домой.

И подумать, что все это совершается теперь над тысячами, десятками тысяч людей по всей России и совершалось и будет долго еще совершаться над этим кротким, мудрым, святым и так жестоко и коварно обманутым русским народом.

Ходынка

— Не понимаю этого упрямства. Зачем тебе не спать и идти «в народ», когда ты можешь спокойно ехать завтра с тетей Верой прямо в павильон. И все увидишь. Я ведь говорил тебе, что Бер мне обещал провести тебя. Да ты, как фрейлина, и имеешь право.

Так говорил известный всему высшему свету под прозвищем «Пижон» князь Павел Голицын своей двадцатитрехлетней дочери Александре, по признанному за ней прозвищу «Рина». Разговор этот происходил вечером 17 мая 1896 года, в Москве, накануне народного праздника коронации. Дело было в том, что Рина, красивая, сильная девушка, с характерным голицынским профилем, горбатым носом хищной птицы, уже пережила период увлечений светскими балами и была, или по крайней мере считала себя, передовой женщиной, и была народницей. Она была единственная дочь и любимица отца и делала, что хотела. Теперь ей взбрела мысль, как говорил отец, идти на народное гулянье с своим кузеном, не в полдень с двором, а вместе с народом, с дворником и помощником кучера, которые шли из их дома и собирались выходить рано утром.

— Да мне, папа, хочется не смотреть на народ, а быть с ним. Мне хочется видеть его отношение к молодому царю. Неужели нельзя хоть раз...

— Ну, делай как хочешь, я знаю твое упрямство.

— Не сердись, милый папа. Я тебе обещаюсь, что буду благоразумна, и Алек будет неотступно со мной.

Как ни странной и дикой казалась эта затея отцу, он не мог не согласиться.

— Разумеется, возьми, — отвечал он на ее вопрос, можно ли взять коляску. — Доедешь до Ходынки и пришлешь назад.

— Ну, так так.

Она подошла к нему. Он, по обычаю, перекрестил ее: она поцеловала его большую белую руку. И они разошлись.

В этот же вечер в квартире, сдававшейся известной Марьей Яковлевной рабочим с папиросной фабрики, шли также разговоры о завтрашнем гулянье. В квартире Емельяна Ягоднова сидели зашедшие к нему товарищи и сговаривались, когда выходить.

— В пору уж и не ложиться, а то, того гляди, проспишь, — говорил Яша, веселый малый, живший за перегородкой.

— Отчего не поспать, — отвечал Емельян. — С зарей выйдем. Так и ребята сказывали.

— Ну, спать так спать. Только уж ты, Семеныч, разбуди, коли что.

Семеныч Емельян обещал и сам достал из стола шелковые нитки, подвинул к себе лампу и занялся пришивкой оторванной пуговицы к летнему пальто. Окончив дело, приготовил лучшую одежу, выложив на лавку, вычистил сапоги, потом помолился, прочтя несколько молитв: «отче», «богородицу», значения которых он не понимал да и никогда не интересовался, и, сняв сапоги и портки, лег на примятый тюфячок скрипучей кровати.

«Отчего же? — думал он. — Бывает же людям счастье. Може, и точно попанется выигрышный билет. (Среди народа был слух, что, кроме подарков, будут раздавать еще и выигрышные билеты.) Уж что там десять тысяч. Хушь бы пятьсот рублей. То-то бы наделал делов: старикам бы послал, жену бы с места снял. А то какая жизнь врозь. Часы бы настоящие купил. Шубу бы себе и ей сделал. А то бьешься, бьешься — и все из нужды не выбьешься». И вот стало ему представляться, как он с женой идет по Александровскому саду, а тот самый городовой, что летось его забрал за то, что он пьяный ругался, что этот городовой уж не городовой, а генерал, и генерал этот ему смеется и зовет в трактир орган слушать. И орган играет, и играет точно как часы бьют. И Семеныч просыпается и слышит, что часы шипят и бьют, и хозяйка, Марья Яковлевна, за дверью кашляет, а в окне уже не так темно, как было вчера.

«Как бы не проспать».

Емельян встает, идет босыми ногами за перегородку, будит Яшу, одевается, маслит голову, причесывается, глядит в разбитое зеркальце.

«Ничего, хорошо. За то и девки любят. Да не хочу баловаться...»

Идет к хозяйке. Как вчера уговорено, берет в мешочек пирога, два яйца, ветчины, полбутылки водки, и, чуть занимается заря, они с Яшей выходят со двора и идут к Петровскому парку. Они не одни. И впереди идут, и сзади догоняют, и со всех сторон выходят и сходятся и мужчины, и женщины, и дети, все веселые и нарядные, на одну и ту же дорогу.

И вот дошли до Ходынского поля. А тут уж народ по всему полю чернеет. И из разных мест дым идет. Заря была холодная, и люди раздобываются сучьев, поленьев и раздувают костры.

Сошелся Емельян с товарищами, тоже костер развели, сели, достали закуску, вино. А тут и солнце взошло, чистое, ясное. И весело стало. Играют песни, болтают, шутят, смеются, всему радуются, радости ожидают. Выпил Емельян с товарищами, закурил, и еще веселей стало.

Все были нарядны, но и среди нарядных рабочих и их жен заметны были богачи и купцы с женами и детьми, которые попадались промеж народа. Так заметна была Рина Голицына, когда она, радостная, сияющая от мысли, что она добилась своего и с народом, среди народа, празднует восшествие на престол обожаемого народом царя, ходила с братом Алеком между кострами.

— Проздравляю, барышня хорошая, — крикнул ей молодой фабричный, поднося ко рту стаканчик. — Не побрезгуй нашей хлеба-соли.

— Спасибо.

— Кушайте сами, — подсказал Алек, щеголяя своим знанием народных обычаев, и они прошли дальше.

По привычке всегда занимать первые места, они, пройдя по полю между народом, где становилось уж тесно (народу было так много, что, несмотря на ясное утро, над полем стоял густой туман от дыханий народа), они пошли прямо к павильону. Но полицейские не пустили их.

— И прекрасно. Пожалуйста, пойдем опять туда, — сказала Рина, и они опять вернулись к толпе.

— Вре, — отвечал Емельян, сидя с товарищами вокруг разложенной на бумаге закуски, на рассказ подошедшего знакомого фабричного о том, что выдают. — Вре.

— Я тебе сказываю. Не по закону, а выдают. Я сам видел. Несет и узелок и стакан.

— Известно, шельмы артельщики. Им что. Кому хотят, тому дают.

— Да это что же. Разве это можно противу закону?

— Вот те можно.

— Да идем, ребята. Чего смотреть на них.

Все встали. Емельян убрал свою бутылочку с оставшейся водкой и пошел вперед вместе с товарищами.

Не прошел он двадцати шагов, как народ стеснил так, что идти стало трудно.

— Чего лезешь?

— А ты чего лезешь?

— Что ж, ты один?

— Да буде.

— Батюшки, задавили, — послышался женский голос. Детский крик слышался с другой стороны.

— Ну тебя к матери...

— Да ты что? Али тебе одному нужно?

— Всю разберут. Ну, дай доберусь до них. Черти, дьяволы!

Это кричал Емельян и, напруживая здоровые, широкие плечи и растопыривая локти, раздвигал, как мог, и рвался вперед, хорошенько не зная зачем, — потому только, что все рвались и что ему казалось, что прорваться вперед непременно нужно. Сзади его, с обоих боков были люди, и все жали его, а впереди люди не двигались и не пускали вперед. И все что-то кричали, кричали, стонали, охали. Емельян молчал и, стиснув здоровые зубы и нахмурив брови, не унывал, не ослабевал и толкал передних, и хоть медленно, но двигался. Вдруг все всколыхнулось и после ровного движения шарахнулось вперед и в правую сторону. Емельян взглянул туда и увидал, как пролетело что-то одно, другое, третье и упало в толпу. Он не понял, что это такое, но близко около него чей-то голос закричал:

— Черти проклятые — в народ хвырять стали.

И там, куда летели мешочки с подарками, слышны были крики, хохот, плач и стоны.

Емельяна кто-то больно толкнул под бок. Он стал еще мрачнее и сердитее. Но не успел он опомниться от этой боли, как кто-то наступил ему на ногу. Пальто, его, новое пальто, зацепилось за что-то и разорвалось. В сердце ему вступила злоба, и он из всех сил стал напирать на передовых, толкая их перед собой. Но тут вдруг случилось что-то такое, чего он не мог понять. То он ничего не видал перед собой, кроме спин людских, а тут вдруг все, что было впереди, открылось ему. Он увидал палатки, те палатки, из которых должны были раздавать гостинцы. Он обрадовался, но радость его была только одну минуту, потому что тотчас же он понял, что открылось ему то, что было впереди, только потому, что они все подошли к валу и все передние, кто на ногах, кто котом, свалились в него, и сам он валится туда же, на людей, валится сам на людей, а на него валятся другие, задние. Тут в первый раз на него нашел страх. Он упал. Женщина в ковровом платке навалилась на него. Он стряхнул ее с себя, хотел вернуться, но сзади давили и не было сил. Он подался вперед, но ноги его ступали по мягкому — по людям. Его хватали за ноги и кричали. Он ничего не видел, не слышал и продирался вперед, ступая по людям.

— Братцы, часы возьмите, золотые! Братцы, выручьте! — кричал человек подле него.

«Не до часов теперь», — подумал Емельян и стал выбираться на другую сторону вала. В душе его было два чувства, и оба мучительные: одно — страх за себя, за свою жизнь, другое — злоба против всех этих ошалелых людей, которые давили его. А между тем та, с начала поставленная себе цель: дойти до палаток и получить мешок с гостинцами и в нем выигрышный билет, с самого начала поставленная им себе, влекла его.

Палатки уже были в виду, видны были артельщики, слышны были крики тех, которые успели дойти до палаток, слышен был и треск дощатых проходов, в которых спиралась передняя толпа. Емельян понатужился, и ему оставалось уж не больше двадцати шагов, когда он вдруг услышал под ногами, скорее промежду ног, детский крик и плач. Емельян взглянул под ноги: мальчик, простоволосый, в разорванной рубашонке, лежал навзничь и, не переставая голося, хватал его за ноги. Емельяну вдруг что-то вступило в сердце. Страх за себя прошел. Прошла и злоба к людям. Ему стало жалко мальчика. Он нагнулся, подхватил его под живот, но задние так наперли на него, что он чуть не упал, выпустил из рук мальчика, но тотчас же, напрягши все силы, опять подхватил его и вскинул себе на плечо. Напиравшие менее стали напирать, и Емельян понес мальчика.

— Давай его сюда, — крикнул шедший вплоть с Емельяном кучер и взял мальчика и поднял его выше толпы.

— Беги по народу.

И Емельян, оглядываясь, видел, как мальчик, то ныряя в народе, то поднимаясь над ним, по плечам и головам людей уходил все дальше и дальше.

Емельян продолжал двигаться. Нельзя было не двигаться, но теперь его уже не занимали подарки, ни то, чтобы дойти до палаток. Он думал об мальчике, и о том, куда делся Яша, и о тех задавленных людях, которых он видел, когда проходил по валу. Добравшись до палатки, он получил мешочек и стакан, но это уже не радовало его. Порадовало его в первую минуту то, что здесь кончалась давка. Можно было дышать и двигаться. Но тут же, сейчас и эта радость прошла от того, что он увидал здесь. А увидал он женщину в полосатом разорванном платье, с растрепанными русыми волосами и в ботинках с пуговками. Она лежала навзничь; ноги в ботинках прямо торчали кверху. Одна рука лежала на траве, другая была, с сложенными пальцами, ниже грудей. Лицо было не бледное, а с синевой белое, какое бывает только у мертвых. Эта женщина была первая задавлена насмерть и была выкинута сюда, за ограду, перед царским павильоном.

В то время когда Емельян увидал ее, над ней стояли два городовых, и полицейский что-то приказывал. И тут же подъехали казаки, и начальник что-то приказал им, и они пустились на Емельяна и других людей, стоявших здесь, и погнали их назад в толпу. Емельян опять попал в толпу, опять давка, и давка еще худшая, чем прежде. Опять крики, стоны

355

женщин, детей, опять одни люди топчут других, и не могут не топтать. Но у Емельяна уж не было теперь ни страха за себя, ни злобы к тем, кто давил его, было одно желание — уйти, избавиться, разобраться в том, что поднялось в душе, закурить и выпить. Ему страшно хотелось закурить и выпить. И он добился своего: вышел на простор и закурил и выпил.

Но не то было с Алеком и с Риной. Не ожидая ничего, они шли между сидящим кружками народом, разговаривая с женщинами, детьми, как вдруг народ весь ринулся к палаткам, когда прошел слух, что артельщики не по закону раздают гостинцы. Не успела Рина оглянуться, как она уже была оттерта от Алека и толпа понесла ее куда-то. Ужас охватил ее. Она старалась молчать, но не могла, и вскрикивала, прося пощады. Но пощады не было, ее давили все больше и больше, платье обрывали, шляпа слетела. Она не могла утверждать, но ей казалось, что с нее сорвали часы с цепочкой. Она была сильная девушка и могла бы еще держаться, но душевное состояние ее ужаса было мучительно, она не могла дышать. Оборванная, измятая, она кое-как держалась; но в тот час, когда казаки бросились на толпу, чтобы разогнать ее, она, Рина, отчаялась, и, как только отчаялась, ослабела, и с ней сделалось дурно. Она упала и ничего больше не помнила.

Когда она опомнилась, она лежала навзничь на траве. Какой-то человек, вроде мастерового, с бородкой, в разорванном пальто, сидел на корточках перед нею и брызгал ей в лицо водою. Когда она открыла глаза, человек этот перекрестился и выплюнул воду. Это был Емельян.

— Где я? Кто вы?

— На Ходынке. А я кто? Человек я. Тоже помяли и меня. Да наш брат всего вытерпит, — сказал Емельян.

— А это что? — Рина указала на деньги медные у себя на животе.

— А это, значит, так думал народ, что померла, так на похоронки. А я пригляделся: думаю — нет, жива. Стал отливать.

Рина оглянулась на себя и увидала, что она вся растерзанная и часть груди ее голая. Ей стало стыдно. Человек понял и закрыл ее.

— Ничего, барышня, жива будешь.

Подошел еще народ, городовой. Рина приподнялась, и села, и объявила, чья она дочь и где живет. А Емельян пошел за извозчиком.

Народу уж собралось много, когда Емельян приехал на извозчике. Рина встала, ее хотели подсаживать, но она сама села. Ей только было стыдно за свою растерзанность.

— Ну, а братец-то где? — спрашивала одна из подошедших женщин у Рины.

— Не знаю. Не знаю, — с отчаянием проговорила Рина. (Приехав домой, Рина узнала, что Алек, когда началась давка, успел выбраться из толпы и вернулся домой без всякого повреждения.)

— Да вот он спас меня, — говорила Рина. — Если бы не он, не знаю, что бы было. Как вас зовут? — обратилась она к Емельяну.

— Меня-то? Что меня звать.

— Княжна ведь она, — подсказала ему одна из женщин, — бога-а-а-тая.

— Поедемте со мной к отцу. Он вас отблагодарит.

И вдруг у Емельяна на душе что-то поднялось такое сильное, что не променял бы на двухсоттысячный выигрыш.

— Чего еще. Нет, барышня, ступайте себе. Чего еще благодарить.

— Да нет же, я не буду спокойна.

— Прощай, барышня, с богом. Только пальто мою не увези.

И он улыбнулся такой белозубой, радостной улыбкой, которую Рина вспоминала как утешение в самые тяжелые минуты своей жизни.

И такое же еще большее радостное чувство, выносящее его из этой жизни, испытывал Емельян, когда вспоминал Ходынку и эту барышню и последний разговор с нею.

Нечаянно

Он вернулся в шестом часу утра и прошел по привычке в уборную, но, вместо того чтобы раздеваться, сел — упал в кресло, уронив руки на колени, и сидел так неподвижно минут пять, или десять, или час, — он не помнил.

— Семерка червей. — Бита! — И он увидал его ужасную, непоколебимую морду, но все-таки просвечивающую самодовольством.

— Ах, черт! — громко проговорил он.

За дверью зашевелилось. И, в ночном чепце и ночной с прошивкой сорочке, в зеленых бархатных туфлях, вышла его жена, красивая энергическая брюнетка с блестящими глазами.

— Что с тобой? — сказала она просто, но, взглянув на его лицо, вскрикнула то же самое. — Что с тобой? Миша! Что с тобой?

— Со мной то, что я пропал.

— Играл?

— Да.

— Ну и что?

— Что? — с каким-то злорадством повторил он. — То, что я погиб! — и он всхлипнул, удерживая слезы.

— Сколько раз я просила, умоляла.

Ей жалко было его, но жалче было себя — и за то, что будет нужда, и за то, что она не спала всю ночь, мучаясь и дожидаясь его. «Уж пять часов», — подумала она, взглянув на часы, лежавшие на столике. — Ах, мучитель. Сколько?

Он взмахнул обеими руками мимо ушей.

— Всё! Не всё, но больше всего: все свое, все казенное. Бейте меня. Делайте со мной, что хотите. Я погиб.— И он закрыл лицо руками. — Ничего больше не знаю!

— Миша! Миша, послушай. Пожалей меня, я ведь тоже человек, я не спала всю ночь. Тебя ждала, мучилась, и вот награда. Скажи по крайней мере — что? сколько?

— Столько, что не могу, не может никто заплатить. Все шестнадцать тысяч. Все кончено. Убежать, но как?

Он взглянул на нее, и, чего никак не ожидал, она привлекала его к себе. «Как она хороша», — подумал он и взял ее за руку. Она оттолкнула его.

— Миша, да говори же толком, как же ты это мог?

— Надеялся отыграться. — Он достал портсигар и жадно стал курить. — Да, разумеется. Я мерзавец, я не стою тебя. Брось меня. Прости в последний раз, и я уйду, исчезну. Катя. Я не мог, не мог. Я был как во сне, нечаянно. — Он поморщился. — Но что же делать. Все равно погиб. Но ты прости. — Он опять хотел обнять ее, но она сердито отстранилась.

— Ах, эти жалкие мужчины. Храбрятся, пока все хорошо, а как плохо — так отчаяние и никуда не годятся.

Она села на другую сторону туалетного столика.

— Расскажи порядком.

И он рассказал ей. Рассказал, как он вез деньги в банк и встретил Некраскова. Он предложил ему заехать к себе и играть. И они играли, и он проиграл все и теперь решил покончить с собой. Он говорил, что решил покончить с собой, но она видела, что он ничего не решил, а был в отчаянии и готов был на все. Она выслушала его и, когда он кончил:

— Все это глупо, гадко: нечаянно проиграть деньги нельзя. Это какое-то кретинство.

— Ругай, что хочешь делай со мной.

— Да я не ругать хочу, а хочу спасти тебя, как всегда спасала, как ты ни гадок и жалок мне.

— Бей, бей. Недолго уже...

— Так вот, слушай. По-моему, как ни мерзко, безжалостно мучать меня... Я больна — нынче еще принимала... и вдруг этот сюрприз. И эта беспомощность. Ты говоришь, что делать? Делать очень просто что. Сейчас же, — теперь шесть часов, — поезжай к Фриму и расскажи ему.

— Разве Фрим пожалеет? Ему нельзя рассказать.

— Как, однако, ты глуп. Неужели я буду советовать тебе рассказать директору банка, что ты доверенные тебе деньги проиграл в... Расскажи ему, что ты ехал на Николаевский вокзал... Нет. Сейчас поезжай в полицию. Нет, не сейчас, а утром в десять часов. Ты шел по Нечаевскому переулку, на тебя набросились двое. Один с бородой, другой почти мальчик, с браунингом, и отняли деньги. И тотчас же к Фриму. То же самое.

— Да, но ведь... — Он опять закурил папиросу. — Ведь они могут узнать от Некраскова.

— Я пойду к Некраскову. И скажу ему. Я сделаю.

Миша начал успокаиваться и в восемь часов утра заснул как мертвый. В десять она разбудила его.

Это происходило рано поутру в верхнем этаже. В нижнем же этаже, в семействе Островских, в шесть часов вечера происходило следующее.

Только что кончили обедать. И молодая мать, княгиня Островская, подозвала лакея, обнесшего уже всех пирожным, апельсинным желе, спросила чистую тарелку и, положив на нее порцию желе, обратилась к своим детям, — их было двое: старший — мальчик семи лет, Вока; девочка — четырех с половиной, Танечка. Оба были очень красивые дети: Вока — серьезный, здоровый, степенный мальчик, с прелестной улыбкой, выставлявшей разрозненные, меняющиеся зубы, и черноглазая, быстрая, энергическая Танечка, болтливая, забавная хохотунья, всегда веселая и со всеми ласковая.

— Дети, кто снесет няне пирожное?

— Я, — проговорил Вока.

— Я, я, я, я, я, — прокричала Танечка и уж сорвалась со стула.

— Нет, кто первый сказал. Вока. Бери, — сказал отец, всегда баловавший Танечку и потому всегда бывший рад случаю выказать свою беспристрастность. — А ты, Танечка, уступи брату, — сказал он любимице.

— Воке уступить я всегда рада. Вока, бери, иди. Для Воки мне ничего не жалко.

Обыкновенно дети благодарили за обед. И родители пили кофе и дожидались Воки. Но его что-то долго не было.

— Танечка, сбегай в детскую, посмотри, отчего Вока долго не идет.

Танечка соскочила со стула, зацепила ложку, уронила, подняла, положила на край стола, она опять упала, опять подняла и с хохотом, семеня своими обтянутыми чулками сытыми ножками, полетела в коридор и в детскую, позади которой была нянина комната. Она было пробежала детскую, но вдруг позади себя услыхала всхлипывание. Она оглянулась. Вока стоял подле своей кровати и, глядя на игрушечную лошадь, держал в руке тарелку и горько плакал. На тарелке ничего не было.

— Вока, что ты? Вока, а пирожное?

— Я-я-я нечаянно съел дорогой. Я не пойду... никуда... не пойду. Я, Таня... я, право, нечаянно... я все съел... сначала немного, а потом все съел.

— Ну, что же делать?

— Я нечаянно...

Танечка задумалась. Вока заливался, плакал. Вдруг Танечка вся просияла.

— Вока, вот что. Ты не плачь, а пойди к няне и скажи ей, что ты нечаянно, и попроси прощенья, а завтра мы ей свое отдадим. Она добрая.

Рыдания Воки прекратились, он вытирал слезы и ладонями и противной стороной ручек.

— А как же я скажу? — проговорил он дрожащим голосом.

— Ну, пойдем вместе.

И они пошли и вернулись счастливые и веселые. И счастливые и веселые были и няня и родители, когда няня, смеясь и умиляясь, рассказала им всю историю.

Благодарная почва

Опять живу я моего друга Черткова в Московской губернии. Гощу по той же причине, по которой мы съезжались с ним на границе Орловской и я год тому назад приезжал в Московскую. Причина та, что черта оседлости для Черткова — весь земной шар, кроме Тульской губернии. Вот я и выезжаю на разные концы этой губернии, чтобы видеться с ним.

Выхожу в восьмом часу на обычную прогулку. Жаркий день. Сначала иду по жесткой глинистой дороге мимо акации, готовящейся уже трещать и выбрасывать свои семена; потом мимо начинающей желтеть ржи с своими чудными, все еще свежими васильками; выхожу в черное, почти все уж запаханное паровое поле; направо пашет старик в бахилках сохой и на плохой худой лошади, и слышу сердитое старинное: «Вылезь!» — с особенным ударением на втором слоге. И изредка: «У! Дьявол!» И опять: — «Вылезь... Дьявол». Хотел поговорить с ним, но, когда я проходил мимо его борозды, он был на противоположном конце полосы. Иду дальше. Впереди другой пахарь. С этим, должно быть, сойдусь, когда он будет подходить к дороге. «Коли сойдусь, то и поговорю с ним, если придется», — думаю я. И как раз встречаемся с ним у дороги. Этот пашет плугом на крупной рыжей лошади; молодой, красиво сложенный малый, одет хорошо, в сапогах, ласково отвечает на мой привет: «Бог на помощь».

Плуг плохо берет накатанную дорогу, он переезжает ее и останавливается.

— Что же, лучше сохи?

— Как же, много легче.

— А давно завел?

— Недавно, да вот украли было.

— Как же, нашли?

— Нашли, своей же деревни.

— Что же, и в суд подали?

— А то как же?

— Зачем же подавать, коли плуг нашелся?

— Да ведь вор.

— Что ж, что вор, посидит в остроге — хуже воровать научится.

Серьезно и внимательно смотрит на меня, очевидно не отвечая ни согласием, ни отрицанием на новую для него мысль.

Свежее, здоровое, умное лицо с чуть пробивающимися светлыми волосами на бороде и верхней губе, с умными серыми глазами. Он заворотил лошадь, чтобы идти назад, но оставил плуг, очевидно желая отдохнуть и не прочь поговорить. Я взялся за ручки плуга и тронул потную сытую рослую кобылу. Кобыла влегла в хомут, и я сделал несколько шагов. Но я не удержал плуг, он выскочил, и я остановил лошадь.

— Нет, вы не можете.

— Только тебе борозду испортил.

— Это ничего, справлю.

Он осадил лошадь, чтобы взять пропущенное мною, но не стал пахать.

— На солнце жарко, пойдем в кустах посидим, — пригласил он, указывая на лесок вплоть у конца полосы.

Мы перешли в тень молодых березок. Он сел на землю, я остановился против него.

— Из какой деревни?

— Из Ботвиньина.

— Далече?

— Вон маячит на горке. — И он показал мне.

— Что же так далеко от дома пашешь?

— Да это не моя, здешнего мужичка, я нанялся.

— Как нанялся, на лето?

— Не, посеять нанялся — вспахать, передвоить, все как должно.

— Что же, у него земли много?

361

— Да мер двадцать высевает.

— Вот как, а лошадь это твоя? Хорошая лошадь.

— Да кобыла ничего, — говорит он с спокойной гордостью.

Кобыла действительно такая по ладам, росту и сытости, каких редко видишь у крестьян.

— Верно, живешь в людя́х, извозом занимаешься?

— Не, дома, один и хозяин.

— Такой молодой?

— Да я с семи лет без отца остался, брат в Москве живет, на фабрике. Сначала сестра помогала, тоже на фабрике жила, а с четырнадцати лет как есть один, во все дела, и работал, и наживал, — сказал он с спокойным сознанием своего достоинства.

— Женат?

— Нет.

— Так кто же у тебя по домашности?

— А матушка?

— И корова есть?

— Коров две.

— Вот как! Сколько же тебе лет? — спросил я.

— Восемнадцать, — отвечал он, чуть улыбаясь и понимая, что меня занимало то, что он, такой молодой, так мог устроиться. И это, очевидно, было ему приятно.

— Какой еще молодой, — сказал я. — Что же, и в солдаты придется?

— Как же, лобовой, — сказал он с тем спокойным выражением, с которым говорят про старость, про смерть, вообще про то, о чем рассуждать нечего, потому что оно неотвратимо.

Разговор наш, как и всегда в наше время разговоры с крестьянами, коснулся земли, и он, описывая свою жизнь, сказал, что земли мало, что если бы не работал где пеший, где на лошади, то и кормиться бы нечем. Но рассказывает он все это с веселым, радостным и гордым самодовольством. Повторил еще раз, что остался один хозяином с четырнадцати лет и все один заработал.

— Ну, а вино пьешь?

Очевидно, ему неприятно было сказать, что пьет, но он не хочет сказать неправду.

— Пью, — сказал он тихо, пожимая плечами.

— А грамоте знаешь?

— Хорошо знаю.

— Что же, не читал книг о вине?

— Нет, не читал.

— Что же, а лучше бы не пить совсем.

— Известно, добра от него мало.

— Так и бросить бы.

Он молчит, и видно, что понимает и думает.

— Ведь можно, — говорю я, — а как хорошо бы. Вот я третёва дни ездил в Ивино, только подъезжаю к одному двору, а хозяин здоровывается со мною и называет меня по имени-отчеству. Выходит, что двенадцать лет тому назад мы виделись с ним. Это Кузин; знаешь?

— Как же. Сергей Тимофеич.

И я рассказываю ему, как с этим Кузиным двенадцать лет тому назад мы устроили общество трезвости, и с тех пор он, Кузин, хотя и пил прежде, перестал пить совсем.

— И вот теперь говорил Кузин мне, что только радуется тому, что отстал от этой пакости, — сказал я. — И живет, видно, очень исправно. И дом и все заведенье. А не брось он пить, может, и совсем не то бы было.

— Да, это точно.

— Так вот и тебе бы так. Такой ты малый хороший, к чему тебе вино пить, коли сам говоришь, что от него никакой пользы нет. Брось и ты, и как хорошо будет.

Он молчит и во все глаза смотрит на меня. Я собираюсь уходить и подаю ему руку.

— Право, брось, вот с этого раза. Вот бы хорошо было.

Он сильной рукой сжимает мою руку и, очевидно, в этом рукопожатии видит вызов на обещание.

— Ну что же, можно, — совершенно неожиданно, как-то весело и решительно говорит он.

— Неужели обещаешь? — говорю я с удивлением.

— А то что ж? Обещаю, — говорит он, кивая головой и чуть улыбаясь.

И по его спокойному звуку голоса, серьезному, внимательному лицу видно, что это не шутка и что он точно обещает и точно хочет исполнить то, что обещает.

От старости ли, от болезни, или от того и другого вместе, я стал слаб на слезы; на слезы умиления — радости. Простые слова этого милого, твердого, сильного человека, такого одинокого и такого, очевидно, готового на все доброе, так тронули меня, что я отошел от него, от волнения не в силах выговорить слова.

Когда я оправился, отойдя несколько шагов, я повернулся к нему и сказал (я перед этим спросил, как его зовут):

— Так смотри же, Александр: не давши слова — крепись, а давши слово — держись.

— Да это уж как есть, верно будет.

Редко приходится испытывать более радостное чувство, которое я испытывал, отходя от него.

Я забыл сказать, что, разговаривая с ним, я предложил дать ему листков против пьянства и книжечек. Тех листков против пьянства, из которых один был приклеен в соседней деревне хозяином к наружной стене и был сорван и уничтожен урядником. Он поблагодарил и сказал, что зайдет в обед. В обед он не зашел, и — грешный человек — мне пришло в голову, что весь разговор наш не был для него так важен, как мне показалось, и что ему и не нужно книг, и что вообще я приписал ему то, чего в нем не было. Но вечером он пришел, весь потный от работы и перехода. Проработав до вечера, он доехал домой, отпряг плуг, убрал лошадь и за четыре версты, бодрый, веселый, пришел ко мне за книгами. Я с гостями сидел на великолепной террасе перед разбитыми клумбами с урнами среди цветовых горок. Вообще среди той роскошной обстановки, за которую всегда стыдно перед людьми рабочего народа, когда вступаешь с ними в человеческие отношения.

Я вышел к нему и первым делом повторил вопрос: не раздумал ли? верно ли будет держать обещание? Опять с той же доброй улыбкой он сказал:

— А то как же, я и матушке сказал. Она рада, благодарит вас.

За ухом у него я увидал бумажку.

— А куришь?

— Курю, — сказал он, очевидно ожидая, что я буду уговаривать его и это бросить. Но я не стал. Он помолчал и по какой-то странной связи мыслей, — связь эта, я думаю, была в том, что, видя во мне сочувствие к своей жизни, он хотел сообщить мне то важное событие, которое ожидало его осенью, — он сказал:

— А я вам не сказывал: меня уже сосватали. — И он улыбнулся, вопросительно глядя мне в глаза. — Осенью.

— Вот как! Хорошее дело. Где берете?

Он сказал.

— С приданым?

— Нет, какое приданое. Девушка хорошая.

И мне пришло в голову сделать ему тот вопрос, который всегда занимает меня, когда имеешь дело с хорошими молодыми людьми нашего времени.

— А что, — спросил я, — уж ты прости меня, что я тебя спрашиваю, но, пожалуйста, скажи правду: или не отвечай, или всю правду скажи.

Он уставил на меня спокойный, внимательный взгляд.

— Отчего ж не сказать.

— Имел ты грех с женщиной?

Ни минуты не колеблясь, он просто отвечал:

— Помилуй бог, не было этого.

— Вот и хорошо, очень хорошо, — сказал я. — Радуюсь за тебя.

Говорить больше было сейчас нечего.

— Ну так вот, я сейчас вынесу тебе книжки, и помогай тебе бог.

И мы простились.

Да, какая чудная для посева земля, какая восприимчивая. И какой ужасный грех бросать в нее семена лжи, насилия, пьянства, разврата. Да, какая чудная земля не переставая парует, дожидаясь семени, и зарастает сорными травами. Мы же, имеющие возможность отдать этому народу хоть что-нибудь из того, что мы не переставая берем от него, — что мы даем ему? Аэропланы, дредноуты, тридцатиэтажные дома, граммофоны, кинематографы и все те ненужные глупости, которые мы называем наукой и искусством. И главное — пример пустой, безнравственной, преступной жизни. Да еще хорошо, если бы мы за то, что берем от него, давали бы ему только одни ненужные, глупые и дурные примеры. А то вместо уплаты хоть части своего неоплатного долга перед ним мы засеиваем эту алчущую истинного знания землю одними «терниями и волчцами», запутываем этих милых, открытых на все доброе, чистых, как дети, людей коварными, умышленными обманами.

Да, «горе миру от соблазнов, ибо надобно прийти соблазнам; но горе тому человеку, через которого соблазн приходит».

Список

www.ingramcontent.com/pod-product-compliance
Lightning Source LLC
Chambersburg PA
CBHW020419030726
47495CB00006B/1582